新·闻·传·播·学·文·库

媒介效果与社会变迁

Media Effects and Social Change

魏 然 周树华 罗文辉 / 著

中国人民大学出版社
·北京·

总　序

自 1997 年国务院学位委员会将新闻传播学擢升为一级学科以来，中国的新闻传播学学科建设突飞猛进，这也对教学、科研以及学术著作出版提出了新的、更高的要求。

继 1999 年中国人民大学出版社推出“21 世纪新闻传播学系列教材”之后，北京广播学院出版社、华夏出版社、南京大学出版社、中国社会科学出版社、新华出版社等十余家出版社纷纷推出具有不同特色的教材和国外新闻传播学大师经典名著汉译本。但标志本学科学术水平、体现国内最新科研成果的专著尚不多见。

同一时期，中国的新闻传播学教育有了长足进展。新闻传播学专业点从 1994 年的 66 个猛增到 2001 年的 232 个。据不完全统计，全国新闻传播学专业本科、专科在读人数已达 5 万名之多。新闻传播学学位教育也有新的增长。目前全国设有博士授予点 8 个，硕士授予点 40 个。中国人民大学新闻学院、复旦大学新闻学院等一批研究型院系正在崛起。北京大学和清华大学的新闻传播学教育以高起点、多专业为特色，揭开了这两所百年名校蓬勃发展的新的一页。中国传媒大学以令人刮目相看的新水平，跻身中国新闻传播教育名校之列。武汉大学新闻与传播学院等以新获得博士授予点为契机所展开的一系列办学、科研大手笔，正在展示其特有的风采与魅力。学界和社会都企盼这些中国新闻传播教育的“第一梯队”奉献推动学科建设的新著作和新成果。

进入新世纪以来，随着以互联网为突破口的传播新媒体的迅速普及，新媒体与传统媒体的联手共进，以及亿万国人参与大众传播能动性的不断强化，中国的新闻传媒事业有了全方位的跳跃式的大发展。人民群众对大众传媒的使用，从来没有像今天这样广泛、及时、须臾不可或缺，人们难以逃脱无处不在、无时不有的大众传媒的深刻影响。以全体国民为对象的新闻传播学大众化社会教育，已经刻不容缓地提到全社会，尤其是新闻传播教育者面前。为民众提供高质量的新闻传播学著作，已经成为当前新闻传播学界的一项迫切任务。

这一切都表明，出版一套满足学科建设、新闻传播专业教育和社会教育需求的高水平新闻传播学学术著作，是当前一项既有学术价值又有现实意义的重要工作。“新闻传播学文库”的问世，便是学者们朝着这个方向共同努力的成果之一。

“新闻传播学文库”希望对于新闻传播学学科建设有一些新的突破：探讨学科新体系，论证学术新观点，寻找研究新方法，使用论述新话语，摸索论文新写法。一句话，同原有的新闻学或传播学成果相比，应该有一点创新，说一些新话，文库的作品应该焕发出一点创新意识。

创新首先体现在对旧体系、旧观念和旧事物的扬弃。这种扬弃之所以必要，人文社会科学工作者之所以拥有理论创新的权利，就在于与时俱进是马克思主义的理论品质，弃旧扬新是学科发展的必由之路。恩格斯曾经指出，我们的理论是发展的理论，而不是必须背得烂熟并机械地加以重复的教条。一位俄国作家回忆他同恩格斯的一次谈话时说，恩格斯希望俄国人——不仅仅是俄国人——不要去生搬硬套马克思和他的话，而要根据自己的情况，像马克思那样去思考问题，只有在这个意义上，“马克思主义者”这个词才有存在的理由。中国与外国不同，旧中国与新中国不同，新中国前 30 年与后 20 年不同，在现在的历史条件下研究当前中国的新闻传播学，自然应该有不同于外国、不同于旧中国、不同于前 30 年的方法与结论。因此，“新闻传播学文库”对作者及其作品的要求是：把握时代特征，适应时代要求，紧跟时代步伐，站在时代前列，以马克思主义的理论勇气和理论魄力，深入计划经济到市场经济的社会转型期中去，深入党、政府、传媒与阅听人的复杂的传受关系中去，研究新问题，寻找新方法，获取新知识，发现新观点，论证新结论。这是本文库的宗旨，也是对作者的企盼。我们期待文库的每一部作品，每一位作者，都能有助于把读者引领到新闻传播学学术殿堂，向读者展开一片新的学术天地。

创新必然会有风险。创新意识与风险意识是共生一处的。创新就是做前人未做之事，说前人未说之语，或者是推翻前人已做之事，改正前人已说之语。这种对旧事物旧体系旧观念的否定，对传统习惯势力和陈腐学说的挑战，对曾经被多少人诵读过多少年的旧观点旧话语的批驳，必然会招致旧事物和旧势力的压制和打击。因此，执着于理论创新的学人们，又必须时时唤醒自己的风险意识。再说，当今的社会进步这么迅猛，新闻传媒事业发展这么飞速，新闻传播学学科建设显得相对迟缓和相对落后。这种情况下，“新闻传播学文库”作者和作品的一些新观点新见解的正确性和科学性有时难以得到鉴证，即便一些正确的新观点新见解要成为社会和学人的共识，也有待实践和时间。因此，张扬创新意识的同时，作者必须具备同样强烈的风险意识。我们呼吁社会与学人对文库作者及其作品给予最多的宽容与厚爱。这里并不排斥而是真诚欢迎对作品的批评，因为严厉而负责的批评，正是对作者及其作品的厚爱。

当然，“新闻传播学文库”有责任要求作者提供自己潜心钻研、深入探讨、精心撰写、有一定真知灼见的学术成果。这些作品或者是对新闻传播学学术新领域的拓展，或者是对某些旧体系旧观念的廓清，或者是向新闻传媒主管机构建言的论证，或者是作者运用中国语言和中国传统文化对海外新闻传播学著作的新的解读。总之，文库向人们提供的应该是而且必须是新闻传播学学术研究中的精品。这套文库的编辑出版贯彻少而精的原则，每年从中国人民大学校内外众多学者的研究成果中精选三至五种，三至四年之后，也可洋洋大观，可以昂然耸立于新闻传播学乃至人文社会科学学术研究成果之林。

新世纪刚刚翻去第一页，中国人民大学出版社经过精心策划和周全组织，推出这套文库。对于出版社的这种战略眼光和作者们齐心协力的精神，我表示敬佩和感谢。我期望同大家一起努力，把这套文库的工作做得越来越好。

以上絮言，是为序。

童兵

作者简介

魏然

博士，美国南卡罗来纳大学新闻与大众传播学院杰出荣休教授，香港中文大学新闻与传播学院教授、博士生导师。美籍华人中首位冠名的传播学讲座教授，曾任南卡罗来纳大学新闻与大众传播学院终身教授、博士生导师，并任广告与公关系系主任。1986年毕业于上海外国语大学，主修英文与国际新闻。分别在1990年和1995年获得英国威尔士大学硕士学位及美国印第安纳大学博士学位。曾任中国中央电视台记者，香港中文大学新闻与传播学院助理教授，并在新加坡南洋理工大学传播与信息学院担任高级访问学者。曾任海外学术团体“国际中华传播学会”（*Chinese Communication Asociation*）会长。2010年3月，应聘为中国教育部“长江讲座教授”（新闻传播学学科的第五位）。

教学领域在媒介研究、传播科技、量化研究方法论和广告传播等。研究专长为新媒体、媒介效果研究以及国际广告策略。国际上移动媒体研究方面的知名专家，多次获得美国新闻与大众传播学科杰出论文奖，包括2012年度《国际营销评论》期刊的论文大奖。共出版近150篇论文（含专著章节）。根据传播学论文的引用排名，魏然博士属于大中华地区最有影响力的前五名学者。其近期的研究发表在国际上顶尖新闻传播学学术专著中，包括《政治传播学手册》（*Handbook of Political Communication*）、《国际广告研究百科全书》（*International Encyclopedia of International Advertising*）和《国际传播研究百科全书》（*International Encyclopedia of International Communication*）等大型传播学前沿性和综合性文集。

周树华

博士，美国密苏里大学新闻学院Leonard H. Goldenson讲座教授。曾任阿拉巴马大学传播与信息学院终身教授、副院长、博士生导师。新加坡南洋理工大学传播与信息学院资深研究员、访问教授。美国印第安纳大学新闻学硕士、大众传播学博士；暨南大学英语语言文学学士；海南大学农学学士。曾任广东电视台新闻部记者、播音员、英语新闻组组长（1988—1993）；2007年被广东电视艺术家协会评为“广东百佳主持人”之一。“国际中华传播学会”会长（2018—2020）。主要研究方向为媒介信息认知，媒介内容、形式和效应。论文发表于《媒介心理学》（*Media Psychology*）、《新闻与大众传播季刊》（*Journalism & Mass Communication Quarterly*）、《传播学研究》（*Communication Research*）、《大众传播与社会》（*Mass Communication & Society*）、《广告杂志》（*Journal of Advertising*）、《广播与电子媒介》（*Journal of Broadcasting & Electronic Media*）等学术期刊。

罗文辉

博士，现任香港浸会大学传理学院新闻系客座教授，并担任《传播与社会》学刊主编。曾任香港中文大学新闻与传播学院教授、博士生导师，之前曾任台湾政治大学传播学院院长及新闻系教授。美国俄勒冈大学硕士、密苏里大学博士。主要研究兴趣为新闻分析、政治传播及传播效果。共发表 100 多篇期刊论文，出版 8 部专著，在亚太地区传播学学者中学术出版量高居首位。近作刊登在顶级 SSCI 期刊，如：*Communication Research*，*Journalism and Mass Communication Quarterly*，*Journal of Broadcasting & Electronic Media*，*International Journal of Public Opinion Research*，*Media Psychology*，*The Harvard International Journal of Press/Public*，*Asian Journal of Communication*，*Studies in Media & Information Literacy Education*，以及《新闻学研究》。

专家评介

《媒介效果与社会变迁》是一部理论与实证研究兼容并蓄的专著，它探讨传播理论与研究的核心议题：传统媒体及新兴媒体对个人、社会的影响。三位杰出的华人传播学者对媒介效果理论和研究做了批判性的回顾，并从理论与实证的角度提出创见，强调感知及媒介间接效果的研究范式。单此独特之处，本书便值得传播学者和研究生详阅细读了。

台湾政治大学传播学院名誉教授
曾任香港浸会大学传理学院院长兼讲座教授、澳大利亚昆士兰大学新闻学系教授 **朱立**
及名誉教授、香港中文大学新闻与传播学系高级讲师兼系主任

本书综合讨论媒介效果研究的理论发展和重要研究成果，是传播学中重要的中文专著。此外，本书作者全面检验新世纪新媒体的研究，指出当今效果研究的方法和理论已发生典范性的变化。更重要的是，新媒体在中国的独特发展与应用，有别于欧美社会的经验。我期望本书能启发年轻学者建立自信，立足本土社会文化特色，把握互联网时代，在媒介效果研究和理论建构方面做出有原创性的贡献。

新加坡南洋理工大学传播与信息学院创院院长
英文 SSCI 期刊《亚洲传播学刊》创刊主编 **郭振羽**

《媒介效果与社会变迁》的三位作者是全球华人传播研究领域中的顶尖学者。他们长期研究媒介效果，始终处在最前沿的位置。现在，他们对媒介效果研究中的几个关键理论进行综合分析，一方面厘清相关理论的来龙去脉，另一方面也描述了最新的实证发现。本书承前启后，既涵盖了传统媒体，也涵盖了新媒体的影响，是中文出版界中在媒介效果研究方面的及时雨。

香港中文大学新闻与传播学院前院长兼讲座教授
国内传播学首位长江学者 **陈韬文**

媒介效果研究历来被当作美国传播学研究的重镇，国内多有介绍。但这是第一本由从事效果研究的华人学者撰写的中文专著，是对这个研究领域原汁原味的呈现，远胜于间接的介绍。三位作者在效果研究领域都卓有成就，并在这一领域内各自有专攻。这本书集三人的研究成果，定会给读者带来很多启发。

美国威斯康星大学教授，复旦大学新闻学院原长江讲座教授、博导　**潘忠党**

本专著是海外知名华人学者魏然、周树华和罗文辉三位教授积多年之学术精华而合力打造的一部传播学研究的力作。三位作者在美国受过严格的学术训练，能娴熟地应用量化研究方法进行数据分析。同时，他们也非常了解中国社会的国情，熟悉中华文化的传统。因此，由他们三人合写的这部传播学理论与传媒效果研究的专著，是本领域不可多得的一流的学术成果。

特别是，本书从历史逻辑的角度探讨传媒理论发展的历史轨迹，涵盖了当前最前沿的传媒效果理论及研究成果，同时也把新媒体对传媒效果研究的挑战融入本书的学术研究的框架中，既有理论的系统性，又具学术的前沿性。并且，本书写作手法通俗实用，对重要的名词、核心的概念，均有详细定义和阐释，并在每章配有进一步研修指南，并推荐相关的中英文书籍与期刊论文，具有很强的工具性和功效性。综上，本书是一部理论性、实用性、前沿性兼具的学术力作。

北京师范大学新闻传播学院执行院长、教授、博导
中国传播学会副会长，教育部长江学者特聘教授　**喻国明**

序言一

纵观人类社会数千年的文明变迁史，加速度发展的规律日益显著，从农耕岁月，到工业时代，再到信息纪元，物质生产和精神生产的水准不断提升，其速度越来越快（尽管有时也可看到局部、短暂的倒退）。在此过程中，科学技术发挥了强大的牵引作用，其中，信息传播技术的日新月异，格外引人注目。事实上，正是信息传播技术的堪称爆炸性、革命性的进步，决定性地改写了历史，使人类社会从工业文明跨入了信息文明。

在此背景下，以人类信息传播现象为研究对象的传播学，可谓“应运而生”，或“生逢其时”，大半个世纪以来，在世界范围内，获得长足发展。由此，也就不难理解，1978 年借改革开放的“东风”传入中国的传播学，何以在短短三十多年里，即快速成长为一门欣欣向荣的“显学”。

就在为本书撰写序文的几天前，我在上海交通大学主持召开了一次以“互联网与中国 20 年：变革与创新”为主题的国际学术研讨会——“第六届全球传播论坛”，回顾、反思互联网进入中国 20 年的历程。来自中外 20 多家知名高校和媒体的一百多位嘉宾和代表与会，展开热烈的交流，形成诸多共识。其中，有两点印象颇深，即：在以互联网为代表的新媒体的有力推动下，就学科而言，传播学正在从（人文社会科学的）边缘走向中心；同时，就地域而言，中国正在从（世界传播学科的）边缘走向中心。这两点共识，大体符合实际，反映了发展趋势，对于传播学科的广大学者、学子，颇能鼓舞士气。

当然，对此需要正确解读，既不可“妄自菲薄”，又不可“妄自尊大”。无疑，无论在世界还是在中国，传播学都已取得了很大成绩，但与此同时，必须清醒地认识到，作为成长中的学科，仍存在诸多不足，尤其是中国传播学界，与世界领先国家和地区的同行相比，尚有不小差距。

恰在此时，我有机会拜读到《媒介效果与社会变迁》一书，并受作者之邀作序，深感荣幸之际，不禁联想到，这样一部佳作，不正可作为以上共识的例证吗？一方面，由三位资深华人传播学者担纲的该书，视野开阔，内容厚实，折射出中国乃至华人传播学界多年来的学术积累；另一方面，也体现了作者不满足于现状而试图推进华人传播学研究向前发展的可贵努力。

对于该书的总体框架和主要特色，本书作者在第一章已有较为详细的解说，故此处不再重复，唯愿与读者分享笔者阅读之后的几点感受。

一为时宜性。如上所述，无论世界和中国的传播学科，都正处于从边缘走向中心的“转型”时期，尤其需要这样一批承前启后、继往开来的力作。二为前沿性。作者团队不仅通晓世界研究前沿，娓娓道来，如数家珍，而且，其中有些成果本身就源于该书作者，因而，与许多泛泛而谈的著述不同，深具穿透力、说服力。三为丰富性。除了以往大家比较熟悉的经典理论之外，该书还评述了诸如“敌意媒体理论”、“多元无知理论”等中国传播学界不太了解的一些媒介效果理论，及其与相关理论之间的关系，并辅以大量实证研究结果。四为创新性。举凡书中提到的观点、方法、理论，作者都力求超越简单介绍的层次，尤其注意联系当今互联网、新媒体发展的实际，在展开全面梳理、深入分析的基础上，提出自身见解，富有启迪价值。五为可读性。三位作者和他们的共同作者拥有很强的文字表达能力，从而，让阅读成为享受，使学术带来乐趣。

综而言之，该书的出版，行将为中国和华人传播学研究的历史长卷，增添浓墨重彩的一页，值得赞许，值得期待。

张国良

中国传播学会首任会长　上海交通大学媒体与设计学院前院长兼特聘教授，博导

2014 年冬写于在英国伦敦短期访问期间

序言二

媒介的传播有效果吗？这是一个内行和外行都看得懂、提得出的问题。如果有效果，导致其发生的机制和情境是怎样的？可否有把握地操控和导引它？效果可以由传媒单方预设，还是需经过受众的取舍而变化妥协呢？另外，某一静态时间、地域或情境节点上测定的媒介效果，如果放在动态轴线上观察，肯定性和把握性又会有多大呢？对以上媒介效果问题，传播学研究的种种解答，始终在正反两极之间摇摆震荡，至今未有确定的共识结论。这源于研究对象的复杂性与多维度性。

媒介传播效果研究，也是对人的研究。自然科学将人作为一种存在于时间和空间、与众不同的现象和研究对象，具有能够被调查与解释的客观性。这一取向，也许有点过于乐观和简化。有学者指出：人，作为造物，是能够通过被造现象而被认识的。但人又永远不可能仅仅经由某种现象论的研究方法，而被彻底解释。当人是最终决定何为人的本性的判定者时，则无论宗教的还是无神论的人类学，都只会以问题而非答案告终（安德森，2012）。传播效果研究与“人是什么？”的追问携手同行，前路漫远，是为传播研究面对的主要难题之一。

人类的传播活动由来已久，但借助大众传播媒介扩大传播，则是近期的事情。现在，人的生活正越来越依赖媒介化传播（mediated communication）。那么，什么是媒介（media），怎样理解媒介呢？它是物理介质、传播渠道，还是传媒机构、传媒体制、专业运行、内容供应？还是它包括所有这些，甚至更多的其他角色、部类和因子呢？过去研究者习惯把媒介看作一个中介，当作实现传播效果的手段。假如把媒介看作桥，那它应该既不脱离此岸和彼岸而独立存在，也不应直接归属于此岸或者彼岸。但是，现实中的“媒介”远非如此单纯、机械与直观。在传播学研究领域中，媒介效果研究随着大众传媒的兴盛普及而红火，但是初期对媒介环节认识的肤浅与单调，也直接局限了效果研究的视野和深度。当把媒介研究和效果研究放在不同时空，乃至将以前和现在的都联系起来，形成连续性观照时，因代代相传而积累下来的传承沉淀，乃至因时间流逝而失去或者反而顽强再现的东西，将会得到怎样的价值评判呢？离开了传者和受者参与，媒体的传播效果当然无从谈起。但是，假如把这些权力、关系以及它们之间的互动都囊括进来，效果研究也就变成传播的政治经济学观察了。总之，种种纠结令媒介效果研究始终与现有方法论爱恨缠绕。

互联网络横空出世，冲破了旧有传播观念的樊篱。互联网络从最早的通信手段，变身传播媒介，再延伸成传播平台，现在已经成为传播环境和生活方式，大幅拓展了现实世界的场域与维度。身处互联网时代，传播学者怎样看待、思考和处理媒介效果问题和研究实例，怎样观测媒介效果的发生和走向，媒介效果可否引导和操控，效果指向是否有生命时限，预设效果是否同时必然捆绑“无效果”、“反效果”的成本代价？互联网络传播节点的传受同体（prosumer）的特性，正与每个人作为网络传播实体的特点相同；当中国网络用户已达数亿之众时，媒介效果研究的复杂性指数正直线上升。

自 20 世纪 80 年代开始，中国大陆启动一轮至今势头不衰的译介国外学术著作之浪潮，其对学术和社会的积极推动作用有目共睹。国内传播学界出于偶然或者偏好等原因，深受美国传播学译著的影响；其中施拉姆（Wilbur Schramm）的传播学概论教学模板，至今是众多国人自撰著述的框架底本。欧洲一些传播研究虽然学理思辨深邃，启发性较大，但多数实操和落实不够，译介过来的精品案例和示范不多。这在中国向外学习的过程中，都是不难理解的情况。

中国人熟悉“拿来主义”，其实还有“送来主义”。送者，就是海外华人传播学者群体。2007 年，中国人民大学出版社推出的《传播学》（*Mass Communication*）一书，就是“送来主义”的产品。该书的特色是作者群体的华人身份背景。这批撰稿人大都来自中国大陆或大中华地区，在国内大学毕业或在传媒工作一段时间后负笈美欧求学，各自获得博士学位后，留在欧美大学教授传播学并从事相关研究，多数获得资深教职。这群学人深知国内的现况和需求，也非常熟悉和了解海外研究的传统与前沿。他们在人生经历、学术背景、语言文化、思维视角、沟通能力等方面具有的接近性优势，使得他们面向国内读者的学术推介，大大超越了直译和搬运层次。

摆在面前的这本《媒介效果与社会变迁》，是“送来主义”的最新成果。此书由三位海外杰出华人传播学者魏然、周树华、罗文辉主持撰写，其中魏然、周树华亦是当年《传播学》一书的主要撰稿人。如果说《传播学》偏向工具性手册，适合置于案头不时翻检；《媒介效果与社会变迁》则是一本主题集中、内容厚重、直接面向国内学界同仁的学术专著。中国大陆地区的传播现象极为丰富，或因制度和技术训练上的双重难度，标志性的优秀媒介效果研究著作一直不多。本书的出版可算是“雪中送炭”。

书中的主要章节都围绕三位资深教授熟悉和长期从事研究的领域和理论，所写的都是基于过往研究的积累和实证成果，内容扎实具体；既有学理观念历史沿革的综述和透视，也有实际研究的讨论分析；在回顾和评价过往成果的基础上，眺望前路，剖析难点，展示出直面时代新挑战的批判精神与智慧供应，学术分量已经超值。作者的叙述和讨论并非面面俱到，但求言之有物有据，预期对开拓国内传播研究视野和提高研究的水平会有切实的帮助。

三位主撰作者过往教过的十余位中美研究生也参加了本书的部分撰稿与写作，成为共同作者。这些年轻的参加者有些事业有成，已经在大学中担任教职，有的还在继续深造。魏然教授说，他对在华人社会中做传播研究，始终抱有如一的热情，并希望有志于此的优秀学生能够参与进来，实现传承的延续。这番话对应着本书三位主要作者的践行，也代表了海内外许多华人传播学者的心声。谁敢断言，未来有关中国传播研究的经典案例，不会出自今天尚为学生者之手？传播是延续的过程，媒介效果也有累积性，因此这方面的研究需要坚守和持续，并且不断开拓创新。媒介效果研究的未来，显然更属于年轻的一代。

邓炘炘

中国传媒大学新闻学院　教授、传播系主任

初稿于 2014 年 11 月

定稿于 2015 年 11 月

参考资料：

［美］雷·S·安德森著．叶汀译．论成为人——神学人类学专论．上海：上海三联书店，2012.

目　录

前　言

媒介效果是大众传播研究的“核心”问题（陈怀林，2007：421页）。大师级传播学者卡茨（Katz，2001）曾直截了当地说，传播学研究就是“传播效果研究（271页）”。通俗地讲，媒介的传播效果是大众传播学者的饭碗课题（a bread and butter issue）。中外学者对媒介效果的研究已经有了近百年的学术传统。有学者估计（Potter & Riddle，2007），近四十年，在传播效果领域所发表的学术论文超过四千余篇，而且还在不断增长。

但是，“大众传媒的社会影响力究竟有多大?”，学者们对这个问题的争议却一直不断。现在网络媒体风起云涌，传统媒体影响力衰退，传播学界自然质疑网络时代大众传播的概念是否适用（Chaffee & Mitzger，2001）？也有人担心大众传媒可能要被互联网淘汰。这些质疑让媒介效果研究面临新的困惑和挑战。

从某种角度来看，大众传媒的危机，就是媒介效果研究的理论危机。我们撰写这本《媒介效果与社会变迁》的目的，是基于互联网对大众传媒的影响，希望对媒介效果理论和研究给予及时的审视和学术批评。更为重要的是，我们希望回顾媒介效果研究的演进历程，总结过往研究的成就和不足，进而指出未来如何直面互联网时代的挑战，使媒介效果研究在21世纪能继续向前推进。

20世纪80年代初，当大众传播学刚刚传入改革开放的中国时，曾经发生过“传播学”和“船舶学”混淆的困扰。传播学的发展经历了种种曲折，从起初的步伐迟缓到20世纪90年代后期的长足发展。今天，中国的传播学科数量和规模与全球最大的美国不相上下。国内同仁所取得的科研、教学成绩，有目共睹。在国内，传播学从无到有，从小到大，成为一个朝气勃勃的前沿交叉学科。

虽然从美国引进的传播学的核心概念和基本原理已经在中国落地生根，但由于中国传播学的基础薄弱，传播学科面临由大到强的挑战。随着时代变迁，互联网新媒体的兴起，国内的传播学研究亟待进一步细致化、精致化，加大纵深，拓展力度，也更需要国际化。为此，我们竭力避免写一本泛泛介绍海外媒介效果理论的书。为了让本书具有特色，我们从历史与现实、传承与创新以及困境与发展三个视角来深入探讨媒介效果研究的学术传统和所面临的挑战，尝试做到既有学理的历史沿革综述，也有实证研究支持的理论论述。所以，本书的定位是以实证研究结果（evidence-based）来透视西方媒介效果理论的一部精致专著。

对于媒介效果研究的现状和未来，英国大文豪狄更斯的说法非常贴切：这是一个最糟糕的时代，也是一个最好的时代。能赶上互联网时代是我们这些传播学者的好运气。我们没有理由不尝试创新，承前启后。美国著名传播学者、议程设置理论创建者之一 McCombs 教授在谈到有四十年之久的议程设置理论所面对的挑战和发展时，按捺不住兴奋之情。在他看来，随着互联网时代自媒体的兴起，议程设置理论不但没有过时，“被下课”，而是“好戏才刚刚开始”（McCombs，Shaw & Weaver，2014：15）。

总之，通过撰写本书，我们期望将海外最新的媒介效果研究的成果与前沿的研究范式介绍给国内的传播学者，为传播学在华人社会向“高（端）、精（致）、尖（端）”的发展，略尽绵薄之力。

作为本书的三位作者，我们在西方接受的学术训练相似，对在华人社会做以科学方法为导向的传播效果研究的热情，也始终如一。我们曾经合作研究多年，本书的部分内容即来自我们合作的研究成果。然而，共同撰写一本有深度的理论专著，对我们而言，是前所未有的体验。本书的第一章、第二章和第二十一章由我们三位作者共同完成，其余的章节按我们各自的研究专长来写。我负责新媒体部分；罗文辉主要写新闻媒体对受众认知的影响和媒体认知效果理论；周树华的贡献是以实验法为主的章节，这些章节涉及传播效果的新领域，如情感、娱乐效果。贯穿这些章节的主题是媒介效果研究的认知理论新范式。撰写这本书给了我从两位合作者那里学习的机会，借此向两位合作者致谢。同时，本书能够顺利完成，还要感谢我们众多的共同作者，他们都是我们三位教过的中美研究生。他们个个优秀，学有所成。让学生参与撰写这本书，也体现了我们进行学术传承的意图。

感谢中国传播学会首任会长、上海交通大学媒体与设计学院前院长兼特聘教授张国良在百忙当中为本书作序。目前在国内，张国良教授是国际能见度最高的学者之一，他能够熟练地将西方的传播学理论应用在中国的传播研究中。他对国情的了解，对学术的认真执着，令我们由衷敬佩。他的序使本书大为增色。同时，也要感谢中国传媒大学传播系主任邓炘炘教授所写的序。邓教授是国内接触西方传播理论最早的学者之一，他教授传播理论课程多年，经验丰富，对国内传播学界现状的了解，少有人出其右。他对本书的解读和点评，拉近了本书与国内学者之间的距离，按流行的说法是，更“接地气”。

我们有幸和多位华人传播前辈学者相识和交往，如香港中文大学新闻与传播系前系主任、浸会大学传理学院前院长兼讲座教授朱立先生，新加坡南洋理工大学传播与信息学院创院院长、英文 SSCI 期刊《亚洲传播学刊》创刊主编郭振羽先生。两位德高望重的前辈对传播学在华人社会的落地、生根到开花结果，功不可没。虽然两位前辈在桃李满天下之后退休赋闲，但他们得知我们要出版此书后，慨允推荐本书，我们心存感激，又倍感压力，期望本书能够名副其实。

国内传播学长江学者、香港中文大学讲座教授陈韬文博士对传播学在华人社会的发展起了重要推动作用。他高瞻远瞩，早在20世纪90年代就积极推动国内传播学者到香港做学术交流，一时间，香港中文大学成为华人传播研究的重镇。他对国内传播学的长足发展贡献良多，被教育部聘为传播学科首位“长江学者”（“长江一号”），实属众望所归。本书有陈教授的肯定和支持，令我们深感荣幸。

同时衷心感谢在国内外享有盛名的传播者，美国威斯康星大学教授、复旦大学新闻学院原长江讲座教授、多年的好友潘忠党博士和中国传播学会副会长、中国人民大学新闻学院责任教授喻国明博士为本书做推荐。潘教授是美国几位大师级传播学者——Steve Chaffee、Everett M. Rogers 和 Jack McLeod——的高徒。他是主流媒介效果研究领域的顶尖学者，也是众多国内留学生在美国取得学术成就最高的学者。而喻国明教授属于国内本土派传播学者的领军者。对两位教授的友情支持，我们特此致谢。

还要特别感谢中国人民大学出版社的翟江虹女士。作为本书的编辑，她的热心和耐心是本书得以出版的重要因素。她在传播学学术出版上拥有的专业素养以及对出版前沿理论丛书的敬业精神，让我们敬佩。

最后，对在此书从构思到出版过程中提出了大量宝贵建议，并给予热忱支持的朋友和同事们，一并致谢。他们是：中国人民大学新闻学院责任教授陈力丹，中国人民大学商学院蒋晶副教授，中国传媒大学广告学院前院长黄升民教授、黄京华教授、宋春侠女士，中国传媒大学新闻学院传播系主任邓炘炘教授，天津师范大学新闻传播学院前院长刘卫东教授、尹良润副教授、陈娜副教授，西安交通大学人文社会科学学院副院长杨琳教授，华中师范大学新闻传播学院传播系吴志远副教授，台湾义守大学大众传播学系林素真教授，美国南卡罗来纳大学新闻与大众传播学院前后任院长 Carol Pardun 和 Tom Weir 教授，以及我的研究助理梁韵姿小姐。

特别要说明的是，本书每章均列有详尽的参考文献。扫章末二维码，可浏览该章参考文献。全书参考文献请在中国人民大学出版社官网（www.crup.com.cn）下载。

魏然

2015 年 10 月 15 日于美国南卡罗来纳州

第一部分

媒介效果研究的传统与新范式

第一章　绪论：媒介效果研究的传统取向

文｜魏然　周树华　罗文辉

摘　要

媒介的传播效果是涉及传媒信息及其传播过程对受众产生各种影响的一个重要学术领域，开篇的第一章集中探讨媒介效果这一概念，并分析媒介效果研究的历史、传承和互联网媒介时代媒介效果研究所面临的巨大挑战。我们将从三个方面来探讨媒介效果研究。首先，回顾大众传播语境下媒介效果研究的历史——从大众传媒时代过渡到后大众传媒时代、社交媒体时代、自媒体时代。其次，回顾媒介效果理论的阶段性发展与标志性的实证研究。最后，分析媒介效果理论陷入的困境，并指出如何走出困境与如何发展媒介效果理论。本书的特点以及各章节结构，在最后一并介绍。

关键词

大众传播、传媒、互联网、媒介效果

一、都是传媒惹的祸？

媒体在现代社会扮演着举足轻重的角色。媒体对人们的态度、认知和行为到底有多大影响，政客、专家和普通民众却各执一词，鲜有共识。有趣的是，传媒通常是社会问题的替罪羊。

2012 年 12 月底，新年在即，美国康涅狄格州的桑迪胡克小学在毫无预警的情况下，发生了举世震惊的枪击案。20 名小学生连同 6 名成人被枪手残酷地杀害。枪手蓝萨（Adam Lanza）是个 20 岁的无业青年，他在家里是有名的“幽灵”：一个孤僻的怪人，但他却是个电玩高手，并常常模拟暴力电玩中的情形。恰好，好莱坞大片

《绝杀令》(*Django Unchained*，大陆译名：《被解救的姜戈》）在枪击案同一时间上演，因该片内容血腥暴力，导演立即成为各界舆论批评的箭靶。美国参议员洛克菲勒（Jay Rockefeller）于2013年1月19日在国会提案，要求国家拨款用于专门评估暴力电玩，并研究暴力电玩与现实暴力犯罪之间的因果关系。于是，要求禁售暴力电玩给儿童与青少年的声浪在美国再起。一时间，充满暴力的电玩、电影和电视节目如同过街老鼠，成为众矢之的。好像是传媒在教唆少不更事的孩子杀人，这引发“枪不杀人，媒体杀人”的争议（魏然，2013）。

法国和中国近年来先后制定限制每年进口美国好莱坞电影数量的政策，以法律手段抵制美国的“文化侵略”（cultural invasion）。美国的文化侵略指的是，美国将其意识形态、饮食、价值观通过电影、电视节目等文化产品向世界各地传播。无疑，这些政策的出发点是保护本国文化，背后的假设是好莱坞的电影比真枪真炮还厉害。但是，真的如此吗？

日本政府在1999年通过了史无前例的《两性平权社会基本法》，为女性争取更大程度的平权。但在日本电视剧中，女性却还是扮演足不出户的家庭主妇角色。虽然越来越多的日本民众具有两性平权意识，然而那些长期看“男人主外、女人主内”电视剧的日本人，依然认为女人的社会位置是在家里相夫教子。这一现象带来疑问：电视是否在拖日本社会进步的后腿？

2013年年底，两位美国科技界的巨擘——脸书（Facebook）共同创办人马克·扎克伯格（Mark Zuckerberg）与微软公司（Microsoft）共同创办人比尔·盖茨（Bill Gates）——进行了一场口水战。盖茨对媒体表示，科技“很神奇”，但不会拯救世界；他认为扎克伯格“发展网络比研究疟疾重要”的想法“很幼稚、可笑”。他以科技不能救人，讽刺扎克伯格的科技万能论。两人的口水战引出的核心问题是：新传播科技对社会发展的影响究竟为何？如何认识新媒体与社会发展之间的关系？

这些现实生活中的真实故事触及一个共同的问题：社会中的诸多不幸和问题似乎都与媒体有关，似乎都是媒体惹的祸。社会出现了病态现象，是不是要拿媒体试问？具体而言：孩子们电玩玩多了，是被暴力电玩给带坏了吗？媒体宣扬的暴力又如何导致现实生活中的暴力？人们电视看多了，是否会在不知不觉中受到电视宣扬的价值观教化？在更广义的层面，媒体，尤其是网络新兴媒体，在一个国家的文化和经济发展中扮演了什么样的角色？

二、媒介效果研究

上述问题不仅是大众关注的媒体对社会影响的问题，也是大量媒介效果研究所探讨的课题。在学理上，媒介效果（media effects）指的是“大众传媒制作的信息在某种情形下对人们的影响”（Perloff，2013：324）。确切地讲，媒介效果是指“在大众传播语境下，制作信息（encoding）与解读信息（decoding）活动之间的关系”（Jeffres，1997：4）。在微观层面，媒介效果研究关乎媒介如何影响人们的日常生活、工作学习、消遣娱乐，甚至改变个人的人生观与世界观；在宏观层面，媒介究竟如何影响一个国家的政治、经济与文化生活等问题也是本书探讨的主题。

媒介效果是大众传播研究的“核心”问题（陈怀林，2007，421 页；Perloff，2013）。学者对媒介效果的研究已经有近百年。从李普曼（Lippmann，1922）对报纸引导公共舆论的研究，到克拉帕（Klapper，1960）对传媒社会影响力的否定，再到一系列的媒介效果理论如议题设置理论（McCombs & Shaw，1972）的出现，媒介效果研究在争议不断中发展。可以说，没有媒介效果研究，就没有现今的大众传播学。

媒介效果研究的出现是现代传播技术发展和演进的结果。因为传播科技快速发展，大众传媒得以不断演进，以高效率的传播手段，把信息和娱乐节目传送到千家万户。当今，媒介早已成为现代人生活中不可或缺的一部分，它们无处不在，影响着人们生活的各个层面。在本书开篇的第一章，我们将从历史与现实、传承与创新以及困境与发展三个视角来透视媒介效果研究的学术传统和面临的挑战。

【视角一】　媒介效果研究的历史与现实

传播是人类社会的基本功能之一，传播活动古已有之，从烽火台到信鸽，不一而足。然而，大众传播（mass communication）是近代才出现的现象，而大众传媒（mass media）作为一种建制性的（institutionalized）传播机构，则是 19 世纪工业化时代的产物；此外，传播学是 20 世纪 30 年代以来跨学科研究的结果。

根据美国传播学者 Chaffee 和 Metzger（2001）的归纳，大众传播这一概念的内涵有三个层面：（1）它指的是传媒机构（media institutions）；（2）它意味着一种社会控制（social control）机制；（3）它也是一个学术领域（an academic field of study）。

大众传媒的发展得益于传播科技的不断推陈出新。从19世纪末印刷技术的革命，20世纪电子媒体的兴起，到21世纪互联网新兴媒体的出现，传媒的发展不仅使信息数量剧增，也使“天涯若比邻”成为现实。身处世界各地的人们，可以随时随地通过互联网和移动媒体，进行同步视频沟通。眼下，我们正在经历大众传媒时代向后大众传播时代（即社交媒体、自媒体时代）的过渡。

伴随着传媒业与日俱增的社会影响力，大众传播研究也逐渐成为一个独立的学术领域。媒介效果研究在两次世界大战期间因为战争宣传而得到重视。在这一时期，大众传播研究在认识和把握大众传媒的特点上取得了长足的进展。历史上重大传媒研究课题，几乎都关注媒介的效果，如：媒介与心理宣传战（propaganda warfare）和电视暴力与青少年不良行为。具体而言，在第一次世界大战期间，攻心战的重要性开始受到重视。当时使用的大众传播手段有传单、手册、报纸与杂志。随后电子媒体如广播电台及电影逐渐普及，使这些当时最新的大众传媒在第二次世界大战中成为大规模宣传战的主角。纳粹德国利用它们对上百万青年洗脑，动员德国民众建立“第三帝国”。在民主国家阵营，大众传媒在动员人民支持反法西斯战争方面功不可没。例如，美国政府的“山姆大叔需要您”（You're wanted）征兵广告，是影响美国人对第二次世界大战态度和行为的经典之作。

纵观二战后几十年的大众传播学，西方主流的媒介效果研究具有四个特色：

第一，媒介效果研究关注大众传媒对社会、对组织及对个人的影响。研究课题丰富多元，从政治（如选举宣传战）到产品营销广告，从体育、健康传播、环境传播到娱乐媒体，各领风骚，覆盖面非常广阔。在新媒体蓬勃发展的语境下，媒介效果研究的领域还将扩大。近年来，探讨媒介传播效果理论的专著陆续在美国出版（如：Bryant & Zillmann，1994、2002；Perse，2001；Jeffres，1997；Bryant & Thompson，2002；Sparks，2006），显示了媒介效果研究这一领域的蓬勃生机。

第二，虽然媒介效果涵盖了好与坏两方面的影响，但实际上，媒介效果研究更倾向于关注大众传媒的不良社会影响（harmful effects）（详见 Wartella & Reeves，1985）。例如，传媒的洗脑效果、电视对青少年的不良影响，以及前文所提及的电玩的坏影响等。Perse（2000）将媒介效果研究的目的解释为“如何控制、加强或减轻大众传媒对个人及社会的影响”（ix）。传播学者之所以特别关注大众传媒的负面效果，主要有三个原因：（1）历史的因素，属于宣传战、冷战及意识形态斗争的需要。（2）和美国传媒所制作的内容有关。美国电视新闻报道集中在“坏消息”上，如枪击、车祸、天灾等；而娱乐节目不是打打杀杀，就是打色情的擦边球，以吸引最多的眼球。（3）政治因素。美国国会特别关注大众传媒对美国社会可能造成的不良影响，专门拨款资助这类研究（例如对电视影响研究的课题费最多，达数亿美元）（详见 Weaver & Gray，1979）。

第三，媒介效果研究主要以量化（quantitative）研究方法为主，较少以个案或访谈来认识、理解和建构传媒效果理论。具体来说，媒介效果研究的方法大多采用实证研究取向（positivist），从社会科学的角度把日常观察到的媒体影响概念化和理论化，然后用准确的方式测量这些概念化的影响（如议题设置、教化影响等），并通过客观数据来验证理论的有效性。常用量化方法包括内容分析法、大型问卷调查和实验法。在研究方法上，美国开展的媒介效果研究有别于欧洲和加拿大的传播学研究。欧洲和加拿大研究的取向是批判方法（critical studies）或者受马克思理论影响的政治经济学（political economy）。

第四，媒介效果研究注重实用性，以帮助大众传媒业解决经营和管理问题。例如，广电媒体传播效果研究的开创者，哥伦比亚大学的拉扎斯菲尔德（Paul Lazarsfeld）和他的同事长期与哥伦比亚广播网（CBS）合作，做电台收听率、电视收视率的调查。在美国蓬勃发展的媒介效果研究，从乔治·盖洛普（George Gallup）的民意调查到阿瑟·尼尔森（Arthur Nielsen）的市场调查（Chaffee，2000），都充满了实用精神，至今不衰。

然而，作为一门新兴学科，当代的媒介传播效果研究根植于传统媒体时代的大众传播学基础上，但它又超越了传统的大众传播学的局限，将前沿学科如计算机科学、信息论和控制论等应用于传媒使用和媒介效果研究上。这是因为传播科技是现代传媒业和传播学科发展的基础。传媒产业对社会发展的贡献与传播技术的创新相关。随着信息传播平台的扩展以及传播内容的多样化，以互联网为平台的新媒体给人们的传播和沟通带来了深远的变化。日新月异的新媒体不仅改变了人际传播行为和传播方式，也与经济发展、文化传承、社会进步息息相关。

互联网技术为数字媒体打下了坚实的基础，信息社会已成为当今世界发展的大趋势（详见第十六章）。在2007年至2011年间，互联网的全球使用率增长了88%，而其中社交网络的使用率增长了174%。例如，浏览“脸书”（Facebook）的人次从约4亿增加至约12亿。在中国，使用互联网的受众极为庞大——网民已经达到7亿，手机用户超过10亿。毫无疑问，新兴媒体正在改变大众传媒的面貌，包括信息制作及其媒体的社会影响。

以互联网为核心的新媒体在20世纪90年代蓬勃兴起，它带来了全新的传播方式。其中最大的变化是传播中心的转移。新媒体不仅打通了横向传播（horizontal communication），即用户之间的信息传播，也缩短了传媒与受众之间纵向传播（vertical communication）的距离。这种横向与纵向的结合，导致了“传播中心转移”。有学者（程曼丽，2000）将这种变化称为自15世纪古登堡（Gutenberg）发明活版印刷技术以来，影响最深远的一次“传播革命”（19页）。

这场空前的传播革命，本质是打破信息垄断、实现传播资源的社会化和传播权力的全民化。根据复旦大学李良荣教授的说法，互联网赋予了公民传播的权力，实现传播的权利（right），并促使传播权力（power）的转移。他认为这是新传播革命的主要内涵（见《泛媒研究院》，2012）。世界传媒大亨鲁伯特·默多克（Rupert Murdoch）认为，“权力正在发生转移，从拥有和管理媒体的人移转至正在变得日益挑剔的读者和观众手上。这些读者和观众年轻而富有朝气，对新技术极其敏感，不愿意被领导，并且知道在这个媒体充满竞争的世界里他们可以随时、随地、随心所欲地用任何他们喜欢的方式，获得任何他们想要得到的资讯。”(引自李铮，2013，123 页)

由于新兴互动媒体技术的进步，传播模式发生了深远的变革——从以大众媒体为主的传播转变为以个人为主的传播。以个人为主的传播方式有两个：第一，点对点（point to point）的传播。例如，电邮、短信、博客、微博等。英国市场调查公司 Portio Research 最新发布的研究报告显示，2009 年手机用户共发送了超过 5.5 万亿条短信；到 2014 年，全球短信数量达 11 万亿条。第二，群体对群体的传播（many to many），也就是“小众传播”或“分众传播”。例如，BBS、社交媒体群发短信。分众传播的典范之一是 YouTube，在美国每月登录 YouTube 的用户达到一亿，占全美人口的三分之一。

群体对群体式传播不再是由点向面（one to many）这样的直线型（linear）大众传播模式（直线型传播会断掉），而是非直线的病变传播（viral）模式，传播广度呈指数级增长。一个话题、一件突发事件，如果有 1% 的人关注，然后横向传播，该话题就滚动成了大话题。

综上所述，大众传媒对信息的垄断已经逐渐被打破。美国著名的传播学者 McCombs，Shaw 和 Weaver (2014) 指出，受众现在依据个人的兴趣爱好，选择使用垂直型媒体（即传统媒体）和横向型媒体（即社交媒体）。所以，新媒体的兴起对媒介效果理论与实证研究带来了很大挑战，因为新媒体在重构媒体的生态和传播格局。人们对新媒体的注意力变成稀缺资源，同时，以前政府主导的传播局面会渐渐地被打破，新的意见领袖层正在崛起，在热点事件报道、设置公共议题、引导舆论走向等方面，这些横向媒体及其意见领袖有着巨大影响力。

总之，我们所熟悉的大众传播理论在信息社会中越来越行不通了，它们被批评为与现实严重脱节，如果再不与时俱进，就有被“下课”之虑。传播的生态变革需要新的理论。正如 McCombs (2005：544) 所说：“当今，互联网是媒介（效果）研究的新前沿（new frontier for research）。”

【视角二】 媒介效果理论和实证研究的传承与创新

大众传播学在 20 世纪 30 年代诞生于传播科技领先、社会科学人才济济的美国。随后，它传到欧洲和亚洲（日本），并在 1983 年引入刚刚开始改革开放的中国。长期以来，在各国沿袭的美国理论体系中，媒介效果理论的发展并非一帆风顺，曾发生过几次重大争论。争论的核心问题是：大众传媒究竟有多大的效果？

第一次世界大战前后，出现了大众传媒强效理论。其背景是廉价的印刷媒体成熟，便士报纸（penny press）发达，而电子媒体如电影、广播电台开始出现。随后的第二次世界大战期间，电子传媒加入宣传战。大众媒体被政府用于战争动员、民意说服、支持前方。第一次世界大战中所广为采用的心理战是典型的例子。这个时期具有标志性的媒介效果研究，皆与战争有关。由于大众传播的传播范围和力度在当时是空前的，传媒的魔法子弹强效论（magic bullet theory of mass media）应时而生。该理论又被称为“皮下注射理论”（hypodermic needle），即一种简单的通过媒介信息刺激（就像被打一针），然后观察受众反应的传播效果理论（Gitlin，1978）。具有代表性的学术著作有 Lasswell（1927）所著的《世界大战中的宣传技巧》，Hargrave（1940）的《打赢战争的文选》以及 Carl Hovland 等人（1953）的《传播与劝服》等。

综上所述，这一阶段的媒介效果研究认为传媒对被动的信息接受者具有直接而又无限的效果。传媒具有自上而下的直线性传播效果，民众被媒体传播的信息直接说服。难怪，此类效果被比喻为“魔法子弹”（magic bullet），会对被射中的大众产生洗脑作用。无论是社会动员、宣传还是广告，大众传媒好像无所不能，似乎谁掌握了传媒，谁就能呼风唤雨，所向披靡。

二战后，世界进入和平发展时期。20 世纪 60 年代也是大众传媒发展的黄金时代，收音机的普及使广播成为新兴的强势媒体。电视技术的突破及电视节目兴起，又使电视成为影响选民及选举活动的最重要媒体。于是，传播学者开始关注电子媒体对选民投票行为及消费者购物决策的影响等新课题。这些媒介效果研究发现，媒体的效果并不像早期战争时期建构得那么强大。相反地，这些研究发现传媒在改变受众的态度、影响其行为的力度上是有限的。

质疑媒体强效理论最轰动的研究是探讨选民投票行为的研究。在著名的《人民的选择》（*People's Choice*）一书中，拉扎斯菲尔德（1948）提出了媒介效果的“两级传播”（two-step flow）理论模式。即大众媒体最大的影响是告知和说服一小部分关键的个人，如意见领袖（opinion leaders）。意见领袖接收传媒信息后，通过人际传播的渠道，将传媒的信息转述给追随者（followers），从而对这些追随者产生影响。根据吉特林（1978）的总结，拉扎斯菲尔德的媒介效果研究以“具体的、可测量的、短期的、个体的”视角，追踪选民在接受传媒信息后的态度和行为变化（208 页）。这种研究模式得出的结论是，传媒对于大众舆论的影响力微乎其微。

与此同时，耶鲁大学实验心理学家霍夫兰（Hovland）（1953）带领一批学者进行传媒与态度变化（attitudinal change）方面的研究，他们采用实验法进行说服信息效果实证研究。其成果集成于《传播与劝服》（*Communication and Persuasion*）一书。霍夫兰的实验研究同样揭示了媒介效果的复杂性，他认为传媒的信息要对受众有所影响需要具有一定的条件（如受教育程度、对信息的涉入度等）。正如 Leighley（2004）所归纳的：“某种传媒所传递的某种特定的信息只会在特定的时间，对某些人产生相当的影响”（150 页）。

总之，“两级传播”理论模式和霍夫兰的媒介效果的条件说，均否定了早期较单调而又似乎万能的媒体魔弹论。传播学者对传播效果的理论取向“发生了 180 度的转变”（陈怀林，2007，429 页）。20 世纪 60 年代初，约瑟夫·克拉帕（Klapper，1960）的经典总结性论著《大众传媒效果》提出大众传媒的有限效果论，使媒体弱效理论成为当时传播学的主流观点。

Klapper 的有限效果论的生命周期并不长。原因是自 20 世纪 70 年代以来，突飞猛进的电视和卫视技术进入黄金时代。电视带来了一场新的传播科技革命，它改变了大众传播的范式和覆盖范围。通过电视荧屏，人们在自家的客厅就可以了解天下大事，或者打发时间。很快，看电视成为美国人最重要的信息渠道和不可或缺的娱乐方式。一般来说，美国人每天看电视的时间为 3 至 5 个小时，是除了工作之外，花时间最多的活动。此外，黄金档的犯罪暴力节目收视率高，其对孩童的影响引起社会的普遍关注。美国国会决定拨专款研究电视对孩童成长的影响。在这些新的情况之下，Klapper 的传媒有限效果论难以解释新的社会现实。

电视的黄金时代，带来了媒体效果理论的蓬勃发展。根据 Bryant 和 Miron（2006）对传播学理论演进与发展的系统性分析，媒介效果理论大多在 20 世纪 70 年代问世，至今仍是传播学的主流理论。新一代的大众传媒学者提出的崭新的媒介效果理论很快取代了 Klapper 的传媒有限效果论。其中著名的有明尼苏达大学几位学者建构的“知识鸿沟假说”（knowledge-gap hypothesis）（Tichenor, Donohue & Olien，1970），北卡大学 McCombs 和 Shaw 在 1972 年开创的媒体“议程设置理论”（agenda-setting theory），德国学者纽曼（Noelle-Neumann，1974）创立的“沉默的螺旋理论”（spiral of silence），滨州大学 Gerbner 和他的学生（1979）所创建的“传媒涵化理论”（cultivation theory），华盛顿州立大学的 Ball-Rokeach 和 DeFleur（1976）创建的“传媒依赖理论”（media dependency theory）以及 Lang 和 Lang（1953）提出的电视独特影响力理论。

这些媒介效果理论为当代传播研究奠定了理论基础，并创立了核心媒介效果概念，使传媒研究具备了其他社会科学所不能替代的特殊性。于是，传播学科在美国大学开始自立门户，形成一个新的研究领域。

有趣的是，这些新的媒介效果理论的特点是不把传媒视为万能的说服灵丹妙药，也不认为大众传媒效果具有放之四海而皆准的影响力。它们强调的是，传媒要产生效果需要具备必要条件（necessary conditions）和充分条件（sufficient conditions）。有鉴于此，验证媒介信息的效果可能是局部的，即大众传媒在特定的条件下，所传播的信息对某些受众会产生某些影响。而这些影响更多的是认知层面（cognitive）的，而非明显的行为上的变化（behavioral change）。例如，媒体议程设置理论开宗明义地说，传媒不一定有能力告诉民众怎么想（what to think），但它可以影响民众想些什么（what to think about）。同样，传媒涵化理论也强调，暴力电视对受众的效果不是立即、短期的，而是长期的涵化过程（a cultivation process），就像培养植物一样，慢慢地，以长期的潜默异化的方式对观众产生影响。

进入 21 世纪，对媒介效果的最新争论源于网络媒体带来的传播新环境，特别是传媒的分层化及受众的碎片化。在传媒环境“碎片化”（stratamentation，见 Bennett et al.，2007）现象加剧的语境下，Bennett 和 Iyengar（2008）提出回归传媒弱效论（a return to a time of minimal effects）的论点。Bennett 与 Iyengar

(2008)指出，自媒体(self media)的兴起，削弱了大众媒体的议题设定之影响力度。另外，因为媒体的渠道和平台趋向多样化和社会化，人们更倾向使用与自己的党派立场接近、价值较一致的媒体，于是选择性使用媒体(selective exposure)的现象日益普遍。这些现象使大众传媒的影响范围大不如前。

面对网络媒体的日益壮大，传统媒体碎片化严重，大众媒体的受众日渐零落的形势，Bennett与Iyengar(2008)质疑使用过时的"大众传媒"概念还有没有意义。不论他们的论点正确与否，新的媒体环境意味着传播学者需要重新审视媒介效果的现有范式。

【视角三】 媒介效果研究的困境与发展

德国传播学者Donsbach(2008)在谈论传播学学科的演进与发展时，提出了两个观点：第一，过去的30年是传播学发展最快的时期，其发展速度超过其他社会科学；第二，传播学者在传播的过程方面(communication processes)所做的研究已经取得了相当的成绩(473页)。

然而，他同时指出传播学面临着研究和理论发展的双重挑战。他举例说，传播学至今的学科身份(identity)仍然不清晰。传播学研究的范围一直在扩大，从传统的人际传播、组织传播、大众传播一路延伸出政治传播、健康传播、科学传播、风险传播、体育传播、娱乐传播、环境传播等，不一而足。结果是，传播学的核心概念越来越不受重视。此外，传播学者在媒介效果方面所做的研究，实质性成果很少。更有学者认为(Lang，2013)，媒介效果的实证研究令人失望，对传媒的社会影响这一基本问题，并无明确的结论。同时，媒介的效果是强还是弱，目前仍是一笔糊涂账。以玩暴力电子游戏对青少年的影响所做的研究为例，大量的实证研究对玩暴力电玩是否有不良效果，结论不一，甚至出现互相矛盾的研究结果，进而产生学术上的争议(详见本书第十四章)。媒介效果研究陷入这样的困境通常是由于学者借鉴了不同的理论，或者在搜集证据时使用了不同方法。

一方面，通过回顾一个世纪之久的大众传播发展历程，以及近一个世纪的大众传播理论的演进，以往的媒介效果的研究成果可以总结如下：传媒到底对社会有没有影响？此类问题毋庸置疑。在信息社会，传媒更是无处不在(ubiquitous)，有媒体在的地方，媒体就会产生影响。另一方面，媒介效果是一个非常复杂的现象。过去的研究发现(Emmers-Sommer & Allen，1999；Potter，2012)：首先，受众的年龄与传播信息的接受和理解存在相关关联；其次，大众传媒是受众了解天下大事、增长知识的主要来源；另外，传媒有能力影响受众的态度，并且通过影响态度来影响他们的行为。其他的研究展示，传媒是影响人们行为的必要条件，但未必是足够的条件。传媒对受众的影响肯定不是像魔弹论描绘的那样强而有力，但也不是没有影响，而应该是不大不小（middle of the road position）、局部和“有条件的影响”（Perloff，2013：321）。

从一个学科的科学性要求来看，传媒研究的成果尚未能提出媒介效果的完整、放之四海而皆准的理论，媒介效果实验派学者 Lang（2013）称之为“学科的危机”（a discipline in crisis，10 页）。进入21世纪，大众传播的生态发生了巨变，新媒体的兴起导致大众传媒的衰退，传播学科的危机加剧。媒介效果理论与实证研究如何走出困境，继续发展？这是传播学者必须思考的问题。

Bennett 与 Iyengar（2008、2010）强调，媒介效果研究要突破困境，媒介效果的概念要与时俱进，唯有发展全新的理论（brand new theory），才能符合21世纪信息社会的现实情况。我们认为，媒介效果的强弱（the polarity of weak and powerful effects）不是重点。媒介效果值得研究是因为媒介效果研究对社会实践具有重要的现实意义。如果对媒介的传播效果是强是弱永无休止地争论下去，用 Neumann 和 Guggenhim（2011）的话说，传播学就会“迷失方向”（172 页）。他们指出，“对媒介效果大小来来回回的学术争议，有可能成为传播学理论发展的严重障碍，争议不利于创建更加复杂的效果理论和研究媒介效果产生的社会条件”（188 页）。

总而言之，媒介效果是一个既悠久（time-honored）又前沿、充满争议，同时又具有“典范性的”（quintessential）课题（Perloff，2013：329）。对于学者来说，媒介效果研究是一个令人着迷（fascinating）而又使人沮丧的（frustrating）领域。用 Potter（2011）的话说，传媒效果是个极其复杂的现象，所以难以形成清晰而又具有普遍性的理论。

其实，媒介效果不是强弱的问题，而是媒介在哪些方面有影响，哪些方面没有影响的问题。比如，如果我们只盯着行为的话，我们很可能因为观众看了一则广告但没有买广告中的产品，就下结论认为广告没有效果，或者认为总统辩论不能改变投票结果。但是，观众没有购买产品跟很多其他因素相关，比如购买力不足或者缺少购买渠道，但由于广告的原因，他们对于产品的态度和认知可能有所不同。同理，那些最终未能给辩论胜方投上一票的选民，可能内心对其政策主张极为赞赏，只是因为家族的党派传统，而不想背负逆子之名。也就是说，传媒效果检测的前提是效果定位。只要我们能准确地定位，效果就可能存在。比如，效果可能发生在认知的层面。观看了巴西狂欢节的观众不一定会去里约热内卢观光，但他们对这个城市的印象已经发生了改变。效果也可能发生在情感方面。观看戒烟广告的不吸烟民众未必有什么行为变化，但是内心对香烟的厌恶之情已经日积月累。再如，足球观众很少在电视机前研究战术技巧，而他们当中的大多数在观看的过程中注意力集中，情感非常投入。有鉴于此，本书在媒介的认知效果上大做文章。因为我们认为，传媒的效果研究突破口有很多，而传媒的认知影响是其中最重要的路径之一。

当前，传播学者需要思考及探讨的问题是：在新媒体时代，政治参与的范围扩大与精英主义的消退。如前所述，网络新媒体带来了权力中心的转移，由等级式自上而下，转向横向的、平等式的（peer-to-peer）同辈及熟人之间的传播方式，并逐渐成为主流。面对如此深刻的变化，传播学者应该思考不同的新问题，比如：如何界定新闻记者？传播是什么？19 世纪工业化时代发展出来的大众传播概念能适用在 21 世纪信息社会吗？如果不再适用，那么，媒介效果的形式该如何理论化？如何解释新兴媒体对社会和个人所产生的影响？最后，如何修正、创造性地发展大众传媒时代建立的媒介效果理论，如何让媒介的传播效果研究与时俱进，这些都是传播学科面临的任务与挑战。

三、本书的意义和特色

传播学在改革开放的背景下，于 1983 年传入中国。中国大陆第一本传播学著作《传播学概论》（*Men, Women, Messages, and Media: Understanding Human Communication*）翻译出版距今已有 30 余年。在这 30 年中，传播学科在中国快速发展，传播学研究的进步有目共睹。但是，由于中国传播学的基础薄弱，又经历种种曲折，在 20 世纪 80 年代，传播学的发展步伐迟缓。根据上海交通大学张国良（2009）的观察，直到 20 世纪 90 年代后期，传播学在中国才获得长足发展的空间。

经过国内传播学者 30 多年的努力，从美国引进的传播学的核心概念和基本原理，已经在中国落地生根。可是，随着时代变迁，互联网新媒体的兴起，传播学研究需要进一步细分，加大纵深拓展力度。当前，传播学研究在中国面临着实用有余，理论发展与创新不足，以及踟蹰不前的局面；学术研究成果似乎多为描述性研究，理论性研究不多（见 Wei，2009；见本书第十七章）。当前的传媒研究现状，特别是在实证研究方面，国内尤其滞后，和西方存在较大的差距。

另外，国内传播学理论书籍以翻译居多，不能完全满足国内传播学者的需要。有鉴于此，作为一本专著，本书从历史的轨迹来探讨媒介效果理论的发展，并介绍最前沿的媒介效果理论和研究成果，我们希望能以此对促进中国传播学更细致化的研究与进一步发展有所贡献。同时，本书也把新兴媒体对媒介效果研究的挑战融入讨论中（见第十六章到二十章）。由于海外最新的研究成果一般是先发表在传播学期刊上，翻译的传播理论书籍往往无法包含最新的理论及研究成果，我们在撰写本书时，吸收了最新发表的学术论文，以弥补目前中文传播效果理论书籍内容的陈旧。

在内容和选题上，本书具有五个与其他同类专著不同之处：

（1）主观的研究视角。本书采用了媒介认知效果的视角来理解、认识并研究传媒对社会的影响，特别注重对近年来几个具有影响力的认知效果理论——第三人效果理论、多元无知理论以及敌意媒介效果理论等进行梳理，并给予点评。

（2）新旧媒体兼顾，经典与新兴理论并重。本书既包括经典的媒介效果理论，也涉及新兴媒体理论。

（3）受众的主动角色。本书的重点放在分析受众在传播过程中的主动角色上。从传统媒体让人被动接受、被影响，到网络新媒体时代，人主动去影响传媒。例如，书中第四章就阐述了从媒体议题设置理论到媒体与受众共同影响议题（agenda-melting）的发展过程。

（4）丰富的媒介效果新领域。在内容上，本书涵盖了新闻媒体以及娱乐媒体效果研究的课题和研究成果。

（5）工具性和功效性（utility）。对重要的名词、核心的概念，本书均有详细介绍，并配以英文原文；另外，每章配有进一步研修指南，并推荐相关的中英文书籍与论文。

在章节设计与内容撰写上，本书具备三个优势：

第一，前沿、实用。作者在书中吸纳了西方传播学研究最新的成果，内容非常丰富：有理论综述，也有研究点评；既指出面临的问题，又对传媒研究未来的发展进行启发式思考。此外，本书各章也介绍一些典型的实证研究，以展示最新的研究。

第二，中西合璧。三位作者在美国受过严格的学术训练，能娴熟地应用量化研究方法进行数据分析。同时，我们也了解中国社会的国情，熟悉中华文化的传统。因此，由我们合著的这本媒介效果理论的专著与其他专著不同：有西方的主流理论，又有华人的视角，结合在中国大陆、香港、台湾展开的实证研究，探讨中国人关注的议题，验证西方传媒效果理论的实用性。

第三，权威性。我们均有20年以上的实证研究经验，是量化传播研究的领军人（三人在SSCI英文期刊上发表的论文，总数超过100篇）。每个章节皆基于我们已往的实证研究，配合数据支撑，内容非常扎实，充分体现了华人传播研究的高水准。

四、本书的结构与章节要点

全书共分五个部分，即“媒介效果研究的传统与新范式”、“新闻媒体对受众认知与行为的影响”、“媒介认知效果理论与研究成果”、“媒介效果研究新领域与新兴媒体研究”，及“结语和展望”。

各部分详细内容如下：关于媒介效果研究的传统取向与新范式，第一部分从宏观层面，梳理媒介效果研究的历史演进和以往的研究成果以及争论。第一章由魏然、周树华和罗文辉撰写的“媒介效果研究的传统取向”，从回顾传媒效果理论开始，以分析传媒研究面对的困境结束。第二章则介绍主观认知型媒介效果的核心概念，比较传统研究范式与媒介认知效果范式的不同。

第二部分集中探讨新闻媒体对受众认知行为的影响，包括各种新闻报道如何影响公众的知识，同时对在学术界影响很大的媒体议程设置理论及其研究成果给予述评。第三章“新闻媒体对受众学习公共事务知识的影响”由崔迪和罗文辉撰写，分析“从新闻学习时事”研究的缘起、发展与相关影响因素，并讨论拓展相关研究的方向。第四章由周树华和贾寒撰写的“大众媒体议程设置理论与研究的综述和展望”，介绍议程设置理论的发展历史以及其心理机制和影响因素，讨论大众传播如何通过对议题报道的不同处理来左右人们关注和谈论的公共议题。第五章由周树华和乔飞撰写的“电视新闻对受众认知的影响”，回顾了电视新闻的认知研究、理论和测量等，亦会探讨影响电视新闻认知的主要因素，如议题、戏剧元素和视觉效果。第六章由卢鸿毅撰写，探讨西方国家提出的健康资讯寻求模式，展示相关的实证研究成果。

第三部分探讨媒介的认知效果理论和积累的研究成果。这部分讨论多个主流的媒介认知效果理论，包括第三人效果、多元无知理论、敌意媒介效果理论、媒体偏见。同时，深入剖释这些媒介理论如何应用在不同的层面上，如公众舆论、媒体公信力、新闻报道的客观和主观偏差等。具体而言，第七章由张晓和罗文辉合写的“第三人效果：一个新兴的媒介效果理论”，详细介绍第三人效果假设的演进和理论要点。第八章由魏然和罗文辉撰写的第三人效果在政治传播中的应用和重要发现，进一步讨论主观认知的视角对传媒的政治信息的传播效果研究的价值。第九章“民意和多元无知理论”由李淼和罗文辉撰写，探讨多元无知理论及多元无知对民意的影响。第十章至第十二章均由周树华与闫岩撰写。第十章“主观认知的偏差：敌意媒介效果研究”，检验了敌意媒介理论及其向相对理论的发展，梳理相关的影响因素和解释机制，并为该理论在华语传媒语境下的研究提出建议。第十一章“媒体的偏见？媒体的客观和主观偏差研究”回顾了西方学界30多年来关于媒体偏见的实证研究，包括关于媒体偏见客观性和主观性本质的争论及理论阐释，作者以电视新闻为例检视媒体偏见成因和表现，并对媒体偏见的衡量标准、纠正途径、未来研究方向等加以评述。第十二章“媒体公信力理论与研究综述”说明媒体信任与媒体可信度的区别，并回顾了一般新闻传播研究探讨媒体可信度的研究方法、标准和分类，充分讨论信源可信度、媒介可信度、信息可信度和受众特质这四大影响媒体可信度的要素。

第四部分讲述媒介效果研究新领域和新兴媒体研究。随着新媒体越来越盛行，媒介效果理论亦随之而变，这一部分多篇文章会论述各种新媒体及其社会影响，包括娱乐媒介和电子游戏，亦会探讨新媒体对受众情感、社会转型等的影响。基于新媒体能够跨越国界，本部分也包含对国内新媒体、亚洲政治传播及国际广告的探索。第十三章由周树华、叶银娇、徐洁撰写的“娱乐媒介及其效果研究”，论述娱乐媒介在西方和中国的发展，并进一步深入论述了娱乐媒介的社会和心理功能，同时针对华人学术界对娱乐媒介的研究刚刚起步的状况做出建议。第十四章“电子游戏的社会影响：理论与现实”由魏然及吴志远撰写，他们评述了目前涉及电子游戏产业的最受争议的问题——玩暴力电子游戏是否与暴力行为有关联，特别分析了目前实证研究的缺陷。第十五章由周树华、张翠和Charles Meadows共同撰写，涉及“媒介的情感效果研究”。他们阐释了情绪的定义，梳理了重要的情绪理论，检视如何测量情绪，并讨论情绪研究中常用的研究方法。

第十六章及第十七章均由魏然撰写。第十六章“信息社会下新媒体与媒介效果研究”，阐述西方后工业化社会的发展进程和特征，解释、阐述了传播科技对信息社会发展的关键作用，同时梳理西方传播学者对信息社会建构的理论。第十七章“国内传播科技和新兴媒体探索性研究述评”深入分析在国内中文学术期刊上发表的69篇论文，以探讨目前新兴媒体研究在中国的发展，综述这些研究热门的选题、理论的应用和常用的研究方法。第十八章“新媒体与亚洲政治传播前沿研究述评”由罗文辉和魏然合写，分析了1988年到2008年间在10本顶尖传播期刊上发表的，有关亚洲社会政治领域媒体使用的相关研究，探讨亚洲社会内部新媒体与政治传播相关研究的趋势。第十九章由魏然和尹良润合写的“新媒体与国际广告前沿性研究”，探讨国际广告研究中的新兴媒体问题，追踪新兴媒体广告投放的增长趋势，重新界定国际广告的内涵，以理解新兴媒体为国际广告主发布广告讯息的策略。第二十章由魏然撰写的“新媒体研究的困境与未来研究展望”，探讨新媒体的本质和理论价值。本章将分析当前新媒体研究的前沿课题，以及造成新媒体研究困境的主因，并为具有可持续性的新媒体研究提出方向和建议。

第五部分为结语，三位作者总结以往的媒介效果研究成果并展望迈入21世纪的传媒效果研究。

延伸阅读

Lang，A.（2013）. A discipline in crisis? The shifting paradigm of mass communication research. Communication Theory，23，10－24.

Neumann，W. R.，& Guggenheim，L.（2011）. The evolution of media effects theory：A six-stage model of communication research. Communication Theory，21，169－196.

Perloff，R.（2013）. Progress，paradigms，and a discipline engaged：A response to Lang and reflections on media effects research. Communication Theory，23（4），317－333.

扫一扫，
浏览本章参考文献

第二章 媒介效果研究新范式：主观认知传播效果

文｜魏然 周树华 罗文辉

摘 要

以往的媒介效果多以大众传媒对受众产生的直接影响为主要研究范式，受众在这种范式中扮演的角色是被动的。该类研究几十年来由于受到媒介效果强效或是弱效争议的困扰，更由于对受众的复杂性没有足够的认识，在21世纪渐入困境。本章介绍异军突起的媒介效果新研究范式：传媒的主观认知影响论，并着重讨论该范式的理论基础，包括各种假设、核心概念以及理论框架。同时，本章也对传媒的认知影响理论方面的实证研究进行梳理，从其研究成果出发，点评新的研究范式对媒介效果研究的贡献。最后，我们分析主观认知传媒效果步入主流传播理论后，对推动媒介效果研究与时俱进所起的作用。

关键词

传媒效果、传媒效果的分类、传媒的解释性效果、主观认知、大众传媒的间接效果

一、媒介效果研究的背景与现状

在20世纪，大众传媒都是以从点到面（one-to-many）的传播模式面向广大受众的。大众传媒以其采编、出版或播出的内容、规模与效率诸方面取胜。作为人类社会信息交流活动的中枢，大众传媒具有多方面的社会功能。传播学的奠基学者拉斯韦尔（Lasswell，1948）提出了三种基本功能：监视环境、协调社会以及文化传承。数年后，社会学者赖特（Wright，1959）又提出了大众传媒的娱乐功能。

在大众传媒诞生和兴旺的同时，大家普遍关心的问题就是大众传媒的社会影响

力（impact）。那么，传媒的影响力究竟来自何处？

首先，大众传媒的影响力源自传媒的信息量。现代传媒的信息产量巨大。有学者（Bantz，McCorkle & Baade，1981）将大众传媒喻为“生产线”（assemble line）型的新闻工厂。报纸的新闻版面以及副刊承载着大量的新闻和娱乐信息；广电媒体更是24小时滚动播出，频道数量也不断增加。有线电视可以有高达500个播出频道。大众传媒每天将各类信息（新闻和娱乐节目）送达数量巨大的受众，少则上万，多达数亿。例如，每年一度在美国举行的橄榄球超级杯（Superbowl）大赛，至少有一亿民众（超过美国人口三分之一）收看赛事。而在中国，每年收看央视春晚的观众则接近十亿，举世无双。

其次，媒体传播的内容也是其影响力的直接成因。政客、公众和学者都十分关心的媒体暴力和色情对青少年影响的问题，就是媒体内容效果的最好佐证。媒体报道什么，不报道什么，对受众的认知、态度和情感都可能产生影响。当然，媒体信息的传递方式也是产生效果的原因。这一点可以从两个方面理解：第一，同样的信息通过不同的媒介传播所造成的效果可能不一样。如肯尼迪和尼克松的总统辩论，多数收听电台的听众认为尼克松胜出，而收看电视的观众却认为英俊潇洒的肯尼迪略胜一筹。第二，同样的信息因包装和报道的角度不同也会效果各异。如新闻媒体用传统的报道和煽情性报道，在吸引观众注意力和保持记忆方面的效果上，就可能截然不同。

此外，大众传媒的影响力源自拥有传媒的大机构背景，这些大机构如美国的奇异（GE，内地译为“通用电气”）公司，以接近垄断的方式占有传媒，雇用大量的专业传媒人员从事资讯性（如新闻报道）和大众化的娱乐节目制作和播出。经营单位少，但经营规模大，这是全世界各国大众传媒的普遍现象。以中国为例，2014年中国传媒产业规模超过一万亿元（《中国传媒产业发展报告》，2014）。其中，央视一统天下，独占全国电视市场，被称为“中国传媒的巨无霸”（黄升民，1996）。《人民日报》发行量最高时，达到400万份。再以美国为例，美国的几个超级报业集团，如甘尼特报团、奈特—里德报团、新屋报团以及时报—镜报报团，这四个超级报业集团拥有的报纸都超过百家，合起来控制了美国76%的报纸，占全国发行量的83%。从世界范围看，美国是全世界最大的电影出口国，其市场份额占全球的40%左右（马志春，申文勇，2010，7页）。

总之，无论是商业化的传媒，还是官办的媒体，皆有集中化、垄断经营的优势。

所谓“强势的媒体”观念，由此而生。

“强势的媒体”24小时传播着由精英专业传媒人制作的内容，而与其相对的是单薄的个人，用常理也可以推断，这是一种不平衡的传播。被视为靶子的个人属于弱势，他们是招架不住强势传媒告知、宣导和娱乐大众之力量的。在大众传媒就只有几家的时代，例如，美国的电视只有ABC、CBS和NBC三大电视网，而报纸则是“一城一报”，受众能选择的媒体有限，传媒对社会和个人的影响就更加令人关注。这就使得大家常常担忧强势的传媒会不会滥用传播的独断经营权来误导民众，抹黑政府。无独有偶，正如前面第一章所介绍的，学界对大众传媒的研究也是从关注传媒的社会影响力开始的。从学术传统来看，特别在大众传播学的发源地美国，媒介效果的研究范畴专指研究大众传播的过程以及媒介对受众所产生的各种效果。所以，大众传媒研究最核心的课题也就是传媒对受众态度与行为产生影响的效果研究。

二、传播影响力和一般性媒介效果概念的界定

在阐述媒介影响力产生过程的几个模式中，最精辟的莫过于著名政治学者拉斯韦尔（1948）在《社会传播的结构与功能》（*The Structure and Function of Communication in Society*）一文中所提出的言简意赅的“5W”模式。拉氏认为大众传播过程中有五大要素，即谁（who）、说什么（what）、对谁（whom）说、通过什么传播渠道（what channel）、取得什么效果（what effect）。这个模式简明清晰，成为大众传播理论的经典之作。

“5W”模式点出了传媒的效果产生过程是从专业传媒人制作的内容开始的，通过媒介渠道，传给广大受众。而接受传媒信息后的受众，则在认知、态度和行为上受到影响。有学者将这一模式描述为传媒的传送带模式（transmission model of communication），它后来演变为大众传播学研究的五大范畴：“控制分析”、“内容分析”、“媒介分析”、“受众分析”以及“效果分析”。这五大范畴涵盖了传播研究的主要领域。拉氏言简意赅的“5W”模式的流行，造成了传播学者对于传媒效果的重视。卡茨（Katz，2001）直截了当地说，传播学研究就是“有关效果的研究（is about effect）”（271页）。无独有偶，大众传播学理论集成者麦奎尔（Denis McQuail）也称传播学研究归根到底是媒介效果的研究（Mc-Quail，2000：416），他们最精辟地概括出了媒介效果研究的学术地位与价值。

由拉斯韦尔所创建的经典媒介效果研究范式，突出了大众传媒信息之线性（linear）传播过程，用客观、量化的研究方法检验了传播的效果。这一媒介效果研究传统被称为“直接式媒介效果”（direct media effects）范式。当然，现在看来，这种范式未免过时。它的最大弱点就是单向性，信息的传播方向的箭头都往一处走，而不考虑反馈，其实受众的反应对信息制作者和将来的信息传播过程都是有影响的。

另一个对传播影响力和媒介效果概念的界定来自 McQuail（2005）。他在《大众传播理论（第五版）》（*Mass Communication Theory*，*Fifth Edition*）一书中提出的界定是这样的：“媒体的效果是受众接触大众传媒后，有意或无意间产生的后果/结果”（554 页）。这一定义不但包括了媒体有计划、有目的的传播效果，也考虑了计划外、无意的传播效果。

美国传播学者 James Potter（2011）则从四个维度考虑传媒效果：逐渐的与长期性的变化、坚定立场型、立竿见影的效果和短期性起伏性变化效果等，并因此提出了一般性的媒介效果概念（general media effects）。他将一般性媒介效果界定为“大众传媒的效果是指因接触大众传媒所传递的信息而在个人或社会实体上所出现的变化”（903 页）。

不难看出，媒体效果的分类是可以多样的。总的来说，媒介效果是传媒对受众、组织、社会及文化的影响。从计划型有目的的效果来看，可分为计划内与计划外效果；从内容来看，信息的出现、缺乏或多寡会造成不同效果；从层面来看，效果可以在个人、小组、团体、社会和文化各层面发生；从媒介渠道来看，同样的信息通过不同的媒介传播，也会产生不同的效果。读者只要理解这些大前提，下面的一些媒介效果分类就顺理成章了。

比如，Basil（1992）提出了媒介效果的主要分类和特性：效果的时机（timing of effects）；效果的层次（level of effect）；直接与间接效果（direct versus indirect effects）；追求的效果与偶发性、没有意料到的效果（sought versus incidental effects）；效果的价相（valence），即效果是正面的还是负面的。McQuail（2005）也认为，检测大众传媒的效果不能大而化之，一概而论，要考虑传播者的意图（intentionality）、效果的层级（level）以及效果的类别（type）。

从变量的层面，大众传播学奠基人 Paul Lazarsfeld（1948）提出四类传播效果：知识效果（knowledge）、态度效果（attitudes）、意见效果（opinions）和行为效果（behavior）。而依据 Grossberg 等人（1998）的观点，传媒效果可概括为三大类别：认知类（cognitive）、情感类（affective）以及行为类（conative）。与此相似，美国阿拉巴马大学的著名传播学者 Bryant 与 Zillmann（2009）归纳出传媒在个人层面上的五大类效果：在接触传媒信息后，在受众行为上（behavioral）、态度上（attitudinal）、认知上（cognitive）、情感上（emotional）以及生理上的（physiological）反应。

在最近的一篇论文中，James Potter（2011）重新将大众传媒对个人所产生的结果（outcome）归纳为六大类：认知（cognitions）、态度（attitudes）、信仰（beliefs）、情感（affects）、生理（physiology）和行为（behaviors）（904 页）。他将上述的六大类效果皆写成复数，也就是说，每类都包含着多样的效果。例如，情感效果可以是正面的（如喜乐），也可是负面的（如愤怒）。传媒对信仰的影响可以包括对社会主流价值的信仰，也可以指对品牌价值的信仰。

以上对媒介效果概念的界定与分类的梳理表明，随着大众传媒的运作愈加复杂化，传播内容多样化，以及受众的分层化，媒介效果的范畴在不断扩大，已经超越了第二次世界大战时期所创建的大众媒体对受众态度改变的单一说服效果模式（persuasion model），媒介效果研究已经成为西方传播学的一个庞大而又复杂的领域（陈怀林，2007）。

三、媒介直接效果研究范式的局限与学术批评

自媒介效果研究问世以来，大众传媒的面貌已经产生翻天覆地的变化，其强势的影响力也今非昔比。而 90 年来的媒介效果研究，却基本按照拉氏的经典模式展开，并且取得了十分可观的研究成果。据学者（Potter & Riddle，2007）统计，20 世纪 80 年代以来，传播效果方面已发表了高达四千篇学术论文。2014 年 10 月，在“百度”检索“媒介效果”一词，结果显示收录媒介效果论文的数量高达 49 379 篇。

尽管如此，也有学者认为近百年的媒介效果研究成果不尽令人满意。例如，美国印第安纳大学的 Annie Lang（2013）就批评近六十年来的大众传媒效果研究几乎没有重大突破，大量的实证研究基本显示传媒对社会的影响很小。她的具体批评包括过度关注传媒接触（media exposure）这一变量作为媒介效果的解释变量；研究设计太过关注短期、直接的、显而易见的（太过机械性反映）行为变化；在研究设计上，以往的媒介效果研究过于注重个人层面的分析，轻视宏观社会层面的因素（Demers & Viswanath，1999），结果造成只看到传媒对个人的影响，但无法解释传媒在社会发展、转型过程中的角色。虽然众多的理论书籍和期刊以传播与社会为书名和期刊名称，以此强调社会与传媒之间的密切关系犹如皮毛相依，可是以往的媒介效果研

究却有“只见传播、不见社会”的弊端。这令人不禁生疑——皮之不存，毛将焉附？

总而言之，传统的媒介效果研究可以说是成效不彰。诸多综合分析（meta-analysis）表明，传媒影响只能解释受众行为的3%～5%。也就是说，还有95%～97%的行为变化得不到合理的解释。造成如此困境的原因是以往的媒介效果研究主要关注媒体接触对受众的影响，形成了单一解释变量的研究模式。美国大众传播学奠基人之一卡茨（Elihu Katz）毫不客气地指出，因为传播学研究的领域越来越小，越来越散，美国主流社会学界已经放弃传播学了（Pooley & Katz，2008）。印第安纳大学的Weaver（1988，2000）多次分析了美国大众传媒研究的现状后，提出下列批评：传播学的研究，课题越做越多，但成果越来越有限。曾经撰写《大众传播经典性研究》一书的传播理论学者DeFleur（2001）抱怨说，大众传媒研究在论文数量上蓬勃发展，但标志性的经典（milestone studies）研究却再也出不来了，近年来已经不再有大师级的传播学者出现。卡茨犀利地指出，大众传播研究的路越走越窄，脱离社会，脱离现实，好像要走进死胡同。

卡茨（2008）进一步指出，要走出死胡同，重新返回主流社会学，传播学研究需要关注新的人与人活动的社会空间。他特别强调，要持有一个社会结构的（social-structural）视点（即从人的社会角色、社会互动关系的角色）来研究传播的过程，并从过程中深挖媒介的效果。

四、媒介效果研究新范式：认知效果理论异军突起

在传媒直接效果研究模式饱受批评之际，传播学者意识到受众本身也会影响到媒介的传播效果，于是媒介的认知型效果（perceptual effects）研究范式近年来异军突起。人们有受传媒影响的常态性倾向（susceptibility to media effects）（Valkenbur & Peter，2013），而不同的人，因其教育背景、社会背景、种族、性别、个性的不同，受影响的程度也会不同，这些不同会导致人们对媒介效果的解读各异。

美国密歇根大学的Neuman和Guggenheim（2011）系统地分析了近50年的媒介效果的各种理论，他们指出“媒介效果理论不断发展，已经摆脱了简单的说服性传播的模式，新的研究取向是专注更为严谨的、有主动（active）受众主导的、伴有社会制约条件（social context）的解释性传播效果（interpretive effects），以及新媒体方面的理论”（new media theories）（188～189页）。按照美国传播学理论学者Richard Perloff（2013）的说法，认知效果理论，例如“第三人效果”，完全改变了媒介效果

的视角（327 页）（即不问传媒如何影响受众，而是让受众自己解释传媒对自己和他人的传播效果）。

媒介的解释性效果（interpretive effects），也有学者称之为传媒的“预设性效果”（presumed effects），指的是依靠人们的主观认知来解释并验证媒体传播的效果。以此范式来解释媒介效果的理论，如第三人理论、敌意媒介理论、多元无知理论等统称为“间接式媒介感知效果”理论（indirect effects of media，见 Gunther & Storey，2003：199）。

互联网时代大众传媒的危机，也带来传媒效果研究的理论危机。本书的作者在过去的三十年曾做过大量的媒介效果实证研究，对以往的媒介效果理论的局限体会深刻。我们认为要走出媒介效果研究的危机，重点是要调整对受众的认识。在大众传媒主导的时代，受众只能是被动的，消费者被视为被打的靶子。但是，随着信息渠道的增加和接触信息平台的多样化，受众越来越主动地（actively）去接受、吸收和使用信息。也就是说，人的主观认知（而不再是机械的吸收）对信息传播效果产生着日益重要的影响。换句话说，媒体使用者如何解读传媒信息对自己和别人产生的效果，是媒介效果发生的基点，也是认知效果理论的精彩之处。

主动型的媒体使用者（users）对传媒效果的解释越来越受他们的社会角色（socially defined roles）的影响。例如，微博和微信使用者加入各自的群和圈子，而群、圈子对使用者接触信息目的、态度和接受度影响很大。新的研究（Wei & Golan，2013）显示，社交网圈子里的网民普遍认为网络竞选广告对自己圈子里的朋友没有什么影响，但对别人却影响较大。不同的效果认知，对是否限制网络竞选广告的态度也大不一样。因此，由受众主导的、在社会制约条件下发生的解释性媒介效果（interpretive effects），是突破当前媒介效果研究困境的一个重要的路径。

具体而言，在这本媒介效果研究专著中，我们采用两个新的论点来研究媒介的解释性传播效果，以求符合新媒体时代及媒介效果新范式的需要：第一，认识客观检测媒介效果的视角的局限性，用受众的主观视角去解释传媒的社会影响力；第二，在研究解释性效果时，把受众看做信息传播的主动参与者。也就是说，媒介使用者不再是被动的靶子，相反，他们扮演着主动的角色，有选择性地吸收传媒发布的信息，有意识地参与传媒效果的产生过程。我们认为，这两个论点是本书与其他媒介效果理论著作不同之处。

五、客观 VS. 主观认知与媒介效果

传媒的认知效果范式的核心概念是人们的主观感知（perceptions），特别是在使用媒介时有意识（conscious）的、经过思考的认知。也就是说，传媒之所以能够对人们产生影响，是因为人们通过认知来判断（interpret）传媒的传播效果。这一视点与以往的客观地测试、检验传媒对受众产生大效果（observed effects）的研究范式完全不同。

在认知心理学的理论中，主观感知（perceptions）是一个解释人们如何认识世界、认识自己的核心概念。它关注个人如何通过对客观世界的知觉、认知来对感知到的事情作出解释（sense-making）、判断（judgment），甚至拟定行为决策（decision-making）。可见，从认知到行为决策，人的感知是一个不可忽略的步骤。

在这里我们需要强调的是，客观是客体存在的现实。有趣的是，人们对同一事件客观的认知和感受可能大不相同，甚至是南辕北辙。以日常生活中的简单现象为例，有人把半杯水看为半杯不满（half empty），有人则看为满满半杯（half full）。这里引起差异的不是客观的半杯水，而是主观的认知。再如，俄罗斯某法学院教授在教“犯案现场目击者”一课时，做了一个有趣的试验。他安排几个流氓突然闯进教室，不由分说就把自己打了一顿，然后扬长而去。教授忍痛让每个学生做目击者报告。结果，全班十几个学生居然有十几个不同版本。对教室里到底发生了什么事（客观）居然没有共识（主观对客观的认知）。中国流传的寓言故事“疑邻盗斧”也可以说明主观认知的存在：住在山间的某人丢了斧头，怀疑是邻居所偷。每看到邻居，观察其一举一动，感觉皆像个偷斧贼。后来，斧头在山上找到了，原来是他自己砍完柴忘记拿回家了。他再见到同一邻居时，左看右看，又觉得不像偷斧贼了。

以上的几个例子说明，对客观世界的主观认知是人认知的一个重要途径。也让我们认识到一个重要的哲学认识论观点：主观认知的客观现实（perceived realities），对于认知者来说，就是客观现实（real realities）。主观认知是人们认识世界的一种方法。所以，传播学者认为，对媒介效果的认知足以影响到人们的思考过程（thought process）以及行为。用 Gunther 和 Storey（2003）的话说，“认知的媒体效果是真实的效果”（199 页）。

更为重要的是，主观认知可以影响到人的态度（attitudes），甚至行为（behavior）。比如，认为水半杯不满的人，通常看事情比较悲观；而认为水满满半杯的人，

一般看世界积极乐观。对于媒介效果学者来说，人们对媒介效果的解释，会影响到其对传媒的接触，例如当认为别人都看某一节目时，自己也会去看。同理，对媒介效果的解释也会影响到人们对信息的态度，例如是否可信，以及是否采取行动，例如要不要抵制某个节目或报道。简而言之，人们对传媒的社会影响力之解释效果会产生真实的传播效果。本书第七章介绍的第三人效果理论中，有一个经典的例子。当人们从媒体那里听到某种货物短缺时，就会去囤积该货物。因为人人都认为别人会在从媒体得知短缺消息后，把货物买个精光。本书中探讨的禽流感报道对人们的认知和行为产生效果的研究（见 Wei，Lo & Lu，2008，2010）展示了相似的结果。当人们认识到传媒对禽流感的报道对别人有影响时，他们会担心预防禽流感的药物被一抢而空，因此，他们为了自保会去购买预防禽流感的药物或打预防针。

此外，应用主观认知的范式来研究媒介效果也可以更精确地解释媒体的传播要素，如传媒的内容是否可信。传媒的效果大小，因人的认知不同而对传媒效果的解释也不同。例如，根据敌意媒介效果理论（详见第十章），同一篇新闻报道，党派立场强的人（不管是支持或者反对者），会认为该报道对己方不利，传媒存有偏见。而立场中立的人觉得该报道属于中规中矩的客观、平衡的报道，并无偏见。

当然，通过感知而来的主观认知并不是完全“跟着感觉走”的任意判断。其实，主观认知是有规律可循的。人类是群居的社会动物，有很多相同点，可以进行分类。如主客方球迷、教育程度的高低、男女观众、党派成员、种族、性格等都有普遍性。例如，共和党人觉得福克斯（Fox）新闻很客观，而民主党人则不以为然。女性对媒体公共人物打情骂俏颇为反感，而男性则不一定。人们通常认为，传媒对自己没有影响，受传媒影响的是第三者，其他人。而以此规律为视角来解释媒介效果的理论是第三人效果假设（详见第七和第八章）。与此同时，大量实证研究表明，传媒是否有偏见，更多的是一种受众的主观认知。正如周树华和闫岩（2013）所指出的，受众对新闻报道不可避免地存在主观认知上的偏见。如果说客观的偏见来自媒体制作过程，主观的偏见则来自受众本身。这便是媒介认知效果范式的研究取向。

又例如，敌意媒介效应或敌意媒介认知（hostile media perception）并不是一种直接的媒介效果，而是一种基于受众认知的媒介效果，其研究对象并非媒介内容，而是人们对媒介内容的认知。著名华人传播学者潘忠党和他的学生（Hwang，Pan & Sun，2008）指出，敌意媒介认知的实质并非媒介内容在客观上存在的偏见程度，而是人们主观上所感受到的“媒介观点与己方观点的偏差度”。换句话说，敌意媒介理论实际是考察受众对媒介信息的认知以及这一认知引发的效果。

再例如，受众对媒介可信度的看法也基本是一种主观认知的集合：第一，这种认知是主观的，但是受到信源、媒介、信息以及受众本身等客观特质的影响（Flanagin & Metzger，2007）；第二，这种认知是信息接受者主观感受的想法，在个体层面上是情境化的（situational），媒介是否可信是随具体信息、语境和个体特征的变化而变化（Freeman & Spyridakis，2004）的。大家所熟悉的媒介效果理论，如议程设置理论（agenda setting）、铺垫效果理论（priming theory）、媒体劝服效果（media persuasive effect）等，都是考察媒介的传播内容和传播方式对受众的认知、情感、行为等方面的影响（详见本书第四章）。

简言之，媒介效果的直接效果范式与认知效果范式在四个方面均有差异，表2—1予以总结：

表2—1　　媒介效果的研究范式

	直接效果范式		认知效果范式
取向（approach）	客观（objective）	VS.	主观（subjective）
研究范式（paradigm）	直接（direct）	VS.	间接（indirect）
受众角色（role）	被动（passive）	VS.	主动（active）
媒介效果（effects）	观测（observed）	VS.	解释（interpretive）

六、媒介认知效果新范式对媒介效果研究的贡献

本书主要以间接式媒介效果范式来探讨传媒的效果。间接媒介效果在过去三十年间逐渐受到传播学者们的重视。如第三人效果与敌意媒介效果在政治效果研究领域盛行，第三人效果理论更成为近年来最热门的五种传播效果理论之一（Bryant & Miron，2005）。在当今网络媒体蓬勃发展，媒介融合造成传媒与受众分散化、内容碎片化的新形势下，大众传媒风光不再，大众也正在消失，取而代之的是诸多的分众，小众媒体传播渐渐变为主流。小众传媒受众的特点是党同伐异（partisans）的人较多，他们主要使用和他们意见相合的传媒。对于和他们意见向左的传媒，可能敬而远之。在新媒体时代，媒体的用户不仅是内容的消费者，也是内容的制作者（prosumer）。他们主动参与传播内容的制作与传播，受众变成内容的制作者。更为重要的是，他们也参与到了传媒对社会产生影响的过程之中。

在互联网传播时代，第二和第三代互联网的普及和智能手机媒体在人们日常生活中的普遍使用，促进人类社会转型成为荷兰传播学者Jan Von Diik所描述的“网状

的网络社会”（network society）。这种新兴的网络社会是由个人所组成的，人们利用传播科技而结合成数以万计的网络社群和圈子。互联网和手机则是网络社会传播和沟通的平台。在网络社会中，个人的价值受到尊重，个人的角色也较为突出，人与人之间通过网络媒体平等连接。于是，个人可以利用文字媒体技术及社交网站得到信息并且把信息传播到自己圈子里的人。我们认为，关注人们对传播的参与并从中研究媒介的解释性传播效果，是媒介效果理论与时俱进、走出困境的一条路径。

总之，在互联网媒介的语境下，人们对媒介的接触与使用，已今非昔比。那么，社交媒体、自媒体对建制内的传统媒体有何影响？在社会发展进入信息化社会的转型过程中，由民众自己掌握的媒介平台将扮演什么样的角色？互联网及社交媒体又是如何影响个人的认知、态度与行为？这些课题对后大众传媒时代有着现实的意义，而间接式媒介效果范式更适合探讨媒介的传播效果。我们相信，间接媒介效果研究范式将对媒介效果理论与实证研究发展有很大的助益。

有鉴于此，我们把本书的核心论点定位在媒介认知效果的研究范式。书中的第二部分，专门介绍并梳理媒介认知效果的诸种理论，包括第三人效果：理论发展的回顾与展望（第七章）、第三人效果在政治传播领域的应用以及研究成果（第八章），民意和多元无知理论（第九章），主观认知的偏差：敌意媒介效果研究（第十章）。最后的两章用主观认知的视角来研究媒体的偏见和公信力，探讨媒体的客观、主观偏见以及主客观因素对媒体公信力认知的影响。

延伸阅读

Gunther, A. C., & Storey, J. D. (2003). The influence of presumed influence. *Journal of Communication*, 53 (2), 199-224.

Potter. W. J. (2011). Conceptualizing mass media effect. *Journal of Communication*, 61, 896-915.

Neuman, W. R., & Guggenheim, L. (2011). The evolution of media effects theory: A six-stage model of cumulative research. *Communication Theory*, 21 (2), 169-196.

扫一扫，
浏览本章参考文献

第二部分

新闻媒体对受众认知与行为的影响

第三章 新闻媒体对受众学习公共事务知识的影响

文｜崔迪　罗文辉

摘　要

新闻媒介是现代人了解世界、获取信息及学习知识的重要渠道。但在现实中，收看新闻媒介传递的信息是否能够帮助受众获得政治与公共事务的知识呢？为了回答这个看似简单的媒介效果问题，传播学者几十年来致力于通过实证研究来提出答案，使“从新闻学习”的相关研究逐渐发展成政治传播的重要课题。本文整理相关研究，分析“从新闻学习”研究的缘起与发展，列举相关影响因素，并讨论拓展相关研究的方向。

关键词

新闻使用、电视、报纸、时事政治知识

一、前言

新闻媒介是现代人了解世界、获取信息以及学习知识的重要渠道。对民主社会而言，优质信息的流通与传播更是维持民主政治有效运作的前提和保障。因此不难想象，传播学者特别关切新闻媒介能否有效地传递信息并提升人们的公共事务知识。学者们认为“教育”（educate）与“致知”（inform）是媒介的基本功能，但人们到底能不能从“媒介”的课堂中有效地学习知识呢？为了回答这个媒介效果问题，从1970年代末1980年代初开始，传播学者开始尝试通过实证研究验证新闻媒介的“致知”（news learning effects）效果（Atkin，Galloway & Nayman，1976；Findahl & Davis，1981；Robinson & Levy，1986）。30多年来，传播学界对“从新闻学习”（learning from news）效果的认识不断深化拓展，新闻媒介的学习效果也因此成为媒介效果与政治传播等领域的一个重要的研究课题。

“从新闻学习”的相关研究主要集中在以美国为代表的西方民主社会，属于政治传播的范畴。绝大多数既有研究都把观众的新闻媒介使用行为作为自变量（independent variable），并把观众对新闻内容的理解与公共事务知识水平作为因变量（dependent variable），然后分析新闻媒介使用对公共事务知识的影响。虽然有些研究指出，人们接受到的新闻信息很难转化成知识，因而通过新闻媒介学习公共事务的效果并不理想（Bennett，1998；Graber，1994；Neumann，1976），但是经典研究总体上确认了新闻的学习效果，即收看或阅读新闻与公共事务知识之间存在直接的正向相关，收看新闻的频率越高，公共事务知识的水平越高（Chaffee & Scholeuder，1986；Robinson & Levy，1986；Norris，2000）。换言之，收看或阅读新闻能够增加人们的公共事务知识。

然而，后来的学者却认为这些早期研究对新闻效果的理解太过简单，并且错误地强调了新闻使用与公共事务知识之间的直接、线性关系（linear）（Eveland，2001、2002；Wei & Lo，2008）。批评者指出，从“有限效果”（minimal effects）的角度看，媒介对个人的影响要通过许多社会、心理因素的传递与调节（例如教育程度、社群影响、个体认知因素），才可能产生一定的效果（Eveland，2001、2002；McLeod & Perse，1994；McLeod，Scheufele & Moy，1999；Price & Zaller，1993）。因此，媒介对人们认知、态度与行为的影响需要借助各种各样的中介变量（mediating variables），应该属于一种间接效果。在“从新闻学习”研究中，研究者同样要考虑到信息生产、信息传播以及信息接收过程中许多不同变项对“获取知识”（knowledge acquisition）的可能影响。“从新闻学习”的后续研究基本上都致力于探索这些中介变项。

整体上，过去的研究主要探索了四类可能影响“从新闻学习”的因素。第一类因素来自信息生产端，例如，新闻报道的属性（类型、长度、播放位置）、媒介的立场、新闻记者的视角。第二类是受众背景因素，包括年龄、性别、教育和先前知识（prior knowledge）。第三类是与媒介使用相关的因素，包括媒介接触（media exposure）、媒介素养（media literacy）以及媒介使用动机（motives）对“从新闻学习”的影响。第四类因素则是个体认知因素（cognitive），特别是“信息处理”（information-processing）相关的因素，例如“注意力”（attention）和“思考”（elaboration）。

本文首先回顾“从新闻学习”研究的缘起与发展，然后仔细梳理既往研究所分析的主要影响因素及其相互关系，最后本文试图指出目前“从新闻学习”研究的不足。笔者希望能够全面地回顾“从新闻学习”效果的相关研究，分析过去研究的主要发现和争议。基于此，本文进一步希望可以使有兴趣的传媒学者把握“新闻学习理论”可能的拓展方向。

二、“从新闻学习”研究的缘起与发展

“从新闻学习”研究的兴起与媒介研究整体的发展息息相关。Robinson 和 Levy (1986) 在其经典著作《主要的信息源：从电视新闻中学习》（*The main source: Learning from television news*）中，追溯了“从新闻学习”研究的理论源头。他们指出媒介研究始于规范性理论（normative theories），即对媒介所应该承担的社会功能的探讨。这个研究传统长久以来试图描绘公共传播对社会的影响和意义。从自由媒介理论（libertarian-free press）到观念市场理论（marketplace of ideas），再从社会革新理论（social reform）到社会责任论（social responsibility），人们不断尝试理解公共传播中的商业价值与社会价值。例如，社会责任论认为媒介除了商业价值外，还应承担服务大众、促进社会进步的责任，并有义务为多元文化的自由表达提供平台。

在认识论（epistemology）上，“从新闻学习”研究的兴起无疑承接了这个学术传统，因为它试图用实证研究来探索媒介在现实社会中的功能。在方法论（methodology）上，“从新闻学习”研究则与 20 世纪初兴起的功能主义（functionalism）媒介效果研究有着更为紧密的联系。事实上，“从新闻学习”正是媒介效果研究的一个次级领域（subfield）。逻辑上来讲，获得知识应该是使用媒介最直接的效果——媒介对知识的影响比媒介对态度和行为的影响更为直接。传播学界对媒介效果的理解经历了一系列转变。20 世纪五六十年代的“传送带模式”（conveyor belt model）、“精英多元论”（elite pluralism）抑或是“两级传播理论”（two-step flows），都强调既有的社会结构对个体层面的媒介效果之影响。而六七十年代的“新闻扩散”（news diffusion）研究以及“知识沟假说”（knowledge gap hypothesis）则关注了社会经济属性对新闻与知识在不同社会群体中传递的过程中产生的分化作用。70 年代到 80 年代，随着“议程设置”（agenda-setting）和“使用与满足”（uses and gratifications）相关传播效果理论的兴起，受众被理解为积极主动的“阅听人”（active audience），传播研究越来越强调信息接收因素对媒介效果的作用，媒介效果研究也越来越融合了认知心理研究的相关元素。

Robinson 和 Levy（1986）把“从新闻学习”研究取向置于这样的媒介效果研究脉络中，他们强调，研究媒介对知识的影响既隐含对媒介效果的规范性思考，也符合功能主义研究的方法与范式，因而与媒介效果研究的传统一脉相承。“从新闻学习”研究的议题和政治传播的关系尤为密切。在民主社会中，选举是最重要的政治活动，因而长久以来受到传播学者的高度关注。不少研究指出，新闻媒介是民众选举信息的主要来源，而公民获取高质量的信息则是良性政治参与的重要前提（Lazarsfeld，Berelson & Gaudet，1948；Chaffee，Nass & Yang，1990；Greenstein，1968）。因而人们从媒介中接触和吸收与选举相关的政治信息，成为很多政治传播学者关注的议题。

回顾以往的研究，我们可以把“从新闻学习”的相关研究分为两个阶段。第一阶段始于 1980 年代，这个阶段的代表学者为 Robinson 和 Levy（1986），他们的研究主要探索电视新闻对政治知识的影响，并比较不同媒介对不同背景受众“从新闻学习”的影响。第二个阶段开始于 1990 年代后期，“从新闻学习”开始用“信息处理视角”探索媒介对受众政治及公共事务知识的影响。这个阶段最重要的学者是俄亥俄州立大学的 Eveland 教授（2001、2002），他提出“认知中介模型”（cognitive mediation model），研究个体心理认知因素在信息处理过程中对政治知识的影响。

具体而言，Robinson 和 Levy 在 1986 年出版的专著《主要的信息源：从电视新闻中学习》中，系统地探讨不同媒介的学习效果，成为“从新闻学习”研究的经典著作。在 1980 年代，人们普遍感受到了电视新闻拥有巨大的影响力，由于收看电视新闻所需的认知成本较低，因此电视成为各个阶层民众获取信息的最主要渠道。Robinson 和 Levy（1986）的研究主要探索电视新闻的“致知”效果，以及使用媒介对民众公共事务知识的长期影响。例如，该书中列出的一项研究（Robinson，1967），探索了受访者使用不同媒介与他们对于国际事务的了解程度的关系。该项研究者用一些国家的事实性信息来测量受访者的知识水平，例如，某些国家的地理位置及某些国家的核武器发展情况等。研究结果显示，男性的国际事务知识水平高于女性，而白人的知识水平高于黑人。更重要的是，印刷媒介使用，如阅读报纸和杂志与知识水平呈正相关；但收看电视新闻却与知识水平没有显著相关。该书列举的另一项针对 512 位成年人进行的研究（Robinson，1972）也得到相似的结果，即使用印刷媒介可以显著预测政治知识水平，但使用电视和广播新闻与政治知识水平的关系则并不显著。

除了 Robinson 和 Levy 的研究外，同时期的一些其他研究也得出了一致的结论，即电视新闻无法提升民众的时事政治知识水平。例如，Patterson 和 McClure（1976）在美国雪城进行的研究就发现，相比于阅读报纸新闻，收看电视新闻网新闻（network news）并不能有效地提高公众对于选举问题的知晓度。又如，Kennamer（1983）在威斯康星州麦迪逊地区的电话调查研究发现，收看电视新闻无法显著地预测受众的公共事务知识。

除了长期影响外，Robinson 和 Levy（1986）还研究了新闻使用对民众公共事务知识的短期影响。他们曾在英美两国进行随机抽样调查（英国样本量 507 人，美国样本量 544 人），考察了受众在一个星期内收看新闻的短期效果。在这个研究中，他们采用开放问题，测量受众"对新闻的知晓度"与"理解度"。研究发现，在英国、美国的样本中，收看电视新闻和新闻的理解度没有显著的关系。为了更进一步了解"从新闻学习"的短期效果，Robinson 与 Davis（1986）设计研究探索了受众收看新闻一天之内的效果。在这个比较英美两国的研究中（英国样本量 489 人，美国样本量 447 人），他们访问了在某个特定晚上收看新闻的民众，并测量他们对新闻信息的理解度。研究设计中也增加了"既有知识"和"媒介使用动机"等相关预测变量。这一次研究的结果发现，收看电视新闻确实能增加观众的知识水平以及他们对新闻的理解度。而"既有知识"与"收看的注意力"能有效地预测知识水平。

以上回顾的研究，基本上采用问卷调查，探索新闻媒介对于受众整体的宏观影响。不难看出，这些效果研究有很强的社会学研究倾向。"从新闻学习"研究的第二阶段则从社会学研究转向心理学研究。Eveland（1998、2000、2001）的"认知中介模型"即探索认知心理因素，并整合使用与满足取向、信息处理理论，提出了新的"从新闻学习"理论模型（见图 3—1）。

依据 Eveland（2002）的论点，动机（motivation）控制信息处理（information processing），而信息处理则是影响"从新闻学习"的重要因素，因此动机是"从新闻学习"的关键变项。Eveland（2001）认为，动机是信息处理的驱动力量，因此动机会引导新闻注意与新闻思考。在各种动机中，"监督满足寻求动机"（surveillance）是 Lasswell（1948）提出的三种大众传播功能之一，也是使用与满足理论中最常为人们引述的新闻媒介使用动机（McLeod & Becker，1974）。因此，Eveland、Shah 与 Kwak（2003）认为，"监督满足寻求动机"会引发后续的信息处理行为，包括新闻注意与新闻思考。

但是认知中介模型认为，动机对“从新闻学习”的影响是间接的（indirect），学习动机强会导致较高的新闻注意与新闻思考，而较高的新闻注意与新闻思考则会造成较好的学习效果。换言之，认知中介模型认为“监督满足寻求动机”对“从新闻学习”或知识的影响是间接的，是通过新闻注意与新闻思考等中介因素间接影响“从新闻学习”的。

“新闻注意”是认知中介模型的重要信息处理变项，也是直接影响“从新闻学习”的显著预测变项。早在1980年代中期，“注意”就已经被视为重要的信息处理变项（McLeod & McDonald，1985），Chaffee 与 Schleuder（1986）更发现，对电视新闻而言，“新闻注意”比“新闻暴露”对政治知识更具预测力。认知心理学研究也发现，当人们注意某一事件时，较容易记住该事件的相关信息（Cowan，1993）。在信息处理理论中，注意是重要的信息处理步骤，涉及视觉、听觉与认知努力（effort）（Perse，2001）。“注意”与个人的目标有关，并由个人控制，使个人能专注目前所做之事（Kahneman，1973）。因此，对某一事件的注意力越高，越可能投入更多的认知努力，也越可能对该事件进行深化的认知处理，因而导致较佳的记忆与学习效果（Perse，2001）。认知心理学的研究证据也显示，较高的注意导致较佳的记忆；人们对较注意的新闻，记忆效果较佳（Stauffer，Frost & Rybolt，1983）。

认知中介模型认为，“新闻注意”除了会直接影响“从新闻学习”外，也会引发新闻思考，并进一步间接影响学习效果。Eveland（2002：29）认为，新闻注意是新闻思考的“必要但非充分条件”（a necessary but not sufficient condition）。如果人们不注意新闻信息，就不太可能把该新闻信息和先前知识（prior knowledge）或先前经验联结，也就不太可能针对该新闻信息进行新闻思考。因此，认知中介模式认为，在进行新闻思考前，必须先注意新闻信息（Eveland，2002：27）。新闻思考把新的新闻信息吸收进入人们既存的认知架构，帮助人们了解与记忆，因此是决定“从新闻学习”的主要影响变项（Eveland，2002，2003；Perse，1990，2001）。

如图 3—1 所示，Eveland 发展的认知中介模型认为“从新闻学习”有几个步骤。首先，个人必须要有学习的动机，即监督满足寻求动机；动机会引发对相关新闻信息的注意，新闻注意不仅有助于学习与记忆，更会引发新闻思考；新闻思考则会增加个人对该新闻信息的记忆，强化从新闻学习的效果。

认知中介模型随后被广泛应用和探索，对“从新闻学习”的相关研究有很大影响。例如，Beaudoin 和 Thorson（2004）测试了认知中介模型，并细化了不同类型新

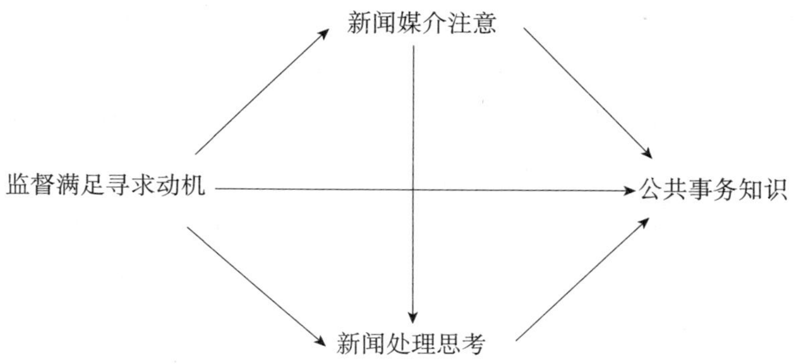

图 3—1　Eveland（2002）提出的认知中介模型

闻收看动机的可能影响，包括监督满足动机（surveillance motivation），指导动机（guidance motivation）以及预期互动动机（anticipated interaction motivation）。他们的研究发现支持监督满足动机和指导动机在认知中介模型中的作用。但当三类动机同时置入模型中的时候，预期互动动机的作用格外明显。也就是说，通过收看新闻以获得"谈话数据"是驱使人们收看新闻、处理新闻信息，以至最终获得相关知识的重要因素。

又如，Wei 和 Lo（2008）的研究则试图修正认知中介模型，他们在模型中加入媒介接触的变项（电视、报纸、网络新闻使用）。他们认为，媒介接触对公共事务知识具有相当的影响力，而过去的研究也指出，媒介接触与使用应该是"从新闻学习"的必要（necessary）条件（Perse，2001）。因此，Wei 与 Lo（2008）认为探讨"从新闻学习"的理论模式，应把媒介接触列为预测变项之一。他们同意监督满足寻求动机是人们收视新闻的重要驱力（Eveland et al.，2003），监督满足寻求动机促使人们使用新闻媒介，当人们接触新闻媒介之后，才有机会注意他们感兴趣的新闻媒介信息，进而对这些信息进行新闻思考。有鉴于此，Wei 与 Lo（2008）提出"从新闻学习"的新理论模型（见图 3—2）。依据这个理论模型，监督满足寻求动机可以预测新闻媒介接触，而新闻媒介接触可以预测新闻注意，新闻注意可以预测新闻思考，而新闻思考又可以预测政治知识。这个理论模型和 Eveland 的认知中介模型有下列几点不同。

第一，这个模型把"新闻媒介接触"和"新闻注意"同时纳入模式中，因此可以比较"新闻媒介接触"和"新闻注意"对政治知识的影响力；Eveland 的认知中介模型未把"新闻接触"列入。

第二，这个模型认为“新闻媒介接触”是影响政治知识的显著变项；认知中介模型未把“新闻媒介接触”列为预测变项。

第三，“新闻媒介接触”会影响新闻思考，“新闻媒介接触”程度愈高，“新闻注意”与“新闻思考”程度愈高。

第四，动机会影响“新闻媒介接触”，“监督满足”寻求动机愈强，“新闻媒介接触”就愈多。

他们的研究结果证实，监督满足寻求动机可以显著预测“媒介使用”、“新闻注意”及“新闻思考”，媒介接触又可以显著预测“新闻注意”、“新闻思考”与“政治知识”。换言之，他们的这项研究，不仅支持 Eveland 的认知中介模型，更指出“从新闻学习”理论模型应把“媒介接触”纳入其中（见图 3—2）。

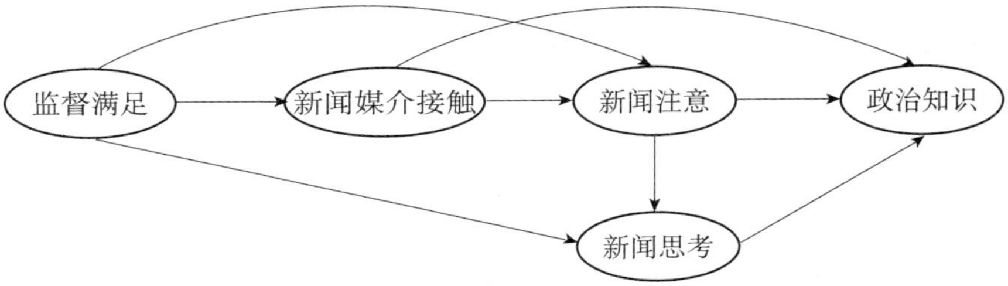

图 3—2 Wei 与 Lo（2008）提出的“从新闻学习”的新理论模型

三、影响“从新闻学习”的因素

如前所述，“从新闻学习”的相关研究主要探讨四类影响学习效果的因素。本节尝试结合具体的实证研究证据，来详细梳理和解析这些影响因素。第一类因素可称作新闻生产因素。这些因素探讨新闻内容生产端的一些变项，例如新闻报道播出的顺序及长度、新闻故事视觉特征、新闻机构的立场或记者的视角，对受众接受和学习新闻的可能影响。例如，Davis 和 Robinson（1986）试图通过在英美两国进行的比较研究，了解电视新闻报道的位置、长度、上下文属性以及视觉特征对观众获取知识的影响。研究发现，电视观众对新闻节目开头的报道理解较差，而对新闻节目结尾的报道理解较好。观众对有个人色彩或独特故事的新闻报道有更好的理解。其中在英国的调查还显示，长度较长的新闻与较具人情味的新闻可以提高观众对新闻的理解。

此外，这项调查也探索了视觉效果与新闻理解的关系。研究结果显示，视觉效果对“从新闻学习”的影响是有条件的。当有冲击力的新闻画面配合相应的文字报道，并激发人们的积极情感时，新闻的视觉效果可以增加学习效果。而当报道使用常规画面，且这些画面可能激起负面情感并与文字报道不对应的时候，视觉效果反而可能降低受众“从新闻学习”的能力。Graber（1990）的研究也考察了电视新闻的视觉信息对于“从新闻学习”的效果。她的研究显示，尽管收看电视新闻对回忆新闻内容的影响并不明显（协助回忆的成功率低于25%），但研究结果也发现，视觉信息整体上还是促进了观众的实时记忆，激发相应的感情，并增进他们对新闻的理解。此外，新闻报道的叙事结构也会影响观众对新闻内容的理解。例如，在一项实验研究中，Machill，Köhler和Waldhauser（2007）发现，增加新闻报道的叙事元素会显著提高受试者对新闻的理解，而这种效果对于没有既有知识且对新闻话题不感兴趣的人尤其明显。

第二类影响因素可概括为观众的背景属性，包括新闻观众的人口统计学特征（demographics），例如性别、年龄、教育程度以及既有知识和政治兴趣（political interest）。Robinson和Levy（1986）的系列研究就重点探索了观众属性对“从新闻学习”效果的影响。他们在英美两国进行的调查显示，年龄和性别都显著地影响新闻理解。在两国样本中，他们都发现新闻的理解程度随观众的年龄增加而增加。在性别方面，Robinson和Levy（1986）发现男性对新闻的理解比女性高。一些后续研究也都确认了“从新闻学习”效果的性别鸿沟，亦即男性比女性更常从媒介中获得政治知识（Frazer & Macdonald，2003；Hayes，2013）。

教育程度与既有知识也会影响媒介的学习效果。Robinson和Levy（1986）的研究发现，有大学或以上学历的观众在新闻理解上的得分，几乎是只有高中学历的观众的两倍。他们的研究同时发现既有知识为观众背景属性中影响新闻学习的最重要因素。值得注意的是，这一阶段的“从新闻学习”研究深受“知识沟假说”影响（Tichenor，Donahue & Olien，1970；Wade & Schrumm，1969）。也就是说，这些研究非常关注不同社会阶层的新闻学习效果，希望了解电视新闻能否有效地弥合不同社会阶层的知识沟。例如，Robinson与Davis（1986）的研究即探讨电视新闻能否拉近不同教育程度受众群体的知识水平。但他们的研究结论显示，教育水平对电视新闻学习效果的影响依然明显，尽管这种效果通常是通过“既有知识”这个变项间接影响受众知识水平的。

此外，人们的政治兴趣也会影响新闻媒介的学习效果。一些研究也表明，观众对政治事务与政治新闻的兴趣也会提高他们对新闻的理解。例如，Carpini（1996）

的研究表明，政治兴趣与受访者的政治知识水平呈正相关，政治兴趣越高，政治知识越高。在阅读互联网新闻时，过去研究也发现，对政治较有兴趣的人较常在网络上获取政治信息（Graber，1996；Norris，2001）；对政治新闻感兴趣的人会更常利用丰富的媒介资源去获取更多的政治信息（Prior，2005）。

第三类因素可称为媒介使用因素。从使用与满足的视角来看，观众收听或收看新闻的习惯与动机会影响“从新闻学习”的效果。经常阅读报纸或收看电视新闻的读者或观众政治知识较高，因为媒介使用的频率与政治知识水平直接相关。在 Robinson 和 Levy（1986）的经典研究中，媒介使用是预测政治知识的显著变项。不少研究也发现媒介使用与政治知识显著相关（例如 Rhee & Capella，1997；Sotirovic & Mcleod，2004；Weaver & Drew，2001；Zhao & Chaffee，1995）。对于网络新闻读者来说，这样的关系依然存在。例如，Shah、McLeod 和 Yoon（2001）以及 Wei 和 Lo（2008）的研究都确认了阅读网络新闻可以提高人们的政治知识。

以往的研究也关注了不同媒介渠道（例如报纸、电视、广播、网络）对“从新闻学习”的不同效果。Robinson 和 Levy（1986）的系列研究发现阅读报纸新闻比收看电视新闻能使人们获取更多政治知识。Eveland 和 Dunwoody（2001）的实验研究发现，阅读印刷媒介上的新闻比阅读网络新闻更能帮助人们获取知识。Eveland 和 Dunwoody（2010）的实验进一步分析为什么印刷媒介和网络媒介会产生不同的学习效果。他们发现，网络新闻的学习效果不如传统的印刷媒介，原因在于阅读网络新闻会激发用户在网络上进行更多的选择性浏览（selective scanning），因而阻碍吸收知识；尽管阅读网络新闻可以激发更多的思考，但选择性浏览可能抵消掉思考对学习的促进效果。除了媒介使用外，很多研究也探索了不同媒介使用动机对获取知识的可能影响。在“认知中介模型”里，媒介使用动机中的“监督满足寻求动机”，即是预测知识的重要变项。

第四类因素可以称作认知心理因素（psychological dispositions）。其实在 20 世纪 80 年代，研究者已经开始尝试采用“信息处理”取向，结合更严格的实验或观察方法，来探索个体认知心理因素对于“从新闻学习”的影响（Woodall，1986）。值得一提的是 Graber（1984）提出的“图式理论”（Schema Theory，又译为“基模理论”）。“图式”是我们用以组织各类事物、事件与人物的知识单位（Anderson，1980），“图式理论”从信息处理的角度解释为什么既有知识可以帮助人们记忆和理解新闻信息。Graber（1984）认为，人们脑中的“图式”决定了人们在收看电视的时候会注意、处理并储存什么样的信息，以及哪些相应的记忆需要被调用。同时，“图式”也被用来归类、组织新的信息，以便融合入既有的感知和信念中。由于受众背景不同，他们头脑中储备的“图式”的数量和质量也不相同，因而他们对新信息的接受、处理与理解也不尽相同。“信息处理”取向研究大多以认知心理因素作为中介变项，希望了解媒介使用动机如何影响媒介使用，以及媒介使用如何直接或间接影响获取知识的学习。

本节最后我们需要补充的一点是，“从新闻学习”研究的因变量——即从媒介获取的知识——在定义和测量上也存在着不同的观点。在概念和操作层面上，如何界定“获取知识”并不容易。我们到底该测量观众对新闻基本信息的记忆（recall），还是测量观众对新闻信息的辨识能力（recognition），抑或是测量观众对新闻内容的理解（comprehension）？在测量的过程中，受访者应该完全凭借记忆回答问题（free recall），还是应该在测量时对受试者提示一些信息帮助他们回忆新闻内容（aided recall）？以往研究最常见的做法是测量受试者对于事实信息的记忆程度（Berry，1983；Woodall，Davis & Sahin，1983），测量方法是向受访者提出数个与政治相关的事实性问题，请受试者作答，再根据受访者回答的正确与否计算他们的知识分数（Carpini & Keeter，1993；Wei & Lo，2008）。但这样的方法也并非没有争议（Mondak，1999），有些学者认为，评估“从新闻学习”的效果不应只简单地测量受试者对事实性信息的记忆，而应该更进一步分析受试者对新闻信息的理解（Woodall，Davis & Sahin，1983）。

四、“从新闻学习”的拓展方向与未来研究趋势

长久以来，政治传播学者特别重视新闻媒介对政治素养和政治认知的影响，因而大多数“从新闻学习”效果研究主要探索新闻媒介对民众的政治与公共事务知识的影响。但在现实环境中，人们从媒介上获得的信息种类很多，所学习的知识也不仅限于政治知识。不少传播学者关注媒介的教育功能，探索媒介使用对民众获得其他类型知识的影响。在健康传播领域（详见本书第六章），就有学者分析新闻媒介使用与健康知识的关系。例如，Wang、Gantz（2010）以内容分析法对美国7个电视频道的新闻节目内容进行分析，他们的研究发现，有8.2%的新闻内容包含与健康相关的信息，而与健康相关的信息所涵盖的领域也非常广泛。此外，该研究也确认了地方电视新闻是公众获得健康信息的重要渠道。O'keefe、Boyd 、Brown（1998）的调

查则发现，公众对电视新闻上的疾病预防信息依赖程度相当高。Jensen（2011）则以实验法验证“认知中介模型”可以用来测量民众从新闻中学习与癌症相关的信息的过程。

除新闻外，Morgan、Movius 和 Cody（2009）的在线调查研究发现，收看医疗题材的电视剧可以增加观众对有关医学器官捐献的知识的了解。在科技传播方面，新闻媒介对于科学家与公众的沟通也起到重要作用。例如，不少研究就探讨了新闻使用对民众获取科学信息并形成科学观点的作用（Hart & Nisbet，2012；Hwang & Southwell，2009；Zhao，Leiserowitz，Maibach & Roser-Renouf，2011）。通过这些研究不难看出，公众可能从新闻媒介获取各种信息，而媒介信息对民众知识的影响是多方面的。研究者有必要在未来的研究中，更全面且深入地理解各种新闻信息的“致知”与“教育”效果。

在新闻与政治学习方面，既往研究最关注的是人们从传统新闻媒介（traditional media）上获得信息的过程。由于电视是电子媒介时代最具影响的媒介，因而探索电视新闻的致知效果的学术研究最多。当然也有很多研究比较不同媒介对政治知识的影响，其中有少数文章比较了网络新闻与传统新闻的效果，但整体而言，“从新闻学习”的研究以传统媒介为主，并未深入探讨数字媒介的致知效果。以 Web2.0 技术为代表的新一代网络媒介出现后，新闻的生产方式和传播渠道不断更新与融合，信息生产者和消费者的界限变得模糊，“从新闻学习”研究在新媒介环境中应如何调整、有哪些新的研究方向？这些是传播学者需要面对的问题，这也是政治传播研究在不断变化的媒介环境中所面临的挑战。诚如 Bennett 和 Iyengar（2008）所言，伴随传播科技的发展，受众本身也发生了巨大的变化。当下，人们已逐渐从传统的社会机构（公立学校、政党、公民组织）中脱离出来，人们获取信息的渠道越来越多、越来越个人化（personalization）。虽然上一代人仍保持着相对传统的媒介使用习惯，但新一代观众则养成了全新的媒介使用习惯，观众群体发生了分化，成为碎片化的受众（fragmented audiences），很难再被视为具有稳定特征与模式的群体。现有的政治传播研究在很大程度上忽视了由媒介变迁所引发的观众分化与社会集群解体现象。

对此，Bennett 和 Iyengar（2008）指出，研究新闻媒介使用的政治传播效果，首先应考虑受众结构的变化。例如，年轻一代的人已不再依靠单一的传统媒介平台获得政治信息，转而发展出一套复杂的所谓“信息食谱”（info diet），其中包括专业新闻机构、竞选人本人在网络发布的信息、政党宣传以及很多不具名的政治博客。其次，新闻的学习效果研究还应该考虑到受众分化与选择性收看（selective exposure）的影响，也就是说受众有更大的自由度和自主权去选择收看他们喜欢的媒介内容，而这些内容很可能与政治无关。此外，随着自主选择的增强，不经意收看（inadvertent exposure）导致的学习效应越来越弱。相对而言，依据党派和观点立场选择媒介内容的趋势增强。由于媒介内容更为丰富，媒介使用越来越个人化，受众有更大的自主权去选择和他们的观点相同或相近的（like-minded）新闻内容，这不仅使人们接触到不同意见的机会大为减少，也使政治立场上的两极化（polarization）现象变得更为严重。在新媒介环境中研究新闻媒介致知效果的传播学者，亟须在新旧媒介交替的情形下发展更具创意的研究方法。

此外，新传播科技的发展及观众结构的变化给现有的研究范式带来了冲击和挑战，也为“从新闻学习”研究创造进一步发展的契机。未来的“从新闻学习”研究需要特别注意年轻人的媒介口味与使用习惯。在新的媒介环境中，政治信息的传递已不再局限于传统的新闻节目，在许多相对轻松的媒介内容中，也可以发现政治性的“娱乐信息”（infotainment）。将严肃的政治信息与轻松的娱乐内容结合，通常较能迎合年轻一代的媒介习惯。在美国，最典型的例子便是各电视台推出的“深夜脱口秀”（late-night talk shows）。很多政治传播研究发现，在美国年轻人收看传统政治新闻的频率越来越低的情况下，深夜脱口秀以较轻松的娱乐形式结合深刻的政治观点，成为观众——特别是青年——获取政治信息、了解政治议题的重要渠道（Baumgartner，2007；Brewer & Cao，2008；Hollander，2010；Rottinghaus，Bird，Ridout & Self，2008）。

未来的“从新闻学习”研究还需要考虑到社交媒介（social media）的普及，特别是社交媒介对新一代观众的重要影响。在社交媒介上，用户接收政治新闻以及参与政治的方式也可能与传统媒介环境大不相同。例如，社交媒介虽然可能增强志趣相同用户之间的互动，但大量存在的关系网中的弱关系（weak ties）也可能增加用户接触不同信息与观点的机会（Lupia & Philpot，2005；Mitchelstein & Boczkowski，2010）。此外，社交媒介也是进行政治讨论、参与政治的绝佳渠道（Ward，2012；Valenzuela，Park & Kee，2009）。因此，使用社交媒介可能为“从新闻学习”研究带来新的研究方向。这些趋势显示，政治学习的渠道可能已经改变，传统的知识效果研究可能需要在概念和方法上做出适当的调整，才能更深入了解媒介使用对获取时事政治知识的影响。

延伸阅读

Carpini，M. X. D. & Keeter，S. (1996). *What Americans know about politics and why it matters.* New Haven，CT：Yale University Press.

Eveland，W. P. (2001). The cognitive mediation model of learning from the news：Evidence from nonelection，off-Year election，and presidential election contexts. *Communication Research*，28 (5)，571 - 601.

Wei，R. & Lo，V. H. (2008). News media use and knowledge about the 2006 US midterm elections：Why exposure matters in voter learning. *International Journal of Public Opinion Research*，20 (3)，347 - 362.

扫一扫，

浏览本章参考文献

第四章　大众媒体议程设置理论与研究的综述和展望

文｜周树华　贾寒

摘　要

议程设置理论（agenda-setting theory）不仅仅是媒介效果研究，也是大众传播学中少数几个声名远播的理论之一，还是一个重要的认知效果理论。该理论认为，大众传播往往不能决定人们对某一件事或意见的具体看法，但是可以通过报道相关议题和提供相关信息来有效地左右人们关注和谈论的事实和议题。换言之，大众传播可能无法影响人们怎么想，却可以影响人们想什么。本章对议程设置理论和方法的主要研究成果进行了梳理和总结。本章首先介绍议程设置理论的发展历史，其心理机制和影响因素；然后我们对使用议程设置理论的文献进行了一项内容分析，用数据回顾议程设置的研究趋势、研究主题、研究媒体和研究方法；最后我们指出议程设置在新媒体、新语境环境下的发展趋势、挑战和研究机会。

关键词

议程设置、公众议题、新媒体议题

一、导言

自1968年美国总统大选期间美国北卡大学的两位新闻学教授McCombs和Shaw（1972）在北卡罗来纳州教堂山首次研究议程设置理论以来，检验新闻媒体中议程设置所带来影响的研究得到广泛开展。议程设置理论不仅仅被应用于选举，在传播学的各个领域中也被广泛应用，其影响力远远超出了最初的学术领域（McCombs，2005；Young & McCarthy，2009），也远远超出了最初的创建之地美国，广泛被推广至北美洲、亚洲、欧洲和拉丁美洲的众多国家（McCombs，2005）。

议程设置理论是媒介效果研究的经典理论之一，在传播学研究中有着举足轻重的地位。20世纪70年代，McCombs和Shaw（1972）通过实证研究发现，公众对社会公共事务中重要议题的认识和判断与传播媒介的报道活动之间，存在着一种高度对应的关系，即被传播媒介作为“大事”加以报道的议题，同样也作为大事反映在公众的意识中；传播媒介给予的强调越多，公众对该议题的重视程度越高。根据这种高度对应的相关关系，McCombs和Shaw（1972）认为大众传播具有一种形成社会“议事日程”的功能，传播媒介赋予议题不同程度的“显著性”，影响了公众对社会公共事务的认知。议程设置理论的核心思想是，大众传播往往不能决定人们对某一事件或者意见的具体看法，但是可以通过提供信息的多寡和对议题报道的轻重，来有效地左右人们关注哪些事件以及他们谈论的先后顺序。议程设置理论认为大众传媒可能无法影响人们怎么想，却可以影响人们去想什么。

然而，互联网的出现极大地改变了传统的沟通模式，并且以其多样化的沟通渠道和应用，为研究议程设置理论的学者们带来挑战，与此同时也开辟了全新的研究领域。有学者预测，互联网的大量普及将最终导致议程设置理论的终结，因为互联网充斥着大量零碎信息（fragmented information），因此而形成了习惯性的网络行为时尚（habitual fashion），造成人们较少关注信息过度冗长的传统媒介（Hamilton，2004）。Chaffee和Metzger（2001）也认为媒体的多元化和分散化冲击着议程设置理论的前提条件，如媒体议程基本上是与专业的把关过程（gatekeeping processes）相提并论的，而互联网则可能使大众议程跨越这个门槛（threshold）。如Tan和Weaver（2012）运用聚合时间序列数据，发现公共议程的多元化倾向于降低大众传媒议程设置的效果。

但是，也有学者预测议程设置理论将继续发挥效应。例如Yu和Aikat（2005）认为，网络上的媒体议程其实与传统的媒体议程相仿，因此议程设置理论的作用还将继续。Shaw，Hamm和Terry（2006）则认为大众媒体议程（public agenda）与网络媒体议程（online media agenda）都将影响公众议程。最近Lee和Coleman（2013）也在研究中发现，议程设置效果在年长和年轻一代中都能够起到一定的作用，在新媒体环境及其多样性的情况下，公众议程依然和媒体议程紧密相关。

当然，在过去的几十年里，在新传播技术不断涌现和社会环境不断变化的背景下，议程设置的理论版图（theoretical trajectory）也在逐渐演化。本章以西方学界的研究为主，对目前议程设置理论和方法的主要研究成果进行梳理和总结，结合不断涌现的新传播技术，对议程设置理论的历史与发展轨迹进行综述，为未来的研究提供新的视角和方向。

二、议程设置理论的历史发展

议程设置的基本思想最初来源于美国专栏作家 Walter Lippmann（1922，29 页）提出的“身外的世界与脑海中的印象”这一观点。在传播学中，该观点可表述为：新闻媒介所提供的信息影响我们脑海中的现实印象，这便是议程设置理论的雏形。1968 年在美国北卡罗来纳州的教会山，McCombs 和 Shaw 对“总统选举期间传播媒介的选举报道对选民的影响”进行了一项调查，他们也因此成为了第一个对议程设置效果进行实证研究的学者。自 1972 年他们的论文发表以来，大量学者对议程设置理论在各个领域应用的效果进行了更多的研究。Cohen（1963）提出了对议程设置最有影响力的观点：“在多数情况下，新闻界不能成功地告诉读者该怎样想；但它告诉读者该想些什么时，却是惊人的成功”。基于他的理念，McCombs 和 Shaw（1972，页 177）在“比较一小群尚未作出投票决定的选民的议题议程和媒体报道的公共议程”后，提出了关于“大众传播具有一种为公众设置议事议程”的功能，认为媒体的新闻报道和信息传播活动赋予各种“议题”不同程度的显著性（salience），影响了人们对周围世界的“大事”及其重要性的判断。他们通过发现新闻议程中议题的显著性与选民议程中的议题的显著性的紧密关系，为议程设置理论提供了证据，这就是所谓的“第一层级（first-level）议程设置”。

作为后续研究，Shaw 和 McCombs（1977）在 1972 年夏季和秋季总统大选期间提出了“属性议程”（attribute agenda）的概念。他们推断，不仅是媒体议程，事件本身的属性也有议程设置的重要效果，认为新闻中的属性议程对于公众的属性议程也会产生一定的影响，这就是“第二层级（second-level）议程设置”。属性议程包含了认知部分（cognitive component），比如描述事物特征的信息；也包括了情感部分（affective components），如叙述议程的语气（积极的、消极的、中性的），也就是说，新闻对事件的某些信息着重描述或以不同的情感方式呈现，会左右受众对其重要程度的判断。属性议程设置的作用效果在对 1976 年的三个总统大选季（分别为首阶段 1 月 11 日—6 月 15 日，夏季阶段 6 月 16 日—8 月 21 日，秋季阶段 8 月 22 日—11 月 2 日）的实证研究中得到了证实（Weaver，Graber，McCombs & Eyal，1981）。

第一和第二层级的议程设置中都包括了议程的显著性从媒体议程到公众议程的

转移（transfer）。不同的是，第二层级议程设置专注于事件本身属性的显著性，公众的属性议程被认为是重要的变量之一（Shaw & McCombs，1977；McCombs，1981）。在这方面，McCombs（2005，546 页）认为第二层级议程设置不仅能够改变议程设置的第一层，即观众对议题的关注力（what to think about），甚至还能告诉他们如何去思考一项议题（how to think about）。也就是说，议程设置的第二层通过强调一个事件的某些特征和性质而忽略另外一些特征和性质来对受众的认知产生影响。

（一）议程设置中的心理机制

当然，议程设置的效果不是放之四海而皆准的媒介效果理论，不同受众感受的影响程度会有所不同。议程设置效果中个体的差异很大程度上是通过导向的需求（need for orientation）和议程融合（agenda melding）来衡量的（McCombs，2005；Shaw，McCombs，Weaver & Hamm，1999）。“导向需求”（need for orientation）的概念由 McCombs 和 Weaver（1973）首先提出，并由 Weaver（1977）在后续研究中进一步深化，这一概念对议程设置的个人变量做出了心理学解释：当人们对某一议题了解不多时，需要引导的要求就越高，则导向需要更高。他们研究发现导向需要与媒体中报道的政治信息有明显的相关性，并导致更强的议程设置效果。导向需要是在相关性（relevance）和不确定性（uncertainty）两个条件下决定的（Weaver，1980；McCombs & Weaver，1985）。个体对议程的相关性和不确定性都高的时候，导向需要产生的议程设置效果就强。然而，当相关性和不确定性低的时候，导向需要产生的效果便不强。因此，个人导向需要的概念强调了接收者的积极参与，并为解释“人们用媒体做什么”（what do people do with media）做出了贡献（Weaver，1980：361）。事实上，1972 年 McCombs 和 Shaw 在教堂山对犹豫不决的选民进行抽样调查的示例和导向需要解释了 Shaw 和 McCombs（1977）所做的重复实验结果，即犹豫不决的选民和已经做出决定的选民相比，前者更容易受到议程设置的影响，他们的想法更容易被传媒的报道所左右。

随后，为在理论上阐述“导向需要”的概念，Shaw 和他的同事（1999）提出了“议程融合”（agenda melding）的概念。议程融合概念中指出，人们多倾向于归属某类团体（如专业团体或社会团体），并试图寻找与接受他们决定加入的社区的议程。导向需求高则会促使个体积极收集信息以利于融入群体。议程融合的途径不仅仅局限于大众传媒，相反，人们可以通过将从各种渠道收集到的议程进行融合以适应自己的议程。由于新兴传播技术的普及，人们可以访问数以百计的媒体渠道和其他媒体源，如此一来，松散的群体（loose group）也可以共享议程，为现在新媒体的研究做了铺垫。

也就是说，议程设置的研究集中在个人从大众媒体议程中学到信息的过程，而议程融合的研究则认为个人通过使用各种媒体收集信息将自己本身的议程与社区议程相融合。从这个意义上讲，议程融合被解释为议程设置的一种反向效果（Weaver，McCombs & Shaw，2004）。

（二）媒体议程的影响因素

议程设置理论的另一领域是议程的构建（agenda building），这一领域解释了“谁设置了媒体的议程”这一问题（McCombs，2004：98）。在政治领域，Cobb 和 Elder（1971）研究了关于公共政策问题是如何创建的，以及谁参加了议程构建的过程。从议程构建的角度来看，国家级议程是由从个人议程到集体议程中引人关注的问题所构建的。McCombs（2004）认为评价国家政治领导人的重要标准之一就是他（她）在国家议程设置中的影响。政党和媒体作为触发点，增加了个人在议程问题上的兴趣。同样，议程构建解释了大众媒体是如何从多种不同类型的议程来促进创建公共政策问题的过程。

议程设置研究中一个有趣的分支是众多议程之间的关系。除了媒体议程和公共议程之间的关系，有学者（McCombs & Shaw，1976；Snider，1967）发现了媒介间（inter-media）的议程设置效果。媒介间议程设置专注于两个以上媒体间的关系（McCombs，2004）。比如电视与报纸，精英媒体和地方媒体的交互影响。大多研究（Hirsch，1977；McCombs & Shaw，1976；Snider，1967）发现了媒介间议程设置的显著效果。例如，美国学者 Werner J. Severin 在《传播理论：起源、方法与应用》（*Communication Theories*：*Origins*，*Methods and Uses in the Mass Media*）一书中就曾经用实例验证了这一效果。1989 年，Danielian 和 Reese 在研究 1986 年美国媒体对可卡因的报道时发现，不同媒介之间的报道内容与叙述方式具有较高的相似性。这就意味着，在媒介间也存在“意见领袖媒介”（opinion-leading media）的角色，权威性较强的媒介通常能够影响甚至设置权威性较弱的媒介的议程，这就是“媒介间议程设置”效果（Severin，2010）。McCombs（2004、2005）也认为媒体间议程设置存在了很长时间，精英新闻媒体议程通常对其他新闻媒体议程有指引作用。McCombs 提出，记者和编辑们经常通过阅读新闻界同行的文章和报道来印证自己对新闻的判断，特别是参考精英媒体，如《纽约时报》、《华盛顿邮报》及全国电视网的新闻报道。这一阶段也包括媒体间的议程设置，即新闻媒体之间的相互影响。这种精英媒体领衔与新闻专业普遍规范的作用以及其他一些因素，共同导致了一个结果，即新闻媒介的高度同质化（McCombs，2005）。

三、议程设置理论与互联网的出现

随着互联网的出现，在用户主导的网络语境下，媒体议程和公众议程之间的议程设置过程变得相当复杂。例如，媒体用户能够根据个体差异和社会结构，通过多种媒介渠道获取信息。Kim 和 Lee（2006）指出，网络议程设置的效果通常是一步接着一步进行的。首先，个人的意见可以通过各种在线渠道传播，引起媒体间的议程的关注；接下来，网络新闻媒体的议程影响传统新闻媒体以及网上公众的议程；最终，传统新闻媒体的议程可能设置线下公共议程。Guo 和 McCombs（2011）提出了一个新的网络议程设置理论，也就是"第三层级（third level）议程设置"。网络议程设置的中心假设是"媒体议程的显著的网络关系可以转移为公共议程的显著网络关系"（Guo & McCombs，2011：9）。第一和第二层级议程设置强调了媒体议程的问题或属性在大众议程中的显著性，而网络议程设置的概念则着重于议程的形式和其他网络化的关系以及这种关系对公众议程的影响。

（一）Web 2.0 时代下的议程设置理论

从 Web 1.0 到 Web 2.0 ，我们俨然迈进了全媒体时代，通过自媒体，每个人都可以在网络媒介各抒己见，畅所欲言。正如 Chaffee 和 Metzger（2001）所言，"新科技的产生将赋予普通受众更大的影响力，而在传统媒介中，这一群体的个人议程则通常不会受到关注"。传统媒介的主导地位似乎已经时过境迁，风光不再。网络环境下异军突起的新兴媒体已经牢牢抢占了媒介话语权，交互式的平台衍生出微博、推特（twitter）等一系列新的媒介形式。四十多年前（1972）McCombs 和 Shaw 提出的议程设置理论在新媒介环境下同大多数经典理论一样，也遭遇了一些学者的质疑。

然而，经过大量研究，议程设置理论的创始人 McCombs（2004）认为传统的议程设置功能在网络环境下受到的冲击仍是有限的；媒体（广义上）将会持续影响公共和政府政策议程的设置。近年来，大量研究发现，即使在 Web 2.0 时代，媒体议程设置理论依然发挥着显著效果（Shehata & Strömbäck，2013；Tran，2014），尤其是当研究涉及大量对微博、推特相关数据的使用时，其理论效果则更为显著。也就是说，传统新闻媒介仍将在对公众的议程设置过程中占据一席之地。首先，主流媒体收集大量网络信息，而这些信息很大一部分来自传统新闻媒介网站，如纽约时报、路透社和BBC；其次，大部分主流新闻网站基本归属于为数不多的几大传媒公司，这些网站的内容并未具有独创性，而是传统媒体内容的简单复制粘贴；再次，许多通过网络途径获取新闻知识的用户，通常更倾向于使用传统媒介的网页版（Takeshita，2006）。此外，网络媒介对市民发起的公共事件（citizen-generated public affairs）素材的关注微乎其微，相关报道不足全部网络新闻的1%（Patterson，2013）。

（二）微博与传统媒体的互动

Tran（2014）在总结了过去10年间有关于网络议程设置的研究后，发现主流媒体依然具有议程设置的效果，然而却不再是唯一的舆论导向领导者。微博（microblogs）、党派媒体（partisan media outlets）、政治新闻网站（political web sites）和社交媒体则创建了新的主流媒体议程（Jacobson，2013）。在传统媒介议程和微博议程中，存在着一种双向关系（Tran，2014）；换言之，二者具有双向互动（mutually influential）的关系。

微博源于美国人埃文·威廉斯创立的Twitter网站，意在通过简短随意、不超过140个字符的话告诉世人你在做什么。使用者可以通过微博上传自己的照片，表达自己的想法，或者传递最新消息。近年来，微博的热浪也席卷中国内地，成为信息传播的新手段。截至2013年，中国的微博用户超过5亿，且每天还在以惊人的速度增长。微博的影响力不容小视。我们发现从微博平台到传统媒体，事件的报道具有一系列的连续性和先后性。首先是微博的大量转发，其次是传统媒体的公开报道，最后引发各种系列专题反思。例如美国一起令人痛心的强奸事件发生后，一名叫Alexandria Goddard的博主对几名高中男生在Steubenville犯下强奸罪后麻木的态度感到愤怒，继而猛烈地在博客和推特上发表文章。这篇微博由于在网上被大量转发，最终引起了国家媒体的关注，使得这起强奸案成为了一则轰动的新闻（Levy，2013）。因此，传统媒介和微博之间存在着交互影响的关系。与此同时，网络社交媒介有时会对议程的构建产生更为直接的影响，这种影响有时全部通过网络媒介来实现，有时则需要和主流媒体共同产生作用。正如McCombs（2004）所言，网络在“反向议程设置”中起到了至关重要的作用，因为在网络媒介环境下，公众设置了媒体议程。

在研究微博和其他网络社交媒介对公众议程的影响过程中，网络议程设置中存在的一些负面影响因素也应该加以考虑，如媒介本身的声誉，微博的可信度，微博因文本碎片化、琐碎性而导致的虚假信息泛滥，网络信息的重复与过载，过度的信息轰炸使得用户产生疲劳感等。没有了传统媒体议程设置的引导，没有了“把关人”

的存在，微博有时一不小心就成为了传播谣言的途径之一。

（三）自媒体的影响

在网络时代下，每个人都是自媒体，这一特点在议程设置里主要体现为主体泛化以及新闻内容多样化。我们单纯依靠传统媒介获取大量信息的时代已经不复存在，受众个体也从被动转变为主动，每个自媒体都主动地发布信息、获取信息。例如，在“本·拉登之死”的事件中，这一消息最初是从推特中爆出，并迅速转发扩散，当这条消息已经被推特用户讨论得热火朝天后，大众媒介才在半小时后发布相关报道。正因如此，Berger 和 Freeman（2011）强调，在新媒介中，新闻生产者和消费者之间不存在“时差”，因为在网络环境下消费者与生产者可以同时做出反应，并且消费者也可以成为消息内容或者议程的生产者。

此外，网络议程设置探讨了个人思考在议程设置中所起到的作用。类似于传统的议程设置，通过网络议程设置，媒体构建出某问题在公众心目中的重要性。然而，这种显著性不是单一的，而是由多种元素的显著性组成的，正如人们的记忆网络一样，它们是相互联结的，而这种相互联结同时也会转移到公共议程的网络结构上。因此，网络议程设置包含了媒体议程网在公众议程网中起到的作用（Guo，2012）。

从传统大众媒体到网络媒体环境，议程设置理论的应用已经从第一级议程设置的提出到第二级议程设定的描述，再到导向需要、媒介间议程设定、议程融合和议程构建，最后演进到最近提出的第三级议程设置。McCombs（2005）指出，学者们重新审视并扩充了议程设置理论的组成部分，由此网络新媒体的格局迎来了新的挑战和机遇。

四、议程设置理论研究回顾

McCombs（2004）提出了议程设置理论进化的三个阶段。其中第一阶段代表了议程设置理论的成长，在传播和公众舆论形成过程中也存在五个不同发展阶段：从第一级议程设置效果到属性议程设置效果，到议程设置效果的个人差异，再到媒体议程的来源，最后到议程设置效果的产生后果。第二阶段侧重于议程设置在各个领域的扩展，其中包括政治、商业、文化界和体育界。第三阶段属于对议程设置理论中关键的理论概念进行详细阐述，例如“显著性”、“属性”、“导向需要”和“框架”等概念。

之后，McCombs（2005）提出了当代议程设置理论研究的两大主流趋势：一个是修改和扩张议程设置理论的基本概念，另一个则是修改和扩张新的环境中的理论。然而，在新互联网格局中，探索议程设置研究的方向是十分重要的，最好的研究方法就是去探索议程设置所处的位置。因此，利用 McCombs（2004、2005）提出的议程设置理论的阶段和趋势，以下从议程设置理论研究的趋势、主题、媒体、方法和其他应用理论五个方面对其进行回顾与总结。

（一）研究趋势回顾

四十多年来，议程设置的研究趋势是如何发展的呢？为此，本章作者之一对 1972 年至 2012 年间研究趋势分布的总体情况进行了总结（Kim，Kim & Zhou，2014）。作者检索了与“议程设置”这一关键词相关的所有英文论文。数据显示，有关议程设置的论文数量在这期间一直在增加，2000 年以后，增加尤为显著。一级议程设置研究一直处于主导趋势，451 篇研究论文中共有 278 篇检验了一级议程设置。尤其是自 2007 年以来一级议程设置研究的数量得到大幅增长，平均年发表论文 21 篇。同时，数据表明二级议程设置、议程政策和其他相关研究也已得到广泛研究。其中有关二级议程设置研究的论文为 74 篇，议程政策的为 62 篇，另有 57 篇论文对议程扩散、议程控制、议程设置权利和媒体议程设置等方面进行了研究。

（二）研究主题回顾

近年来，议程设置研究的主题也在发生着演变。相关研究中尤其是对综合性主题（general topics）（指从多个研究主题中摘选 3 个进行的组合）的研究最为普遍，其次是政策、社会以及环境和健康主题。在 451 篇议程设置研究中共有 114 篇文章对多主题进行了研究，而 111 篇文章对选举、候选人和民主等政治问题进行了研究。由于综合主题包含政治问题，这一结果也揭示了政治主题在议程设置研究中处于主导地位的现实。更主要的是，研究数据也揭示了除综合主题以外，议程设置也十分关注社会问题（N=66）、环境和健康问题（N=63）以及经济问题（N ＝ 24）。

（三）研究媒体的回顾

随着时间的推移，议程设置研究中被研究媒体的种类已呈现出更加多样化的趋势。当然，对报纸和电视这两种媒体的研究还是最为频繁。自 1972 年以来，共 260 篇研究议程设置的文章聚焦报纸这一媒体，148 篇文章聚焦电视这一媒体，2006 年以后平均每年聚焦报纸媒体的论文约为 20 篇，聚焦电视的论文约为 9 篇。研究数据表明，除报纸和电视外，发行的出版物（press release），如政党或组织的新闻稿、政府演讲（state speech）和组织出版物等也得到广泛的研究。例如，2007 年以来共有 55 篇文章对出版物这一媒体进行了研究，其中 38 篇为论文（大约每年为 6 篇）。同时 2007 年以来对互联网、在线新闻和社会媒体等数字媒体的研究也快速增加，其中聚焦互联网的论文为 24 篇，在线新闻的论文为 22 篇，社交媒体的论文为 23 篇（大约每年为 3 篇）。

许多研究质疑互联网的出现是否标志着议程设置效果衰退的开始（Hamilton，2004；McCombs，2005；Shaw et al.，2006；Yu & Aikat，2005）。尽管媒体渠道呈现出的多样化已经对媒体景观提出挑战并且使其更加的分散化、个体化和两级化（Shaw & Hamm，1997），但这些发现却表明议程设置研究将随着新闻传播技术的出现而继续强大。

（四）研究方法回顾

在议程设置研究中使用的方法一直呈现出多样化态势，但内容分析法仍处于主导地位，其次是实地调研和二手资源分析法。451 篇论文中共有 273 篇文章运用内容分析方法。例如，Roberts 和 Wanta 研究议程设置理论在互联网媒介中的运作过程和作用时使用了内容分析法（Roberts et al.，2002）。94 篇为实地调研法，如 McCombs 和 Shaw 在《议程设置理论在大众传播中的作用》这篇文章中所使用的数据便是从两人对 1968 年美国北卡罗来纳州总统选举期间传播媒介的选举报道对选民的影响进行调查分析所得到的结果（McCombs & Shaw，1972）。此外，79 篇为二手资料分析法，比如 Wanta 和他的同事在关于议程设置理论在国际性新闻中对公众感知的影响研究中所使用的数据来自于 1998 年芝加哥外交委员会（Chicago Council of Foreign Relations）收集到的 1 507 份调查问卷（Wanta et al.，2004）。值得注意的是自 2007 年以来，案例研究方法和实验方法开始增加，这也表明除传统方法外，很多研究方法都适合于议程设置的研究。

（五）其他应用理论的回顾

在众多的议程设置研究中的确包含了其他理论。研究发现引用最多的理论为框架理论（framing）和铺垫效果（priming）。框架理论在传播学中强调框架就是选择事实的某些方面，使被选择的部分在传播文本（电视节目、新闻报道）中更为显著（Entman，1993）。在议程设置的研究中，其与框架理论之间的关系常被学者们进行研究与比较。目前对于议程设置理论与框架理论的关系，学者们基本有两种观点：一种认为框架理论是议程设置理论的延伸；另一种则认为议程设置理论和框架理论是两种理论体系，否认两者合流的观点。议程设置理论认为媒介议程影响了受众议程，但并没有对媒体究竟是如何影响公众对于议程重要性的排序做出解释，也没有对这一现象背后的心理学机制进行讨论。在有关议程设置的研究中，铺垫效果则作为解释议程设置理论的发生机制被广泛使用。有学者认为议程设置理论与铺垫效果有着相同的认知心理机制。如果公众最近受到大众媒体某个议题的铺垫作用，那么在他判断什么是当前最重要议题的过程中，他会把最容易想到的问题作为首选。自2007年以来其他理论的应用也显著增加，有关研究和解释议程设置的效用论文中，32篇使用框架理论。作为和议程设置理论关系最为密切的理论之一，框架理论和议程设置理论互为他山之石。属性议程设置理论认为议程本身的属性会对公众议程产生一定的影响，框架理论则提出了用框架的方法挑选新闻，使其内容与设定的框架一致。例如，针对堕胎行为，文章既可以从堕胎行为可减少青少年犯罪率、提高贫困家庭生活水平的角度来给读者积极的态度影响，也可以从堕胎行为是扼杀生命的角度给读者消极的引导，两者会对读者产生不同的效果。框架理论对属性议程设置产生的影响做出了解释。

另外，共有13篇有关议程设置的论文中使用了铺垫效果理论，这两个理论间也有着紧密的联系。比如，一个对政治冷漠、很少关心国家大事的观众，在评价政治候选人时往往会根据他最近甚至是前一天在电视新闻中给他印象最深的相关新闻来做决定。因此，议程设置可以起到一个关键的作用，即铺垫效果。最后，在相关论文中还有19篇使用了其他理论，如信息处理理论（information processing theory）。信息处理理论一定程度上解释了议程内容在受众脑中的信息处理过程。信息处理理论认为受众具有处理信息、筛选信息和储存信息的能力。Sei-Hill Kim（Kim et al.，2002）等人认为议程设置的影响效果依赖于一个受众信息处理中的基于记忆的模式，这个模式假定在任何特定的时候，一些信息将会比其他信息更快地抵达人的大脑。也就是说，一个人对特定议题接触的次数越多，或者接触的时间、距离越近，那么议程设置对他的影响就越强。

McCombs和Shaw（1993）注意到框架理论和铺垫效果理论能够拓展议程设置研究。随着框架理论和铺垫效果理论的应用，有关属性议程设置的研究大大增加。运用这些概念探索属性议程的丰富多样性除了有助于将媒体告诉我们的“如何考虑”的知识进行整合外，还有助于整合“如何思考”和“思考什么”等知识。

五、结语：议程设置研究总结

总的来说，学者们关于议程设置的研究数量逐年增加，特别是自20世纪70年代以来对第一、二和第三层级议程设置、导向需求、媒体间议程设置、政策议程和议程构建在内的多个议程设置的不同趋势的研究呈现增长状态；这也强有力地表明传统议程设置理论在当今媒体格局中依然强劲。本章还对议程设置理论研究的趋势、主题、媒体、方法和其他应用理论五个方面进行分析整理，结果表明在政治和大众问题的研究上，议程设置理论为应用最广泛的理论，且议程设置的研究领域还在不断扩大，从最初的政治问题扩展到新媒体环境中的各种问题。这个整理结果与McCombs（2004、2005）预测的“议程设置研究的发展趋势将从单一的公众舆论领域扩展到其他多个领域”完全符合。

大多数议程设置的研究仍集中在报纸和电视上。然而，社交媒体和互联网媒体等新媒体的流行迫切需要我们去关注新媒体渠道。特别是考虑到网络和社交媒体所属的水平媒体可针对不同目标受众提供不同信息这一特性，针对议程设置效果中的个体差异问题的研究应为未来的研究内容之一。

许多不同领域都进行过议程设置研究，这与McCombs（2004、2005）关于“议程设置理论的修正和扩展使其更好地适应当代环境”的预测完全相符。无论对什么媒体进行研究，内容分析法（content analysis）都是议程设置研究的主要方法。除此之外问卷调查（survey）、实验法（experiment）和案例分析（case study）等其他研究方法也被经常使用。很明显，我们不能满足于报告媒体和公众议程的关系，将来的研究应该延伸至议程设置的理论解释和机制分析。

本章阐述了议程设置研究的发展和演化，主要包括发展趋势、主题、媒体和研究方法以及在各种设置中使用的其他理论。事实上，随着时间的推移，对议程设置的研究不断增加，有关趋势、主题、方法和与其他理论相结合等的扩展研究表明议程设置理论仍然被广泛应用于新媒体时代。然而，未来则需要进一步细化对议程设置流程和效果的研究，而不仅仅局限于对议程设置理论的概述。

纵观媒体发展历史，如第一章所梳理的，媒体的社会影响力曾被认为非常有限（Paul Lazarsfeld，1944；Klapper，1960），而现代媒体的影响力却得到普遍承认，议程设置理论功不可没。事实上，McCombs和Shaw（1972）的研究发现从媒体议程到公众议程这一转变使对媒体效应的研究从“有限效果”的阴影中走了出来，使人们意识到媒体固然没有“强效果”但至少有中等强度的效应。随着理论和方法的扩展以及在政治、商业和文化等多领域多角度的应用，议程设置理论的地位得到了有效巩固。

随着互联网的发展，议程设置理论受到质疑是正常的，有研究表明它可能是无效的（Chaffee & Metzger，2001；Hamilton，2004；Tan & Weaver，2012），因为40年前媒体的本质和如今的新媒体时代已经完全不同。有些学者（Lee & Coleman，2013；McCombs，2004，2005；Shehata & Strömbäck，2013；Tran，2014；Yu & Aikat，2005）期待继续看到议程设置的效用。尽管议程设置理论在政治传播领域中进行了大量的相关研究，在其他环境下，如商业传播、宗教、国际关系、医疗保健、娱乐以及公共关系中的研究却为数不多。因此，在未来的研究中将会有许多有意义的新方向等待学者去探索。特别是新媒介环境将为未来的研究开辟大量的丰富多彩的主题和思路。

我们认为，每一个理论都是在一个特定环境下的特定产物，在传统媒体主导的时期，议程设置理论可以解释更多变量，而在信息破碎时代它的效果也许不及从前，但由此产生的理论分支和多样方法会使我们对这一现象的理解更加全面和深入。

延伸阅读

McCombs，M.（2004）. *Setting the Agenda：The Mass Media and Public Opinion*. Cambridge，UK：Polity Press.

McCombs，M. E.，Shaw，D. L.，& Weaver，D. H.（Eds.）.（2013）. *Communication And Democracy：Exploring the Intellectual Frontiers in Agenda-setting Theory*. London：Routledge.

Johnson，T. J.（Ed.）.（2013）. *Agenda Setting in a 2.0 World：New Agendas in Communication*. Routledge.

第四章

扫一扫，

浏览本章参考文献

第五章　电视新闻对受众认知的影响

文｜周树华　乔飞

摘　要

电视新闻一直以其独特的属性备受媒介效果研究者的青睐。本章认为电视媒介虽然普及，但只能为受众提供有限的学习资源。我们又从电视新闻的商业本质论及其对电视新闻内容和认知的影响出发，重点回顾了电视新闻的认知研究、影响电视新闻认知的主要因素、电视新闻认知研究的理论基础、电视新闻认知的测量方法。我们除了介绍在电视新闻认知研究中应用广泛的有限能力理论外，也将逐一介绍影响电视新闻认知的主要因素，这包括议题、戏剧元素、唤起和视觉效果等。在测量方法方面，我们主要探讨对注意力、回忆、感知及唤起的测量。最后本章也提出了未来研究的趋势与方向。

关键词

电视新闻、认知、测量方法

一、引言

电视在现代日常生活中扮演着不可或缺的角色。随着电视的普及和生活节奏的不断加快，人们更趋向于从电视而非纸媒来获取信息及娱乐（Beentjes & van der Voort，1993）。电视为人们了解时事和休闲娱乐活动提供了一条方便快捷的渠道。就电视新闻而言，根据早期对美国《60 分钟》受众的分析，研究者发现电视受众大概可以分为两类：习惯性（habitual）受众和非习惯性（purposive）受众（Gunter，1987）。习惯性受众主要是一些经常收看电视的人，这些人把看电视作为一种精神陪伴，对各类电视节目有强烈的依赖感。非习惯性受众是指不经常看电视的人，他们仅仅把看电视作为获取信息或了解时事的一个方式。无论是习惯性还是非习惯性受众，他们均认为看电视让他们在认知上受益匪浅。比如，受众认为访谈类节目既能让他们看到公众人物在媒体上的表现，也能促使他们从中更好地思考各类社会热点问题。

有趣的是，尽管受众认为看电视能提高他们对不同议题的认知能力，但研究发现受众对于电视新闻内容的回忆度（recall，即想起所看过的新闻内容）却十分低（Gunter，1987）。比如，受众认为天气预报很有用，并且认为天气预报的内容简单易懂。但是往往这种主观感觉与客观的测量结果并不相符。测量结果显示，只有极少数的受众认识或理解天气预报云图中的各类符号以及预报员的专业术语，而大多数的受众对这类信息并不了解。更有趣的是，即便多数受众认为天气预报很有用，但是他们却无法准确地回忆出天气预报的内容（Wober，1981）。

其他众多研究也表明电视并非获取信息的最佳媒介，受众在观看了各类电视节目后，只能回想起新闻报道中的一小部分（Carpini，1996；Stauffer，Frost & Rybolt，1983；Walma van der Molen & van der Voort，1997）。其主要原因是，电视是一种被动的学习（passive and low-involving）媒体。另外，现在的新闻为了吸引受众的关注，大多报道负面事件或采取煽情化的报道方式（Biswas，Riffe & Zillmann，1994；Rotberg & Weiss，1996），研究者也推断煽情的报道方式及新闻报道中所采用的各类听觉和视觉效果会分散受众的精力，进而导致受众无法记住新闻的内容（Zhou，2004）。

有鉴于此，本章将综合介绍电视新闻对认知的影响，并将从电视新闻的认知研究、电视新闻的影响因素、电视新闻认知的理论基础以及认知的测量方法这几个方面进行探讨。

二、电视新闻的认知研究

不少研究者认为电视媒介只能为受众提供有限的学习资源，除了本章前面提到的天气预报外，经济也是电视新闻报道中最常见的主题之一（Gunter，1987）。新闻报道是否增强了受众对经济的了解呢？一项由以色列学者所进行的研究显示，只有三分之一的受众正确地指出了如国际收支平衡、国民生产总值、增值税及生活费用指数等经济术语的含义（Adoni & Cohen，1978）。尽管很多人都不知道他们到底是否真正了解某种知识，但他们却总有种主观错觉，即认为电视促进了他们对某种知识的了解。只有极少数的研究显示电视新闻确实提升了受众的知识水平。以往大多数的研究均表明，电视新闻并没有促进受众的知识水平提升，电视媒介的学习功能十分有限（Gunter，1987）。而导致电视无法有效促进知识水平提高的原因主要为两个方面：电视的被动媒介属性及电视的商业本质。

（一）电视是一种被动的学习媒介

电视和报纸是两种截然不同的媒介。电视可以在短时间内快速而准确地向受众提供重要的信息，如突发事件等；而报纸则能针对简短的电视新闻提供较详尽的细节补充，或是对某类具有争议性的话题进行深度挖掘，如调查报道等（Deutschmann & Danielson，1960；Harney & Stone，1969）。过去的一些研究显示，尽管报纸和电视都可以向受众提供信息及增强某个议题的显著性，但就受众的回忆度而言，观看电视新闻的功效远远低于阅读报纸。虽然受众在阅读报纸后也会遗忘大量信息，但和观看电视比，受众更能记住纸媒上的信息（Gunter，1987；Wilson，1974）。这主要是因为人们在阅读报纸和观看电视时采用了截然不同的认知信息处理方式（cognitive information-processing）。

人们在阅读报纸时，较能控制自己要处理的信息，如选择新闻的种类或阅读的长度等。而人们在观看电视时，却无法控制这些信息，只能“被动”地接收电视新闻节目中所传递的信息（Gunter，1987）。除此之外，人们在阅读报纸时，可以设定自己的阅读节奏，可以选择性地进行文章浏览或深度阅读。而人们在观看电视时，虽然可以通过换台来选择感兴趣的新闻或是自行决定对某一新闻的关注程度，但一旦开始收看新闻就无法随意处理这些新闻。因为新闻的节奏和顺序是由新闻制作人所决定的，除非受众利用即时重播等新技术把节目录下来或收看重播，否则一旦开始收看新闻，受众就没有机会重新收看这些新闻（Gunter，1987）。

尽管阅读报纸比观看电视需要消耗更多的认知资源，而且阅读报纸又比观看电视更能控制信息处理过程，但电视却能帮助受众获取“偶然”信息（accidental learning）。在 1964 年的英国首相选举中，学者（Blumler & McQuail，1969）发现，尽管在大选期间许多民众对政治并不感兴趣，但收看电视的民众却比不收看电视的民众具有更多的政治知识，并对选举更感兴趣。Wamsley 和 Pride（1972）也认为，电视受众从不了解到了解，从不感兴趣到感兴趣，这些均间接印证了电视新闻的效果。从这方面看，电视新闻对增加人们的初步信息是有帮助的，只是对事物的深度了解则效果不明显。

尽管电视新闻中既用了听觉（audio）效果也用了视觉（visual）效果来为受众提供信息，可是受众对电视新闻内容的回忆度却远比纸媒低，这主要是因为电视新闻中的各种属性分散了受众的注意力。首先，如前所述，电视新闻中出现的各种视觉和听觉的刺激分散了受众的注意力，降低了受众对新闻内容的关注度（attention），从而影响了电视新闻的效果（Baron，Baron & Miller，1973；Haaland & Venkatesan，1968；Insko，Turnbull & Yandell，1974）。新闻报道中的各种其他特点，如主播的声音、面部表情或背景布置等，都会影响或分散受众的注意力（Gunter，1987）。如女性受众容易被男性主播的外表吸引，男性受众则被女性主播姣好的容貌吸引而无法将注意力全部集中在她们所播出的新闻内容上。

但是从另外一个角度来说，相对于纸媒，电视新闻却有着自身的优势。首先，大多受众都认为“眼见为实”（Gunter，1987）。换而言之，电视新闻中的听觉与视觉效果能让受众身临其境，如目击者（eye witnessing）一般，见证事件的发生。而报纸中的纯文字描写则无法为受众带来同样的感官体验。其次，电视新闻为受众提供了多渠道的信息传递方式，可以刺激听觉和视觉，从而使得人们对信息进行多渠道编码，更好地处理信息。当然，如果电视的声画关系处理得不好，则可能分散受众的注意力。有研究则表明当一则新闻中画外音与画面一致时，即剪辑和谐得当，便会产生“声画配合”的效果，而当画外音与画面不一致或剪辑不和谐、不得当的时候，则不能有效地提高受众的回忆度（Zhou，2004）。

由于电视新闻会分散受众的注意力，而大多数受众并无意识要“认真”收看电视新闻，这造成了受众新闻回忆度较低。那么，当受众被要求“全神贯注”地观看电视新闻时，他们的内容回忆度是否会有所提升呢？答案是肯定的。Salomon（1983）曾经做过这样一个实验：他把12岁的孩子分为三组，第一组阅读新闻脚本（script），第二组观看电视新闻，并要求他们好好从中学习，第三组也是观看电视新闻，但只是让他们随便观看（casual viewing）。实验结果显示，第二组比第三组的内容回忆度有明显提高。换言之，受众在有高需求时（如主观上要求自己获取某种知识）观看电视，比在有低需求时（如主观上仅认为是休闲娱乐）观看电视能吸收较高的知识。但是，因为电视的娱乐属性，多数人都不“认真”地收看电视，即使是观看新闻也一样。久而久之，也就养成了被动、消极的观看态度。

总而言之，电视是一个“被动”的媒介。受众无法支配电视上新闻的长度、内容、语速等；而且电视新闻中的其他特征（attributes）如声音视觉效果、主持人的外在形象等，也会分散受众的注意力。尽管受众会产生一种能从电视新闻中学习到知识的主观错觉，但实际上，受众的电视内容回忆度十分低。除非受众在主观上要求自己从电视新闻中学习知识，否则，他们从电视新闻中学习到的知识十分有限。

(二) 电视新闻的商业本质

正如美国著名新闻人查理斯·戴纳所说："狗咬人不算新闻，因为这太常见了，但人咬狗就是新闻了。"这则对新闻的定义几乎成为了美国业界筛选新闻报道的金科玉律。换言之，电视新闻的商业本质就是吸引眼球，以获取更高的收视率（rating）。而正是这一商业本质，促成了电视新闻中"坏新闻"（bad news）现象的普遍存在（Johnson，1996）。

长期以来，新闻报道一直被扣上了沉溺于挖掘生活中肮脏、丑陋和古怪现象的帽子（Johnson，1996）。自20世纪初，"黄色报业"（sensational journalism）采用夸张手法渲染新闻事件使报纸销量大增，电视新闻记者也开始采用相似的手法来报道新闻，以便更能"夺人眼球"。

对于电视新闻中"坏新闻"现象的质疑，可以追溯到尼克松政府的副总统斯皮罗·西奥多·阿格纽（Spiro Theodore Agnew）。他在1969年的一次政治竞选演讲中，曾公开批评电视新闻报道大多关于暴力、冲突和"坏新闻"。阿格纽认为"坏新闻"包括了各类种族问题、抗议、违法事件以及过分戏剧化的新闻。他的这一观点引起了公众的广泛关注（Johnson，1996）。美国新闻监测机构罗珀组织（Roper）在该言论发表后进行了采访调查，以了解公众对于电视的态度。调查显示49%的民众认为电视新闻常对"坏消息"进行报道，而仅有37%的民众认为电视新闻常报道"好消息"（Bower，1973）。随后，研究者对美国三大主流电视网（ABC、CBS和NBC）播报的820条电视新闻的主题进行内容分析，研究者把"坏新闻"分为了五个类别：武装冲突战争、国际紧张局势、社会冲突抗议、犯罪及各类事故。研究发现"坏新闻"确实常排在电视新闻报道的头条，但电视总体的新闻报道情况并没有阿格纽说的那么严重，仅有三分之一的报道属于"坏新闻"这一类别。

但是电视新闻从业人员却认为世界上确实发生了许多犯罪和暴力事件，如果不去报道这些事件，则有悖职业操守。但问题的关键在于电视新闻中报道"坏消息"的比例是否已经超过了真实世界中各类犯罪暴力事件的比例呢？答案是肯定的。研究表明，电视新闻中对犯罪暴力事件的报道比例和频率，确实比现实生活中发生犯罪和暴力事件的比例更大（Garofalo，1981；Graber，1979）。

除了报道比例外，电视新闻也过分夸大了新闻内容。电视新闻为了吸引受众，常常关注情感和悲剧的元素，以引起受众内心的愤怒或怜悯，但由于过分关注情感元素而忽略了对事件本身的描述（narratives）（Johnson，1996）。有趣的是，电视新闻中采取的扭曲夸大手法与娱乐节目的编排手段十分相像。这主要还是因为电视的主要功能是娱乐，所以电视新闻部门也会趋向于以娱乐节目编排的标准来筛选新闻（Greenberg，1969；Cohen et al.，1990）。这样一来，新闻和娱乐之间的差别则越来越模糊，而电视新闻的商业本质就是要卖座、吸引受众、提高收视率，既然娱乐节目中暴力和冲突能吸引眼球，那新闻为何不能采取同样的手段呢？

但是电视新闻和娱乐节目的一个显著区别就在于人们看电视新闻是为了获取信息，而收看娱乐节目是为了放松休息。尽管电视新闻很短，但却会持久地影响受众对世界的认知和态度。当一则新闻充满了戏剧性，如被称为“世纪大审判”的辛普森案，则会吸引数百万受众的眼球。因此，电视新闻从业人员也一直致力于挖掘新闻中的戏剧元素。美国哥伦比亚广播公司主播丹·拉瑟（Dan Rather）在1993年的一次访谈中曾透露，新闻部十分清楚到底什么是夸大的、什么是真实的，但是必须考虑收视率问题，所以不得不采取“好莱坞”式的包装手法进行报道，利用冲突和暴力来吸引受众（Johnson，1996）。CNN曾在海湾战争中长时间、不间断地大幅报道战争、美化战争，从而获得高收视率和巨额利润，并被戏称从“新闻频道”成功地转型为“战争频道”（the war channel）（Gerbner，1992；Vincent，1992）。

总而言之，电视新闻的商业本质就是要吸引受众，获得最大利润，并不是为受众提供客观公正的报道（Sawyer，1988）。电视台的新闻频道举足轻重，播报什么样的新闻确定了电视台的属性，因而电视新闻报道不仅要保证收视率，更要保证其报道观点与主流观点一致。可惜的是，电视新闻内容的选取主要是为了满足电视台的需要而非受众的需求（Comstock，1989）。正如罗珀组织在1989年的调查显示，人们对世界的感知并非来自客观和多样的渠道，而是来自具有统一价值观的电视新闻。大众传播业不断发展，我们获取的信息越来越多，可我们知道的却越来越少（Johnson，1996）。

三、电视新闻认知的影响因素

电视新闻中不同的元素可能对受众的认知产生不同的影响。无论是受众心理认知（cognitive）还是生理（psychological）感知都可能随着电视新闻中的不同元素而变化。以下我们将探讨议题、戏剧、唤起和视觉效果这四种元素对受众认知的影响。

（一）议题

随着商业媒体的不断增加以及娱乐的需要，有学者认为电视新闻越来越多采用讨好受众的电视新闻包装（Blumler & Kavanagh，1999；Franklin，1997）。在这一趋势下，研究者发现眼花缭乱的新闻包装更加吸引人，娱乐化元素的注入，使原来已经煽情的新闻更加“煽情”（Blumler，Blumler & Gurevitch，1995；Grabe，Zhou & Barnett，2001；McManus，1994）。

如前所述，电视新闻经常以“坏消息”作为议题进行播报。正是这种“坏消息”才能达到所谓的“煽情效果”。煽情通常被定义为一种能够吸引受众观看并能激发他们反应的能力（Grabe et al.，2001）。这一定义与生物学的基本定律“适者生存”相吻合。人在进化的过程中，只有不断地留意潜在的威胁，才能增加生存和繁衍的概率，因而人的本能反应就是提防身边的危险，也就是更为关注“坏新闻”（Davis & McLeod，2003；Shoemaker，1996）。

煽情新闻的议题通常包括性、暴力、犯罪、火灾、自然灾难、意外伤亡（如车祸）等（Grabe et al.，2001）。相比之下，非煽情性议题则包括政治商业新闻（Adams，1978；Uribe & Gunter，2007）。美国一项研究表明，电视新闻逐步趋向于使用娱乐化的新闻议程，报道煽情性议题的比重也不断增加。Slattery 和 Hakanen（1994）进行的一项调查显示，从 1976 年到 1992 年期间，煽情性议题报道的比重从 11.6%上升到 40.6%。换言之，关于政府、政治及公共事务的报道的比例不断下降。在欧洲，新闻报道也呈现相同的趋势（Barnett，Seymour & Gaber，2000）。但和美国相比，欧洲媒体报道煽情性议题的比重更高。

“煽情”作为一种新闻属性，常被认为是某类新闻的内在特征。例如，犯罪类新闻就比较煽情，相对而言，经济类新闻本就没有太多煽情的元素。因而学者普遍认为受众会对不同的新闻主题产生不同的情绪反应。但是，值得一提的是，煽情的主题不仅是在类别上与其他主题不一样，而且每一个煽情类主题都对受众有着不同程度的吸引力。相较于非煽情的主题，煽情的主题容易向受众传递不同的感官反应，激发受众在心理和生理上的情绪变化（Lang，1994）。

我们认为用议题来区分是否煽情，并不是一个十分完善的方法，新闻的另一煽情来源是新闻包装（packaging），比如利用新闻中的语言特征可以把新闻用较为煽情的方式呈现（Uribe & Gunter，2007）。

一则关于犯罪的报道，主播可以用各种情绪化的语言来描述犯罪事件，但也可以用平淡的语言来描述。与此同时，记者在报道政治类和公共事务类的电视新闻时也试图寻求报道中的“戏剧元素”从而使得这些可能让受众感到无聊的电视新闻变得较有吸引力（Uribe & Gunter，2007）。

因此，戏剧元素也是电视新闻中一个可能影响受众认知的重要因素。为了帮助读者更好地理解戏剧元素，我们最好从古希腊戏剧的创始人说起。

（二）戏剧元素

亚里士多德认为逻辑诉诸（logos）、人格诉诸（ethos）及感情诉诸（pathos）是一个戏剧成功的三大元素。逻辑诉诸采用比较和对照以加强自身的观点，人格诉诸利用陈述者的特征能让受众觉得可信度高，而感情诉诸则利用人们的喜怒哀乐，引起受众的共鸣。（Aristotle，1954）这三点戏剧成分在电视新闻包装中展露无疑。电视新闻可以利用画面剪辑和声音的效果来营造良好的逻辑诉诸和感情诉诸。叙事的五要素（何人、何事、何时、何地、何故）外加条例井然有序的画面可以增加报道的说服力，从而激发受众的情绪反应，满足感情诉诸的要求。主播、访谈记者和嘉宾良好的外在形象、口头表达能力及情感表述能力，符合戏剧的人格诉诸，而新闻人物的喜怒哀乐则是激发受众情绪反应的最佳元素。

戏剧元素能产生什么效应呢？一些学者认为电视新闻中过多的戏剧元素对新闻启发社会思考的功能有不良影响（Franklin，1997；McManus，1994）。过多的戏剧元素让新闻变得生动有趣，却降低了新闻的信息量（Blumler et al.，1995；Franklin &Smith，2005）。但是也有些学者并不赞同这一观点。Stevens 认为增加戏剧性元素更能帮助受众清楚地分辨道德底线（Stevens，1985）。Hofstetter 和 Dozier（1986）也认为增加戏剧元素不见得会降低新闻的品质，这种新闻可以为受众提供详实的新闻背景介绍，能更有效地帮助受众处理信息（Meijer，2003）。相较于以精英阶层为导向的传统新闻，添加了戏剧元素的新闻更能与社会的流行文化相吻合，更能引起一般受众的情感共鸣（Fiske，1992；Langer，1997）。其他的研究也表明，包含了戏剧元素的新闻更能满足受众的情感诉求，从而让受众更容易记住新闻内容（Uribe & Gunter，2007）。

增加戏剧元素的主要目的是让受众对新闻感兴趣，用研究者的术语来说就是利用戏剧元素“唤起”（arousal）观众的兴趣。研究者发现电视新闻中娱乐和情绪的唤起与受众的参与度有着高度相关性（Lang，Potter & Grabe，2003）。因此，唤起也是电视新闻中影响受众认知的另一个重要因素。

（三）唤起

唤起是指人们遇到刺激时的心理及生理状态或情绪的反应。低唤起度指遇到刺激时人们情绪反应比较平静，而高唤起度则指人们情绪反应较为激动或感到警觉（Grabe & Kamhawi，2006）。而电视新闻有几个重要的唤起特点，以便激发受众的情绪变动（Vettehen，Zhou，Kleemans，d'Haenens & Lin，2012）。

特点之一是采用高唤起度的主题进行播报，如犯罪、暴力、自然灾害和意外事件等。这一点与上述讨论的煽情性新闻议题相吻合。煽情性议题本来就具有较高的唤起度，较容易引起受众的情绪变动。

第二个特点是采用极具戏剧性的画面进行播报。“戏剧性”画面指具有潜在危险场景的画面，如暴力或灾难现场等，或是此类事件发生后的现场画面，如横尸遍野或断壁残垣等。尽管这些画面时常会配合高唤起度的主题，如暴力事件等进行播报，但是并非所有的高唤起度主题都会采用这类戏剧性画面。有些情况下，新闻编辑们在播报极具戏剧性元素的新闻时并不会同时使用该类画面，因为事件本身已经极具戏剧性；而有些情况下，新闻编辑们会采用该类画面来使得一个缺乏戏剧化元素的新闻变得较为煽情（Slattery，Doremus & Marcus，2001；Slattery & Hakanen，1994）。

第三个特点是关于新闻报道的剪辑特点。许多研究表明，镜头切换频率会影响受众的唤起程度（Vettehen，Nuijten & Beentjes，2005；Hvitfelt，1994）。其他的研究发现，利用“小报包装”，即使用过渡镜头，如利用淡入淡出、溶解或合并图片等技巧，较容易唤起受众的情绪变动（Grabe et al.，2001；Vettehen et al.，2005）。

第四个特点是采用不同的报道策略进行播报。首先，可以使用“门外汉”策略，即在声音上采用非专业的播音人员声音，以提高受众的唤起程度。比如，声音可以使用现场目击者的声音。其次，可以使用“个性化”策略，来缩小与受众的距离，以提高受众的唤起程度。比如，不再把目击者作为匿名采访对象，而是在节目中介绍目击者，让目击者陈述事实。

这些唤起特点都是以画面呈现在电视新闻中的，使受众在视觉上受到冲击，进而引起他们的情感共鸣。因而，视觉效果也是电视新闻中的重要因素。

（四）视觉效果

电视新闻通常采用两种编辑技巧来添加视觉效果（visual impact）：一种是画面选取，另一种是编辑技巧。在画面选取方面，“戏剧性”的画面通常比“非戏剧性”的画面更能带来较大的视觉冲击力。“戏剧性”画面通常包括引人注目的负面图像（Newhagen & Reeves，1992）、负面视频（Lang，Newhagen & Reeves，1996）或情感图像（Brosius，1993）。而“戏剧化”画面往往配以“戏剧化”的声效（Vettehen et al.，2005）。所谓“戏剧化”的声效是指爆炸声、枪声及人的哭声、尖叫声、呐喊声或掌声等。而画面选取还包括主播、记者及嘉宾的形象与声音。他们的严肃表情加上情绪化词语的运用，如表示高兴、悲伤、恐惧或生气等，都会激发受众的情绪（Vettehen et al.，2005）。

在编辑技巧方面，如上述所说的使用“小报包装”的过渡技巧外，镜头的剪辑也是一个重要的方式。镜头剪辑一般分为两种：不相关剪辑和相关剪辑（Lang，2000）。不相关剪辑指剪辑后的镜头无论在叙述还是语境上都与剪辑前的镜头毫无关联，剪辑后的镜头基本都是新信息。相关剪辑则指剪辑后的镜头中只有少量新信息，一般来说，相关剪辑是为同一场景提供了不同的视角或在相同语境下引入一个新的镜头。观看进行了不相关剪辑后的镜头需要消耗受众大量的认知资源，而观看进行了相关剪辑后的镜头不需要消耗大量的认知资源，因而，无论是在回忆度还是记忆力方面，观看进行了相关剪辑后的镜头往往都比收看进行了不相关剪辑后的镜头功效较佳。

总而言之，无论是议题、戏剧元素、唤起特点或是视觉效果，这些因素都会带来受众认知上的改变。而我们只有通过测量，才能知道受众的认知是如何改变的。但是，万变不离其宗，我们可以在理论中找到这些改变的依据及方向。下面将具体介绍一下认知改变的几个理论。

四、新闻认知研究的理论基础

（一）铺垫效果

所谓铺垫效果是指新闻信息给观众的认知打下一定的立场基础，在短期内对于人们的判断和行为产生影响。例如一个人对某一事件一无所知，那么第一次看到这一事件的新闻报道及其报道的角度和立场就会产生先入为主的作用。铺垫效果具有两个重要特征：第一，个体行为和认知的铺垫效果，会受到铺垫强度与时间的双重影响。强度是指铺垫的频率，如铺垫一次与铺垫五次的效果是不一样的。时间是指铺垫发生的时间，近期的铺垫产生的影响更大。铺垫对于人们判断力的影响是随着时间而逐渐消失的。大多数研究显示，铺垫对于人们判断力的影响最多持续 15 至 20 分钟（Roskos-Ewoldsen，Roskos-Ewoldsen & Carpentier，2002）。

由于铺垫效果的定义过于宽泛，学者对于该效果的研究逐渐转向关注产生铺垫效果的媒体信息内容。例如 Josephson（1987）探讨了媒体中暴力内容对于儿童认知的影响。该研究发现虽然暴力电视在短期内对于孩童的行为产生较大影响，并让他们在体育活动中产生了更多激烈的行为，但是从长期来看，这种效果并不显著。有些研究者关注电子游戏的铺垫效果。例如，Carnagey 和 Anderson（2005）研究发现，当电子游戏中的暴力元素和奖赏机制结合时，铺垫就会增强暴力元素产生的效果。其他经典的案例还包括对政治新闻及总统竞选广告中的铺垫效果研究（Krosnick & Kinder，1990）。

简而言之，媒体的铺垫效果是指在较短的时间内，信息在人们的脑海中留下印记，对人的认知产生影响。

（二）思考可能性模型

思考可能性模型（elaboration likelihood model，ELM）是由心理学家理查德·派蒂（Richard E. Petty）和约翰·卡乔波（John T. Cacioppo）于 1981 年提出的。派蒂和卡乔波认为，无论受众是否在思考所接收到的信息，说服都有可能发生（Petty & Cacioppo，1996）。

ELM 认为，信息会通过不同的“通道”对受众产生说服作用。第一个通道是核心通道（central route processing），这是在人们认为信息较为重要时采用的通道。受众积极调用自身的知识和经验来处理信息，决定自身对信息的态度。当然，不同人对信息的“重要性”的判断是不一样的，很多内部和外部的因素决定了什么信息是“重要”的（Cacioppo & Petty，1982）。比如在购买一样商品时，有的人觉得实用性比外观重要，但有的人却觉得外观比实用性重要。因此，重要与否因人而异。当特定信息在媒体中出现的频率增加，或者总是占据报道的头条位置时，人们自然会认为这一主题的信息更重要，并不断关注。这样一来，便会使用更多的记忆、思维和认知来对该信息进行判断和解读（Iyengar & Kinder，2010）。

ELM 提出的第二条通道是外围通道（peripheral route processing）。该通道是在人们认为信息不重要或缺乏对特定信息的了解时发生的。它主要通过某些能引人注意的提示，营造良好的说服氛围，利用人们的情感来获取受众的关注，从而达到说服受众的目的（Petty & Cacioppo，1996）。外围通道这一观点说明了人们在处理信息时具有选择性。正如 McGuire（1969）和 Taylor（1981）所认为的那样，人们是懒惰的，更愿意通过简单直观的方式（heuristically）获取并处理信息。常用的媒介信息提示包括：使用轻松愉悦的背景音乐让观众处在轻松愉快的氛围中，或者令专家现身说法让观众觉得报道是客观的。

（三）动机性媒介信息处理有限容量模型

动机性媒介信息处理有限容量模型（limited capacity model of motivated mediated message processing，LC4MP），是由学者 Lang 于 2006 年在 LC3MP 的基础上提出的拓展模型（Lang，2006）。LC4MP 是电视新闻认知研究中应用最多的理论之一。要了解 LC4MP，首先了解一下 LC3MP。LC3MP，即媒介信息处理的有限容量模型，英文全称为“limited capacity model of mediated message processing”。这一模式认为大脑进行信息处理时，其资源是有限的，也就是说，受众在接触媒体信息的时候，需要分配这些资源来处理信息。信息处理主要包括三个过程：编码（encoding）、存储（storage）及提取（retrieval），这三个过程会同时发生（Lang，2006）。

编码是大脑对环境形成某种印象的过程，也就是将感官的信息摄入的过程。这种印象的构建过程因人而异。每个人生活的环境、背景、教育水平、意识形态等都会影响编码的构建。除此之外，编码的过程是一个选择性的过程，换言之，人不会对所有事物进行编码，而主要会对环境中某些显著性的事物进行编码。这主要包括显著的刺激性事物，如食物、性或危险等；显著的结构性事物，如巨变或新发明创造等；显著的个人事物，如与个人目标相关的事件等（Lang，2006）。

存储是大脑对最近编码的信息与以前编码的信息进行连接的过程。当信息被编码后，便会以某种形式存放在大脑中，而当大脑需要这则信息时，这则信息就被激活（activate）。信息被激活的同时，便与新的信息形成了联系，于是，大脑便更新这则信息并将其储存起来。但是，并非所有的信息都能被记住。当最近编码的信息与已存在的编码信息产生较强联系或频繁联系时，信息才会被更好地记住，而较弱联系或较少联系的信息则会慢慢被大脑遗忘（Lang，2006）。

提取是大脑对所储存信息的应用。当信息被较好地储存时，这则信息就更可能、更容易被提取（Lang，2006）。换言之，越是经常看到或印象深刻的图像，越容易浮现在脑海中。

以上是对 LC3MP 模型的概述。LC4MP 则是在这一模型的基础上，结合有关情绪与动机的研究而提出的拓展模型。LC4MP 比 LC3MP 多的一个“M”便是动机。论及动机则必然要提及情绪。就情绪而言，该模型认为情绪是功能性的，情绪的构建能帮助个人躲避危险、逾越障碍、寻找食物及吸引伴侣等。而在这个定义下，情绪具有两个维度（Lang，2006）。第一个维度是“效价”，即情绪是正面的还是反面的，是积极的还是消极的。第二个维度是“唤起”，即情绪是平静的还是激动的。而动机则包括“趋近”和“回避”两种动机系统（Lang，2006）。积极的情绪会激发趋近动机系统，相反，消极的情绪会激发回避动机系统。动机系统会影响个人对于信息的处理，换而言之，个人对哪些信息进行编码及存储，提取哪些信息，都受动机系统的影响（Lang，2006）。

除了动机外，在 LC4MP 中，媒介与信息是该模型的重要概念，并构成另外两个“M”。媒介的定义是“由信息制作者在其所选的媒体平台上，对该信息采用的一系列结构特征”（Lang，2006），而这些结构特征包括：信息渠道，如通过视觉、听觉、视听结合或嗅觉等来构造信息象征；对信息象征的控制，如信息播放的速度、播放的开始及结束等；与制作相关的结构特征，如视觉特效、视频特效、镜头移动、画面色彩等（Lang，2006）。而信息则是与信息和动机相关的内容特征，如信息的熟悉度、信息的难度、情绪效价及唤起内容等（Lang，2006）。

一个为“结构”特征，一个为“内容”特征，这两个特征共同作用，影响受众的认知、情绪及动机系统，而认知、情绪及动机系统也会影响受众对于媒介信息的使用及反应。基于这两个概念，媒介信息处理则可定义为“媒介使用者、媒介及信息内容三者间的交互”（Lang，2006）。换言之，媒介使用者其个人的知识水平、个人特征、动机类型会影响个人信息处理，而媒介结构及信息内容特征会影响个体分配大脑的有限信息处理资源，如信息中丰富的情感诉求可能让个人对信息进行自动处理，而对以功能性诉求为主的信息则进行有意识地、积极地处理。

基于上述概念与关系的阐释，LC4MP 主要有五个大前提（Alhabash et al.，2013）：一为“大脑是一个有限容量处理器，只可支配一定量的脑部资源进行信息处理”；二为“信息处理过程可以激发趋向及回避系统”；三为“信息处理受到信息结构及内容的影响”；四是“信息处理是个动态过程，随着时间的推移而发生”；五则认为“信息处理受到个人与信息互动方式的影响”。这五个前提整合了动机系统的激活及媒介信息处理的过程，并为个人的媒介使用及媒介对个人信息处理的影响提供了理论解释。

五、测量方法

以上几个理论为电视新闻认知提供了理论基础，有了理论基础，我们便有了测量方法的宏观指导。那让我们接下来了解几个认知的测量方法（measurement）。

（一）注意力

在认知心理学中，对注意力（attention）的定义，学界普遍采用美国心理学家威廉·詹姆斯在1890年所提出的概念，即“注意力是在个人周围的多样事物中，个人的意识被一样事物以清晰生动的方式所占据”（James，2011；Norman，1980）。换而言之，注意力就是“集中精力关注某样事物而忽略其他事物”（Norman，1980）。

不过，认知心理学认为目前学界对于注意力的研究仍不够透彻。这主要是因为注意力与意识紧密相关，而目前各类学科对于意识（consciousness）的研究突破仍然十分有限（Norman，1980）。目前的研究认为，意识分为显意识与潜意识两种。而根据以上对于注意力的定义，我们可以看到，如果注意力是个人意识被占据的过程，那么，这是否是注意力受到显意识的支配呢？也就是说一个人可以清晰地知道自己刚刚是在留心什么。但是，注意力是否受到潜意识的支配呢？也就是说，一个人虽然没有清晰地知道刚刚留心某件事物，但是其注意力确实被吸引了。而由于目前对于大脑及意识的研究仍有局限，对于这个问题仍然没有一个清晰明确的解答。在新闻认知的研究中，研究者所采用的有关注意力的测量方法，主要是围绕这两个方向所展开的。

第一个方向是以认为注意力是受到显意识支配为基础的，使用的测量方法是“自报”（self-report），也就是让实验被试者自己报告刚刚对所看信息内容的注意力高低。例如，在一项关于对本地电视新闻关注力的研究中（Perse，1992），研究者便采用自报的方法收集被试者的注意力程度。在此研究中，研究者采用注意力的互动参与维度测量量表（Cegala，1981），让被试者在观看了本地新闻后，自行选择对以下五个陈述句的同意程度（1代表非常不同意，5代表非常同意）。这五个陈述句包括：我刚刚非常留意看这则报道；我刚刚仔细听了报道内容；我刚刚仔细看了报道内容；我刚刚看报道的时候走神了；我刚刚漏听了这则报道。通过被试者对于这些陈述句的自我汇报，来检查被试者的注意力程度。

又如在一项研究受众对于总统竞选电视新闻关注力的研究中（Chaffee & Schleuder，1986），研究者采用调查问卷的方式对受访者进行调查。所采用的方法也是让受访者对以下五类陈述句进行四个同意程度（许多、有些、较少、没有）的选择，这五类陈述句为：我关注总统现在的情况；我关注美国政府对其他国家的政策；我关注电视上关于政治和政府的新闻；我关注报纸上关于政治和政府的新闻报道；我关注收音机上关于政治和政府的新闻报道。

再如在一项关于新闻可信度的调查中，研究者采用电话调查的方式对受访者进行新闻注意力的研究（Williams，2012）。所采用的方法也是大同小异，即让受访者对三类新闻内容的关注程度进行选择（1 代表关注最少，10 代表关注最多），这三类新闻内容为：国际事务、国内事务、本地事务。

“自报”这一测量方法在研究领域十分普遍，其最大的优势就在于它的便捷性。只要利用测量量表，便能根据得分清楚地知道被试者的注意力程度。但是其最大的劣势也在于它的便捷性。也就是说，被试者在“自报”的过程中，对其自身注意力程度的报告会有所偏差，很多人并不能准确地报告注意力，另外，量表的问法也可能有问题。比如在“较少”和“有些”这两个程度间，被试者很可能错误地选择了其关注的程度，因为本来这两个程度的界限就比较模糊。

随着心理生理学研究的不断发展，研究者发现有的时候虽然被试者认为自己没有特别关注某项事物，但其实各类生理指标已经发生了变化，也就是说，自己没有发现自己在关注某样事情。这也就是第二个测量方法，它主要是以收集被试者的生理数据来进行的。例如，在一项关于注意力与皮肤电传导（skin conductance）的研究中（Frith & Allen，1983），研究者通过三个项目来测试皮肤电传导与注意力的关系。结果显示，当个人在完成一项任务的过程中，皮肤电传导的指数比项目完成后的皮肤电传导指数高，也就是说皮肤电传导指数可以作为个人注意力的指数，当皮肤电传导指数有明显变化的时候，即个人的注意力发生变化，而被试者却没有主观意识到自己的注意力已经发生了变化。

又如在一项关于电视新闻剪辑数目与注意力关系的研究中（Lang，Zhou，Schwartz，Bolls & Potter，2000），研究者通过实验的方法，让被试者观看不同剪辑数目的电视节目，并收集他们的心率（heart rate）等生理指标。研究发现，随着电视新闻中剪辑数目的增加，个人的注意力不断提高，则其心率会显著下降。也就是说，当个人接触到某项外部刺激的时候，其注意力会加强，而心率会降低。

再如在一项关于阅读信息与持续注意力的研究中（Smallwood et al.，2004），研究者通过采用 SART 方法（sustained attention to response task），即持续注意反应任务的方法，来测量被试者注意力的变化。SART方法是让被试者阅读电脑屏幕上的信息，此屏幕每2 000毫秒出现一个小黑色方块，这个黑色方块可能出现在屏幕的任意位置，而被试者在实验前被告知，每次出现黑色方块的时候，要按下空格键。研究显示，当被试完成SART的时间间隔越短，则表示其阅读信息的注意力程度越低。

与“自报”采用的主观评价不同的是，生理数据的收集最大的优势便在于可以较为客观地表现个人在接触媒体信息时的反应，并且能够帮助研究者深入了解个人的认知处理过程。但是其最大的劣势在于缺乏生态效度（ecological validity），因为毕竟所有的数据都是在实验室收集的，而非真实生活场景，难以反映个人在真实且放松的生活中的情况。

（二）回忆

回忆在认知心理学中的定义是“一个提取储存在记忆中信息的过程”（Boundless，2014）。简言之，回忆是一种信息提取。而这种信息提取一般分为三种类型：辨识、线索回忆和自由回忆。

辨识（recognition）在心理学中的定义为“认出之前所接触过的事物，并将其以某种形式存储在记忆中”（Psychology Glossary，2014b）。就辨识而言，研究者通常会采用单项或多项选择题以及判断题的方法来进行测量，也就是让被试者在几个不同的选项中，正确选出其刚刚所看到的信息（Potter & Bolls，2011）。

例如在一项关于电视广告与受众辨识及回忆的研究中，研究者便采用选择题的方法测量被试者的辨识度（Singh，Rothschild & Churchill Jr，1988）。被试者看了9条品牌广告及其广告语后，被研究者要求做选择题。研究者先给出一个品牌名字，然后提供9条广告语选项，让被试在这9个选项中，选出刚刚所看到与该品牌对应的广告语。

又如在一项研究电视新闻包装对个人信息处理过程影响的实验也采用判断题的方法进行测量（Grabe，Zhou，Lang & Bolls，2000）。研究者对被试者的作答时间进行了限制。在被试者看完实验材料后，研究者准备了112条音频，每条音频约2秒钟，被试者在2秒钟内进行快速判断，到底这条音频是否在刚刚的实验材料中听过，以此测量辨识回忆。辨识回忆的多寡和信息编码的深浅有直接的关系。

线索回忆（aided recall）则是指测试者给被试者提供回忆线索，从而让被试者通过线索回忆起刚刚所看到的相关内容（Potter & Bolls，2011）。

例如在一项关于如何让受众更好地记住电视新闻的研究中（Lang et al.，2003），研究者在实验中让被试者收看四则电视新闻，随后，让被试完成线索回忆任务。首先，研究者先提供这四则新闻的主题，即提供线索，然后，让被试根据这四个新闻主题，回忆刚刚所看的新闻内容，并描述新闻内容中所发生的冲突事件。

又如在关于探讨新闻内容与受众记忆关系的研究中（Furnham & Gunter，1989），研究者也是在给被试者收看了四则新闻后，让被试者进行线索回忆。在该研究中，研究者所提供的线索是问题，被试者通过回答问题，达到线索回忆的目的。研究者会询问有关事件发生地的问题，如"哪个国家取消了贸易限制，从而增加了国内进口贸易?"或是有关事件中相关人物的问题，如"哪个国家的总统或首相访问了前南斯拉夫?"以及有关事件起因的问题，如"为什么韩国人民要上街抗议?"等。被试者要逐一回答这些问题，答对一个问题得2分，部分答对得1分，答错不得分，从而得出每个被试者线索回忆的总分。

线索回忆的能力显示了被试者的信息储存程度，即被试者所得的分数越高，其储存信息的程度越高。

自由回忆（free recall）则和检索信息息息相关（Craik & Lockhart，1972；Potter & Bolls，2011）。自由测试一般是让被试者尽可能地列出刚刚实验中所看到的内容。自由测试过程中，测试者不向被试者提供任何回忆线索。

例如在上述的有关如何让受众更好地记住电视新闻的研究中（Lang et al.，2003），研究者除了采用辨识的方法测量被试者的记忆外，还采用了自由回忆的方法。研究者在实验结束的48小时后，致电被试者，让他们尽量回忆实验中所看到的新闻内容，并收集其回忆正确的新闻内容数量，用于统计分析。

同样，在上述电视新闻包装研究中（Grabe et al.，2000），研究者也采用自由回忆的方法测量被试者的记忆。所采用的方法也是在实验结束后的48小时致电被试者，让他们尽量回忆实验中所看到的新闻内容。自由回忆的测试通常放在实验的最后，从而尽量避免被试者看完媒介信息后短时的鲜活记忆所带来的实验误差。如果研究者没有条件在试验后进行电话回访，也可以通过设置一些小型分散注意力的项目，如填写个人背景信息或观看一段几分钟的视频等，再进行自由回忆测试，以此减小实验误差，达到更好的实验效果。

（三）感知

感知（cognition）在认知心理学中的定义为"个人对其周围环境的感官体验，对环境中刺激的认知，以及对这些刺激的反应”（Cherry，2014）。在电视新闻认知范畴中，感知主要是指个人对所看到的信息进行处理后，所形成的态度或认识。在目前的研究中，测量个体感知主要采用“自我汇报”的方法。

例如，在一项关于对新闻的处理及感知的研究中（Sundar，2000），被试者看完实验材料后，随即完成一套由13个形容词组成的测量量表。这些形容词包括“准确的、可信的、带有偏见的、清楚的、全面的、事实的、公平的、有益的、重要的、客观的、具有说服力的、煽情的及写作上乘的”。被试者需要在十级选项量表（1代表描述非常不准确，10代表描述非常准确）中对这些形容词的程度进行选择，从而描述他们对所看到的新闻的感知。

又如，在一项关于研究个人对报道偏见的感知研究中（Vallone Ross & Lepper，1985），被试者在看完6则电视新闻报道后，需要完成一份测量他们对刚刚所看内容感知的问卷。这份问卷共有7个关于刚刚所看内容的陈述句，而被试者需要在九级选项量表（1代表非常不同意，9代表非常同意）中选择对这些陈述句的同意程度，从而使研究者得到他们对这些媒体内容的感知度。

总而言之，“感知”是一个主观的概念，对于同一个事件，每个人的感知都不一样。而在新闻认知研究中，“自报”是测量个体感知的主要方法。当然，自报最大的劣势便在于“谎报”，如果被试者或受访者摸清了研究者的实验或问卷目的，他们有可能会取悦研究者，即报告一个他们认为研究者想要的答案，从而隐瞒自己的真实态度，或者他们受到某种压力，不愿意表露自己的真实态度，这样也会极大地降低数据的准确性及有效性。

（四）唤起

唤起（arousal）在认知心理学中的定义为“个人在生理与心理上的一种警觉”（Psychology Glossary，2014a）。换言之，当个人被唤起，其身体系统及荷尔蒙水平便会改变，以便于移动或逃跑。唤起可以让人们找到生存所需的事物，并从中学会不同的生存技能。每个人因为不同的活动或目标都有不一样的唤起程度。

在信息处理研究中，研究者通常将唤起与情绪（emotions）联系起来，并认为唤起是情绪的重要指标。有研究者认为，个人先被唤起，再感受情绪（Uribe & Gunter，2007）；而有的研究者认为，唤起与情绪是同时发生的（Bradley & Lang，2000）。但是，这两派观点都认为，唤起既反应在心理上，也反应在生理上。我们可以从心理层面也可以从生理层面对唤起进行测量。

从心理层面上来说，唤起主要通过“自测”进行测量。

比如，在一项关于电视新闻包装与受众的唤起及注意力的研究（Grabe et al.，2000）中，研究者采用 SAM（self-assessment mannequin）量表进行被试的唤起测量。SAM 量表是一套包括了三个维度的图片测量量表，这三个维度为价相、唤起及支配。

正如定义所言，唤起不仅仅出现在心理上，也反应在生理变化中。皮肤电传导水平是测量唤起的主要方法。皮电活动通常分为两个状态。一种是强直状态（tonic），这是皮肤传导的基本状态。没有外界刺激时，皮肤电传导水平保持恒定。而当大脑接收到外部刺激后，会向皮肤发出信号，皮肤活动会变为突变状态（phasic），则皮肤电传导水平改变。换言之，外界刺激对人们的唤起度越高，则人们的皮肤电传导水平就越高；而外界刺激对人们的唤起度越低，则人们的皮肤电传导水平就越低（Potter & Bolls，2011）。

在上述几项研究中，毫无例外，研究者们采取了心理与生理测量相结合的方法，即除了采用 SAM 量表，让个体“自报”唤起程度外，他们还通过收集个体的皮肤电传导水平，进行生理测量。每个被试者的皮肤电传导水平在一秒内被收集 20 次。

以上是对电视新闻认知的集中测量方法的概述与分析。我们可以看出，在目前的研究当中，一般采用“自报”或收集生理指标来测量被试者的认知。每种测量方法都有自己的优势和劣势，比如“自报”的优势在于操作方便，但劣势在于准确度较低。相比之下，收集生理指标的优势在于较高的准确性，但是劣势在于操作困难且费时费力。当然，如果在有条件的情况下，应将两种方法相结合，既让被试者进行主观“自报”，又收集其生理数据。这样一来，两种方法相互补充，便能大幅提高数据的准确性。

六、未来研究方向

阅读本章后，你也许会有个疑问：在当今的互联网时代中，大家可以无时无刻地用手机“刷”新闻，用微博看各类新闻评论，那么有谁还会真正地在电视上收看新闻呢？研究电视新闻的效果在互联网时代的意义到底在哪里？

在回答这些问题之前，我们先来看一下皮尤研究中心在 2013 年所做的一项有关新闻获取渠道的调查（Pew Research，2013）。调查结果显示，尽管有 50%的群众把互联网作为主要的新闻获取渠道，但是有近 69%的群众仍把电视作为获取新闻的主要渠道，换言之，电视仍然是公众获取新闻的首要来源。并且，在那 50%的群众中，有近一半的人是通过登录主流的新闻网站（如 cnn. com 等）获取新闻，而网站中的新闻视频基本上都来自对电视新闻内容的剪辑（Choney，2010）。事实上，CNN 等主流新闻媒体，在如 YouTube 这样的视频社交网站上，均建立了专属的视频频道，专门播出其电视新闻内容的剪辑视频。所以，即使人们是在互联网上“看”新闻，但所看内容与电视上看到的新闻内容是基本一致的。也就是说，互联网时代中，电视新闻在人们的生活中依旧扮演着不可替代的角色。

当然，由于互联网的互动性，电视新闻的被动属性有所减弱，但电视新闻的商业属性，即获取利润，仍然不变。要想获利，就要在海量的网络信息中脱颖而出，这样才能博人眼球。而吸引眼球的方式，也不外乎本章所介绍的各类影响新闻认知的因素，如议题、戏剧元素、唤起与视觉效果。利用戏剧元素及不同的视觉效果对平淡的议题进行包装，激发人们的情绪，引起大家广泛的关注，从而推进知名度且从中获利。

除此之外，尽管人们改变了观看电视新闻的方式，但却无法改变个人大脑中信息处理的机制。结合本章所介绍的有关新闻认知的理论基础，包括铺垫效果、思考可能性模型及 LC4MP，我们可以看出，无论个人是在哪个平台上获取新闻信息，其仍然受到铺垫效果的影响，即该新闻信息仍然为观众对该事件的认知打下立场基础。与此同时，个人会根据这则信息内容与自身的相关度，选择利用中央通道还是外围通道处理信息，从而改变或维系其原本的认知态度。并且，大脑在处理信息时，仍然进行着“编码”、“存储”及“提取”，而个人对事件的认知及情绪仍然受到媒介与信息的影响。这些影响效果可以通过本章所介绍的各类测量方法进行收集与分析，如注意力、回忆、感知及唤起。研究者可以通过结合受众的生理数据与“自报”数据，进行效果分析。

但值得注意的是，随着新媒体的不断发展，互联网、社交媒体、流媒体及手机等移动媒体可以跨越时间和空间的障碍，为受众提供各类新闻报道。在新媒体的环境中，受众可以“量体裁衣”地观看不同的信息内容。这种个性化的媒体设定，改变了受众在传统电视新闻观看中被动接收者的角色，而慢慢过渡到主动筛选者甚至主动参与者的位置。如 CNN 网络新闻中，增加了“我是记者”的栏目，让普通民众拿起手机报道自己身边发生的各类新闻。在这一过程中，受众的主动筛选或主动参与会产生与传统电视新闻观看不一样的认知水平。如参与“我是记者”播报的人们相比没有参与该节目的人们可能会有更高的新闻注意力、回忆、感知及唤起。这则有待于研究者在未来的媒介效果研究中不断地深入探讨新媒体环境下，电视新闻如何更深刻地影响及改变受众的情感、认知及态度。

延伸阅读

Grabe, M. E., Zhou, S., Lang, A., & Bolls, P. D. (2000). Packaging television news: The effects of tabloid on information processing and evaluative responses. *Journal of Broadcasting & Electronic Media*, 44 (4), 581 - 598.

Lang, A. (2006). Motivated cognition (LC4MP): The influence of appetitive and aversive activation on the processing of video games. *Digital media: Transformation in human communication*, 237 - 256.

Potter, R. F., & Bolls, P. (2011). *Psychophysiological Measurement And Meaning: Cognitive And Emotional Processing Of Media* Routledge.

第五章

扫一扫，

浏览本章参考文献

第六章　寻求健康信息：传媒与健康传播前沿研究

文｜卢鸿毅

摘　要

由于科技发展，加上“自我检测”（self-monitoring）、“自我看护”（self-care）与“健康促进”（health promotion）等概念的流行，健康资讯（health information）无所不在，“健康资讯寻求”（health information-seeking）成为新兴的媒介效果研究领域。美国学者的研究发现，现代人的健康资讯寻求行为愈来愈主动，于是西方学者开展了许多有关健康资讯寻求的研究；同样的，华人社会也想了解华人健康资讯需求及行为，以及进一步分析哪些因素会影响华人的健康资讯寻求行为。本章试图探讨西方国家所提出的健康资讯寻求模式，展示相关的实证研究成果，以作为未来华人社会健康资讯寻求研究之参考。从过往与健康资讯寻求有关的理论或模式来看，影响健康资讯寻求行为的因素相当广泛，大略包括“个人因素”（人口变项、人格特质、直接经验、讯息对个人的意义及相关性、个人对于寻求资讯能力的信念）、“媒介的特性及使用状况”、“个人的心理感知”（例如个人感受到的社会支持、幸福感及风险）等。未来华人社会的健康资讯行为研究，不妨“旧瓶装新酒”，以西方研究成果作为基石，探讨上述因素对健康资讯寻求行为的影响为何，特别是在科技日渐进步的情况下，未来还有许多不同的媒体可能出现，例如社交媒体未来可能也是健康资讯寻求的重要平台之一。在使用新媒体的情况下，健康资讯寻求行为是否会有不同的表现，值得观察。然而，中西社会的文化有其不同之处，未来华人社会健康资讯寻求可能必须同时将文化因素列入考虑，这或许可以开拓出更多有意义的新的切入点。

关键词

健康资讯寻求、健康传播、传媒

一、序言

在1990年代中期之前，少之又少的学术研讨会会提及“健康资讯寻求”这个概念；近年来，拜科技发展所赐，加上“自我检测”、“自我看护”与“健康促进”等概念的流行，健康资讯充斥了线上和线下媒体，健康资讯寻求遂成为一个新兴的研究领域（Lambert & Loiselle，2007）。

健康资讯寻求不但影响个人面对疾病的心理调适过程及结果（Lambert & Loiselle，2007），也会直接或间接地影响讯息接收者对于疾病的态度及健康行为的表现（Ybarra & Suman，2006）。研究发现，健康资讯寻求虽有其存在的风险（例如以讹传讹的健康资讯），但它对于资讯寻求者来说，通常具有正面的意义，例如健康资讯可以提升健康资讯寻求者的生活品质（Kalichman，Cherry，Cain，Pope，Kalichman & Eaton，2006）。基于此，美国政府经常针对美国民众进行大规模调查，以了解他们的健康资讯需求为何、健康资讯的主要来源有哪些以及哪些因素会影响个人的健康资讯寻求。

例如，美国2007年的《皮尤网络及美国生活报告》（*Pew Internet & American Life Report*）发现，大约9 300万的美国人曾经在网络上查询过与健康相关的信息。另外，美国于2007年进行的“健康资讯国家趋势调查”（Health Information National Trends Survey）则发现，社会经济地位会影响个人在网络寻求健康资讯的行为（转引自Lustria，Smith & Hinnant，2011）；同样的，学者针对2004年于美国所进行的“数字化未来调查”（Surveying the Digital Future）所获得的资料进行的分析也指出，女性比男性较常在网络上寻求健康资讯，而许多人之所以在网络上寻求健康资讯是由于医护人员的鼓励和指点（转引自Ybarra & Suman，2006）。

西方的健康传播学者指出，个人可以通过不同的健康资讯渠道（例如传统媒体、人际或是网络等）寻找身心健康方面的资讯，以降低对疾病的困惑，并增加感染疾病的警觉性（Kalichman，Weinhardt，Benotsch，DiFonzo，Luke & Austin，2002；Nonoyama，Tsurugi，Shirai，Ishikawa & Horiguchi，2005）。而台湾学者魏米秀与洪文绮（2010）的研究也强调，就心理层面来说，健康资讯可以帮助资讯寻求者减轻焦虑及要不要就医的困惑；在行为层面，健康资讯可以引发行为改变动机及了解改变行为所需的资源；至于社会层面，健康资讯可以让人们对疾病有所警觉（alert），同时，营造鼓励健康行为的社会风气（例如对戒烟的鼓励）。

正因为健康资讯对个人的心理、行为及社会层面具有一定程度的影响，健康资讯寻求已经成为健康传播学者近几年相当热衷研究的议题。学者陆续针对不同的族群（例如老年人、外籍新移民、妇女、大学生、青少年、同性恋者等），通过对癌症（Lu，2014；Roach，Lykins，Gochett，Brechting，Graue & Andrykowski，2009）、糖尿病（Longo，Schubert，Wright，LeMaster，Williams & Clore，2010）、禽流感（Wei，Lo & Lu，2008）、性病或艾滋病（Bull，McFarlane & King，2001）等疾病的关注，深入讨论如下的问题：病人或家属会通过哪些渠道获取相关资讯？他们所需要的健康资讯内容为何？民众如何评价健康资讯是否准确？传媒对这些疾病的报道如何影响人们的健康资讯寻求行为？

西方学者基于健康传播资讯寻求议题，发展出许多相关的理论或模式。这些模式综合健康行为、传播及心理等不同面向的观点，发展出一个综合模式（synergy model），例如 CMIS（comprehensive model of information seeking），这些模型分别指出个人因素、媒介因素以及个人心理感知因素会影响一个人的健康资讯寻求行为，也陆续被健康传播学者引用以作为健康资讯寻求研究的理论架构。

美国学者的研究发现，现代人的健康资讯寻求行为愈来愈主动（Lustria et al.，2011），CMIS 等模型指导西方学者去做许多健康资讯寻求的相关研究，成果显著；同样的，华人社会也很想了解华人健康资讯需求及行为，以及进一步分析哪些因素会影响华人的健康资讯寻求行为。与国外的研究成果相比，华人社会有关健康资讯寻求的相关研究属起步阶段，且研究对象部分仍以某些特定族群为主，例如探讨护理人员（Lu，Andrews，Hou，Chen，Tu & Yu，2008）、大学生（卢鸿毅、陈姿蓓，2009）、社区成人（魏米秀、洪文绮，2010）或乡村地区的老年人（廖韦淳、邱立安、岳修平，2010）的资讯寻求行为，然而，适用于华人社会的健康资讯寻求理论或模型至今阙如。在此情况下，放眼西方世界的健康资讯寻求研究，发展适合华人社会研究的理论基础或实证经验，实是当务之急。基于上述的讨论，本章将试图从现有的中西方研究文献中，爬梳整理当今健康资讯寻求的相关理论及模型，以及其他可能影响健康资讯传播的因素，并尝试思考未来华人社会健康资讯寻求研究的新方向及可能性。

二、健康资讯寻求的定义

资讯寻求是信息社会中每一个人生活中很重要的一部分（Rieh & Hilligoss，2008）。多年来，资讯寻求已成为心理学、管理学、新闻传播学、图书资讯科学等领域相当关注的议题（Case，2002；Meho & Tibbo，2003）。学者 Meho 与 Haas（2001）指出，资讯寻求这个概念的含义是“个人构连资讯需求以及寻求、评估、选择与使用资讯的方法”（6 页）；学者 Wilson（1999）所提出的“资讯行为的宏观模型”（macro model of information behavior）则指出，个人在心理、社会文化及政治经济环境中，会产生不同的需求，资讯寻求的目的就是要满足个人的这些需求。对资讯传播学者 Case（2002）来说，资讯寻求可以是非意愿的（unintentional）、被动的（passive），也可能是主动（active）的行为。整体来说，资讯寻求是一个意义广泛的概念，它往往具有目的性，个人之所以寻求资讯，在于满足个人的需求或目标（Wilson，2000）。

个人为何要寻求资讯？学者指出，个人寻求资讯的目的，在于安定身心（comfort）、获得支持（support）、自我培力（empowerment）、取得采取行动的相关动力与必要知识（the impetus and knowledge to act），或借此资讯来面对不确定的环境（dealing with uncertain environments），比如对令人恐慌的流感的预防（Miller & Jablin，1991）。

由于个人可以通过各种不同的资讯平台（例如电视、报纸、广播或网络等）或人际传播渠道（例如朋友或家人）获取健康资讯（Gray，Klein，Noyce，Sesselberg & Cantrill，2005），资讯寻求成为健康传播学者关注的焦点之一（Moorman & Matulich，1993）。但 Lambert 与 Loiselle（2007）针对过往的健康资讯寻求研究进行文献探讨，发现并没有太多的文献论及健康资讯寻求的定义究竟为何。

我们认为，健康资讯寻求基本上是个人表现保持健康的一种有目的的行为，举凡通过医生等不同来源取得专业知识，以作为决定的参考、增进个人食物营养的摄取、降低压力与减少药物乱用等行为，都是健康资讯寻求行为的表现（Moorman & Matulich，1993）。由于正确的健康资讯可以保住性命，促进健康，人在面对疾病的不同阶段，从预防到诊断、治疗及生命终点，有效的健康传播与有用的讯息，都可以帮助个人下决定，并提升个人保持健康的能力（Vanderpool，Huang & Shelton，2007）。换言之，资讯寻求者，主要将健康资讯寻求行为作为健康促进活动（health-promotive activities）及面对疾病时社会心理层面的调整策略（psychosocial adjustment to illness）（Lambert & Loiselle，2007）。

三、健康资讯寻求的相关理论或模式

健康传播（health communication）是结合医学、公共健康、传播学、营销、心理学、社会学等不同学科而成的新研究领域，因此健康传播学者也陆续将不同学科的理论引入这个领域。其中 Johnson（1997）所提出的“资讯寻求综合模型”（CMIS）可说是健康资讯寻求相关研究中的重要模式。

早期，CMIS被运用于研究组织传播，后来Johnson（1997）进一步以此模型作为理论基础，对美国妇女的癌症健康资讯寻求行为进行研究，并将研究结果写成*Cancer-Related Information Seeking*一书。日后Johnson及许多健康传播或资讯学者（Han，Wise，Kim，Pingree，Hawkins & Pingree，2010；Hartoonian，Ormseth，Hanson，Bantum & Owen，2014；Johnson，Andrews & Allard，2001）便以此模型为依据，继续针对癌症资讯寻求行为进行讨论，试图厘清影响健康资讯寻求的因素。

CMIS的主要架构包含几个部分：第一部分为"前置变项"（antecedents），其中包括"背景因素"（人口变项、个人的直接经验）及"个人相关因素"（显著性、个人的信念）；第二部分为"资讯载具的特色"（information carrier characteristics），其中包括"媒介特性"及"使用状况"；第三部分则为"资讯寻求行为"（Johnson，Donohue，Atkin & Johnson，1995）。Napoli（2001）综合过往的研究结果指出，CMIS基本上是结合"健康信念模型"（health belief model）、"使用与满足理论"（uses and gratification）以及"媒介曝露及评价模型"（model of media exposure and appraisal）等发展而成的综合理论模型，可说是一个兼具不同观点的整合模型。CMIS具体的模型组件如图6—1所列。

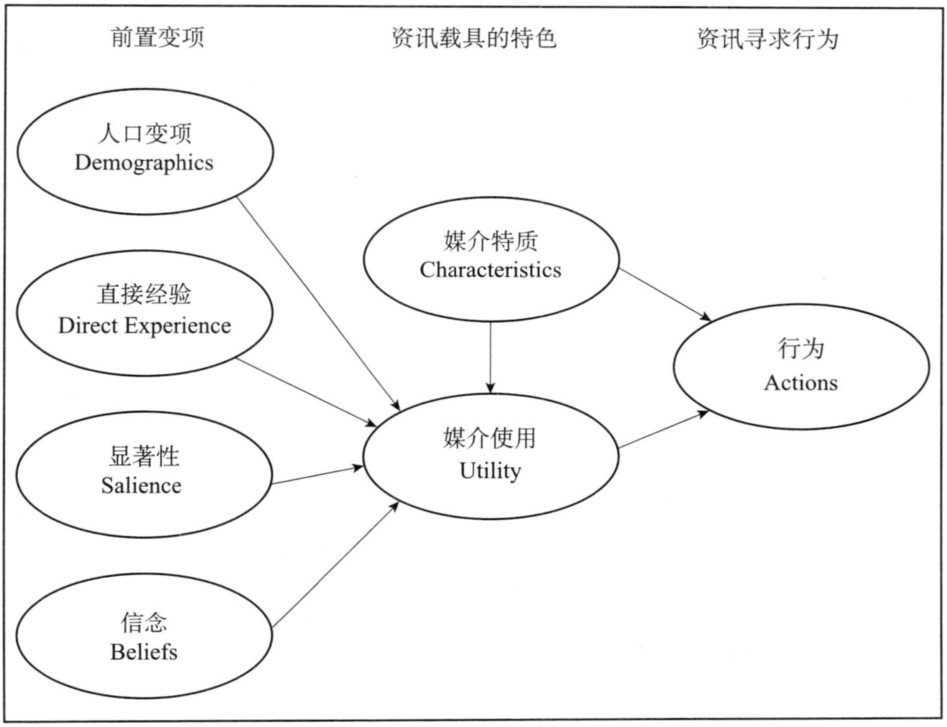

图6—1 CMIS模型组件

四、影响健康资讯寻求的变量

概括地讲，每个人都有健康资讯的需求，但不一定每个人都会主动采取健康资讯寻求行为（Lambert & Loiselle，2007）。从过往与健康资讯寻求有关的理论或模型的讨论来看，影响健康资讯寻求行为的因素相当广泛，但从近几年的实证研究成果来看，学界主要探讨影响健康资讯寻求行为的变量，大略包括“个人因素”（人口变项、人格特质、直接经验、讯息对个人的意义及相关性、个人对于寻求资讯能力的信念）、“媒介的特性及使用状况”、“个人的心理感知”（例如个人感受到的社会支持、幸福感及风险感知）等（Gray et al.，2005；Kim，Shah，Namkoong，McTavish & Gustafson，2013），下文将针对这几个重要因素进行梳理。

（一）人口变项

举凡个人的性别、年龄、教育程度、种族、社会经济地位等人口变项，都会影响一个人的健康资讯寻求行为（Johnson，1997）。

就性别来看，学者针对2004年于美国进行的“数字化未来调查”的资料进行分析指出，女性比男性较常在网络上寻求健康资讯（转引自 Ybarra & Suman，2006）。芬兰学者 Ek（2013）针对当地民众进行的研究也发现，性别在健康资讯寻求过程中扮演着重要的角色。其研究结果指出，相较于男性受访者，女性受访者比较积极主动地寻求健康资讯，对国际流行疾病也比男性更加关心。新加坡学者针对年轻族群的研究发现，相较于女性受访者，男性受访者比较注意他所吃的东西，但男性受访者通常不会阅读杂志上的健康资讯（Mokhtar，Goh，Li & Tham，2009），这是因为女性是家庭的管护人（care-giver）。

至于不同的年龄，对于健康资讯的需求类型往往是不一样的。美国学者的研究发现，年轻人较常寻求的健康资讯大多与运动、饮食、性知识或药物滥用有关（Kim et al.，2013）。而种族（ethnicity）向来被认为影响健康行为的重要因素之一，健康资讯寻求行为研究也发现，不同种族的人对于健康资讯寻求的行为也不尽相同。Rook，Wiltshire，Elder，BeLue 与 Gary（2012）通过分析2007年一项美国的全国性调查资料发现，美国的白人更愿意寻求健康资讯，相较之下，少数民族不会主动寻求健康资讯。至于社会经济地位（socio-economic status，SES）对健康资讯寻求的影响为何，Richardson，Allen，Xiao 与 Vallone（2012）针对美国2007年“健康资讯全国趋势调查”所获资料进行分析发现，不仅种族会影响一个人的健康资讯寻求行为，个人的社会经济地位高低也会影响其健康资讯寻求行为。通常社会经济地位低的人，对自己有办法寻求健康资讯缺乏信心，其对医师的信任感相对也较低。

从上述有关人口变项与健康资讯寻求行为关联性的讨论，可了解为何 Johnson 在他所提出的 CMIS 模型的前置变项部分，特别强调人口变项对健康资讯寻求行为的影响力。

（二）人格特质

不论个人的知识程度以及个人所处的环境如何，人格特质（personalities）是影响一个人寻求资讯与否的重要因素之一（Napoli，2001）。

人个特质主要指一种思想、感觉或行为的恒久形态，并借由这些形态来区分自我与别人的不同之处。值得注意的是，人格特质并非一成不变，一个人从小到大，其人格特质都在变动（Robert & Mroczek，2008）。例如，心理学者发现，一个人的“刺激寻求”（sensation seeking）程度在青少年时达到高峰，之后开始下滑，年纪越大，追求刺激、冒险的动力也就相对变低（Zuckerman，1994）。健康传播学者近来也渐渐发现人格特质对于健康资讯寻求行为具有一定的影响力，他们分别讨论了“内控—外控”、“高刺激寻求—低刺激寻求”及“理性决策者—冲动性决策者”等不同的人格特质与健康资讯寻求行为之间的关联性。

美国的实证研究结果发现，“高内控”（high internal locus）的人会更多地寻求健康资讯（Hashimoto & Fukuhara，2004）；另外，Lu、Palmgreen、Zimmerman、Lane 与 Alexander（2006）针对台湾地区三、四年级的大学生进行的调查则发现，与“低刺激寻求者”（low sensation seeker）相比，“高刺激寻求者”（high sensation seeker）会更多地在网络上寻求与性病（STD）或艾滋病（HIV/AIDS）相关的健康资讯；但与“理性决策者”（rational decision-maker）相比，“冲动性决策者”（impulsive decision-maker）不太会在网络上寻求与性病或艾滋病有关的健康资讯。

过往有关人格特质的研究，很少探讨其与健康资讯寻求行为之间的关联性。健康传播学者认为，将人格特质相关理论导入健康资讯寻求行为研究，可借此扩展人格特质研究的领域（Lu et al.，2006）。

（三）直接经验

个人对于某一疾病的切身经验或是身边某些人罹患某一疾病，也会影响其健康资讯寻求的行为（Napoli，2001）。这些因素被归纳为直接经验（personal experience）。

Johnson 在他所提出的 CMIS 模型中，以寻求癌症的资讯作为例子，将一个人的健康资讯寻求分为几个不同的阶段。通常处于第一阶段时，大多数人缺乏健康资讯寻求的兴趣；进入第二阶段时，通常个人会问："我可以采取哪些癌症预防措施"，处于这阶段的个人可能比较关心是否有罹癌的家族史，而媒体通常会通过议题设置报道某些关于癌症的资讯；一旦进入第三阶段，这时个人已经发现自己罹癌，不得不开始关心相关的资讯，特别是癌症会有哪些病征，病人想知道哪些医师是这方面的专家；等到进入最后阶段时，病人可能不仅要关心癌症的相关资讯，还要饱受被污名化（stigma）的痛苦（Johnson，1997）。

从上述Johnson针对癌症病人对于健康资讯重视程度的转换状况来看，可以发现当一个人意识到疾病已经上身且威胁到自己的生命时，其对资讯的需求相对提升，也间接引发其寻求健康资讯的行为。

Johnson（1997）则进一步说明，病人在考虑是否接受开刀时，比较需要的资讯大多与所罹患的疾病本身有关；一旦开刀之后，寻求的是有关术后治疗的资讯；到了最后阶段，就会思考当初的决定是否正确。在每个不同阶段中，病人的心境不断变动，需要的资讯也不尽相同。同样的，其他将CMIS作为研究理论的健康传播研究也发现，罹病的病人在不同阶段要面对不同的问题，其所需要的资讯类型不太一样，其表现的资讯寻求行为也有所差异（Czaja，Manfredi & Price，2003）。

（四）讯息的显著性

Johnson（1997）在CMIS中所提出的"显著性"（salience）概念，指的是讯息对个人的意义（significance）、相关（relevance）及适用性（applicability）。基于这样的论点，它强调的是健康资讯对个人来说是否重要以及是否可信。

由Fishbein与Azjen（1975）提出的"期待—价值模式"理论（expectancy-value model）指出，个人对于某一件事的期待与价值评估，会影响他对于这件事的投入程度以及如何完成这件事。此一理论日后被广泛运用于不同的研究领域（Leung & Wei，1999）。例如，学者研究儿童运动教育（Chiang，Byrd & Molin，2011）、大学生的体重训练（Gao，2008）、食品营养的摄取（Towler & Shepherd，1992）等课题时，皆采用"期待—价值模式"作为研究的理论基础，以了解影响个人行为的因素为何。这些研究发现，受访者如果感知运动或是食品摄取的重要性，就会比较愿意采取运动行为或是摄取身体所需的营养。

"资讯重要性"指的不是信息的客观重要或不重要，而是指个人对于讯息的重要程度所抱持的看法（Fu，Mou，Miller & Jalette，2011）。研究发现，个人倾向于认为众人都知道的资讯比较重要；同样的，如果该讯息比较支持个人现有的意见，也会被认为比较重要（van Swol，2007）。这一点与本书前面探讨的社会感知的媒介效果一致。

学者针对不同族群或者样本所进行的研究发现，个人对于讯息所感知的重要性，往往会影响他们的行为表现。例如 Morrison 与 Vancouver（2000）针对工程师所进行的调查发现，当受访者觉得资讯对他们而言是重要的时，就会主动寻求相关资讯；Pomerantz、Chaiken 与 Tordesillas（1995）针对美国纽约大学的大学生进行的研究指出，受访者对于讯息所感知的重要性会影响他们对于该讯息的注意程度；至于 Visser、Krosnick 与 Simmons（2003）针对美国某大学修习心理学概论的学生进行的调查，则发现受访者对于资讯所感知的重要性，不但会影响他们对于讯息的兴趣、注意及讨论的频率，也会影响他们的资讯寻求行为；同样的，Hay、Kaphingst、Baser、Hensley-Alford 与 McBride（2012）针对皮肤癌及基因风险资讯寻求行为之间的关联性所进行的研究，也得到类似的结果；Hay 等人（2012）针对美国某一健康维持组织（health maintenance organization）的人员进行调查，发现受访者是否愿意寻求与基因风险相关的健康资讯，取决于他们觉得学习健康相关资讯这件事对他们来说是否重要。

Chiang 等人（2011）回顾过往的研究指出，“期待—价值模式”已经被许多研究运用以讨论个人为何采取某些选择或行为。不管从运动教育、体重训练，或是营养及健康（例如皮肤癌）等相关研究结果来看，感知的重要性（perceived importance）对个人的行为表现的确具有显著的影响力。

与讯息重要性一样，讯息的可信度（credibility）也不容忽略。一个人每天面对林林总总的资讯，如何过滤这些资讯，找到对个人有用的资讯呢？方法之一就是确定它是否具有可信度（Wathen & Burkell，2002）。“可信度”所指为何？它是一个人针对消息来源“信赖”与“专业”程度的一种主观判断（judgment）或感知（perception）（Hovland & Weiss，1951）。可信度评价并非真正对消息来源或其所提供的讯息具有的“实际品质”（actual quality）进行客观评价（Freeman & Spyridakis，2004），而是阅听人对消息来源的主观评价或感觉。

有关可信度的研究，早期大多以人为主，后来才转移到媒介。整体而言，可信度研究主要分为两个范畴（domains）：消息来源可信度（source credibility）及媒介可信度（media credibility）（Kiousis，2001）。有关媒介可信度的研究，初期以相对可信度（relative credibility）为主，即向受访者询问：“如果你从报纸、广播、电视或杂志得知同一消息，但这些媒介报道的内容有冲突，你较倾向于相信谁的报道呢？是报纸、广播、电视还是杂志呢?”（Gaziano & McGrath，1986）。之后 Carter 与 Greenberg（1965）试图再加入一道问题，该问题由受访者针对每一种媒介的可信度进行打分，问题是：“我们想知道您个人对新闻媒介可信度的意见，分数从零到百分之百，如果百分之百代表完全可信，您个人认为报纸、电视、杂志等媒介的可信度应各为百分之几?”

但学者发现，不管是相对可信度问题或是百分比问题，都将可信度视为单一面向的概念，于是他们试着将可信度视为多面向的概念，且不再主观为可信度下定义，而是要求受访者以一些形容词来形容其心目中对可信度的定义。例如 Berlo、Lemert 与 Mertz（1969—1970）采用语意分析量表来编列可信度的测量量表。经由因子分析发现，消息来源可信度可分为“安全性”（safety）（包含公平的/不公平的、友善的/不友善的、安全的/不安全的、诚实的/不诚实的)、“资格”（qualification）（包含训练有素的/未受训练的、有经验的/无经验的、技术良好的/无技术的、能胜任的/不能胜任的、告知的/未告知的）与“动力”（dynamism）（包含侵略的/柔和的、坚定的/犹豫不决的、大胆的/胆小的、主动的/被动的、活力充沛的/疲倦的）三个方面。

随着可信度测量方法的发展，有关可信度的研究也陆续出炉。学者的研究结果发现，阅听人的年龄、性别、教育程度及收入等人口变项（Greer，2003）会影响其对资讯可信度的评价，而其对媒介可信度的评价，则进一步影响其健康资讯寻求行为。例如美国学者针对大学生（Escoffery，Miner，Adame，Butler，McCormick & Mendell，2005)、医生（Bennett，Casebeer，Kristofco & Strasser，2004）或处于乳腺癌末期的妇女（Feng & Yang，2007）所进行的调查都发现，受访者在寻求健康资讯时，比较在意资讯的可信度。当他们觉得某则健康资讯具有较高的可信度时，则会倾向于此则资讯；国内学者针对台北地区网络使用者（Hsu，2005）所进行的调查也发现，受访者对健康资讯可信度的评价会影响他们寻求健康资讯的意愿与行为。

可信度是一个亘古的概念，从亚里士多德时代就有迹可寻，之后西方学者如 Hovland 及其同僚积极投入研究，让可信度在传播研究中占有一席之地（Rains & Karmikel，2009)。近来健康传播兴起后，健康资讯可信度也成为一个传播的重要研究议题，无怪乎学者 Rieh 与 Hilligoss（2008）强调，资讯可信度评价与健康资讯寻求两者之间的关系值得深入讨论。

总之，从上述的讯息重要性及可信度相关讨论可以发现，当一个人觉得健康资讯对他来说是重要的、有关的、可相信的，其寻求健康资讯的意愿则相对比较高，也比较愿意表现出健康资讯寻求行为。

（五）个人的信念

Johnson（1997）在他所提出的CMIS模型中强调，当一个人在面对疾病而觉得“无力回天”（powerless）的状况下，其寻求健康资讯的意愿或行为相对减低。也就是说，一个人是否愿意寻求健康资讯，通常与他个人觉得他是否有能力掌握当今或是控制未来的感受有关。这样的论点，其实就是健康传播学者在许多研究中所提的“自我效能”（self-efficacy）概念（Case，Andrews，Johnson & Allard，2005），个人对自我效能的信念，会进一步影响其健康资讯寻求的意愿与行为。

所谓“自我效能”，即一个人自信其有能力可以完成某项任务（Chapin，2007；Bandura，1977），它是一种对于自己有无能力克服障碍以执行某行为的自我评估（self-evaluation）（Bandura ，1977）。自从Bandura提出“社会认知理论”（social cognitive theory）强调自我效能会影响一个人的行为表现后，举凡“计划行为理论”（theory of planned behavior）（Ajzen 1985）、“保护动机理论”（protection motivation theory）（Maddux & Rogers，1983）、“健康信念理论”（health belief model）（Becker & Rosenstock 1987）、“健康行为过程取向”（health action process approach）（Schwarzer & Fuchs，1996）及“改变的跨理论模型”（transtheoretical model of change）（Prochaska & Velicer，1997）等健康行为相关理论，也将自我效能列为模型的重要变项。

由于健康行为研究学者发现自我效能是改变一个人行为的重要因素（Lin，Simoni & Zemon，2005），于是自我效能这个概念被广泛地运用在健康资讯寻求的相关研究中。例如Chen与Feeley（2014）使用美国2007年“健康资讯全国趋势调查”的资料进行分析，发现受访者管理健康的自我效能愈高，其健康资讯寻求的经验则愈多；Kalichman等人（2006）针对HIV/AIDS病人进行研究，发现经过上网能力训练的病人，比较有能力在网络上寻求与HIV/AIDS有关的健康资讯。更重要的是，这些经过训练的病人，网络健康资讯寻求的自我效能提高之后，也不容易被网络上的错误健康资讯误导。

值得注意的是，自我效能与个人拥有的实际技能无关，而与所拥有能力的自我判断有关。也就是说，自我效能并非客观的评量结果，而是个人主观上的认定，有些人有强烈的自我效能，有些人则没有。正因为这样，自我效能的感知（perceived self-efficacy）才被视为影响一个人健康资讯寻求意愿或行为的重要因素之一。

（六）媒介的特性与使用

Johnson（1997）提出的CMIS模型指出，媒介特征会影响用户对资讯渠道的选用状况，进而影响其健康资讯寻求的意愿及行为。学者常以“媒体丰富理论”（the media richness theory）与“社会临场感”（social presence）的概念诠释资讯渠道的特性。媒介丰富理论主要用以衡量传播过程中，媒介所能提供各种沟通线索的能力（例如即时回馈）（Sullivan，1995）；而社会临场感则描述在个人与媒介互动的过程中，个人所能感受到的类似面对面互动的程度（Christie，Short & Williams，1976）。具备愈多社会临场感的媒介，愈能提供丰富的沟通线索，因而被称为“丰富媒介”（rich media），例如网络即时视频；反之则为“贫乏媒介”（poor media），例如报纸、杂志。Daft、Lengel与Trevino（1987）认为，在资讯愈混乱的情况下，个人愈需丰富媒介帮助解决问题，特别是工作沟通情况较复杂时，提供较多社会线索的丰富媒介较能帮助个人解决难题（Rice，1993）。

不同资讯渠道提供不同的沟通线索及社会临场感，个人也依其需求选择不同的渠道获取资讯。过往文献便将个人获取资讯的渠道划分为以下几类：传统大众媒介，例如电视、报纸、广播或杂志；人际传播，例如医护人员、朋友、亲人、邻居或同事（Schmitt-Beck，1994）；新兴科技媒介，例如网络、手机、移动通信网络（Johnson，1997）。

传统大众传播媒介是以大众为传播对象的媒介（例如电视、报纸、广播、杂志），这些传播通道可以传达大量讯息（例如健康政策）给民众（Adkins & Rimal，2003；Schramm，1973），它们被视为较具告知功能且能引起广大阅听人注意的资讯渠道（Berelson，Gaudet & Lazarsfeld，1948）。

传统大众传播媒介依传播方式不同，可分为平面媒介与电子媒介两种。平面媒介（例如杂志、报纸）强调细节，讯息较冗长，被认为较具深度且正确性较高（Wade & Schramm，1969），因此拥有较高的媒介可信度（credibility）（Hammond，1987）。相对来说，电子媒介（例如电视、广播）重视传递速度，讯息较简短，能在短时间内传达给受众（Atkin，1981），但容易忽略资讯的正确性。此外，电子媒介比平面媒介更具声、光效果，社会临场感及媒介丰富性较平面媒介更强。

除了大众传播媒介，人际传播也是个人获取资讯的另一重要渠道。人际传播指个人借由与人际传播渠道的互动获得资讯（Rands & Levinger，1979），其渠道有医护人员、朋友、亲人、邻居、同事等（Schmitt-Beck，1994）。相较于传统大众媒介，人际传播能以较直接的方式提供个人资讯。人际互动过程中，个人能与他人交换情绪符号（Klingenberg，Kranzle & Picot，1982），于是人际传播渠道被视为提供高度沟通线索及社会临场感最强的沟通渠道（Daft，Lengel & Trevino ，1987）。

一方面，借由人际互动，个人得以获取资讯；另一方面，也形成其独特的社会网络（social network）。这个社会网络提供个人各种资讯，但也期待个人反馈（feedback）资讯给网络中的其他成员。人际传播传递的各种资讯虽不及大众媒介多，但在人际互动过程中个人能感受较多的情绪符号、社会线索及社会支持。如同 Katz 与 Lazarsfeld（1955）所言，大众传播在告知方面的影响力较大，人际传播的劝服效果则更强。

近来，新科技媒介也成为个人不可或缺的资讯渠道，个人不仅借由新科技媒介获取资讯，也利用新科技媒介与他人互动，扩展人际关系。网络的特色在于个人可以不受时空限制，依其需求在网络上寻找资讯（Peterson，Balasubramanian & Bronnenberg，1997）。通过网络获取的电子资讯，具有易更新、多媒体呈现、多格式保存及共享等特性（Bauer，Grether & Leach，2002）。关注新媒体与社会关系的学者也发现，现代人开始依赖手机获取资讯。虽然国内外探讨手机与资讯行为关系的研究不多，但台湾学者的研究发现，手机提供各式资讯（例如医疗应用资讯、娱乐服务资讯、金融资讯、生活资讯），协助个人解决生活问题或提供消遣娱乐（沈永轩，2002；吴有龙、杨倍箕、陈盈君，2007），逐渐成为个人获取资讯的主要渠道之一。

学者发现，愈来愈多的人利用传播新兴科技获取健康资讯（Marton & Choo，2012），关于网络健康资讯寻求的研究也如雨后春笋一般。举凡“价值—期望模式”、“科技接受模式”或“健康信念”等陆续被采用以作为研究健康资讯寻求行为的理论架构。近来社交媒体发展迅速，它在健康资讯寻求过程中可能引发哪些不同以往的效果，也是未来更多研究的领域。

但科技日新月异的趋势并不代表传统的媒介或人际传播渠道已经式微，传播学者的研究发现，传统媒介或人际传播仍有其存在价值，某些健康议题或是特定的族群，依旧依赖电视或报纸等媒介传播扩散资讯，甚至通过口口相传的方式达到健康宣导的效果。例如 Beaudoin 与 Hong（2011）针对美国成年人所进行的电话调查发现，受访者获取健康资讯的渠道可以是网络，也可能是报纸或电视，其中受访者偏向从报纸获取跟蔬果有关的健康资讯，但有关饮料的健康相关资讯，则偏向从电视获取。也就是说，每种资讯传播扩散的通道有其特色，在健康资讯传播的运用上，各有其发展的空间。

（七）感知的社会支持

“社会支持”（social support）一词是西方学者Cassel与Caplan于1974年提出的概念，这一个概念在学术界引起广泛讨论。后来，Lett、Blumenthal、Babyak、Strauman、Robins与Sherwood（2005）等人试着厘清这一概念的理论基础，他们发现它主要来自社会学大师Durkheim的“社会情感与规则”概念、Cooley的“主要团体”（primary group）想法以及Bowley的“情感理论”（theories of attachment）。

社会支持所指为何？学者陆续针对社会支持一词提出概念性的定义，例如Wills（1985）强调，社会支持是个人被爱、被关心、享有自尊与价值的感知与经验，它是人与人之间相互协助的社会网络中的一部分；Birch（1998）则认为，社会支持为团体或个人提供他人金钱、工具、评价或聆听鼓励等协助，以提升他人对自身的正面评价；Albrecht与Adelman（1987）则从传播的视角出发，将社会支持定义为“一种介于提供者与接收者之间的‘语言’（verbal）及‘非语言’（nonverbal）沟通，它提供当事人处理情境（situation）、自我（self）或他人（other）的不确定性，也具有强化个人生活经验中自我控制的知觉”。

社会支持主要来自家人、同侪、同事、朋友或专业人员（Kim et al.，2013）。学者强调，社会支持是一个多面向的概念，不同领域学者对于社会支持的观点或分类各有其着重之处（Cutrona & Russell，1990），例如社会心理学者认为“文化”是讨论社会支持时不可或缺的因素（Taylor，Sherman，Kim，Jarcho，Takagi & Dunagan，2004）；认知心理学者讨论社会支持这个概念时，则应该从心理感知（cognitive）及压力处理（stress relief）等面向出发；相较之下，传播学者从社会关系的结构出发（Uchino，2004），将社会支持视为人际沟通（interpersonal communication）的一种类型，这种基于社会支持的人际沟通可以帮助个人治疗创伤、面对压力、抵抗疾病、解决冲突、增强环境适应力（Albrecht，Burleson & Goldsmith，1994）、拥有自尊（Crocker，Luhtanen，Cooper & Bouvrette，2003）、获取安全感（Davila & Kashy，2009）、提高社会认同感（Foels & Tomcho，2005）。

具体而言，社会支持可以通过正式（例如非营利组织的义工或是付费的咨询人员）或非正式（例如朋友或家人）渠道取得（Kaufman，Kosberg，Leeper & Tang，2010）。因应不同的压力，人们往往需要不同的社会支持，比如罹患癌症的病人与戒烟的人都需要支持，但前者更多的需要关爱，而后者最需要鼓励。学者试图对社会支持加以分类，例如 House（1981）将社会支持分为"情感性的支持"（同情心、信任与爱）（emotional support）、"工具性的支持"（物资、金钱或设备等）（instrumental support）、"资讯性的支持"（提供有效讯息或解决问题）（informational support）与"鼓励性（评价）的支持"（给予个人回馈、肯定或赞许）（appraisal support）；Cutrona（1996）、Cutrona 与 Russell（1990）则将社会支持分为"情感性支持"（emotional support）、"社会整合的支持"（social integration support）、"自尊的支持"（esteem support）、"实质性的支持"（tangible support）、"资讯性的支持"（informational support）与"被他人需求的支持"（support of others）六种类型。

从社会支持的定义及类型来看，它属于人际沟通的范畴，也是一个多面向的概念，每个人一生中都会经历他人的支持（Kaufman et al.，2010）。同时，个人可以是社会支持的寻求者，也可以是社会支持的提供者；当个人面对不同的压力时，需要不同类型的社会支持，这也使得社会支持的分类变得更多样。

在健康传播领域中，社会支持是经常被提及的心理概念。有趣的是，实证研究发现，经常感受到社会支持网络丰富的人，反而不太会进一步寻求健康资讯。例如美国 2001 年"皮尤网络及美国生活报告"指出，大约有四成的受访者会通过寻求健康资讯的方式，来帮助身边的人面对疾病，但社会支持感程度比较高的人，却反而比较不愿意寻求健康资讯；同样的，Kim 等人（2013）针对乳腺癌病人进行的研究也得到了相同的结论，即社会支持感高的乳腺癌病人较不愿意寻求健康资讯。这些实证结果，正好呼应了"认知社会健康资讯处理"理论架构（Shaw et al.，2008），即社会支持与健康资讯寻求之间存在反向关联性。

（八）感知的幸福感

一个人罹患疾病时，很容易产生一些负面的情绪，例如恐惧、焦虑、担忧等，觉得一切没有意义，有些病人甚至还遭到污名，认为生病是一种羞耻。上述这些因疾病而产生的心理创伤，会影响一个人的健康资讯寻求行为（Taylor，Lichtman & Wood，1984）。

正面的情绪及感受会带动一个人的学习动机；反之，负面的情绪或感受会让人产生退缩的心理，学习动机也随之减低（Kim et al.，2013）。就 Fredrickson（2001）所提出的"积极情绪的广泛和建构理论"（broad and build theory of positive emotions）观点来看，正面的情绪可以带动整体的认知能力，这些能力可以提高一个人的注意力并扩展其认知，进一步使其富有创造力，帮助其提高调适的能力；但负面的情绪则会拖垮一个人，降低一个人的幸福感。

Nabi（2003）所进行的实验研究则进一步发现，就酒后驾车的议题来看，生气的人通常会寻求与挨骂原因或酒驾处罚相关的资讯，但比较怕事的人，会特别注意如何避免酒驾的讯息；至于 Griffin、Yang、Huurne、Boerner、Ortiz 与 Dunwoody（2008）采用“风险资讯寻求及处理模型”（risk information seeking and processing model，RISP）针对风险沟通所进行的研究，则发现一个人的情绪反应与资讯寻求行为之间存在显著的关联性。

在健康传播领域中，学者也发现一个人的情绪，特别是开心或幸福与否会影响其健康资讯寻求行为。例如 Cotton 与 Gupta（2004）分析美国 2000 年“一般性社会调查”的数据发现，比较健康的人，也比较开心，比较愿意在网络上寻求健康资讯。另外，Miller、Shoda 与 Hurley 采用“认知—社会健康资讯处理模型”（cognitive-social health information processing，C-SHIP）探讨不同的认知及态度如何影响一个人的价值、信念、情感反应及能力。结果显示，感觉自己比较幸福的人，倾向于花时间寻求与健康服务相关的资讯；心情不愉快的人，倾向于寻求口述的讯息（narrative information）及与社会心理相关的资讯（psychosocial information）。

健康传播学者强调，寻求健康资讯虽然成为许多人生活中的重要活动之一，但过往的研究较少关注社会心理因素对健康资讯寻求行为的影响，感知的幸福感便是近来学者试图导入健康资讯寻求行为的重要变项之一。就过往的研究结果来看，情绪的状况的确会影响一个人寻求资讯的类型及行为。如同 Kim 等人（2013）所言，当健康资讯寻求研究开始重视心理因素之后，也引发大家继续关注心理感知因素究竟引发个人寻求哪些健康资讯，以及如何影响健康资讯寻求行为。

（九）风险感知

“风险感知”（perceived risk）是众多心理学模型中的重要组件之一，它指的是个人觉得自己或别人遇到坏事（undesired event）的可能性。社会认知模式强调，风险感知是预测一个人的意愿及行为的重要因素，因而多年来它一直是健康传播研究的重要一环（Lu，2014）。

如果个人所感知的风险跟个人直接相关，其寻求资讯的意愿往往比较强。Lu（2014）针对台湾地区 30 岁以上的妇女进行电话访问，结果发现，如果受访者感受到自己罹患子宫颈癌的风险比较高，其寻求相关健康资讯的意愿也比较高；同样的，

Champion 与 Skinner（2008）也针对美国的女性进行研究，发现如果受访者觉得自己及自己的女儿罹患子宫颈癌的概率比较高，就会比较积极寻求与宫颈癌有关的资讯。至于美国健康传播学者针对 2005 年“健康资讯全国趋势调查”所获资料的分析，也发现个人感知的健康风险与健康资讯寻求行为呈现显著的关联性。

近来有关影响健康行为的诸多风险感知中，“乐观偏差”（optimistic bias）概念也渐受关注。所谓乐观偏差是指一种心理趋向，即相较于他人，人们认为自己未来较不可能经验不幸的事件（Gouveia & Clarke，2001）；进一步而言，当一个人在当前尚未出现问题且无法想象未来将会引发什么问题时，就容易出现乐观偏差（Weinstein，Klotz & Sandman，1988）。

乐观偏差是个人普遍的心理偏向。基于自我中心主义（egocentrism）及自尊心（self-esteem）等因素（Windschitl，Kruger & Simms，2003），乐观偏差者认为“坏事总是会发生在他人身上”（bad things happen to other people）（Weinstein，1987），这种不切实际的盲目乐观，在公共健康宣导活动中，被视为影响人们采取健康风险预防行为的阻碍（Chapin，2007）。

抱持乐观偏差者，往往天真地认为疾病不会发生在自己身上，健康传播学者有必要进一步了解乐观偏差是否会影响健康资讯寻求的意愿或行为，但这方面的研究似乎还不多，但相对也成为日后健康资讯寻求研究的新机会。

五、结语——华人社会的健康资讯寻求研究契机

从事健康传播研究多年的美国学者 Gary Kreps 受邀在《传播与社会学刊》中讨论健康传播的过去、现在与未来，他在《学术对谈》一文中指出，健康传播是一个科际整合及社群导向的新学门，如何创立健康传播的独特学门认同，首要之务在于发展丰富的理论及研究体系，以建立可供识别及描绘的学术文献（陈忆宁、陈韬文，2011）。

健康传播结合了各种不同学科的观点，举凡心理学、社会学、传播学、人类学、医护、公共卫生等，不同领域的理论或研究成果对健康传播的发展都有一定程度的贡献。健康传播的研究议题可以是新闻的健康议题再现、健康讯息制作、医病沟通，社区健康传播介入、健康资讯寻求，或是社会支持、死亡宣告等（Thompson，Dorsey，Miller & Parrott，2003）。对华人社会来说，健康传播还是个新兴的领域，研究比较匮乏。

然而，Kreps 强调，华人社会有庞大的人口，相对地也必须面对更多的健康问题

挑战，健康传播研究更加重要；Kreps 也建议，华人学术社群中对健康传播感兴趣的学者，应该多花点心思了解健康传播相关议题的重要文献，在既有的健康传播基础上，发展适合华人社会的健康传播研究（陈忆宁、陈韬文，2011）。

基于此，在众多与健康传播相关的议题当中，本章特别挑选健康资讯寻求议题进行书写与讨论，主要原因之一，在于每个人每天都要面对源源不绝的健康资讯，虽然不见得每个人都会主动寻求健康资讯，有些人甚至选择逃避健康资讯，但过往的研究还是不断强调，健康资讯寻求行为可以改善一个人的生活品质，在寻求健康资讯的过程中，依然是利多于弊（Vanderpool et al．，2007）。

通过对文献的回顾可以发现，健康资讯寻求的理论基础来自于不同的领域。例如 Johnson 所提出的 CMIS 模型，就是融合了健康行为、传播学等不同领域的理论发展而出的整合型模型，此模型也被运用在健康传播议题上，特别是癌症病人的健康资讯寻求行为。整体来说，从健康资讯寻求模型及许多实证研究成果的文献来看，影响健康资讯寻求行为的主要变量，大略包括“个人因素”（人口变项、人格特质、直接经验、讯息对个人的意义及相关性、个人对于寻求资讯能力的信念）、“媒介的特性及使用状况”、“个人的心理感知”（例如个人感受到的社会支持、幸福感及风险）等（Gray et al.，2005 ；Kim，Shah，Namkoong，McTavish & Gustafson，2013），这些变量正可以作为华人世界未来进行健康资讯寻求研究的重要参考。如果华人社会的健康传播学者，可以试着在“旧瓶”中装“新酒”，也是不错的选择。

此外，健康资讯传播扩散的通道未来势必会有更多新科技产品或传播平台加入。以近来兴起的社交媒体为例，美国学者发现，糖尿病人会使用社交媒体寻求或交换健康资讯。健康传播学者也慢慢发现，社交媒体可以触及众多的资讯使用者，也可以作为健康教育及传递健康资讯的重要平台（Shaw & Johnson，2011）。未来社交媒体在健康资讯寻求研究上将碰撞出哪些火花？这值得华人社会中对健康传播感兴趣的学者多加注意。

另一个值得注意的重点为文化差异。国外研究发现，健康促进或传播活动应对不同文化背景的人采取不同的宣传策略（Guttman，2003）。台湾学者（陈秀美，2004；蔡莺莺、徐永年、林永隆，2003）也指出，不同地区的人民因地理、社会、文化背景等因素，其对健康促进宣导方式的需求或接受程度也不尽相同。

文化是一群人所共同拥有的信念（beliefs）、规则（rules）与实践（practices），它会影响一个人的角色扮演、行为表现及其对行为或事件的诠释方式（du Pré，

2000）。从医疗社会学角度出发的健康传播学者强调，文化会影响一个人对待疾病的方式（Kreuter & McClure，2004）。传统的健康促进行为模式（例如计划行为理论）也指出，“主观的社会道德”（subjective norms）是影响个人健康行为的重要因素之一（Montaño & Kasprzyk，2002）。在此情况下，执行健康资讯寻求研究的学者，也应该具有一定的文化敏感度，在执行研究过程中，必须将文化差异因素列入考虑，或许也可借此找到新的研究契机。

延伸阅读

Case，D.（2002）. *Looking for information：A survey of research on information seeking，needs and behavior*. San Diego，CA：Academic Press.

Johnson，JD（1997）. *Cancer-related information seeking*. Cresskill，NJ：Hampton.

Thompson，TL，Dorsey，AM，Miller，KI，& Parrott，R.（2003）. *Handbook of health communication*（Eds.）. Mahwah，NJ：LEA.

扫一扫，
浏览本章参考文献

第三部分

媒介认知效果理论与研究成果

第七章　第三人效果：一个新兴的媒介效果理论

文｜张晓　罗文辉

摘　要

“第三人效果”假设是媒介效果研究的主流理论之一，关注的是个人对媒介效果的主观认知（individual’s belief about media effects）。经过三十余年的发展，第三人效果研究积累了相当丰硕的研究成果，它已经发展成传播研究最重要的理论取向之一，被誉为“21世纪大众传播研究的第五大流行理论”。本章通过对第三人效果相关文献的梳理，介绍第三人效果的相关概念，并分析第三人效果的影响因素及理论成因。为了系统分析第三人效果的研究现状，本章对Web of Science数据库中以第三人效果为主题的传播类SSCI期刊论文进行了系统性的分析与回顾。此外，本章亦分析既有的第三人效果相关文献，并指出未来研究的方向。

关键词

第三人效果、第一人效果、媒介对个人信念的效果、个人对媒介效果的信念

一、第三人效果假设

随着计算机网络的普及，网络上的色情信息数量也急剧增加。浏览网页上的色情信息会不会对您自己的性态度与性观念有不良影响？一般民众浏览这些色情信息会不会对他们的性态度与性观念有不良影响？

为了回答这些问题，本章的作者之一曾在1999年采用随机抽样法，从台北市所有的高中及大学中，随机抽出十所高中及十所大学，并从每所被抽中的学校中，随机各抽出3个班级的学生进行问卷调查，总共访问了60个班级、2 628位学生，探讨了他们对网络色情信息影响力的看法。研究结果发现，无论是高中或大学男女受访

学生，均认为浏览网页上的色情信息对自己的影响较小，但对其他男女同学的影响较大（见表 7—1）（罗文辉，2000c）。

换言之，受访的高中及大学生认为浏览网页色情信息对自己的负面影响小于对他人的负面影响（罗文辉，2000c）。这些发现和过去很多的研究结果类似，即受访者认为收看媒介刊登的负面讯息对自己的影响较小，对他人的影响较大。这种现象在传播研究中被称为第三人效果（third-person effect）。

下表为浏览色情网站对自己和他人负面影响指数的相关研究数据。

表 7—1　浏览色情网站对自己、其他男同学、其他女同学的负面影响之平均数、标准偏差及 t 检定值

	人数	自己	其他男同学	其他女同学
全部受访者	2 628	2.28（1.19）	3.31（1.17）	2.78（1.11）
男性受访者	1 414	2.21（1.13）	2.89（1.11）	2.73（1.13）
女性受访者	1 214	2.36（1.25）	3.79（1.04）	2.83（1.09）
大学受访者	1 293	2.25（1.13）	3.12（1.12）	2.77（1.08）
男性受访者	847	2.28（1.12）	2.88（1.10）	2.76（1.12）
女性受访者	446	2.30（1.15）	3.56（1.02）	2.77（1.01）
高中受访者	1 335	2.31（1.24）	3.49（1.19）	2.79（1.14）
男性受访者	567	2.18（1.14）	2.89（1.12）	2.69（1.15）
女性受访者	768	2.40（1.30）	3.93（1.03）	2.87（1.13）

注释：表中括号前数字为平均数；括号内数字为标准偏差，数字越大，表示影响越大。
资料来源：罗文辉：《色情网站：使用频率及第三人效果》，载《传播研究集刊》，第 5 集，1～40 页。

第三人效果由 Philip Davison（1983）在其所撰写的《传播中的第三人效果》（The Third-person Effect in Communication）一文中首先提出，他在论文中用一个发生于第二次世界大战期间的故事来说明第三人效果。他指出，在二战期间，日本军方发现在太平洋的一个小岛上的美国军队由白人军官与黑人士兵组成，于是日本便对该小岛空投大量传单，传单中强调“这是一场白人的战争，日本与有色人种并无过节”，传单中劝告黑人士兵“不必为白人付出生命，应找机会投降或逃亡”。在日本空投传单的第二天，小岛上的美军就撤退了。当时的研究者发现，这些传单对于美国的黑人士兵并未产生太大影响，但却使白人军官担心黑人士兵受到传单的鼓动而选择逃亡，因而决定撤军（Davison，1983）。

Davison（1983）认为人们倾向于高估媒介内容对于他人的态度与行为的影响，或低估媒介内容对自己的影响，他把这种现象称为第三人效果假设。他指出，人们倾向于认为传播媒介并不会对“我”（第一人）或者“你”（第二人）产生最大影响，而是会对“他们”（第三人）产生最大的影响。

第三人效果假设为媒介效果研究提供了独特的研究视角，过去的媒介效果研究大多关注“媒介对个人信念的效果”（media effects on individual's belief），而第三人效果则关注“个人对媒介效果的信念”（individual's belief about media effects）。也就是说，过去的媒介效果研究大多聚焦于探讨大众媒介内容对阅听大众所产生的直接效果，而第三人效果则特别关注阅听大众认为媒介内容可能对他人的认知所产生的间接影响（Perloff，2009）。

Davison 提出第三人效果假设后，不少传播学者便进行研究以探讨影响第三人效果的原因，以及第三人效果可能产生的行为效应。到目前为止，第三人效果研究已经过了三十余年的发展，研究成果相当丰硕（Day，2008；Duck，Terry & Hogg，1995；Gunther，1995；Innes & Zeitz，1988；Lo & Wei，2002；Meirick，2004；Schweisberger，Billinson & Chock，2014；Perloff，1989；Wei & Golan，2013）。从数据库 Web of Science 的检索结果来看，学界在 1983 年至 2014 年（截至 8 月）间共有 140 余篇以第三人效果为主题的传播学研究论文刊载于 SSCI 期刊上。过去 30 年来，第三人效果已经发展成传播研究最重要的理论取向之一（Bryant & Miron，2004），深受传播学者重视。本章旨在整理第三人效果相关文献，分析第三人效果的原因及其影响，并指出第三人效果研究的未来发展方向。

二、第三人效果假设的原因与影响

（一）第三人效果假设的相关概念

“对自己影响的认知”（perceived effects on self）、“对他人影响的认知”（perceived effects on others）与“第一人和第三人效果的认知差距（又称为第三人效果认知）”（self-other perceptual gap）是第三人效果假设的三个重要概念（罗文辉、牛隆光，2003；Perloff，1999，2009）。“对自己影响的认知”是指个人对大众媒介内容对自己影响的评估，“对他人影响的认知”是指个人对大众媒介内容对他人影响的评估，“第一人和第三人效果的认知差距”则是指“对自己影响的认知”与“对他人影响的认知”之间的差异（罗文辉、牛隆光，2003；Perloff，1999，2009）。当人们认为特定媒介内容对他人的影响大于对自己的影响时，则为第三人效果；而当人们认为特定媒介内容对自己的影响大于对他人的影响时，则称为第一人效果（first-person effect）或反转的第三人效果（reversed third-person effect）（Davison，1983；Perloff，1999，2009）。

第三人效果假设包含认知层面（perceptual component）与行为层面（behavioral component）两个层面（Davison，1983；Perloff，1999，2009）。认知层面指人们倾向于认为媒介讯息对他人的影响大于对自己的影响（Davison，1983；Perloff，1999，2009）。几乎所有的第三人效果研究都对认知层面进行了检验，例如Park与Salmon（2005）进行的实验研究显示，在面对公关讯息（public relation messages）时，受访者会认为公关讯息对他人的影响大于对自己的影响。又如Jensen与Collins（2008）的研究发现，受访者阅读具有冒犯性的广告时，会认为他人受到该广告的冒犯程度较高，而自己受到的冒犯程度较小。

行为层面指人们倾向于认为他人会受到大众媒介内容的影响，因而可能采取相应的行为，以保护自己或他人（罗文辉，2000；Gunther & Thorson，1992；Perloff，2009；Gunther & Storey，2003）。例如，罗文辉（2000a）的调查研究发现，如果受访者越认为色情媒介内容对自己及他人的负面影响大，则他们越倾向于支持限制色情媒介。又如Golan、Banning与Lundy（2008）的研究发现，受访者往往认为他人较可能会受到政治性广告的影响，因而认为自己需要采取一些政治行动去抵消政治性广告可能产生的后果。

在既有文献中，分析第三人效果认知层面的研究较多，探讨第三人效果行为层面的研究较少。Sun、Shen与Pan（2008）的研究是少数把第三人效果对行为的影响进行系统分类的研究，他们把第三人效果可能导致的"纠正性行为"（rectifying behaviors）分为三种："限制性行为"（restrictive behaviors）、"改善性行为"（corrective behaviors）及"倡导性行为"（promotional behaviors）。限制性行为指，在预期他人无法妥善应对媒介负面讯息的影响时，为降低负面讯息的不良影响，个人可能倾向于采取行动来限制媒介内容以保护这些可能受媒介讯息影响的他人。这些行动包括：要求政府限制媒介负面内容、要求封锁色情网站等。改善性行为指，在面对可能影响社会或民众的媒介讯息时，个人可能采取行动设法改善媒介内容。比如，和一些监督媒介的组织合作，要求媒介在节目中增添更多具有正面意义的内容，或与他人分享有关媒介内容的批判性评论等。倡导性行为则指，在面对有益于社会的媒介讯息时，个人可能采取行动使这些媒介讯息产生更大的影响。比如，敦促媒介机构播放更多的公益广告及其他正面的媒介内容或担任义工参与制作公益广告等（Sun，Shen & Pan，2008）。当然上述分类方式并无法涵盖所有第三人效果可能引发的行为反应，未来的研究值得继续探讨第三人效果可能产生的行为效应。

（二）影响第三人效果的因素

自从 Davison 在 1983 年提出第三人效果假设后，学界就尝试解释影响第三人效果的因素，最为常见的包括“讯息的需要性”（message desirability）、“社会距离”（social distance）、“个体差异”等多项可能影响第三人效果的因素（罗文辉，2000a，2000b；David，Morrison，Johnson & Ross，2002；Hoorens & Rulter，1996；Perloff，1999，2009）。

讯息的需要性是影响第三人效果的重要因素之一（罗文辉，2000；Gunther & Mundy，1993；Hoorens & Rulter，1996；Perloff，1999，2009）。讯息的需要性指媒介讯息符合个人及社会利益或个人既有态度的程度（Perloff，2009）。越符合个人、社会利益或越接近个人既有态度，讯息的需要性越高（Perloff，2009）。过往研究表明，当人们面对较为不需要（undesirable）的媒介讯息时，人们倾向于认为该媒介讯息对他人的影响大于对自身的影响（Perloff，2009）（即第三人效果）。例如，Huge、Glynn 与 Jeong（2006）的研究发现，受访者认为有关性丑闻的新闻报道对于他人的影响大于对自己的影响。当人们面对需要（desirable）的媒介讯息时，则倾向于认为该媒介讯息对自己的影响较大，对他人的影响较小（Perloff，2009）（即第一人效果）。例如，Henriksen 与 Flora（1999）的研究就发现，受访者观看禁烟宣传广告时，会普遍认为自己受禁烟广告的影响大于他人受到的影响。此外，过往研究也发现，讯息的需要性亦对第一人和第三人效果的认知差距具有影响，当人们认为媒介讯息的不需要程度越高，第一人和第三人效果的认知差距越大（罗文辉，2000b）。

社会距离是影响第三人效果的另一个重要因素（罗文辉，2000b；Cohen，Mutz，Price & Gunther，1988；David，Morrison，Johnson & Ross，2002；Davison，1983；Meirick，2005；Paek，Pan，Sun，Abisaid & Houden，2005；Perloff，1993，2009）。社会距离指的是自己与他人之间的距离（罗文辉，2000b；Eveland，Nathanson，Detenber & McLeod，1999；Perloff，1993）。过去的研究显示，社会距离可以用两种方式评估，第一种方式是评估自己和他人的相似程度，自己和他人越相似，社会距离越接近；另一种方式则是评估自己和他人的差异性，自己和他人的差异越小，社会距离越接近（Perloff，1993；罗文辉，2000b）。过去的研究发现，第三人效果的强度会随自己和他人的距离而有所不同，受访者会认为媒介内容对比较像自己或和自己比较接近的他人（或团体）影响较小，对比较不像自己或和自己距离较远的他人（或团体）影响较大（罗文辉，2000b；Cohen et al.，1988）。

个体差异即人与人之间的差异，包括性别、年龄、教育程度、政党认同、自我涉入（ego-involvement）及知识水平等。过往研究发现，性别、年龄、教育程度及政党认同均可能影响第三人效果（Davison，1983；Perloff，1989，1993，2009；Price & Tewksbury，1996）。自我涉入和知识水平则是影响第三人效果的重要变项，自我涉入指人们对某一社会团体的认同，以及对该团体有关议题所持有的极端态度（Perloff，1989；Sherif，Sherif & Nebergall，1965）。例如，Perloff（1989）的研究发现，自我涉入会影响第三人效果认知。无论亲以色列或亲阿拉伯的受试者，收看中立的新闻报道后，都认为这则中立报道偏袒对方，而且会使立场中立的人在看完这则报道后比较同情对方。知识水平指个人本身的教育程度、知识水平或个人对自己的知识（knowledge）或专业性（expertise）的评估（Price & Tewksbury，1996；Tiedge，Silverblatt，Havice & Rosenfeld，1991）。例如，Rucinski 和 Salmon（1990）的研究发现，教育程度越高的人，越倾向于认为选举讯息对他人的影响较大，对自己的影响较小。Tiedge 等人（1991）的研究也发现，教育程度高的人容易高估媒介讯息对他人的影响，因而认为媒介讯息对他人的影响较大，对自己的影响较小。

（三）第三人效果的理论性阐释

第三人效果产生的原因可借由“自我提升”（self-enhancement）、“自我归类”（self-categorization）、“归因谬误”（attribution bias）、“媒介图式”（media schema）等不同的心理机制来阐释（Perloff，2009）。

自我提升是目前学术界用来解释第三人效果的主要理论。自我提升是一种心理机制，由于这种心理机制，人们会倾向于认为自己比别人聪明，能力比一般人高，因此更能抗拒说服性讯息，更不易受到负面讯息的影响（Gunther & Mundy，1993；Henriksen & Flora，1999）。自我提升可以帮助人们强化自尊及自我的价值，维护自己的形象。

第二种对第三人效果的理论性阐释为自我归类。自我归类理论指出，个人会通过社会分类将他人分为外群体（out-group）和内群体（in-group），并通过自我归类的程序将自己也归为一个群体中（内群体），并对该群体产生特殊情感，甚至可能用怀疑的眼光看待该群体以外的其他群体（Banning，2006；Reid & Hogg，2005；Turner，Hogg，Oakes，Reicher & Wetherell，1987；Perloff，2009）。依据自我归类理论，个人对媒介讯息对自己和他人影响的评估会受到群体身份的影响。由于人们会以怀疑的角度看待外群体，认为外群体较无法抵御媒介内容的影响，因此会认为外群体比内群体受到媒介内容的影响更大，即他人比自己更易受到媒介内容的影响，而外群体中的人又比内群体中的人较可能受媒介内容的影响（Reid & Hogg，2005）。例如，Reid与Hogg（2005）的研究发现，美国的大学本科生认为《华尔街日报》对其他同校学生及银行业者的影响均大于对自己的影响，其中《华尔街日报》对自己与银行业者的影响的第三人效果认知差距，大于《华尔街日报》对自己与其他同校学生的影响的第三人效果认知差距；受访学生认为自己与银行业者越相似，则其与银行业者之间的第三人效果认知差距越小。

第三种对第三人效果的理论性诠释为归因谬误。归因谬误指人们倾向于认为自身的不当行为是情境因素所造成的，并认为他人的不当行为是个人特质所导致的。同样的，人们会倾向于把自身的正确行为归因为个人的特质，而将他人的正确行为归结为情境因素（Perloff，1999，2009；Ross，1977）。换言之，人们倾向于认为影响自己和他人行为的因素是不同的（Ross，1977）。Gunther（1991）认为第三人效果可经由归因谬误来解释。根据归因谬误，他人受到媒介的影响是因为他人具有非常容易被影响的特质（例如天真、轻易相信等），因此他人比较容易受到媒介讯息的影响；而自己则比较容易受到信息特质和环境的影响，因此自己不一定会受到媒介讯息的影响（Perloff，1999，2009）。由于人们具有归因谬误倾向，会认为他人很容易受到媒介讯息的影响，而自己则会根据具体情况进行判断，因此会认定媒介讯息对他人的影响较大，对自己的影响较小（Perloff，1999，2009）。

第四种理论性解释为媒介图式。"图式"是人们对人物与事件进行分类的系列符号，它代表一种对概念知识的认知结构，可以帮助人们组织信息与理解事物。人们脑海中的媒介图式是大众媒介讯息的影响力非常大、一般其他的人对于有力的媒介讯息毫无抵抗能力；然而人们却认为自己对媒介讯息的抗拒能力超过他人，而且人们对于自身的心理状态也有一定程度的了解，因此并不会将媒介图式投射到自己身上。因此，人们会高估大众媒介对于他人的影响，并低估大众媒介对自己的影响（Perloff，1996，2009）。从媒介图式的角度来看，人们倾向于认为媒介讯息对他人具有较大的影响力，因而认为只要他人接触媒介讯息就会自然而然地受到媒介讯息的影响（Eveland，Nathanson，Detenber & McLeod，1999；McLeod，Eveland & Nathanson，1997）。

三、第三人效果研究的现状概览

为了系统分析第三人效果的研究现状，本研究从Web of Science数据库中检索以

"third-person effect"或"3rd-person effect"为主题的传播类 SSCI 期刊论文，并进行系统性分类与回顾（systematic review）。数据库检索结果显示，在 1983 年 1 月到 2014 年 7 月间发表于 SSCI 期刊的相关第三人效果的文章共有 145 篇，分别刊载于 29 份期刊中。表 7—2 列举了刊载第三人效果研究最多的 10 份 SSCI 期刊。

表 7—2　　刊载第三人效果研究最多的 10 份 SSCI 期刊

期刊名	文章数	百分比
《传播学研究》	32	22.07%
《传播学学刊》（*Journal of Communication*）	18	12.41%
《国际公共舆论研究学刊》	18	12.41%
《新闻与大众传播季刊》	14	9.66%
《大众传播与社会》	12	8.28%
《媒介心理学》	8	5.52%
《新闻学季刊》（*Journalism Quarterly*）	4	2.76%
《人类传播学研究》（*Human Communication Research*）	4	2.76%
《公共意见季刊》（*Public Opinion Quarterly*）	3	2.07%
《广播与电子媒介》	3	2.07%
《亚洲传播学刊》	3	2.07%
《计算机媒介传播学刊》（*Journal of Computer-Mediated Communication*）	3	2.07%

第三人效果研究诞生于 20 世纪 80 年代，在 SSCI 期刊发表的论文数目从 90 年代开始逐渐增加，到 2000 年后开始蓬勃发展（见图 7—1），其中又以 2008 年发表的论文数目最多。表 7—3 列举了被 SSCI 期刊论文引用次数最多的 20 篇第三人效果论文。

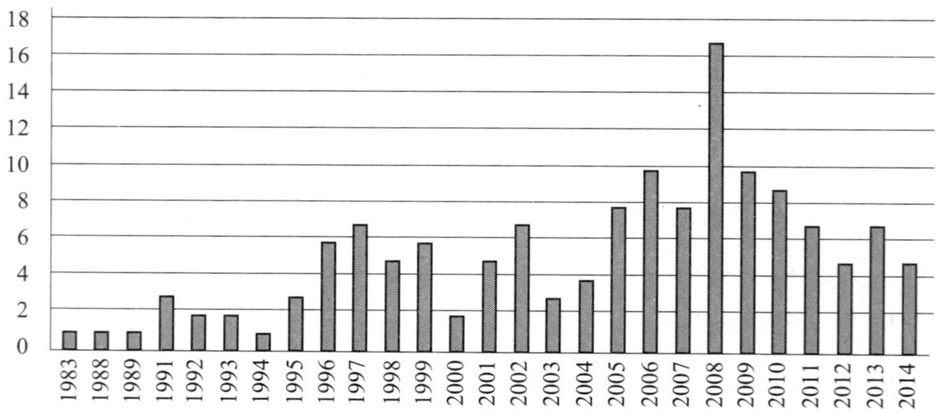

图 7—1　第三人效果研究各年份于 SSCI 期刊发表文章的数目

表 7—3　　SSCI 期刊文章引用次数最多的 20 篇第三人效果研究文献

标题	作者	期刊	出版年	被引用数	每年被引用平均数
The 3rd-person effect in communication	Davison，W. P.	《公共意见季刊》	1983	369	11.53
What we think others think-cause and consequence in the 3rd-person effect	Gunther，A. C.	《传播学研究》	1991	133	5.54
Perceived impact of defamation-an experiment on 3rd-person effects	Cohen，J.；Mutz，D.；Price，V.；Gunther，A. C.	《公共意见季刊》	1988	132	4.89
Perceived persuasive effects of product commercials and public-service announcements-3rd-person effects in new domains	Gunther，A. C.；Thorson，E.	《传播学研究》	1992	131	5.7
Overrating the x-rating-the 3rd-person perception and support for censorship of pornography	Gunther，A. C.	《传播学学刊》	1995	129	6.45
3rd-person effect research 1983—1992-a review and synthesis	Perloff，R. M.	《国际公共舆论研究学刊》	1993	127	5.77
Support for censorship of violent and misogynic rap lyrics-an analysis of the third-person effect	McLeod，D. M.；Eveland，W. P.；Nathanson，A. I.	《传播学研究》	1997	123	6.83
Biased optimism and the 3rd-person effect	Gunther，A. C.；Mundy，P.	《新闻学季刊》	1993	122	5.55
Ego-involvement and the 3rd-person effect of televised news coverage	Perloff，R. M.	《传播学研究》	1989	122	4.69
For the good of others：Censorship and the third-person effect	Rojas，H.；Shah，D. V.；Faber，R. F.	《国际公共舆论研究学刊》	1996	111	5.84
The influence of presumed influence	Gunther，A. C.；Storey，J. D.	《传播学学刊》	2003	106	8.83
Facebook and online privacy：attitudes，behaviors，and unintended consequences	Debatin，Bernhard；Lovejoy，Jennette P.；Horn，Ann-Kathrin；Hughes，Brittany N.	《计算机媒介传播学刊》	2009	87	14.5

续前表

标题	作者	期刊	出版年	被引用数	每年被引用平均数
3rd-person effects and the differential impact in negative political advertising	Cohen, J.; Davis, R. G.	《新闻学季刊》	1991	85	3.54
The causes of third-person effects: unrealistic optimism, impersonal impact, or generalized negative	Brosius, H. B.; Engel, D.	《国际公共舆论研究学刊》	1996	81	4.26
Perceptions of media influence and support for censorship-the third-person effect in the 1996 presidential election	Salwen, M. B.	《传播学研究》	1998	78	4.59
Third-person perception and children - perceived impact of pro-and anti-smoking ads	Henriksen, L.; Flora, J. A.	《传播学研究》	1999	68	4.25
Behind the third-person effect: Differentiating perceptual processes for self and other	McLeod, D. M.; Detenber, B. H.; Eveland, W. P.	《传播学学刊》	2001	66	4.71
Susceptibility and severity - perceptual dimensions underlying the third-person effect	Shah, D. V.; Faber, R. J.; Youn, S.	《传播学研究》	1999	62	3.88
Third-person effect, gender, and pornography on the internet	Lo, V. H.; Wei, R.	《广播与电子媒介》	2002	55	4.23
The persuasive press inference - effects of mass media on perceived public opinion	Gunther, A. C.	《传播学研究》	1998	52	3.06

目前在SSCI期刊上发表的第三人效果研究论文共有145篇，其中实证研究论文（empirical study）共有138篇（占文章总数的95.17%），概念性文章（conceptual paper）只有3篇（占2.07%），整合分析文章（meta-analysis）和回顾性论文（review）也各只有2篇（各占1.38%）。就研究方法而言，第三人效果研究大多采用调查法（survey）（共有84篇，占已发表实证研究文章总数的58.33%），其次为实验法（experiment）（有45篇，约占31.25%），亦有少部分采用访谈法（interview）（共8篇，约占5.56%）。

过去的研究指出，第三人效果论文大多聚焦于认知层面，关注行为层面的研究较少（Sun，Shen & Pan，2008）。然而本研究进行的分析结果显示，在目前已发表的第三人效果论文中，探讨行为层面的研究比例已大幅增加。有半数以上的文章聚焦于第三人效果对认知层面的影响（共78篇，约占54.17%），亦有近半数的论文同时涉及行为层面与认知层面（共66篇，占45.83%）的探讨。

四、第三人效果的研究题材与研究发现

第三人效果假设已在广告、新闻、敏感媒介内容（如色情、暴力等相关内容）、公共关系、电视节目（如真人秀与谈话节目）、电影、社交媒体等不同研究题材中获得验证（Day，2008；Golan & Banning，2008；Guerrero-Sole，Besalu & Lopez-Gonzolez，2014；Huh，Delorme & Reid，2004；Jensen & Collins，2008；Lo & Wei，2002；Paradise & Sullivan，2012；Schweisberger，Billinson & Chock，2014；Shin & Kim，2011）。这些研究对影响第三人效果的因素及第三人效果认知对行为的影响进行了不同角度的分析。

广告是第三人效果研究最为热门的题材之一，过往研究已将第三人效果假设应用于公益广告（Duck，Terry & Hogg，1995；Lewis，Watson & Tay，2007）、商品广告（Huh，Delorme & Reid，2004；Lisa & Flora，1999）、政治广告（Cohen & Davis，1991；Golan，Banning & Lundy，2008；Merick，2004；Paek et al.，2005；Wei & Lo，2007）等不同广告题材中。例如，Duck，Terry与Hogg（1995）研究了11则宣传预防艾滋病知识的公益广告，发现受访者对广告质量的评估会影响受访者的第三人效果认知，受访者认为高质量的预防艾滋病宣传广告对他们自己的影响大于对他人的影响，并认为低质量的宣传广告对他们自己的影响小于对他人的影响。Lewis、Watson与Tay（2007）的研究则发现，以恐惧诉求宣传安全驾驶的公益广告（反超速驾驶、反酒后驾驶）对于女性受访者的影响与男性受访者有所不同，女性受访者认为这种广告对于自己的影响大于对他人的影响，男性受访者则认为这种广告对于他人的影响大于对自己的影响。Huh、Delorme与Reid（2004）进行了有关直销商品广告（direct-to-customer advertisement）的研究，研究结果显示受访者普遍认为直销商品广告对他人的影响大于对自己的影响。他们的研究同时发现，会产生负面效果的直销商品比较可能会产生较大的第三人效果认知差距。Golan、Banning与Lundy（2008）则研究政治广告的第三人效果，他们发现受访者认为政治广告对他人的影响大于对自己的影响，而受访者的第三人效果认知会影响他们的投票

意愿。

与新闻相关的第三人效果研究则涉猎了政治新闻（Price，Huang & Tewksbury，1997；Wei，Lo & Lu，2011）、健康新闻（Wei，Lo & Lu，2008）、社会新闻（Wei，Lo & Lu，2010）、科技新闻（Salwen & Dupagne，2003）等。Wei、Lo与Lu（2011）研究台湾领导人选举民调新闻报道对选民认知的影响，发现受访者普遍认为选举民调新闻对他人的影响大于对自己的影响。他们也进行了有关健康新闻的第三人效果研究，研究结果发现，受访者认为有关禽流感的新闻报道对他人的影响较大，于自己的影响较小。而禽流感相关新闻对受访者自身的影响则是预测受访者行为意向（搜集与禽流感相关讯息及购买预防禽流感药物）的最显著变项（Wei，Lo & Lu，2008）。以社会新闻为背景的研究，发现受访者认为有关食品安全的新闻对他人的影响大于对自己的影响，而食品安全相关新闻对受访者自身的影响则可能促使他们搜集食品安全方面的讯息，并采取保护自己的措施（Wei，Lo & Lu，2010）。Salwen与Dupagne（2003）则对科技新闻进行了研究，研究结果同样显示，受访者认为有关千年虫问题的新闻对自己的影响较小，对他人的影响较大。

敏感媒介内容如色情、暴力等相关内容亦是第三人效果研究的重要的题材（Gunther，1995；Hoffner & Buchanan，2002；Lo，Wei & So，2013；Salwen & Dupagne，2001；Scharrer，2002；Zhao & Cai，2008）。Gunther（1995）的研究发现，美国18岁以上的受访民众认为他人受到色情媒介的不良影响较大，自己受到的不良影响较小，而受访者感受的第三人效果认知差距越大，就越倾向于支持限制色情媒介。Hoffner与Buchanan（2002）的研究则发现，受访家长认为电视暴力内容对于其他儿童的影响大于对自己子女的影响。此外，他们的研究结果同时显示，受访家长的第三人效果认知会影响他们的行为，受访家长认为电视暴力内容对他们的子女的影响越大，越可能陪子女观看电视，并支持对电视暴力节目进行审查。

除上述研究外，亦有部分学者以公共关系（Kim，Kim & Cameron，2012；Park & Salmon，2005）、电视节目（Cohen & Weimann，2008；Leone，Peek & Bissell，2006）、电影（Ho，Detenber，Malik & Neo，2012；Lin，2013）、时尚杂志（Diaz Soloaga，Muniz & Caceres Zapatero，2009）、游戏（Schmierbach，Xu & Boyle，2012；Zhong，2009）等为研究题材对第三人效果进行验证。例如，Park与Salmon（2005）探讨公关讯息的第三人效果，研究结果发现，受访者认为无论正面或负面的公关信息对他人产生的影响都大于对自己的影响，但负面讯息产生的第三人效果认

知差距较大，正面讯息产生的第三人效果认知差距较小。Leone、Peek 与 Bissell（2006）则进行了关于真人秀节目的第三人效果研究，他们的研究发现受访的大学生认为真人秀是一种“不需要”（undesirable）的电视节目，因而认为真人秀节目对他人产生的影响大于对自己的影响。此外，他们也发现受访者的第三人效果认知受到他们对节目真实性评估的影响，受访者对真人秀的真实性评价越高，第三人效果认知差距越大。

值得注意的是，随着社交媒介的兴起，社交媒介的第三人效果也成为学者们关注的议题（Debatin，Lovejoy，Horn & Hughes，2009；Schweisberger，Billinson& Chock，2014；Wei & Golan，2013）。Debatin，Lovejoy，Horn 与 Hughes（2009）就从第三人效果的角度探讨个人对社交媒介 Facebook 影响力的评估，研究结果显示，受访者认为 Facebook 对他人网络隐私造成的影响较大，对自己网络隐私所造成的影响较小。Schweisberger，Billinson 与 Chock（2014）的研究则比较 Facebook 和网络新闻的第三人效果，研究结果发现，受访者对同一则新闻对自身影响的评估会受到刊登媒介的影响，受访者认为在 Facebook 上读到该则新闻时，自己所受到的影响大于在普通网络新闻上读到该则新闻所受到的影响。

五、未来研究方向探讨

第三人效果相关文献在过去的 30 年中不断累积，为媒体效果和新闻传播理论提供了新的研究角度，因此被誉为“21 世纪大众传播研究的第五大流行理论”（Bryant & Miron，2004）。但在第三人效果逐渐发展为成熟理论的过程中，仍有许多问题亟待厘清与探讨（Xu & Gonzenbach，2008）。

第一个问题是第三人效果认知对行为的影响。尽管第三人效果假设的认知层面已在不同媒介题材中被广泛验证（Golan & Banning，2008；Huh，Delorme & Reid，2004；Jensen & Collins，2008；Lo & Wei，2002；Paradise & Sullivan，2012），而涉及行为层面的研究也逐渐增加，但学者们对第三人效果的行为效应仍缺乏系统的分类，大部分的行为结果研究都围绕“支持审查”、“信息搜集”等行为进行探讨（Xu & Gonzenbach，2008），对行为层面进行系统分类的研究非常少（Sun，Shen & Pan，2008）。

更为重要的是，第三人效果认知与行为之间的关系尚未有清晰的定论（Xu & Gonzenbach，2008）。部分学者的研究指出，第三人效果的认知差距是预测行为意向的显著变项（Gunther，1995；Sun，Shen & Pan，2008），例如，Sun、Shen 与 Pan（2008）的研究表明，第三人效果的认知差距可以预测人们是否采取行动反对网络色情；Salwen（1998）的研究也发现，第三人效果认知差距可以显著预测受访者对政府限制不公平新闻与广告的支持度。这些研究发现第三人效果认知差距是预测行为意愿的显著变项。但亦有多项研究的结果表明，第三人效果认知差异在许多情境中并非预测行为意向的有效变项（Xu & Gonzenbach，2008；Jensen & Hurley，2005；Tewksbury，Moy & Weis ，2004；Wei，Lo & Lu，2008，2010）。例如，Salwen 和 Driscoll（1997）发现，第三人效果认知差距无法显著预测受访者对限制媒介报道的支持度。Lo 与 Wei（2002）的研究也发现，第三人效果认知差距无法预测民众是否支持限制色情媒介。他们认为第三人效果认知并非预测行为的适当变项，因为这个变项无法有效区分下列两类受访者：第一类是认为媒介讯息对自己及他人都有很大影响的受访者，第二类是认为媒介讯息对自己及他人都没太大影响的受访者。

由于第三人效果认知无法有效预测行为或行为意愿，后续研究开始尝试用不同的方法来探讨第三人效果认知层面与行为层面的关系。例如 Gunther 与 Storey（2003）提出"预设影响的影响"（the influence of presumed influence），认为媒介讯息"对他人影响的认知"才是预测行为的显著变项。他们的研究证实，受访者收听一个尝试提升医务人员质量的广播节目后，认为这个节目对医务人员（他人）的影响越大，越可能和医务人员产生良性互动，并越可能认为医务人员形象较好。

但媒介讯息"对他人的影响"在哪些情况下对行为具有较高的预测力？在哪些情形下，"预设影响的影响"是预测行为或行为意向的显著变项？目前第三人效果研究对这些问题并无定论。例如，Wei、Lo 与 Lu（2008）的研究发现禽流感相关新闻对受访者自己的影响，是预测行为及行为意愿的显著变项。但 Tewksbury、Moy 与 Weis（2004）针对千年虫事件相关新闻进行的第三人效果研究却发现，对他人的影响才是影响受访者采取预防措施意愿的显著变项。

未来的研究应继续探讨第三人效果认知层面与行为层面的关系，第三人效果认知层面的三个要素——"对自己的影响"、"对他人的影响"与"第三人效果认知差距"究竟在何种情况下才是预测行为及行为意愿的最有效变项，在哪些情况下，"对他人的影响"比"对自己的影响"更能预测行为或行为意向？在哪些情况下，"对自己的影响"对行为或行为意向的预测力大于"对他人的影响"？在哪些情况下，"第三人效果认知差距"才是预测行为或行为意向的有效变项？这些都是值得未来研究关注、检验的问题。

由于第三人效果主要涉及个人对媒介讯息对自己及他人影响的认知，在数字媒体时代，第三人效果和新数字媒体的关系值得探讨。近年来有少数研究者尝试从第三人效果的角度理解社交媒介对用户认知的影响，尝试分析社交媒介中转载或编辑的大众媒介讯息之第三人效果（Debatin，Lovejoy，Horn & Hughes，2009；Schweisberger，Billinson & Chock，2014），未来的研究值得以社交媒介为题材，探讨第三人效果认知对行为的影响。

随着微博、社交网站、微信等社交媒介在人们日常生活中的运用日渐广泛，大部分大众媒介均开设社交媒介账号，以便更迅速地向受众传递讯息。此外，如新闻、广告等大众媒介讯息在社交媒介中也被建构成不同形式，甚至进行再传播的情况也相当普遍，社交媒介与大众媒介中的讯息界线已逐渐模糊。在社交媒介的环境中，大众媒介讯息经过他人的加工与转载，所产生的第三人效果是否会有所不同？而与此同时，人们在部分公开的社交媒介平台（如新浪微博、推特等）搜集媒介讯息并进行讨论，有机会接触到大量匿名的他人对媒介讯息所表达的意见与态度，可能在一定程度上较了解媒介讯息对他人的影响，此种情况是否会减弱或加强第一人与第三人之间的认知差距？这些都是值得未来研究探讨的问题。未来的相关研究应针对不断变化的媒介环境，对新兴的数字媒介进行第三人效果研究，这样将可以扩展第三人效果文献，使第三人效果的研究成果更为丰硕。

延伸阅读

Davison，W. P.（1983）. The third-person effect in communication. *Public Opinion Quarterly*，43，585－603.

Gunther，A. C.，& Storey，J. D.（2003）. The influence of presumed influence. *Journal of Communication*，53（2），199－215.

Lo，V. H.，& Wei，R.（2002）. Third-person effect，gender，and pornography on the Internet. *Journal of Broadcasting & Electronic Media*，46（1），13－33.

Perloff，R. M.（1999）. The third person effect：A critical review and synthesis. *Media Psychology*，1（4），353－378.

扫一扫，
浏览本章参考文献

Perloff, R. M. (2009). Mass media, social perception, and the third-person effect. In J. Bryant & O. M. Beth (Eds.), *Media effects*: *Advances in theory and research* (3rd ed.) (pp. 252 - 268). New Jersey: LEA.

Wei, R., Lo, V. H., & Lu, H. Y. (2011). Examining the perceptual gap and behavioral intention in the perceived effects of polling news in the 2008 Taiwan presidential election. *Communication Research*, 38 (2), 206 - 227.

第八章　第三人效果与政治传播研究

文｜魏然　罗文辉

摘　要

第三人效果是一个相对简单但有趣的理论假设，过去30年间，它已经发展成为重要的传媒效果理论。目前有关政治传播的第三人效果的实证研究越来越多，说明从主观认知的视角探讨传媒政治信息的效果是一个很有价值的研究途径。在这一章，我们介绍第三人效果假设在政治传播中的应用和重要发现。我们尝试厘清主要的概念，系统介绍第三人效果对竞选文宣效果的认知，以及认知的差异对选民投票行为的影响。最后，我们讨论第三人效果研究的成果对政治传播理论发展的贡献，点评第三人效果假设在政治传播领域的问题，并提出未来的研究方向。

关键词

第三人效果假设、政治传播、选举新闻、选举民调、政治广告

一、传媒的第三人效果假设

以往的大众传播效果实证研究显示，传媒会影响人们的认知、信念、态度和行为，而这种影响的根源，来自人们认为传媒对自己与他人影响的不同。具体而言，人们普遍认为传媒对自己影响较小，对他人的影响较大（Cohen & Davis，1991；Salwen，1998；Banning，2006；Golan，Banning & Lundy，2008）。前面的第七章曾介绍，首先提出第三人效果假设的是美国社会学者Philip Davison（1983），他指出："人们往往倾向高估大众传播对别人态度与行为的影响，与此同时，他们会倾向低估大众传播对自己的影响。"换句话说，"人们认为受媒体影响最大的不是'我'或'你'，而是'他们'——'第三人'"。他进一步阐述，"在某些情况下，媒体之所以

能影响行为不是因为传播的信息影响了它的受众，而是因为受众认为别人的想法会受媒体影响”。因此，Davison 认为，“传播讯息带来影响，并不是因为观众的反应，而是由于他们对他人行为的预期，或者他们对其他人反应的认知”。

由以上 Davison 对第三人效果的定义可以看出，第三人效果假设关注的重心是媒体受众对别人的看法，即受众认为媒体对自己和他人有什么影响，而核心的概念是人们觉得其他人是否会受到媒体的影响（Gunther，1991）。正如前一章所述，当人们认为受媒体影响最大的不是自己，而是其他的人时，这种认知的差异，被称为“第三人效果”（the third-person effect）；相反的，如果受众认为自己比其他人更容易受到传媒的影响时，这种现象则称为“第一人效果”（the first-person effect）（Tiedge，Silverblatt，Havice & Rosenfeld，1991）。

有趣的是，人们这种“他人比自己更容易受到传媒影响”的想法，又往往会促使人们采取不同行动。比如，当人们认为他人，特别是男性，更容易受到色情媒体的影响时，人们会积极地支持政府对色情媒体进行管制（Lo & Wei，2002；Wei & Lo，2013）。因此，传媒效果学者（Perloff，2002）认为，第三人效果假说的理论框架包括两个不同但相关的部分：传媒效果认知上的差异和认知影响行为。这两点也是 Davison 的最初论点。

公共事务的传播，如竞选活动，需要借助大众传媒来宣导、告知与说服。因为选民几乎没有机会第一手地观察政治人物、倾听其政见，他们必须依赖大众传媒的报道，才可能了解候选人及其政见。因此，政治传播学是探讨大众传播媒介与政治行为之间的关系的一个交叉学科，也是大众传媒效果研究的一个重要的领域。随着传媒的发展，媒体对政治及选举的介入越来越深，例如传媒进行选举民调、主办电视辩论，大众传媒是影响公众政治态度和行为的重要因素。有学者（Bennett & Entman，2001）描述当代的选举为“媒介化的政治”（mediated politics）。对于候选人来说，似乎谁获得媒体的青睐，谁就赢得了选举。

因此，在政治传播领域，近年来采用第三人效果为理论框架的研究，主要关注人们如何认为政治信息（如政治方面的报道、选举民调、选举广告等）影响了他们自己和别人的认知，进而分析这种对自己和别人间的认知差异如何影响他们的政治行为，包括政治参与、投票等。这些研究帮助我们了解、认识媒体对政治特别是选举的影响力。正如宾州大学教授 Diana Mutz（1992）所强调的，“客观的影响力”或集体群众的对传播的政治信息效果的看法，对公民的政治态度可能有重大影响力。

第三人效果研究的意义，是能让我们通过公众对媒介效果的认知这个视角，更深入地了解传媒如何影响政治（Banning，2006；Cohen，Tsfati & Sheafer，2008；Cohen & Tsfati，2009；Lim & Golan，2011）。

二、第三人效果假设在政治传播领域的应用

其实，以往的大部分传媒第三人效果研究，都以政治信息和媒体对选举的报道来解释或检验第三人效果假设。例如，Davison（1983）在首项第三人效果研究中，使用了和选举相关的证据来说明第三人效果的核心概念。他指出，“它（指传媒）影响不了我，但会影响其他人”（Cohen & Davis，1991，681 页）。他的研究发现，在 1980 年新罕布什尔州初选后，72 %的受访者表示，知道总统党内初选结果并不会影响他们的投票决定，但 52%的受访者却认为，公布的初选结果会对共和党候选人里根的支持者产生影响。正是这项选举研究的结果启发了 Davison，他进而提出了“传媒的第三人效果假设”。

我们曾经对第三人效果研究做过系统的回顾，我们发现，早期有关第三人效果对认知和行为影响的研究内容包括选举报道、诽谤新闻（Cohen，Mutz，Price & Gunther，1988）以及政治广告（Cohen & Davis，1991），但以后，这类研究的范围逐渐扩大到和娱乐相关的色情和媒体暴力内容。我们的研究数据显示，自 1983 年第三人效果假设问世以来，在 1992 年和 2012 年的 10 年之间，共有 140 余篇测试第三人效果的研究论文在各大传播学期刊发表。其中，越来越多的研究涉及政治传播。具体而言，在这 140 多篇论文中，近三分之一的论文（27.8% ，133 篇中的 37 篇）以政治信息或政治传播为研究题材。这一结果揭示了第三人效果假设和政治传播的密切关系。以往的研究显示，政治传播的信息好像特别适合进行第三人效果研究。

接下来我们将用归纳性的分析，总结以往研究的重要发现，指出具有普遍意义的定律。

（一）政治传播领域的第三人效果假设之认知层面研究成果

在文献中，有 3 个研究以美国总统选举（Rucinski & Salmon，1990；Salwen，1998）和澳大利亚联邦大选（Duck，Hogg & Terry，1995）的报道为第三人效果研究的选题。综合起来看，这三个研究的结果显示，受访者都认为政治立场跟他们一样的选民，受到选举信息的影响较小；而政治立场跟他们不一样的选民，受到选举信息的影响较大。由此得出结论是：因为人们认为跟自己立场不一致的“‘他人’和

自己的社会距离（social distance）较大，属于较容易受传媒影响的选民”（Rucinski & Salmon，1990，345 页），第三人效果假设中有关社会距离对传媒效果认知偏差的影响，得到了验证。

几个有关选举民调的第三人效果（Price & Stroud，2005）的最新研究指出，无论民意调查的结果对选民所支持的候选人是正面还是负面的，受访者都会认为民调的结果对他人的影响比对自己更大。也就是说，即使媒体的政治信息属于正面的，第三人效果仍然存在（Wei，Lo & Lu，2011）。

Wei、Lo，与 Lu（2011）曾在 2008 年台湾领导人选举期间，进行一项研究探讨媒介报道选举民调的第三人效果，并分析第三人效果和支持限制媒介间的关系。由于过去的第三人效果研究很少探讨对自己及别人影响认知的面向（dimensions），因此他们的研究特别探讨媒介报道选举民调“对自己影响的认知”与“对别人影响的认知”的“正面与负面两种面向”。

该项研究结果发现，选民会认为无论是正面或负面的选举民调新闻对别的选民影响都比较大，对自己的影响比较小。他们的研究同时发现，如果受访者认为选举民调新闻对自己及他人有正面的影响，则第三人效果认知较小；如果受访者认为选举民调新闻对自己和他人有负面的影响，则第三人效果认知较大。在第三人效果对行为层面的影响方面，他们的研究发现，受访者认为选举民调新闻对他人的负面影响越大，越支持限制选举民调报道；而受访者认为选举民调新闻对自己的正面影响越大，则对选举活动越投入。

对有关其他政治讯息的研究，如负面的政治广告（即抹黑对手的选举文选）（Wei & Lo，2007；Lovejoy，Cheng & Riffe，2010），也得出类似的结果（Lavrakas，Presser，Price & Traugott，1998；Price & Stroud，2005；Wei，Chia & Lo，2011）。具体而言，Cohen 与 Davis（1991）在他们的一项研究中指出，当受访的选民看到自己支持的候选人在广告中受到攻击，便会认为广告对自己没有太大影响，对他人的影响较大。然而，当他们看到一个自己不支持的候选人受攻击，则会认为广告对自己的影响较大，对其他人的影响较小。

本章作者（Wei & Lo，2007）曾在 2004 年美国总统选举期间，进行一项研究探讨攻击性广告的第三人效果。研究结果发现，多数美国受访者认为攻击性竞选广告对自己的负面影响较小，对他人的负面影响较大。此外，这项研究也发现，对他人的影响是预测受访者是否支持限制攻击性广告的最有力预测变项。当受访者认为攻击性广告对他人的负面影响越大，他们越支持政府采取行动来限制攻击性竞选广告。

这里出现一个值得探讨的问题，人们对政治信息效果认知的偏差，是不是因为研究人员的提示而受诱导得来的结果？为解答这一疑问，美国威斯康星大学的 Pan 和他的研究生（2006）做了一个有趣的实验。在实验中，他们明确地对其中一组受试者讲明，“大多数的传媒效果研究发现，选举民调不会影响公众”；对另外一组，他们没有提供这样的提示。然后，他们要求受试者估计民调对自己及他人有没有影响。比较两组对民调效果的认知结果发现，无论曾否事先获得提示，第三人效果的偏差都存在。即受试者均认为选举民调对他人的影响较大，对自己的影响较小。

在政治传播的领域内，以往的第三人效果研究还注意到政治身份与认知效果偏差的关系。即人们在比较自己与他人（第三人）时，会考虑同族、内群体（in-group），还是非我同族、外群体（out-group）的区隔。不同的区隔，会产生不同的第三人效果。例如，Duck 等（1995）在 1993 年澳大利亚联邦选举时进行研究，他们的这项研究结果显示，受访者认为他们自己以及所支持党派的成员受到宣传活动内容的影响较小，而其他党派的支持者会受到较大的影响。依照这样的研究设计，另一项在希腊选举（Gardikiotis，2008）以及两个在美国总统大选时进行的研究（Hoffner & Rehkoff ，2011；Wei，Chia & Lo，2010），亦得出类似的结论。

Conners（2005）曾对第三人传播效果的实证研究做了全面的分析。她的分析结果表明，第三人效果远比第一人效果更普遍。根据她的统计，有 35%至 69%的人会认为传媒对其他人的影响比对自己的影响更大，而第一人效果（认为传媒对自己的影响大于对其他人的影响）的比例只有 5%至 20%。我们分析了过去有关媒体和竞选讯息的研究后，发现了相同的结果。按照 Perloff（1999，369 页）的说法 ，“ 第三人效果是一个可靠和持久的现象，会在不同内容形式和研究设计中出现”。

那么，为什么会产生第三人效果的认知偏差呢？Duck 等人（1995）将第三人效果归咎于人们不愿承认自己容易受到说服的倾向。Henriksen 和 Flora（1999，643 页）更进一步地解释，第三人效果其实“是人们心理上优势偏见的一种表现”（the product of a superiority bias）——即人们总是倾向认为自己胜过别人，或比别人更强些。

我们发现，从事第三人效果假设研究的学者流行用两个论点来解释第三人效果：动机论（motivational explanation）和认知论（cognitive explanation）（Perloff，1999；Tal-Or et al. ，2009）。

持动机论的学者如 Perloff (1993) 认为，第三人效果基本上反映的是人们自私的偏见现象。在认知媒体的影响时，人们会把自己放在比较高尚的位置以维持自尊 (ego) (Peiser & Peter，2000)。当我们中国人说自己“比上不足，比下有余”时，心理上也有满足面子的意思。按照 Duck 等人 (1995) 的观点，这种高估媒体对别人的影响而低估对自己的影响的动机，旨在提升自我和保护自我形象（即面子）(Perloff，2002)，这种动机造成了传播效果认知的第三人效果。以往的实证研究显示，动机论可以解释传媒负面信息的第三人效果，例如政治攻击广告 (Cheng & Riffe，2008；Wei & Lo，2007) 及暴力、色情内容。当人们觉得承认自己受色情、暴力内容影响有损面子时，他们会倾向于低估色情、暴力内容对自己的影响。

此外，Eveland、Nathanson、Detenber 与 McLeod 等学者 (1999) 提出了认知论。认知论假设人就是天生的社会科学家，会揣摩世界如何运作，包括估计媒体的影响力。具体而言，人们会认为媒体对自己和别人的影响并不同，不论这种估计是否准确，人们不一定关心，但大多数人都会认为传媒对自己的影响较小，对别人的影响较大。在这里，诸多的认知机制，如媒体的使用、受教育程度、知识水平、对新闻报道的注意力、看新闻后的思考、媒体公信力等，往往会影响到人们对传媒效果判断与认知。

另外，有学者 (Hoffner et al.，2001) 使用心理学的归因理论 (attribution theory) 来解释第三人效果。但是，以往的研究主要使用上述两种论点来解释研究的发现。未来不排除有其他新论点的出现。

（二）政治传播领域的第三人效果假设之行为层面研究成果

媒体信息可能影响公众的认知，进而产生行为效应，这使第三人效果认知对人们行为的影响 (behavioral effect) 成为学者关注的研究课题。目前第三人效果行为层面的研究 (Golan & Day，2008；Sun，Pan & Shen，2008；Tal-Or，Tsfati & Gunther，2009)，已经证实第三人效果假设对受众的行为有显著的影响。大多数研究用第一人效果和第三人效果的认知偏差 (magnitude of perceptual bias or third-person perception) 来预测行为。也就是说，认知偏差为因，偏差而产生的行为为果。用第三人效果的认知偏差来解释人们的行为，是第三人效果假设中最重要的部分。

在过去十余年间的政治传播研究中有关第三人效果对行为影响的研究在数量上有着显著的增加。这类研究可以追溯到理论的创始人 Davison (1983) 最早的研究。他认为候选人派发选举传单，是因为候选人认为对手的竞选传单水准很高，可能会影响不少选民的投票行为（voting）。所以，必须派发传单以采取反制行动。

在政治传播领域的第三人效果研究，焦点在探讨第三人认知与选民行为间的关系，这些行为包括支持限制不良的政治讯息（如选举中的抹黑广告）（Salwen，1998；Hoffner & Buchanan，2002）、候选人偏好、投票意向与实际投票行为（Banning，2006；Golan et al.，2008；Cohen & Tsfati，2009）。另外，也有些学者关注第三人认知对公共事务参与、政治参与的影响（Neuwirth，Frederick & Mayo，2002；Rojas，2010；Lim & Golan，2011）。

回顾过去的研究，我们发现，高估负面政治讯息对别人的影响会导致人们支持审查负面政治讯息。导致如此倾向的主要的动机是希望保护他人，使他人不要受到负面讯息的不良影响。这样的结果在民意调查（de Vreese & Semetko，2002；Pan et al.，2006；Wei et al.，2011）和政治广告（Lovejoy et al.，2007）等相关的研究中都得到验证。但不同的学者得出如下的结论：第三人效果认知（即传播效果的认知偏差）对支持限制选举前公布民意调查的结果（Price & Stroud，2005）、禁止对选举结果进行预测（Lavrakas，Holley & Miller，1991）和限制攻击对手的选举广告（Wei & Lo，2007）都具有显著的预测力。换句话说，当人们认为与选举有关的传播讯息可能对别人——而不是对自己——产生影响时，就可能会支持政府限制这些传播内容，甚至会采取行动去抵消传播讯息对别人产生的影响。

此外，在第三人效果认知偏差与投票行为间的关系方面，过去的研究亦有若干成果。一些学者（Banning，2006；Golan et al.，2008；Cohen & Tsfati，2009）认为，当人们察觉别人比自己更容易受政治讯息影响时，便可能会有更大的动力去投票。鉴于美国的选举投票率普遍偏低，有些选举的投票人数很少，Banning（2006）认为政治广告的第三人效果似乎像“冷漠的抑制药”，使人比较愿意投票（787 页）。他提出理由是，当人们认为别人会被媒体的政治讯息影响，便会认为必须投票以阻止他们不支持的候选人获胜。Banning（2006）指出，选民的投票倾向和第三人效果之间有着“因果关系”（795 页）。其他学者如 Golan 等（2008）针对 2004 年美国总统大选中布什和克里的竞选广告，进一步测试第三人效果和投票行为之间的关系。他们的研究结果显示，人们觉得其他人对政治无知，因此较容易被选举广告说服，便会尝试自己投票以弥补因其他选民无知造成的后果。

以色列传播学者 Cohen 与 Tsfati（2009）把投票行为进一步细化。他们指出，选民对媒体影响力的看法（即认知偏差），跟策略性投票（strategic voting）有关（策略性投票指在三方竞争下，选民投票给他们不是最优先选择的一方）。

为什么如此？选民进行策略性投票的道理何在？Banning（2006，789页）提出了“社会身份认同”（对自己所属团体跟其他团体不同的感觉）和“逆反心理理论”（面对说服的讯息，故意反其道而行），来解释投票和第三人效果之间的联系。简单地说，人们在投票时会党同伐异或与政治说服信息背道而驰。为了阻止自己最不喜欢的候选人当选，选民可能进行策略性投票，放弃支持自己最支持的候选人，而故意把票投给另外一位可能获胜的候选人。

但学者们的研究也有不同的发现，Brubaker（2011）在希腊大选期间进行的研究发现，当受访者觉得其他选民受支持某一候选人的言论影响较大时，他们投票给该候选人的倾向较高，即随波逐流，从而产生搭顺风车的花车效应（bandwagon effects）。

三、第三人效果研究的贡献、问题

（一）第三人效果研究对政治传播的贡献

Davison提出第三人效果假设后的头十年，传播学者对这个假设仍抱怀疑的态度（Banning，2006），不确定这个假设是否禁得起验证。一直到20世纪90年代，第三人效果才获取足够的实证研究支持，成为一个稳定的假设。资深传播学者Perloff（1993，1999）曾对超过100篇第三人效果实证论文做过综合的分析和文献回顾。他指出第三人效果在传播学者之间已经被广泛接受。此外，其他学者如Golan与Day（2008）则认为，第三人效果研究在21世纪有增无减，这些研究结果使第三人效果成为一个核心的媒介效果理论。

根据阿拉巴马大学的Miron和Bryant（2006）对美国主流传播学量化期刊的系统分析的结果，第三人效果是传播效果理论中被使用最多的理论之一。详见表8—1：

表8—1　　20世纪8个最热门的传播效果理论

在6本期刊发表的论文中最常用的理论	N	在JMCQ、JOC和JOBEM期刊中最常用的理论	N	在CR、MC&S和MP期刊中最常用的理论	N
框架理论	21	框架理论	17	第三人效果	9
议题设定	16	议题设定	11	中介理论	8
涵化理论	16	涵化理论	9	涵化理论	7
中介理论（mediation）	16	中介理论	8	社会认知/学习	7

续前表

在6本期刊发表的论文中最常用的理论	N	在JMCQ、JOC和JOBEM期刊中最常用的理论	N	在CR、MC&S和MP期刊中最常用的理论	N
第三人效果	16	第三人效果	7	使用与满足	7
使用与满足	12	使用与满足	5	选择性感知	6
社会认知/学习 (social cognitive/learning)	11	选择性感知	4	议题设定	5
选择性感知 (selective exposure)	10	社会认知/学习	4	情感倾向 (disposition)	5

注释：期刊刊名：JMCQ：《新闻与大众传播季刊》；JOC：《传播学学刊》；JOBEM：《广播与电子媒介》；CR：《传播学研究》；MC&S：《大众传播与社会》；MP：《媒介心理学》。

资料来源：Miron 和 Bryant (2006)，696 页。

我们认为，第三人效果假设会受到传播学者的重视并发展成为前沿性的传播效果理论，主要是它能够另辟蹊径，采用间接的媒介效果范式来研究传媒效果。它关注的是受众对媒介效果的看法，无论这些看法是否准确，都可能引发不同的行为反应。把这个假设应用到政治传播的研究上，我们可以更深入地了解民众如何看待媒体的力量，以及民众对媒体力量的看法如何影响他们的投票决定。

多年来，政治科学和政治传播学面临的头痛的问题是，学者们无法发展出一个能够有效解释选民投票行为的理论框架。第三人效果认知偏差为选民的投票行为提供了一个合理的解释，这是第三人效果假设对政治传播学的贡献。

(二) 对第三人效果假设的批评

第三人效果到底是一个假设还是一个理论？这是传媒学者们经常争论的问题。从理论发展的层面来说，提出一个理论性的假设，只是初级的理论。从理论性假设升级到理论，还需要把研究的现象以更高层次的抽象方式归纳出学理概念，阐明概念适用的范畴，并准确地叙述学理概念之间的关系以及关系存在的条件。

照此标准，批评者往往认为第三人效果只能作为一个简单、以常识为基础的假设。首先，对传媒影响力的认知偏差，人们非常容易确认这个现象。他们认为第三人效果假设缺乏一个完整的理论架构，因为它大多建基于轶事个案之上，并从常识而非系统的理论来解释感知的偏差。正如 Perloff (2002) 所言，第三人效果作为一个传媒理论，其"最初对行为方面的假设非常'模糊'和'过于简单'"(499 页)。

我们认为，第三人效果缺乏严谨的理论架构，是由于核心概念不够清晰。过去的实证研究陆续提出了一些延伸性的概念，但是这些概念缺乏整合。因此，它不能描绘主要概念之间的因果关系。科学理论学者 Homans（1967）曾指出，概念性的体系虽然有用，但只能作为科学化、发展成为正规理论的一个起点。要成为严谨的理论假设，第三人效果假设需要让相关的概念有所连接，厘清何者为因、何者为果，并说明本概念间的因果关系。

因此，要提升第三人效果假设在传播理论界的地位，有关研究必须发展出一套命题，用科学的语言陈述。举例来说，当传媒讯息是负面时，人们对自己和其他人受影响的认知差距便会扩大；而差距越大，他们便越倾向支持政府对负面传媒信息的限制。

四、第三人效果假设在政治传播领域的新研究方向

最后，我们探讨第三人效果假设在政治传播领域未来的研究方向，供有兴趣在这方面做研究的国内传播学者参考。

首先，第三人效果研究仍需要进一步的发展，特别是涉及行为的部分（Perloff，2002）。以往的学者在行为方面的研究侧重于分析民众对审查、限制不良信息的支持度（Xu & Gonzenbach，2008）。近几年，一些学者（Sun et al.，2008；Tal-Or et al.，2009）开始对第三人效果可能影响的行为做分门别类，包括限制行为、纠正行为、宣导行为等，希望从理论上阐明认知偏差可能引发的多样行为。换言之，这些研究扩大了第三人效果可能导致的行为结果。未来需要有更多的研究，来建立这些行为和第三人效果认知之间的因果关系，例如讯息类型如何影响行为、不同的讯息如何影响不同的行为。

其次，继续探讨第一人效果对行为的影响。目前有关第一人效果的研究不多，所发表的证据也不一致。Golan 和 Day（2008）曾发表一篇理论性的论文。他们认为，有关第一人效果跟行为关联的研究太少，不能发展出有规律性的归纳。因此，研究第一人效果如何影响政治行为，将是一个新的研究方向。媒体讯息的第一人效果是否会影响相关行为值得未来的研究探讨。

最后，关注新媒体背景下的第三人效果研究。以色列的传播学者 Tal-Or 和他的同事（2009）点评了大量的第三人效果研究论文。他们发现，以往几乎所有关于第三人效果的研究都以传统媒体为焦点。在网络新媒体兴起的时代，未来需要有更多涉及新媒体和互动媒体的研究。因此，第三人效果在新媒体的应用，将是未来重要的研究方向，因为电子和互动媒体对政治活动的影响力正与日俱增（见第十八章：

新媒体与亚洲政治传播前沿研究述评)。

五、本章结论

第三人效果假设是一个简单但有趣的理论命题，在过去30年，它已经发展成为一个重要的实证传媒效果研究理论。近年来，有关政治传播的第三人效果研究越来越多，说明受众对传媒政治信息的传播效果的认知，是有学术研究价值的。特别是以往的研究指出对政治信息和媒体效果的认知，会影响到现实中的政治行为。基于政治讯息对自己和他人影响的不同认知，第三人效果会影响选民的投票意向。这些研究结果为选民投票行为提供合理的解释和预测，这可能是第三人效果对政治传播研究最有价值的贡献。

在选民越来越两极化的形势下，主观的认知偏差将会影响选民的政治态度与行为。可以预期的是，未来将会有更多和政治传播相关的第三人效果研究。

延伸阅读

Gardikiotis, A. (2008). Group distinctiveness, political identification, and the third-person effect: Perceptions of a political campaign in the 2004 Greek national election. *Media Psychology*, 11 (3), 331 - 353.

Golan, G. J., & Day, A. G. (2008). The first-person effect and its behavioral consequences: A new trend in the twenty-five year history of third-person effect research. *Mass Communication and Society*, 11 (4), 539-556.

Tal-Or, N., Tsfati, Y., & Gunther, A. C. (2009). The influence of presumed media influence: Origins and implications of the third-person perception. In Nabi, R. L. & M. B. Oliver (Eds.), *The sage handbook of media processes and effects* (pp. 99 - 112). Thousand Oaks, CA: Sage.

扫一扫，
浏览本章参考文献

第九章　民意和多元无知理论

文｜李淼　罗文辉

摘　要

多元无知理论（pluralistic ignorance）是研究大众对于民意认知的重要理论，这个理论认为大众对于其他人态度、意见和立场的认知与判断往往并不准确。造成这种群体误判的原因有个人心理和社会环境两种因素，其中又以大众媒体扮演的角色最为重要。本章对多元无知理论研究进行了梳理与总结，首先简介多元无知理论的演进历程，其次分析造成多元无知现象的原因及其可能带来的社会影响，最后指出未来相关研究可以探索的新方向。

关键词

多元无知、民意分布、媒介说服推论

一、引言

民意（public opinion）一直是大众传播研究关注的重要课题。在有关民意的研究中，除了探讨民意如何形成、受何影响、有何作用、如何呈现外，另一研究领域，是探讨大众眼中的民意，亦即大众对他人态度、观点或立场的认知与判断。对此，学者们关切的问题是，人们是否能准确地认知他人的意见？能否准确地判断舆论分布、舆情起伏或民意气候（the climate of public opinion）？此外，学者们也希望了解，大众对民意的认知是否准确，如果有偏差，原因是什么，以及这种认知可能对人们的行为造成怎样的影响。近年来，在全球化和互联网兴起的语境下，这些课题，吸引了越来越多传播研究者的关注。

了解人们对于民意或公众舆论的认知是媒介传播效果领域的一个重要的研究课

题，因为这种认知可能对人们的行为产生重大影响。正如 Fields 与 Schuman（1976）所指出的，“人们的行为会被他们眼中他人的意见、价值与期待所影响，甚至左右”。Huckfeldt（1983）与 Glynn（1989）也认为，人们对于他人意见的认知与判断，是影响每个人行为的重要力量。Korte（1972）更一针见血地指出，民意气候会对个人产生重要影响，然而这种“气候”并非客观的民意分布（distribution of public opinion），而是每个人自己所认知的公众舆论气候。

如果说人会因自己眼中的民意立场或气候调整自己的行为，那么这种对民意的认知与判断准确与否就显得尤其重要。如果这种认知是准确的话，那也无可厚非；但如果这种认知是有偏差的，而人们的言行又会受这种偏差的认知影响，那就值得特别关注。多元无知理论就是一个解释人们对民意的偏差现象并探讨偏差带来的后果的理论。该理论的要点是，人们对他人态度、意见、观点的认知及对整体民意立场的判断，往往都是不准确的。

在简介多元无知理论的演进历程、分析造成多元无知现象的原因及其可能带来的社会影响之后，本章将对多元无知理论研究进行系统的梳理，并对其研究成果作总结。最后指出未来相关研究可以探索的新方向，以及如何运用该理论在华人社会做实证研究。

二、多元无知理论的含义

多元无知指大众易对其他人的态度和意见产生错误理解和判断，大众可能私下不赞同某种规范或观点，但却常常误认为大多数人赞同这种规范或观点，因而顺从或接受这种规范。由于多元无知可能影响民意及民众的态度与行为，因此，长期受到社会心理学界和公共舆论学界的广泛关注，不同的学者也从不同的角度对多元无知提出不同的定义。Krech 与 Crutchfield（1948）曾对这一现象作出精辟的总结。他们说，多元无知代表“没有人相信，但每个人都相信其他人相信”。Breed 与 Ktsanes（1961）认为多元无知是大众对某一议题民意向背的错误估计。O'Gorman 与 Garry（1976）认为多元无知是指人们对与自己看法一致的人在群体中所占比例的评估。Miller 与 McFarland（1991）则将其定义为“人们相信每个人私下的想法、态度和行为都是与众不同的，尽管他们在公共场合的表现并无二致”。Park、Yun、McSweeney 与 Gunther（2007）则表示，多元无知是指人们对大众普遍认可的社会标准或规范产生误判，并进一步认为他们自己的意见与社会主流意见相左。换言之，人们对社会主流意见的认知并不正确。

学界对于多元无知的定义，不一而足，但核心论点是一致的，即某一议题的实际民意分布和人们认为该议题的民意分布之间可能存在偏差与出入。例如，在越战期间，美国发生许多反对美国参加越战的示威活动。这些示威活动可能使许多支持美国参加越战的民众误认为大多美国民众反对美国参加越战。而当时进行的民意调查实际显示，多数美国民众赞成美国支持南越政府。换言之，当时许多美国民众对"美国是否应该参加越战"所认知的民意和实际民意有相当的落差。

多元无知理论和本书涉及的其他感知效果理论如第三人效果理论、敌意媒体理论，有诸多共通之处。多元无知指人们对他人态度意见的错误评估，指的是自己对民意的评估和实际民意之间的差距。第三人效果则是人们对媒介信息对自己及他人影响的评估，指人们认为媒介信息对自己的影响和对他人的影响力度有所不同（详见本书第七和第八章）。换言之，这两个理论都指出，人们对他人的态度与意见（民意或公众舆论）的判断可能和实际的情况有所出入。多元无知既可以指人们对某项政府政策获得公众支持的高估（Eveland，McLeod & Signorielli，1995），亦可以指人们对某一社会现象获得民众接受程度的低估（O'Gorman，1975），也可以是人们对社会大众就某一社会问题所作归因的（attribution）错误判断（Li，2014）。越来越多的学者正针对不同的议题和现象对多元无知理论提出新的诠释。

这里需要特别指出的是，"多元无知"中的"无知"（ignorance），并非指人们对相关议题或事件"没有知识、不明所以"；恰恰相反，它指的是"有知识、明所以"。由于人们对大多数人对某一议题或事件的态度和意见的认知与实际的情况有所出入，这是一种对民意的错误认知（cognitive error），但却被误认为是正确的认知，因此称为多元无知。

"多元无知"是一种对民意或社会主流意见的错误认知，其独特之处是人们对公众舆论的错误评估。多元无知并非个人对他人意见与态度的错误认知，而是群体对公共舆论立场与倾向的误判（misjudgment）。事实上，O'Gorman（1986）就曾对多元无知理论的奠基人 Allport 严词批评，他认为 Allport"未能在个体误判与多元无知之间划出清晰的界线"。O'Gorman（1986）认为多元无知的核心要素，就是这种对他人意见与态度的误判，这是存在于社会群体之中的，是一群人所共有的错误认知。因此，多元无知是一种社会层面上的错误认知，而非仅存在于个体认知中的误判与错觉（Shamir & Shamir，1997）。这种认知偏差，是系统性的（systematic），而非随机的（random）；是集体性的（collective），而非个别的（idiosyncratic）；是缺乏效度的（invalid），也是无信度的（unreliable）（Fields & Shuman，1976；Shamir & Shamir，1997）。

当然，这绝不意味着个人层面的心理因素与多元无知理论无关。过去的研究显示，存在于个人认知之中的错误与偏见，对于我们从个体层面了解造成多元无知现象的原因非常重要，但是把多元无知看成社会层面的错误认知，从群体层面进行探讨，才能了解造成这一现象的社会原因。

综合以上分析，我们认为 O'Gorman（1986）对于"多元无知"的定义较为全面和周详。O'Gorman（1986）把"多元无知"界定为一种"由两个或多人对于他人意见、感觉或行为所共有的错误认知"。这一定义涵盖了个人心理和社会因素两个层面。个人心理层面主要关注"无知"，即探讨个人信息处理的特征、认知的偏见和内在的动机如何造成这种错误认知。社会因素角度则主要涉及"民众"，即社会因素，尤其是不同的舆论环境和不同的信息渠道，如何使这种错误认知成为一个群体的共同认知。

三、早期的多元无知理论研究

尽管有关多元无知理论的研究直到 20 世纪六七十年代才受到民意学者的重视，但若要正本清源，多元无知理论最远可以追溯至 20 世纪 20 年代，大众传播研究刚刚起步的年代。美国心理学家 Allport（1924）在其著作《社会心理学》（*Social Psychology*）中，曾提出"普遍性的错觉"（the illusion of universality），这个概念被视为多元无知理论的雏形（O'Gorman，1986）。1931 年 Katz 与 Allport 首创"多元无知"一词，用以说明人们对他人想法与感觉的错误印象和不实猜测。而人们对他人意见和想法的认识与判断之所以会引起两位研究者的兴趣，是因为他们认为人类的生活倚赖每个人对其他人的理解与想象，而他们相信人们倾向于让自己的行为符合他人的期待与社会规范（Katz & Allport，1931）。在以后的实证研究中，Katz 与 Allport（1931）也发现，无论从民族主义到商业发展，还是从时尚潮流到社会规范，人们通常会受民意的影响，使人们倾向和他们印象中多数人在某一议题上的立场保持一致。由于这种印象往往未经证实，可能是错误或不实的，因此，检验人们对他人意见或观点的印象准确与否就显得格外重要。

在一项针对大学生的问卷调查中，Katz 与 Allport（1931）检验了人们能否准确判断他人的想法与感觉。他们发现大多数大学兄弟会（fraternity）的成员拒绝吸纳某些类型的学生入会，因为他们认为兄弟会的其他成员对该类型的学生抱有偏见。但实际上，绝大多数兄弟会成员都表示并不反对招募该类型的成员。这是研究者首次在实证研究中为多元无知理论在现实生活中找到证据。

从20世纪60年代开始，多元无知理论被应用于对种族关系，尤其是对美国的种族隔离政策与废止种族隔离的民意研究中。Breed与Ktsanes（1961）曾在新奥尔良进行两次民意调查，他们的调查研究发现，某一教会成员显著地高估了其他教会成员反对黑人加入该教会的程度，一般市民也同样显著地高估了其他市民对于在当地公立学校中废除种族隔离制度的反对程度。O'Gorman（1975）和O'Gorman与Garry（1976）则将多元无知研究的范围从一个城市拓展到全国。他们通过两次全国性的问卷调查，发现受访白人普遍高估了其他白人支持种族隔离政策的比例。在判断其他人对于种族隔离政策的态度时，受访者明显呈现出保守的心态，美国民众对有色人种态度渐趋自由化的民意趋势，并未准确地反映在美国白人对其他白人的种族态度的判断上。

无独有偶，Taylor（1982）亦发现人们在判断他人对于环保议题的态度时趋于保守。在水污染、空气污染和核能应用的问题上，分别有67%、61%和68%的受访者表示支持更严格的监管政策，但当被问及其他人对于上述问题的态度时，受访者认为其他人支持更严格监管政策的比率仅为46%、37%和47%。尽管多数受访者支持更严格的环境保护政策，他们却误认为自己的意见并非多数人支持的主流民意。

人们将实际的多数人意见误判为少数人的意见或误认为少数意见是主流民意，这对研究者而言，无疑是“最极端和令人着迷”的案例（Shamir & Shamir，1997）。但在实际研究中，较温和的误判例子或许更为常见。Korte（1972）提出了“绝对多元无知”（absolute pluralistic ignorance）和“相对多元无知”（relative pluralistic ignorance）的概念。所谓绝对多元无知是指实际上的主流意见被误判为少数意见，或实际上的少数意见被误判为主流民意。而所谓相对多元无知则是指在人们的认知中，他人对某一议题的同意或反对程度被显著的高估或低估，而实际上的多数（或少数）意见与人们认知的多数（或少数）意见方向一致。

以上述对美国白人反对黑人加入同一教会的情况为例来说明。如果实际民意是80%的美国白人并不反对黑人加入同一教会，但美国白人却误认为80%的白人会反对黑人加入同一教会，这种对民意的错误认知，即为“绝对多元无知”。但如果实际民意为60%的美国白人反对黑人加入同一教会，但美国白人却估计大致有80%的白人会反对黑人加入同一教会，这种错误估计民意的情况，被称为“相对多元无知”。

四、近年的多元无知理论研究及发展趋势

自20世纪90年代以来，多元无知理论开始被更广泛地应用于国际关系、公共行政、性别研究等不同领域中，研究的地域也从美国和欧洲拓展至全球。

在一项对以色列成年犹太人进行的大规模调查中，Shamir与Shamir（1997）发现，在巴勒斯坦自治、兴建新的犹太人定居点、政教分离、女性于国会中的平等代表权以及使用核武器等一系列问题上，实际上的多数意见都被误判为少数意见。Eveland等（1995）则发现，尽管美国实际上的主流民意和受访者眼中的主流民意都倾向于支持海湾战争，但后者的支持度远高于前者。当被问及自己对于海湾战争的态度时，大约有一半的受访者表示支持或者强烈支持，但当被问及其他美国人对于海湾战争的态度时，认为其他美国人对海湾战争持支持或强烈支持态度的受访者比率高达81.4%。

Bowen与Bourgeois（2001）应用多元无知理论来探讨大学生对于同性恋和双性恋的态度。他们的研究表明，受访者自己对同性恋和双性恋所持立场的开放程度，远高于他们认为一般学生对于不同性取向人士的开放程度。受访者自己对不同性取向人士的态度普遍是正面的，而且感到无碍；他们却认为一般学生对同性恋和双性恋者的态度普遍为负面的，而且会感到不安。Van Boven（2000）亦发现，对于在升学、就业等领域照顾弱势群体的平权行动（affirmative action），其受支持的程度被显著高估，而反对者的比率却被大大低估。

近年来，另外一个应用多元无知理论的热门研究议题，是探讨人们能否准确地判断公众对某一社会规范的支持或认同程度，其中又以关于大学生或青少年对饮酒和性行为态度的研究最多。例如，Prentice与Miller（1993）在普林斯顿大学进行的研究发现，绝大多数受访者都认为他们自己对于普大学生饮酒的习惯感到舒适程度低于其他学生，而大多数受访者也认为其他人对于在校园中禁止桶装啤酒规定的反对程度，远比他们自己的反对程度高。Suls与Green（2003）则发现受访者认为其他人对于过量饮酒的接受程度远比他们自己高。在有关对性行为及性态度的研究方面，Cohen与Shorlant（1996）的研究发现，男女受访者都认为他们的同龄人所预期的第一次约会到第一次发生性关系之间的时间，要比他们自己所预期的时间短。Chia与Gunther（2006）和Chia与Lee（2008）分别通过在美国和新加坡进行的调查，发现两

地大学生都显著地高估了和他们年龄相同者的性开放程度。Lambert、Kahn与Apple（2003）则调查了大学生对一夜情或在既未恋爱又无婚姻关系的情形下进行性行为的态度。他们发现，对于四种不同程度的性行为，受访者都认为其他大学生对于这些行为的接受程度要比他们自己的接受程度高得多。

由上述这些在不同时间、不同国家、针对不同议题所作的研究，可以看出多元无知是一种广泛存在、并有充分研究证据的社会现象。但过去的这些研究也有明显缺失，这些研究只探讨了“内团体的多元无知”（in-group pluralistic ignorance），亦即“个人对自己所属群体或同一社会中其他人的态度与立场所作的错误判断”（O'Gorman & Gary，1976）。例如，白人对其他白人对废止种族隔离态度的判断，美国人对其他美国人对海湾战争立场的判断，以色列犹太人对其他以色列犹太人在以巴关系的立场等。这样的研究取向并不周全，因为人类社会是由不同性别、种族、宗教、政治倾向及其他社会类别的人构成的，具有高度的异质性（heterogeneous）。人不可能只与自己同属一个群体的人一起生活。因此，探讨人们是否能准确判断不同群体或不同类别的人之态度或立场，即对“外团体多数无知”（out-group pluralistic ignorance）进行研究，就显得尤为重要。

过去针对内团体多元无知现象所做的研究较多，对外团体多元无知进行的研究相对较少。有关人们对理想身材标准的评值，是少数探讨外团体多元无知的研究。过去的研究显示，人们普遍倾向高估异性对“瘦即是身材好”的赞同程度。例如，Rozin与Fallon（1985）进行的调查发现，女性受访者所选择的“男性受访者眼中最吸引人的女性身材类型”，和男性受访者所认为的“女性受访者眼中最吸引人的男性身材类型”，都比对方实际选择的理想异性身材要瘦。Cohn等人（1992）和Rozin与Fallon（1988）进行的调查都分别再次验证了这一现象。Jacobi与Cash（1994）更进一步将该类研究由身材拓展到身体特征。他们发现，对于身高、体重、眼睛颜色、男性肌肉、女性胸围等不同身体特征，无论男性还是女性都对异性所偏爱的身体特征有不同程度的误判。

五、多元无知现象的产生原因及影响

上述分析显示，人们对他人的意见和公众舆论很容易产生错误判断。为什么人们会误判民意？造成这种误判的原因是什么？个人的认知局限、对他人的保守偏见（conservative bias）、自我否认投射（disowning project）、个人自身的立场等，这些因素都可能导致人们对他人意见或态度产生误判。但正如前文所述，“多元无知”的核心在于“多元”，是一群人对民意所共有的错误认知。因此，探讨导致这种群体错误认知的社会因素就显得特别重要。

在当代社会，媒体是人们获取信息的最重要渠道。学者们发现媒体在多元无知现象的形成过程中起了重要作用。Eveland 等人（1995）就曾指出，人们对于公众舆论的认知在很大程度上受大众媒介所塑造的公众舆论立场影响。例如，美国人会高估其他美国人对于海湾战争的支持程度，这在很大程度上是受到媒体对海湾战争及相关民意报道的影响。一系列内容分析研究表明，美国新闻媒体对海湾战争的描绘是相当正面的，有关伤亡的报道被轻描淡写，和平运动及反战示威获得的报道少之又少（Kaid，Harbille，Ballotti & Wawrzyniak，1993；Newhagen，1994；Umberson & Henderson，1992）。媒体的报道把亲战扬战的（pro-war）立场传递给了受众，而反战厌战的（anti-war）声音则未受媒体的重视。Eveland 等人（1995）的研究发现，受访者的媒介使用频率与他们估计美国人支持海湾战争的程度具有显著的正相关。

Gunther 与 Chia（2001）则提出了更全面地对多元无知现象的媒介解释模型，即媒介说服推论（persuasive press inference）与敌意媒介理论（hostile media effect）共同导致了多元无知现象。所谓媒介说服推论，是指“人们基于自己对媒体立场的判断及认为媒体对他人有巨大说服力的假设，来推断公众舆论的倾向”（Gunther，1998）。而所谓敌意媒介理论（详见本书第十章），则是指人们往往认为媒体在某一议题上的立场与自己的立场相反并向另一方倾斜（Vallone，Ross & Lepper，1985）。根据这一模型，人们首先会对他们平时所接触的媒体就某一议题的立场形成印象，而后会以他们平时所接触的媒体为参照形成媒体对某一议题总体立场的印象。其次，人们认为媒体对他人具有很大的影响力或说服力，而在传媒发达的现代社会中，人们又不可避免地接触各种各样媒体信息，因此，他人的态度和意见会与媒体的立场保持一致。而人们又认为媒体通常与自己立场相左，所以，受到媒体影响并因此改变自己的立场，使自己的立场与媒体立场一致的“其他人”，就成为民意中的大多数，而与自己原来的观点相同或相近的人则是少数派。因此，基于自己对媒体立场的判断和他人较容易受到媒体立场影响的假设，人们可能会高估与自己意见不同者（即与自己所认知的媒体立场一致者）的比例，或是高估主流民意对自己眼中媒体立场的支持或赞同程度，从而形成了对该议题公众舆论的多元无知。Gunther 与 Chia（2001）、Chia 与 Lee（2008）以及 Li（2014）分别在美国、新加坡和香港进行的实证研究，都验证了媒介说服推论与敌意媒体效果的共同作用，是导致人们对民意产生多元无知的重要原因。

如果说媒体影响是造成多元无知现象的主要原因，那么人际交流（inter-personal communication）则对减少多元无知有着积极影响。沟通不足会使得人们对他人的意见、态度缺乏了解，而这种不了解则会进一步带来对他人观点、立场甚至整体民意的误判（Major & Atwood，1988；Shin，Lee & Park，2012）。那么如果人们与他人就某一议题有更多的交流，他们应当会对他人在该议题上的立场较为了解，也就比较可能对他人的态度和意见做出更准确的判断。Li（2014）针对居住在香港的内地人进行的调查研究发现，与香港人就两地关系议题交流较少的受访者，对香港人对于内地人态度的判断与香港人的实际态度差距较大，多元无知程度也因而较高。相对而言，与香港人就两地关系议题有更多交流的内地人的判断则较为准确，所呈现出的多元无知也相对较少。由此可见，增强人与人之间的交流可以有效地减少对他人意见的误判，降低多元无知的程度。

如前所述，研究多元无知现象之所以重要，是因为人们对他人意见、态度和立场的判断会影响个人自身的行为。这种影响最突出的体现，就是民意表达上的沉默螺旋效果（the spiral of silence）。德国政治学学者 Elisabeth Noelle-Neumann 于 1974 年提出的沉默螺旋理论，认为人们会对民意气候作出评估。如果他们认为自己属于少数派而与自己立场相反的意见是社会主流，他们就会因为怕被社会孤立而避免发表自己的意见。多元无知理论正好和沉默螺旋效果的部分论点不谋而合，即两者均认为人们容易错误评估民意气候。前面提及的 Taylor（1982）有关人们对更严格环保政策态度的研究，以及 Van Boven（2000）关于人们对照顾弱势群体的平权行动的态度研究都发现，实际的主流民意支持更严格环保政策和反对平权行动，但支持更严格环保政策的人和反对平权行动的人士都将自己的立场误判为少数意见，而这种误判进一步导致他们在意见表达上，不愿意对外阐明自己对相关问题的立场。

除了广为人知的沉默螺旋效果之外，多元无知造成的另一个影响，就是使一些原本不受欢迎的习惯和做法得以延续，甚至成为一种主流行为（Miller & McFarland，1991）。例如，尽管大学生整体上对学生在校园饮酒的习惯感到反感，但在校园中饮酒依然盛行——不是因为学生们喜欢，而是因为他们误认为别人喜欢（Prentice & Miller，1993；Suls & Green，2003）。因此，他们会改变自己的行为，使他们自己的行为与这种被误判的主流行为一致，而这种做法又进一步导致校园饮酒现象更为盛行，使校园饮酒成为一种风气。

同样的，人们对他人性开放程度的高估也可能产生负面影响。Lambert 等人（2003）就在其研究中指出，大多数学生相信其他学生发生一夜情，因为其他学生喜欢这种没有承诺、不需要负责任的性行为，而他们自己发生一夜情，却是受同侪压力的（peer pressure）影响，并非真正喜欢一夜情。他们的研究发现，男性相信女性接受一夜情的意愿，比女性真正愿意接受一夜情的意愿高；而女性相信其他女性接受一夜情的意愿也比自己的意愿高。因此，某些男性可能要求、甚至强迫女性进行这类一夜情的性行为，因为他们相信女性愿意接受这类性行为。而大部分女性进行这类性行为时，往往并非自己真的接受一夜情，而是因为她们认为大多数其他女性会接受这种行为，如果自己不接受的话会成为少数派，甚至可能被视为落伍的异类。但事实上，她们都高估了其他女性对一夜情的接受程度。于是，尽管大部分女性并不是真正接受一夜情，这种性关系却成为美国大学校园的普遍现象，因为大多数学生都错误地相信一夜情已经成为大学校园内的正常行为（Lambert，et al.，2003）。

多元无知除了可能影响大众的行为外，也可能会导致某些政策的正当化（legitimization）。以 Eveland（1995）等人对海湾战争的研究为例，他们发现美国人对于海湾战争的支持，在很大程度上受到他们对其他美国人高度支持海湾战争这一判断的影响。但正如前文所述，他们其实大大高估了其他美国人对海湾战争的支持度。如果原本不支持某项政策的人，因多元无知或对该政策民意支持度误判，而支持这项政策，这项政策的民意基础及正当性都应受到质疑。

六、“多元无知”概念的测量

多元无知的不同定义与分类方法直接影响多元无知的测量方式。早期的多元无知理论研究多是针对“绝对多元无知”的现象进行的，亦即探讨主流意见被误判为少数意见或少数意见被误判为主流意见的情况。因此，在这类研究中，对于多元无知的测量，主要调查持某一立场人士在研究样本中所占的比例（Breed & Ktsanes，1961；O'Gorman & Garry，1976；Taylor，1982）。调查者首先询问受访者对于某一议题的态度，再请其估计主流人群在该议题上的立场。前者即为实际的民意分布，后者则为人们所认知的民意分布，通过统计两种民意的比例，即可得出实际民意和人们所认知的主流民意的差距。若出现实际上的主流民意与人们认知的主流民意立场不同的情况，则受访者对该议题民意向背的判断出现了绝对多元无知。

然而人们对各种事物的立场并非总是非此即彼的，研究者也不是只以“同意”或“反对”的类别尺度（nominal scale）测量公众对于某一议题的立场与态度。当我们使用等距尺度（interval scale）以求更精确地了解民意时，对于多元无知的测量方法也相应地产生变化。在这类研究中，受访者首先会被要求对自己在某一议题上的立场进行评分，然后再对其他人在该议题上的立场进行评分，两者的差值即为该受访者的多元无知程度（Bowen & Bourgeois，2001；Shin et al.，2012）。在一个样本中，如果受访者个人立场的平均值与他人立场的平均值之间存在显著差距，则表示受访者在对该议题公众舆论分布的判断上出现了多元无知。如果实际民意与受访者眼中的民意呈现两个不同方向，这种多元无知是绝对多元无知。如果实际民意与受访者眼中的民意虽有差距，但指向同一方向，只是在程度上有显著差距，这种多元无知就是Korte（1972）所指的相对多元无知。图 9—1 是对两类不同测量方法的图解。

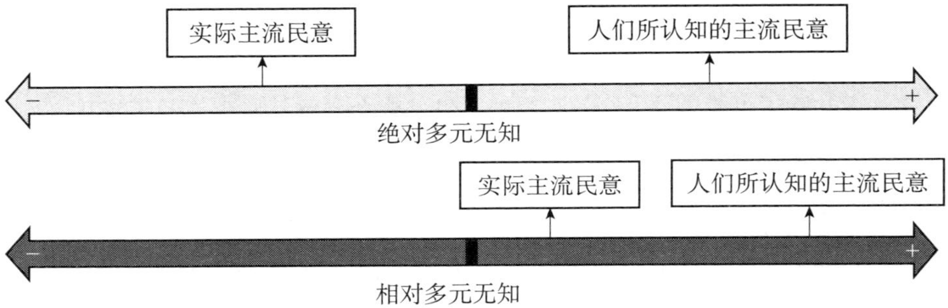

图 9—1　两种多元无知的测量方法

七、多元无知理论在华人社会的研究应用

尽管多元无知理论在美国、欧洲、东南亚及中东地区都获得了大量实证研究的支持，但在大中华地区，应用这一理论对大众传播与公众舆论进行的研究仍然较少。本章作者之一曾于 2013 年在香港对香港本地人和居住在香港的内地人这两个群体进行了问卷调查，同时验证了内团体多元无知和外团体多元无知的现象。

自 1997 年香港回归以来，内地与香港的联系日益密切，但近年来，矛盾与冲突也不断发生，不少内地人士认为香港人对内地同胞态度普遍负面甚至反感。为了厘清真实民意，作者在香港的三所大学进行调查，调查样本包括 469 位香港本地学生和 429 位在香港就读的内地学生。

在这项调查中，香港本地受访者首先要对自己在一系列两地关系问题上的立场进行评分，再对其他香港人在相同问题上的立场进行评分；内地受访者则被要求对香港人在该问题上的主流民意进行评分。

研究的第一个重点是验证在有关内地与香港关系的诸多议题上，对于香港本地民意的认知与判断是否存在多元无知。研究结果表明，无论本地或内地受访者均显著高估了香港人对于内地人的反感程度，这种错误评估既存在于内地受访者对于香港主流民意的认知里，也存在于香港本地受访者对其他香港人立场的判断中。换言之，在对有关内地与香港两地关系问题的香港主流民意的判断上，无论是香港本地受访者还是内地受访者都出现了明显的误判，内团体多元无知和外团体多元无知同时存在。

这项研究的第二个重点，是验证大众媒体在多元无知形成中的作用。研究结果发现，无论是香港本地受访者还是内地受访者，他们认为香港媒体报道两地关系的新闻偏袒香港的程度，与他们高估本地民意对内地人的反感程度存在显著的正相关。换言之，受访者越认为有关香港对媒体内容在两地关系问题的立场上偏袒香港，就越倾向认为香港的主流民意对内地人持负面态度。

与此形成鲜明对照的是，和他人就相关议题进行沟通则能显著降低受访者的多元无知程度。无论是香港本地受访者还是内地受访者，他们和其他香港人就两地关系问题的交流越多，对他人态度与立场的误判就越低，因而较不会高估香港主流民意对内地人的反感程度。换言之，人际交流可以降低多元无知的程度。

在多元无知造成的影响方面，受访者对香港本地民意的误判，会使他们较不愿意对两地关系议题公开发表意见，这种沉默螺旋的现象同时存在于香港本地受访者和内地受访者之中。而对于内地受访者而言，多元无知除了让他们怯于表达自己的立场之外，更降低了他们毕业后继续留港升学、工作或在香港定居的意愿。这项研究显示，多元无知对人们的行为意图有相当大的影响。

八、结论

多元无知对人们的认知和行为的影响是学术界关切的问题。探究这种对他人观点立场和整体民意分布的误差性认知，以及这种认知对个人与社会造成的影响，一直是学者重视的研究课题，也是今后多元无知理论研究的重要发展方向。

未来多元无知研究值得关注的重点之一，是探讨外团体多元无知。正如前文所述，人类社会由不同性别、种族、宗教、政治倾向及其他不同社会类别的人构成，具有高度的异质性。因此，探讨人们是否能准确判断与自己不同属性、不同群体或不同社会类别人士的态度与立场，就显得非常重要。举例来说，对于一个生活在美国的穆斯林而言，能否正确地了解其他穆斯林对于自己民族和宗教信仰的态度与立场固然重要。但在美国，基督教是主流的宗教，穆斯林人数很少，穆斯林能否准确地判断基督教徒或主流美国人对伊斯兰教和穆斯林的态度也许更为重要。因为人们对他人意见或立场的判断将不可避免地影响自身的行为。而对生活在美国的穆斯林而言，最有可能对他们行为产生影响的，恐怕不是其他穆斯林如何看待自己，而是美国的主流民意对伊斯兰教和穆斯林的态度。

在这样的异质群体中做深入的研究，在全球化的时代显得更为重要。从 20 世纪 60 年代到 21 世纪初，国际间不断频繁的人口流动使得全球移民人口总数增加了三倍（Soubbotina，2004），我们正生活在有史以来最为多元的时代。如果人会因应自己所认知的他人态度调整自己的行为，对移民影响最大的，无疑是他们眼中当地社会主流民意对移民的态度。在现今全球化的趋势和国际人口流动的浪潮下，可以预见，将多元无知理论应用在移民研究上将是一个重要的课题。

总括而言，本章简要介绍了多元无知理论的含义，梳理了自 20 世纪 20 年代多元无知这一名词出现以来的相关实证研究，并指出今后的研究方向。作为社会科学研究者，我们必须承认，这种对他人态度、意见的错误评估和对公众舆论趋势、立场的误判，是一种基于个人心理和社会环境因素的现象，它无法被完全消除，但也无须过分担忧。学者们的责任是厘清造成这种错误认知的原因，找出降低误判程度、缩小认知鸿沟的方法。理性面对多元无知现象，了解其客观存在的事实，才能减少这种误判对个人和社会可能带来的负面影响。

延伸阅读

Fields，J. M.，& Schuman，H.（1976）. Public beliefs about beliefs of the public. *Public Opinion Quarterly*，40（4），427 - 448.

Gunther，A. C.，& Chia，S. C. -Y.（2001）. Predicting pluralistic ignorance：The hostile media perception and its consequences. *Journalism & Mass Communication Quarterly*，78（4），688 - 701.

O'Gorman，H. J.（1986）. The discovery of pluralistic ignorance：An ironic lesson. *Journal of the History of the Behavioral Sciences*，22（4），333 -347.

第九章

扫一扫，
浏览本章参考文献

第十章　主观认知的偏差：敌意媒介效果研究

文｜周树华　闫岩

摘　要

敌意媒介效果是指观点对立的双方都主观地认为均衡的媒体报道于己不利。本章详细检验了敌意媒介理论的产生、发展及其向相对敌意媒介理论的衍生。本章同时综合性地检视了敌意媒介理论的影响因素，包括受众对事件或议题的涉入程度和涉入类型、媒体的既有立场、信息来源和媒体到达度（media reach）。本章着意讨论了敌意媒介效果的解释机制，包括选择性记忆、选择性归类、评判新闻的不同标准、铺垫理论和社会身份理论。最后，本章回顾了敌意媒介效果提出以来在细化、纵深化和延伸化等方面的发展，并为该理论在华语传媒语境下的研究提出建议。敌意媒介效果的研究固然不能消除媒体偏见，却可为传播实践者的策略制定提供参考，亦能启发社会大众对自身认知偏见之了解。希望此综述可为敌意媒介理论的研究提供综合性的框架，以利于后续研究有据可依，有的放矢。

关键词

敌意媒介、认知偏见、刻板印象

一、导言

在日常话语中，一谈及“媒体偏见”，人们大多会不由自主地想到媒体自身的报道偏向，似乎大众媒体将自身立场加诸客观事实之上，为广大受众描绘出被媒体的有色眼镜所过滤的“媒体事实”。然而，传播学视野中的媒体偏见不仅包含媒体自身的客观偏向，还包括受众对于媒体的感受和认知。众多社会科学研究结果表明，不论在个体层面还是群体层面，人们都远非客观理智的“理性人”。相反，其对事物的感知都受到个人认知结构乃至情感判断的影响，如同自己携带了一副有色眼镜一般。人们对媒体的判断和感知亦同此理，导致了“个人感知的媒体偏见”——“敌意媒介效果”及其相关研究所集中关注的问题。

敌意媒介效果研究可以视做媒体偏见研究的一个分支。一方面，人们通常认为，即使竭尽全力追求新闻客观公正，新闻报道总是不可避免地带有偏见，因为新闻记者的个人价值观（Goldberg，2001；Kuypers，2002）、新闻机构的新闻生产方式和组织机构原则（Lang & Lang，1984；Epstein，2000）、媒体背后的商业力量（Parenti，1992）、新闻人物的隐性操控（Black，1982）等等，都是客观偏见的成因所在。另一方面，受众对新闻报道也不可避免地存在主观感知上的偏见。如果说客观的偏见来自媒体制作过程，主观的偏见则来自受众本身。后者便是敌意媒介效果的研究范畴。

敌意媒介理论认为，对某个事件和议题持相反意见的对立双方都会认为均衡的媒体报道是对己方带有敌意的。Vallone 等研究者（1985）将同一条关于 1982 年贝鲁特大屠杀的客观、均衡的电视报道播放给受众，结果亲阿拉伯和亲以色列两个党派的成员在看了相同的新闻片段后都认为，该报道对己方带有敌意的偏见；同时双方都认为，原本中立的观众在收看新闻后会转向其反对者的立场。敌意媒介理论由此提出，并在此后至今的 30 年间不断受到检验、深化和扩展。遗憾的是，亚洲学界对这一理论的研究尚属凤毛麟角，华语学者也鲜有涉及。本章谨以西方学界的研究为主，首先回顾敌意媒介理论的基本内容和影响要素，然后探讨该理论的形成机制，随后综述该理论在细化、纵深化和延伸化三个方面的最新研究，并结合华语媒体现象和媒体研究加以讨论。

二、敌意媒介理论的内容和发展

敌意媒介效果在理论发展方面经过了两个主要阶段，一是敌意媒介理论的提出、探索和确立，二是相对敌意媒介理论的衍生和拓展。如前所述，敌意媒介理论是指观点相左的社会大众认为均衡的媒体报道是对己方带有偏见的心理认知现象。该理论所涉及的三个核心要素为受众属性（观点相左的社会大众）、媒体报道（均衡媒体报道）和媒介效果（双方均认为媒体对己方带有偏见）。敌意媒介效果，或曰敌意媒体认知（hostile media perception）并不是一种直接的媒介效果，而是一种基于受众认知的间接媒介效果，其研究对象并非媒体内容，而是人们对媒体内容的感知（Gunther & Storey，2003）。常见的媒介效果理论，如议程设置理论、铺垫效果理论、媒介劝服效果（media persuasive effect）等，都是考察媒体的传播内容和传播方式对受众的认知、情感、行为等方面的直接影响。敌意媒介理论则是考察受众对媒体的认知以及这一认知的一系列效果。

同其他理论一样，敌意媒介理论的早期发展也是以对理论的重复检验为主的，将同样或类似的研究方法应用于不同对象和不同领域，以界定理论的适用性界限。该理论提出以来，Gunther、Christen、Schmitt 和 Choi 等众多学者以调查和实验研究方法为主，从不同角度重复了 Vallone 等人（1985）的结论（Gunther，1998；Gunther & Christen，1999；Gunther & Chia，2001；Christen，Kanouvakun & Gunther，2002；Schmitt，Gunther & Liebhart，2004；Choi & Chang，2007；Choi，Yang & Chang，2009）。早期研究通常都是针对某个有争议性的问题，选取客观均衡的报道，对立场或观点强烈冲突的人群进行观点调查或实验研究。研究的材料多数为报纸新闻对某个事件的报道，在信源引用、事实引用和观点表述方面都保持均衡公平。研究对象则多数为对立双方，如 Matheson 和 Dursun（2001）针对 1994 年萨拉热窝集市爆炸事件的研究选取了塞尔维亚人和穆斯林作为实验对象；Arpan 和 Raney（2003）针对体育报道的研究选取了两个对手球队所在大学的学生；Hoffner 和 Toohey（2007）关于 2004 年美国总统选举的研究选取了共和党和民主党党员等。研究者请研究对象阅读新闻并汇报看法。Hansen 和 Kim（2011）对 34 项敌意媒体研究的综合分析表明，敌意媒介效果确实是一个普遍存在的、中等程度（r＝0.296）的媒介效果，并且在包括政治事件、经济冲突、社会问题、宗教对立、体育竞技等多个领域都得到了印证。

早期敌意媒介理论的两个前提性假设是均衡媒体和偏激受众。自 2000 年起，新的研究则更多地关注带有立场的媒体和普通大众。因为日常生活中的媒体往往持有一定立场，很多电视节目甚至以鲜明、独特的立场作为节目卖点。例如，Fox News 在创立之初即坚定了亲保守党的立场，这已成为美国民众对其共同的刻板印象（stereotype）。因此，均衡媒体的假设似乎范围太窄，不能推广为普遍性的媒介理论。而除了少数事件，如宗教冲突、对外战争、总统大选之外，大多数事件，如某场体育赛事、某个组织冲突、某次罢工运动等，大多数的民众都是事件的旁观者。他们或许持有一定的观点但并不偏激，拥有一定的立场但并不绝对。这类人群才构成了社会大众的主体。随之而来的问题是，对于带有立场的媒体和并不绝对对立的大众而言，敌意媒介效果依然存在吗？

相对敌意媒介理论对这一问题的回答是肯定的。Gunther、Christen、Liebhart 和 Chia（2001）认为，不论媒体内容中立与否，对立双方总会对媒体内容作出截然不同的感知，由此提出相对敌意媒介理论，从而将敌意媒介效果的研究范围扩大到所有立场的大众媒体和争议不甚激烈的问题上来。Gunther 和 Chia（2001）就是否支持使用灵长类动物作为实验品问题进行全国性调查。持不同意见双方阅读同样一条均衡报道后，都认为媒体反对使用灵长类动物作为实验品，但支持者认为媒体的反对意见十分强烈，反对者则认为媒体仅是稍有反对。换言之，双方对同样的报道做出了截然不同的感知：支持方认为媒体持强烈反对立场，对己方敌意强烈；反对者则认为媒体怀有轻微反对立场，对己方的敌意轻微。这意味着敌意媒介的感知从媒体偏向方向的分歧（敌意媒介效果的双方都认为媒体是不利于己方的）转换到媒体偏向程度的分歧（双方都认为媒体偏向一方，但对这种偏向的感知程度有所不同）。类似的结果同样出现在 Choi 和 Chang（2007）一项针对是否废除韩国国家安全法案的调查研究中。该研究调查了意见双方对媒体报道的认知，结果支持方认为媒体敌意非常明显，反对方则认为媒体对己方立场轻微赞同或认为媒体立场基本中立。大量类似研究标志着敌意媒介理论从一个关于效果有无的理论转化为一个关于效果程度的理论。有鉴于此，Hwang 等学者（2008）提出，敌意媒介感知的实质并非媒体内容在客观上的偏见程度，而是人们主观上所感受到的“媒体观点与己方观点的偏差度”（Hwang，Pan & Sun，2008）。从敌意媒介理论到相对敌意媒介理论的发展扩大了该理论的应用范围（Gunther & Chia，2001），并将媒体观点和个人观点这两个单独的要素统一为一个关系要素。

三、敌意媒介理论的影响要素

不论是敌意媒介理论还是相对敌意媒介理论，受众涉入程度和媒体报道偏向或受众先入为主的媒体报道偏见（prior belief）都是重要的影响要素。前者包括受众对事件的涉入程度和涉入类型两个方面，后者则可进一步分为媒体立场、信息来源和媒体到达度等三个因素：

第一，受众对事件和议题的涉入程度是敌意媒介感知的首要影响因素。早期研究多数将受众的派系属性作为涉入程度的首要衡量标准。对某一议题持有强烈立场的人，或曰派系属性强烈者（partisan）往往认为新闻倾向于反对己方观点而支持对方观点（Perloff，1989；Giner-Sorolla & Chaiken，1994；Gunther & Schmitt，

2004)。例如，Giner-Sorolla 和 Chaiken（1994）对于巴以冲突的新闻报道加以研究，发现双方党派成员在观看了相同的电视新闻报道后都认为该报道对己方怀有偏见。这呼应了 Vallone 等人 1985 年的研究结果。派系属性意味着个人对自己群体身份的认同程度，其中包括但不限于党派身份、宗教身份、职业身份、组织身份、粉丝身份等。敌意媒介研究中的派系属性还用于指示在特定事件或议题上持相同观点的一方，如对转基因食品问题（Gunther & Schmitt，2004）、骨髓干细胞研究（Hwang, et. al.，2008）、全球变暖问题（Kim，2011）等社会事件或公众议题持同样观点的人所组成的松散群体。通常个人的派系属性越强，所感知到的媒体敌意越明显。

后期研究则将“涉入程度”进一步细分为价值相关性涉入（value-relevant involvement）和结果相关性涉入（outcome-relevant involvement）（Choi，et. al.，2009)。价值相关性涉入亦名自我涉入（ego-involvement），是与个人的社会价值观和个人价值观密切相关的个人认同类型（Johnson & Eagly，1989），也是个人用以决定和规约自己社会行为与社会反应的评判标准和参考框架（Sheriff & Cantril，1947)。结果相关性涉入则是指与某一具体事件或议题的后果、影响等直接相关的个人联系涉入类型（Johnson & Egaly，1989），多数仅有个人意义而非社会意义，暂时意义而非决定性的长远意义。很多研究支持了涉入类型在敌意媒介效果中的影响。Cho 和 Boster（2005）发现两类涉入都与敌意媒介感知密切相关，但前者的影响力远远大于后者。Choi 等人（2009）则发现，仅有价值相关性涉入影响了人们的敌意媒体感知。价值相关性涉入是敌意媒体认知最显著的影响要素，因为这类涉入关系到个人根本的价值认同和身份认同：价值相关性程度越高，人们的敌意媒体感知越明显，越倾向于使用反对、反抗等行为应对。结果相关性涉入对敌意媒体感知仅有轻微影响，因为这类涉入是由于某个具体问题引发的，通常伴随着解决问题而非激化矛盾的动机，因此往往促使人们更仔细地阅读和处理内容信息，并倾向于使用协商、对话、谈判等方式对问题加以解决（Choi，et. al.，2009)。

第二，受众对媒体报道的先入之见也是影响敌意媒介效果的重要因素。这里的“先入之见”是指人们对媒体内容之外的其他媒体要素的认知，如媒体立场、信息来源和媒体到达度等。因为在现实生活中，人们很少接触纯信息本身，而多以“打包”的形式接受和处理包括信息内容、表达形式、传递渠道、解读语境等全部信息要素的综合体。当研究者将同一条信息以不同的媒体来源、方式和途径传递给实验者时，发现媒体的外在形式对敌意媒介效果具有重要作用。

首先，媒体立场的刻板印象直接影响着人们对媒介敌意程度的评估。例如，Arpan 和 Raney (2003) 让大学生阅读了一条关于其所在大学橄榄球队的新闻报道。不同的实验对象被告知这则新闻来自当地媒体、竞争对手所在城镇的地方媒体，或中立城镇媒体。研究发现，不同新闻来源（所涵化的刻板立场）产生了不同的敌意媒介效果。来自竞争对手所在城镇的报道被认为是极度不利于己方的，其次为中立城镇，当地新闻的敌意则最少。这显示了媒体既有立场所引发的先入之见在敌意媒体感知方面的戏剧化作用。Arpan 等 (2011) 的另一项研究发现，在一系列党派冲突严重的政治问题上，ABC、CBS、NBC、CNN 四家新闻媒体在共和党人眼中的敌意程度远远大于民主党人；唯独 Fox News 相反，令共和党人所感受到的敌意小于民主党人 (Arpan, Bae, Chen & Greene, 2011)。可见，媒体立场的刻板印象充当了人们对媒体内容判断的快捷依据，使其简单地根据媒体的先入立场做出提示式的认知反应 (heuristic perception)。

其次，信息来源对敌意媒介效果的影响体现出截然不同的“内外有别”现象。Reid (2012) 将同一条新闻展示给两组实验对象，一组被告知该新闻来自组织内部，一组则被告知其来自组织外部。正如敌意媒介效果所预示的，人们认为来自组织外部的新闻对己方十分偏颇，而来自组织内部的信息则对己方十分褒扬。这种与敌意媒介效果截然相反的媒体感知效果被称为偏见同化效果 (bias assimilation)，即人们不加选择地接受那些对己方有利的信息，而忽略或淡化那些对自己不利的信息 (Lord, Ross & Lepper, 1979)。此类研究表明，党派属性越强，外部信息所引发的敌意媒介效果越高，内部信息所引发的偏见同化效果越大，体现了媒体信源对个体认知的铺垫效用。

最后，媒体到达度也是敌意媒介效果的影响因素 (Gunther & Schmitt, 2004; Gunther & Liebhart, 2006)。媒体到达度假说 (media reach hypothesis) 认为，人们对媒体效果的感知与该媒体所能到达和影响的受众规模密切相关。媒体的到达度越高，人们认为媒体对己方的敌意越强。Gunther 和 Schmitt (2004) 请两组实验对象阅读同一条新闻，其中一组被告知该新闻来自于报纸，另一组则被告知该新闻是大学生论文。结果报纸新闻所引发的敌意偏见远远大于学生论文。作者认为，媒体语境影响了人们对媒体敌意的感知。在公共语境下，报纸所可能到达和覆盖的人群使得其影响力远远大于学生论文。因此，一方观点的持有者会由于担心报纸对中立人群和社会公众的负面影响而高估其敌意；相反，私人语境下的学生论文则仅限于小范围传播，其负面效果既不足为虑，阅读者就将精力集中于内容而非先入为主的偏见（Gunther & Liebhart，2006）。Schmitt 等人（2004）在重复类似的实验研究时甚至发现，报纸引发了显著的敌意媒介效果，大学生论文则导致了偏见同化：观点的对立双方都倾向于在学生论文中寻找有利于自己的信息，并且都认为学生论文是偏向自己的（Schmitt，et. al.，2004）。

四、敌意媒介效果的形成机制和理论阐释

敌意媒介效果的核心在于人们基于个人立场而对媒体产生的主观偏见，而非新闻内容本身是否确有偏见。这意味着敌意媒介效果的形成机制在于受众本身。自敌意媒介理论诞生以来，学者们设法对敌意媒介效果的产生机制达成一个合理的、系统化的解释。目前，信息处理理论（theory of information processing）、铺垫效果理论和社会身份理论（social identification theory）是得到广泛认可的三种解释理论。其中，信息处理理论主要为敌意媒介效果中的受众维度提供支持；铺垫效果理论则较好地解释了媒体刻板印象在敌意媒介效果中的作用；社会身份理论则为整个敌意媒体现象提供了一个相对宏观的解释框架。

信息处理理论的解释对象是受众对信息内容的处理。早期的敌意媒介效果研究多数让实验对象阅读同一条信息并测试其感知偏见，并不涉及媒介的外在形式。通过这类调查和实验，学者们将信息处理理论中的若干机制引入到敌意媒介效果的解释中。首先，有学者认为，敌意媒介效果可以从选择性记忆（selective recall）的角度加以解释。当面临相同信息时，党派成员倾向于选择性记忆那些报道己方负面消息的新闻，而选择性忽视那些反映对手负面消息的新闻（Arinyato，Hornsey & Gal-louis，2007）。换言之，党派成员倾向于记住对他们具有敌意性的内容。这一假说在理论上符合信息记忆理论的框架。例如心理生理学理论研究者认为，对威胁生存的负面信息的关注和记忆是人类生存的本能。研究表明，负面的、厌恶的、紧张的信息所唤起的注意程度、皮肤紧张度和肌肉反应程度都远远高于正面的、愉悦的、放松的信息（Lang，1990；Lang，Newhagen & Reeves ，1996）。负面记忆偏见理论（theory of negative memory bias）进一步表明，怀有负面情绪的人对负面信息的回忆和记忆能力远远高于怀有正面情绪的人对负面信息的回忆和记忆能力（Beck，Rush，Shaw & Emery ，1979；Ramel，Goldin，Eyler，Brown，Gotlib & McQuaid，2007），这同样表明了信息属性与个人属性对记忆的影响。然而，迄今为止，在敌意媒介效

果的相关研究中，还没有证据表明该效果是由选择性记忆机制引起的（Giner-Sorolla & Chaiken，1994；Schmitt，et. al.，2004）。这可能涉及测试方法、实验材料、测试语境和测试敏感度。如，多数研究的实验材料只是短短的一段文字或电视节目，所涵盖的有限信息量并不足以引起回忆准确度方面的差别（Schmitt，et. al.，2004），如果加大信息输入量，实验对象便可能由于记忆负载量过重而选择性地记住那些负面性信息。再如，目前为止的实验都允许实验对象自由回忆，他们因此可能只列举那些确有把握的信息，而对那些模棱两可的信息加以忽略。这在客观上同样会得出较高的回忆精确度，但那些模棱两可的信息却可能正是党派属性所引发的记忆盲点所在。后续实验应当在实验材料、实验方法、实验对象等多个方面加以控制，方能准确汇报选择性回忆机制在敌意媒介效果中的作用。

与选择性记忆密切相关的是选择性归类（selective categorization），即人们能够准确记忆信息的内容，却根据自己的立场给予不同的阐释和归类。依据 Turner 等人（1987）的社会身份理论，人们常将自我归类于不同的群体，并对他人或者外部信息迅速做出内外有别的归类，进而以自我为基准加以对比（Turner，1999；Turner，Hogg，Oaks，Reicher & Wetherell，1987）。这种社会心理因素可以用来解释模式化的选择性归类所导致的敌意媒介效果。在一项关于是否支持推广转基因食物的研究中，Schmitt 等（2004）学者向支持者和反对者展示了同一段文字，请他们回忆出印象最深的五项内容，并对这些内容的性质（对自己有利与不利）加以归类。结果表明，对立双方成员在回忆信息的数量和准确性方面并无差别，但党派色彩较浓的成员却将相当大比例的信息归结为对另一方有利。这一结果在 Gunther 和 Liebhart（2006），Reid（2012）等学者的研究中得到了重复确认。

另一种信息处理机制涉及判断的不同标准（different standards of judgment）。该机制认为，对立双方或许对报道的重要性及报道基调并无异议，但对报道重点及报道内容的合适性却存在分歧（Schmitt，et. al.，2004）。一般来说，人们对自己团体的价值观及行为持有天然的偏好。当党派色彩较浓的受众面对平衡、客观的报道时，他们或者认为反对派的观点是无效的、不值得考虑的，或者认为媒体没有全面、准确地报道他们的真知灼见，因而同样感到被偏见对待（Arinyato，et. al.，2007）。与这种解释一致，Giner-Sorolla 和 Chaiken（1994）的研究表明受众对两个中东国家（以色列和巴勒斯坦）的认同感或归属感会直接影响其媒体偏见感知。国家认同感或归属感越高，就越有可能认为媒体存有偏见。Schmitt 等人于 2004 年所做的研究也证明了这一点。他们发现，不论消息内容是以新闻文章还是学生论文的形式出现，人们对报道准确性的感知受到他们党派归属程度的强烈影响。党派色彩越浓的人，越有可能质疑报道的准确性。

第二种解释理论——铺垫效果理论——主要用于解释媒体的刻板印象在敌意媒介效果中的作用。该理论认为，人们对信息的处理并不总是深入的和全面的。相反，大多数时候，人们根据最常用的信息（information frequency）和/或最近处理的信息（information recency）作为新信息的处理依据。这是因为信息通常以节点的形式被存储于记忆中，并与其他的节点相连。当一个节点被激发时，与它相连的节点和节点信息便会优先进入脑海。当新的信息输入时，最常用的信息以其显著性（salience）、最近处理的信息以其接近性（accessibility）构成最活跃的节点，它们往往会被首先触发，使得它们及其相关信息成为人们解读新信息时的优先参考框架（Anderson，1983）。

具体到敌意媒介效果而言，媒体的刻板印象由于其显著性成为人们在阅读信息时先于信息内容而激发的节点，从而优先成为后续信息解读的认知依据，由此铺垫了人们对后续媒体信息的判断（Weisbach，2005）。例如，Fox News 是美国公众认知中典型的保守主义电视媒体。当受众收看一条来自 Fox News 的新闻时，新闻来源先于新闻内容进入受众的信息处理系统。此时，受众此前积累的媒体刻板印象被激发，将信息与“保守派立场”、“反民主党”等其他信息节点相连，并唤起人们与此相连的知识背景，使人们对媒体立场的敌意感知主导人们对信息本身的敌意感知。人们根据这些预先形成的模块对信息进行简单化的处理，而非针对信息的内容进行全面综合的判断（Giner-Sorolla & Chaiken，1994；Schmitt，et. al.，2004）。

Ariyanto 等人（2007）进行的一项针对菲律宾国的基督教徒的研究发现，即使人们此前从来没有阅读过某一基督教报纸（Republika）或穆斯林报纸（Sara Pembaruan），身份认同强烈的基督教徒依旧认为穆斯林报纸对己方怀有更大的敌意。这充分说明媒体立场影响了人们的先入之见。进一步的分析发现，媒体内容确实影响了人们的敌意媒体感知；但是，当加进先入之见这个变量时，二者之间的联系便不再具有统计学显著性。这说明先入之见解释了人们对媒体敌意感知的大部分变量，内容本身则变得不那么重要了。正如 Giner-Sorolla 和 Chaiken（1994）所说，相信媒体青睐另一方的党派成员会始终假设报道内容存在偏见。

目前尚未有研究着眼于信息临近性（information recency）对敌意媒介效果的影

响。如果铺垫效果理论是一个具有预见力的理论框架的话，后续研究应当着眼于探索短期和长期媒体铺垫效果对敌意媒体认知的影响。

最后，社会身份理论从宏观层面上解释了敌意媒介效果产生的深层机制。Reid（2012）认为，尽管信息处理理论和铺垫理论解释了人们对信息和信息形式之偏见的形成过程，但却未对偏见产生的源头加以解释。为什么党派成员对信息的选择性记忆、归类和评估总是指向不利于己方的方向而非相反？为什么媒体刻板印象的影响程度随着媒体立场、信源和到达度的不同而各异？Reid（2012）由此援引自我分类理论（self-categorization theory）指出，人们基于社会身份的自我归类是媒体偏见感知之源头。

自我分类理论是社会身份理论在自我概念的构成和功能方面的延伸（Tajfel & Tuner，1979）。该理论的前提假设认为，“自我”是一个半独立的概念，必须依赖于其他要素而存在。自我身份中极其重要的组成部分就是社会身份，如性别、年龄、党派属性等等。按照 Matheson 和 Durson（2001）的说法，心理上的自我优越性是人的基本需求。人们自然倾向于积极保护自我和自我所处的群体的特殊性与优越性。公平或客观的报道被认为是有偏见的，乃是因为该报道没有迎合群体成员的上述需求，即将其群体视为积极的和有别于其他群体的（Ariyanto，et. al.，2007；Vallone，et. al.，1985）。这是普遍敌意媒介效果的根源：人们对自我群体所怀抱的主观期待本身就是与事实不符的，因此，任何均衡报道都被认为是不利于已的（Reid，2012）。

人们的认知结构与其所在群体的认知结构和评判标准密切相关。Turner 等学者认为，人通过与其所在群体的认知结构保持一致来达成社会身份的实现和社会认知的完成（Tuner，et. al.，1987）。这种“我者”和“他者”的界别是人们认知分类系统最基本、最本质的分类方式。在此种分类中，人们依靠相似的群体属性来确认“我者”，依靠相异的群体属性来界别“他者”。人们依靠所在群体的认知方式对事物赋予意义。反过来，人们对社会和事物认知的过程也是一个最大限度地尝试将信息与已经建立的（基于群体标准的）认知结构同化的过程。当最低限度的相似性都无法建立时，人们便倾向于将该信息置于相反的结构（Reid，2012），即最大限度敌意化。

在这一框架下，人们的党派属性越强，对组织身份的认知程度也越高，使用该组织的认知模型来对事件加以阐释的范围就越宽。Sherif 等人（1965）认为，人们对人物、事件或任何其他信息的态度都包含了三个连续的范围，由内而外分别构成一个接受半径（latitude of acceptance）、一个无关半径（latitude of nonecommitment）和一个拒斥半径（latitude of rejection）。信息在态度半径中的所处位置决定了其可能被处理和认知的方式。人们对某件事物或事件的涉入程度越高，拒斥半径便越大，由此，一些在中立人看来无足轻重的信息便很容易进入立场偏激者的拒斥半径（Sherif，Sherif & Nebergall，1965）。具体到敌意媒介效果而言，就是党派属性越明显，信息被拒斥的可能性越高，被负面解读和负面认知的敌意程度就越强。这就为党派属性与敌意媒体感知之间的关系提供了解释，也为信息处理方式和媒体先入之见与媒介敌意效果之间的联系提供了基础性的理论框架。

然而，自我身份是归属于各种各样不同层次不同维度的群体的，如性别、年龄、种族、宗教、职业、地域等等。不同的群体属性在“自我”概念中的比重并不相同。有的群体属性是较根本性的属性，比如种族、宗教、民族身份；有的则是暂时性的、可更改的属性，比如地域、职业、粉丝、对某一问题的支持/反对。与前者相关的问题往往与价值相关性涉入相关，是高度敏感的、不可妥协的、不可退让的。如前所述，这类涉入通常伴随着较高的敌意媒介效果，并往往通过捍卫己方、反抗对方等行为方式加以表达；与后者相关的问题则对应着结果相关性涉入，是暂时的、可妥协的，乃至可更变的。因此，人们可以通过协商等途径来妥协并解决问题，并不担心这种让步会动摇其自我认知。

五、敌意媒介研究的新进展

在敌意媒介理论诞生至今的30年间，研究者们围绕这一理论进行了诸多探索，大致可以概括为理论的细化、纵深化和延伸化三个方面。细化是指在早期理论假设的基础上，对已有的构成因素和变量加以细化分解和深入探讨，进一步明确变量之间的关系；纵深化是指向敌意媒介效果的上游和下游探索，寻找该效果的解释机制及其后续的认知、情感和行为效果；延伸化则是指检验该效果在不同语境下的适用性，拓展其应用范围和应用领域。

（一）敌意媒介研究的细化

敌意媒介理论的细化已经在前文分别涉及。首先是敌意媒介理论向相对敌意媒介理论的发展，由此将该效果的两个前提假设——均衡媒体和偏激大众，扩展到更广阔和复杂的层面：涉入程度不同的受众（高涉入度和低涉入度）对立场各异的媒体报道（支持、中立、反对）的认知。多数研究成果显示，不论受众的涉入程度高低，媒体立场支持与否，相对敌意媒介效果都是普遍存在的，所区别的仅为效果大小而已。其次是对敌意媒介效果两大影响因素——受众涉入程度和媒体刻板印象的拓展。前者包括对受众涉入类型（价值相关性涉入和结果相关性涉入）和涉入程度的细化；后者则将媒体立场从单纯的支持—反对立场拓展到对信息来源（内部来源与外部来源）、媒体到达度（报纸与大学生论文）等方面的研究，并由此与其他假说或理论，如媒体到达假说、偏见同化理论等联系起来。

（二）敌意媒介研究的纵深化

敌意媒介理论的纵深化包括对其上游的追溯和下游的探寻两个方面。前者主要是指对其形成机制和深层理论的探索。信息处理理论、铺垫效果理论和社会身份理论是目前得到广泛认可的解释机制。下游则主要包含三个方面：一是该与效果相连的其他认知效果；二是其可能导致的情绪反应；三是该效果可能引发的行为后果。首先来谈谈敌意媒介效果的相关认知效果。如前所述，敌意媒介理论是一个受众认知理论而非媒介效果理论。该理论关注的不是媒体如何影响受众，而是受众认为媒体如何影响自身。这包含了以受众为中心探索媒介效果的研究转型。与此密切相连的两个类似的理论分别为第三人效果理论和沉默的螺旋理论。前者的理论假设为，人们倾向于认为大众媒体对他者或他者群体成员的负面影响大于对自己或自己所在群体成员的负面影响。该理论关注的是受众所认为的媒介效果对他人的影响。后一理论认为，人们基于自己对公共舆论的感知而发表意见；少数派会倾向于保留自己的意见，从而避免由于单独持有某些态度和信念而产生的孤立；但观点的强烈支持者可能采取相反的路径进行更为激烈的观点表达。该理论关注的是受众所认为的公共舆论导向对自己言语和行动的影响。这两个理论均与敌意媒介理论的下游延伸密切相关。

敌意媒介理论的第一类下游效果是受众所认为的媒体敌意对他者感知之影响，这其中的三重变量是：受众所感知到的、媒体敌意以及对他者的影响。Gunther、Christen、Schmitt 等许多学者的研究都表明，人们普遍认为敌意媒介效果将对他者产生重大的负面影响（Gunther，1998；Gunther & Christen，1999；Gunther & Chia，2001；Christen，Kanouvakun & Gunther，2002；Schmitt，Gunther & Liebhart，2004；Choi & Chang，2007；Choi，Yang & Chang，2009）。这一结论与第三人效果理论颇有类似之处。不同的是，第三人效果理论的影响力源头直接来自媒体，是人们所认为的媒介效果直接加诸他者的影响；敌意媒体理论所探讨的影响力源头则来自受众感知，是受众自我感知的媒体敌意效果加诸他者的影响媒体。

当这一“他者”扩展到社会公众时，研究问题就转化为受众所感知到的媒体敌意对社会大众的影响。公共舆论并非个体观点的累加；同理，受众所感知到的公众舆论也并非其所感受到的个人观点的叠加。后者便是敌意媒体效果之公共舆论影响研究的目的（Gunther & Chia，2001；Christen，et. al.，2002）。这是目前该领域最为盛行的课题之一，因为它既具有现实价值，又涉及多种互相冲突的理论假设，主要包括媒体劝服推定（persuasive press inference）和自我投射理论（self-projection theory）两个截然相反的假说。前者认为，人们通常认定大众媒体对社会舆论具有强大的影响力，倾向于认为公共舆论与媒体导向相一致（Gunther，1998；Gunther & Christen，1999）；后者则认为人们基于自我中心偏见（egocentric bias）之驱动，倾向于将个人观点投射为他者观点之标杆，认为自己所持的观点是最正常的、普遍的、标准的，是公共舆论应有的主流观点（Fields & Schumann，1976；Ross，Green & House，1977）。当这两个理论集中于敌意媒介效果的语境中时，矛盾凸显出来了。一方面，人们认为媒体是对己方怀有敌意的。按照媒体劝服推定，这种敌意将会影响公众，使公共舆论不利于己（Vallone，et. al.，1985；Perloff，1989）。另一方面，按照自我投射理论，公共舆论应当与自己的观点相一致，不受媒体导向的左右（Gunther & Chia，2001）。

大量调查和实验针对这一问题加以研究，发现两个理论都得到了支持，但两相抵消之后，究竟是哪个效果略占上风还要依语境而异。Christen 等人在关于 1997 年 Teamsters Union（卡车司机联盟）针对 UPS（联合包裹服务公司）罢工的研究中，将同样的一篇均衡报道呈现给 Teamsters Union 和 UPS 各自的代表，以及与此毫不相关的大学生志愿者。结果表明，立场相反的双方成员都认为媒体是不利于自己的，却又同时认为公共舆论是与己方观点一致的。立场相对中立的大学生则呈现出偏见同化效果，认为媒体支持了自己的观点，但同时认为公共舆论与媒体立场相一致（Christen，et. al.，2002）。这一研究表明，在公共舆论感知问题上，人们，尤其是党派成员的自我投射效果相对于媒体劝服推定效果而言所具有的压倒性优势。作者援引 Marks 和 Miller（1987）关于投射效果的研究指出，人们需要投射出一个强大的舆论支持以增强对自己所持观点的信心。这一动机驱使双方都过分估计了己方观点与公共舆论之一致性，以抵消其所感知的媒体敌意对公共舆论可能造成的相反影响。Huge 和 Glynn（2010）针对 2006 年俄亥俄州州长选举的调查也支持了自我投射效果相对于媒体敌意效果在公共舆论感知问题上的优势地位。

然而，另外的研究显示了相反的效果。Gunther 和 Chia（2001）在关于是否应当使用灵长类动物作为实验品的全国性调查中发现，虽然媒体劝服推定和个人观点投射都影响着人们对于公众舆论的感知，但前者的优势抵消了后者的作用，呈现出对舆论的引导效果。作者认为，这种建立在媒体敌意效果感知基础上的公共舆论推定，在一定程度上推动了少数观点持有者在舆论环境中的沉默螺旋。Gunther 和 Christen（2002）的后续研究也支持了类似的结论。这一结果也在一定程度上解释了媒体到达度对敌意媒介效果的影响：当内容载体是新闻报纸时，其潜在的覆盖范围将更有可能左右公共舆论。这种基于后果的考量放大了人们对其敌意效果的感知。当内容载体是大学生论文时，其影响力一般是无足轻重的，因而人们才能对其内容而非形式、渠道、影响力等附加要素加以评判。

敌意媒体理论的第二类下游效果研究是情绪反应研究。人们对外部信息的反应不仅包括对信息内容和含义的认知解读，同时也伴随着对信息的情感反应。认知和情感都是态度的先行要素，但由于情感的不稳定性，其持续时间、程度、强度等都相对难以准确测量。因而，情感在相当长一段时间内并非传统社会科学研究所青睐的对象。敌意媒介效果的情绪后果目前为止也仅由少数学者推动，但其影响确是显而易见的。Hwang、Pan 和 Sun（2008）发现，人们对媒体偏见的感知程度越高，对媒体的不满情绪（media indignation）越强烈，就越会得出公众舆论不利于己的感知，进而越有可能使用诸如公开发表己方言论、积极寻找第三方支持、参与公共论坛等行为加以纠正和对抗。Arpan 和 Nabi（2011）发现，对于高度偏见的媒体报道而言，人们所感知到的媒体偏见越高，所引发的愤怒情绪（anger）越强。媒体偏见一般情况下会促使人们采取回避措施，通过选择其他有利于自己的媒体来进行信息搜寻和身份确认。然而，一旦媒体偏见与愤怒情绪相连，反而会驱使人们采取相反的策略，继续寻找那些不利于己的信息。此外，对于中性的媒体报道而言，即使与一定程度的愤怒相伴，人们依旧会采用常规性的回避措施。这类研究初步揭示了敌意媒体的情绪后果，以及其在媒体敌意感知和后续行为反应之间的复杂的中介作用。随着对情感这一要素重要性的日渐认知和测量手段的日益进步，敌意媒介效果中情感要素的影响与后果研究当是一个亟待推进的领域。

人们基于敌意媒体感知而对公共舆论做出的判断直接导致了一系列行为后果，这就是敌意媒介理论的第三类下游效果研究。多数研究结果表明，当对立双方势均力敌时，人们往往会通过积极的反抗来抵消媒体敌意对公众的负面影响。Choi 等人

（2007、2009、2011）针对废除韩国国家安全法案的研究表明，双方都认为媒体是不利于己的，也认为这种不利报道将影响公共舆论，因此认为应当以加强游说力度、攻击对手言论、改换宣传策略等方式积极抗衡。这一系列研究同时发现，人们对媒体敌意的感知越高，对媒体，尤其是主流媒体的信任度越低，越倾向于寻找其他的替代性媒体进行宣传。然而，当对立双方力量相差悬殊时，强势方往往只感受到微弱的媒体敌意，或者认为媒体对己方没有敌意（Ariyanto，et. al.，2007）；弱势方则会将既有的媒体偏见在感知中重重放大，并通过消极反抗的方式来巩固自我群体的身份认同，抵消媒体对组织成员的负面影响。Ariyanto等人（2007）针对菲律宾基督教徒的研究发现，处于弱势地位的基督教徒对双方宗教冲突问题的新闻报道显示出强烈的媒体敌意感知，而占优势地位的穆斯林教徒则没有感知到明显的媒体敌意。

Tsfati（2007）针对以色列国的阿拉伯人的研究也得出类似结论：当所在群体的弱势地位是既成事实时，个人和组织成员所感知到的媒体敌意越高，越认为主流人群（以色列人）对他们的印象越负面，由此直接导致少数群体的疏离感（minority group alienation）。作者所着重指出的是，就这一研究而言，既非人们认为的媒体敌意，亦非人们所感知到的他者敌意，而是人们所认为的媒体敌意对他者的影响决定了个人或己方群体的感知和行动。这实质上也是敌意媒介效果在纵深方向探索的核心思想。

（三）敌意媒介研究的延伸化

敌意媒介效果的横向延伸也在过去的30年间得到学者们的大力推动。目前，政治研究是敌意媒介效果最盛行的领域，尤其是总统大选（Atkinson，2007；Oh，Park & Wanta，2011）和政治事件，如战争（Choi，et. al.，2006）、中东局势和冲突事件（Matheson & Dursun，2001；Tsfati，2007）等等。这类事件往往具备典型的敌意媒体理论的必要因素：观点对立的双方、极具冲突的事件和在总体层面上立场均衡的媒体（Atkinson，2007；Hoffner & Toohey，2007；Hwang，et. al.，2008）。以普通社会事件为内容的研究则是发展最快的研究领域，比如是否应当使用灵长类动物作为实验品（Gunther & Chia，2001）、是否应当使用转基因食品（Gunther & Schmitt 2004）、是否应当将堕胎合法化（Kim & Pasadeos，2007）、是否应当支持骨髓干细胞研究（Hwang，et. al.，2008）、全球变暖问题究竟是自然成因还是人为成因（Kim，2011）等等。这类事件多为相对敌意媒介理论的研究对象，因为它们往往涉及观点对立的双方和大量可待争取的中立人。弱势群体研究则是一个新近的研究领域，多数针对种族（美国黑人研究）和宗教（以色列国的阿拉伯居民、菲律宾的基督教徒、波斯尼亚的塞尔维亚人和穆斯林）等既成的现实问题。它涉及力量悬殊的双方、长期累积的刻板印象和多数情况下非均衡性的媒体，也因而涉及更多的变量和变量间关系。

(四) 敌意媒介研究在多种媒体中的扩展

敌意媒介效果还在向跨媒体方面扩展。早期的敌意媒体研究主要采取书面文字的形式，冠以新闻报纸的名义对受众的敌意媒体感知加以调查。新近的研究则扩展到电视（Arpan, et. al., 2011; Hoffner, 2007）和互联网媒体（Atkinson, 2007; Choi, Watt & Lynch, 2006），并都在较大程度上支持了该效果在多种媒体样式中的应用。Coe 等人（2008）进一步研究了不同题材的电视节目，发现人们普遍认为晚间娱乐性脱口秀节目比一般的严肃新闻更具敌意。尽管严肃新闻在先前的敌意媒体研究中一直被认为满怀偏见，但跨题材电视节目的对比显示，人们对硬新闻客观公正的期待一定程度上纠正了对媒体偏见的感知；但对娱乐类节目的先入之见则放大对媒体的敌意：人们往往认为娱乐类新闻节目是不受硬新闻之客观、公平、均衡等规则制约的，而且多数以鲜明的立场和刻薄的讽刺作为节目的噱头，所以敌意更甚。幽默并没有化解对抗，反而因为讽刺而令观者对媒体敌意的感知增强。这一结果在 Arpan 等人（2011）的类似研究中同样得到了支持。

新媒体技术的发展不仅拓展了媒体类型，更激发了大量研究者重新检视传统理论在新媒体中的应用和发展。敌意媒介效果研究同样面临该效果在新媒体的适用性和跨媒体间的比较性问题。更重要的是，新媒体重新定义了“媒体”的传受双方。传统敌意媒体研究假设了作为专业机构的媒体立场、渠道、源头和到达度等对公众认知的影响，但新媒体却使得上述要素更为复杂。由此，该研究面对的新的研究问题包括：不同类型的媒体对敌意媒介效果的影响有何不同？互联网上驳杂的立场、信源、到达度等对敌意媒体感知的影响如何？与传统媒体相比，其敌意效果的感知方式有无变化？新媒体是否一定程度上冲击了媒体到达假说对敌意媒介效果的感知？用户对传统媒体敌意的感知将驱动何种程度和何种类型的新媒体使用，如搜寻信息、创建博客、发布言论等？这一系列新问题将是敌意媒体研究在横向延伸方向亟待开掘的问题。

(五) 敌意媒介研究在东方

尽管敌意媒体理论源起并壮大于西方学界，东方学者主导的或者以东方文化为背景的研究近年来也得到了长足发展。相比于个人主义盛行的西方文化而言，集体主义为主导的东方文化一向被认为更加强调组织身份和组织认同。基于这类假设，敌意媒介效果被认为在东方文化中也应当具有显著性。一些学者，如 Ariyanto 等人（2007）对于菲律宾基督教徒的研究、Choi 等（2007、2009）学者针对是否废除韩国国家安全法的研究等，都为该理论的跨文化发展做出了贡献。此外，敌意媒介效果在其他国家的落地研究也在缓慢进展中，如 Tsfati（2007）针对以色列国的阿拉伯居民的研究、Matheson 和 Dursun（2001）对波斯尼亚境内的塞尔维亚人和穆斯林的研究等等，都为该理论在不同文化内部乃至文化之间的应用性做出了重要的贡献。

目前为止，华语传播学界对敌意媒介效果的关注不多，尚有很多潜在领域供该理论之研究与应用。例如，2008 年中国内地反 CNN 现象以及中国内地民众普遍认为西方媒体妖魔化中国的印象等，一方面不乏西方媒体的客观性偏见，另一方面也不能排除敌意媒介效果所构成的主观感知偏见。西方学界大量的媒体偏见研究显示，西方媒体多以报道负面新闻为主，关注美国政府、机构、公众人物的负面消息。其对总统和政府尚无客气可言，对他国事务也秉承此立场而批评颇多。因而，国人看来西方媒体对某一事件的集体妖魔化难免在一定程度上是敌意媒体感知的结果。有志于此的研究者可利用类似事件为契机，充分考虑本章在该理论之细化、纵深化和延伸化等方面的综述，有针对性地加以考量研究。同理，海峡两岸和香港、澳门对彼此媒体的感知，例如 2012 年发生的大陆游客在香港地铁进食事件等，都可以从涉入程度、身份认同、媒体既有立场等角度加以考察，以期学界研究能为现实事件的解读和社会大众的感知提供学理框架和学术阐释。

六、结论

本章详细回顾了敌意媒介效果的产生和发展。从敌意媒介效果到相对敌意媒介效果研究和演进的 30 年间，其理论假设从均衡媒体和偏激大众拓展到非均衡报道和一般公众。人们对争议性事件的涉入度（涉入程度和涉入类型）以及人们对媒体的先入之见（媒体立场、信源、到达度）是敌意媒介效果最重要的影响因素。前者主要是由于人们特定的信息处理机制（选择性记忆、选择性分类、判断的不同标准）使然；后者则是由于媒体刻板印象所导致的铺垫效果，其深层原因要归结于社会身份理论。它为人们的自我认知、群体认同以及建立在群体认同基调之上的信息认知提供了依据。当人们对媒体敌意推己及人，往往认为他者将成为媒体敌意的影响对象，以至整个公共舆论都会朝着不利己的方向发展。为此，势均力敌者将奋起反抗，力量悬殊者将向内聚合。敌意媒介效果之普遍在于它既是多领域的，也是跨媒体和跨文化的。目前，敌意媒介效果研究在西方传播学界已渐成体系，华语学界至今尚鲜有学者予以系统探索。本章综述敌意媒体理论 30 年研究之现状，仅为敌意媒体理论的研究提供综合性的框架，以利于后续研究有据可依，有的放矢。

本章原文为周树华、闫岩（2012）所著《敌意媒体理论：媒体偏见的主观感知研究》，刊登在《传播与社会学刊》，第 22 期，187～212 页。《传播与社会学刊》慷慨准允本书采用，特别致谢。

延伸阅读

Gunther, A. C., & Liebhart, J. L. (2006). Broad reach and biased source: Decomposing the hostile media effect. *Journal of Communication*, 56 (3), 449-466.

Gunther, A. C., & Schmitt, K. M. (2004). Mapping boundaries of the hostile media effect. *Journal of Communication*, 54 (1), 55-70.

Reid, S. (2012). A self-categorization explanation for the hostile media effect. *Journal of Communication*, 62 (3), 381-399.

扫一扫，
浏览本章参考文献

第十一章　媒体的偏见？媒体的客观和主观偏差研究

文｜周树华　闫岩

摘　要

媒体偏见是指新闻媒体在报道某个或某类事件、社会问题或冲突时，倾向于对某一方、某一政策或某一观点提供持续性的支持意见或反对意见的现象。本章对西方学界20世纪70年代以来关于媒体偏见的研究加以综合性的回顾和梳理。文章首先回顾了关于媒体偏见客观性和主观性本质的争论，以及围绕这一争论的主要理论阐释，进而从信源引用、事实阐释、成因归结和解决方案四个方面讨论媒体偏见的表现形式。随后，本章以电视新闻为例，系统地检视了源自新闻制作者、新闻人物和新闻消费者三个方面的媒体偏见成因和表现。最后，文章对媒体偏见的衡量标准、纠正途径、评价和未来研究方向等问题加以评述。本章旨在通过对以往研究的系统性综述，厘清媒体偏见这一概念的发生和沿革，尝试为今后的研究提供总体框架。

关键词

媒体偏见、自由主义、保守主义、客观性

一、导言

在美国新闻业的漫长历史中，尼克松（Richard Nixon）的“水门事件”（watergate）和小布什（George W. Bush）的“服役门事件”（draft-gate）可称为迄今为止具有标志性意义的两大事件。前者标志着新闻业的骄傲，后者则是不可回避的耻辱。1974年，《华盛顿邮报》的年轻记者卡尔·伯恩斯坦（Carl Bernstein）和鲍伯·伍德沃德（Bob Woodward）对水门事件真相的发掘，以及随之而来的新闻界对事实的不舍追问最终导致尼克松总统的黯然辞职。30年后，2004年9月8日，CBS记者丹·拉瑟（Dan Rather）在其主持的王牌节目《60分钟》中披露了四份关于小布什总统在空军服役期间由于违反命令未及时体检而被要求停飞的备忘录。这些文件最终被证明为纯属伪造，导致丹·拉瑟的惨淡收场。

仅仅30年，新闻业就经历了从权威报道者的风光无量，到偏见提供者的四面楚歌。1998年，皮尤研究中心（Pew Research Center）请美国民众用一个词来形容媒体，结果，高居榜首的词为“偏见”（bias）（Ariyanto，Hornsey，Morton & Gallois，2008）。根据盖洛普公司（The Gallup Organization）于2013年所进行的一项关于职业诚信程度和道德水平的调查显示，新闻记者在所调查的22个行业中名列第15位，仅仅高于如汽车销售商、保险推销员和广告销售代表等素以油嘴滑舌、言不符实而著称的职业（Gallup，2013）。约有58%的美国民众认为，新闻报道具有政治偏见性（Pew Research Center for the People and the Press，2013）。在盖洛普公司最新的一项调查中，60%的受访者表示，他们很难相信新闻机构能“全面、准确和公正地”报道政治。公众对新闻的不信任达到了新高（Morales，2012）。

业界丑闻和民意调查似乎都佐证了这样一个事实：媒体偏见在美国新闻业中是普遍存在的。因此，新闻和传播学界致力于对这一问题加以严谨的研究。以美国为代表的西方学界对媒体偏见的系统研究始于20世纪70年代末，如今已经形成了较为细化的分类和较为完整的体系。其中，质化研究学者多数关注媒体偏见的文化、体制和意识形态成因，对公共领域和民主参与的影响，及其合理性与不合理性之辨析；以量化方法为主导的学者们则致力于媒体偏见之表现形式、营造手段和影响因素的探索，以内容分析、问卷调查、实验设计等方法对媒体偏见加以测量。经过40余年的研究，“媒体偏见”这个宏观课题已经细化为很多具体的媒体现象。Entman（2007）因此认为，媒体偏见更多的是对媒体框架、媒体铺垫、议程设置等媒体现象的一个组织性的统称。本章以西方学界的研究为主，对目前媒体偏见的主要研究成果加以分类和梳理。希望这种建立在回顾基础上的综述能够帮助研究者厘清媒体偏见这一概念的发生和沿革，以为今后的细化研究提供总体框架。

二、媒体偏见的本质：客观存在还是主观感知

从字面意义上来说，“偏”是相对于“全”而言的。成语“以偏概全”可称为对“偏见”的一种广泛概括。Gans（2003）在他的著作《民主与新闻》中指出，“所有没有讲述完整故事的报道都是不准确的”（33页），可谓该成语的美式版本。遵循这样

泛化的定义，任何新闻都是具有偏见的。第一，因为新闻报道只能是事件的概况而非全貌，那些琐碎的细枝末节并不能引起读者的兴趣；第二，新闻报道只能呈现事件的现在而非过去和未来，因为记者既非当事人，也不具有洞悉一切的上帝之眼；第三，新闻报道只能是相对客观而非绝对真实，因为经过文字叙述或镜头呈现的报道总是不可避免地被构建于特定视角之下。这种泛化的定义无疑过于笼统。学界对媒体偏见的标准有着更为严格的定义，特指“新闻媒体在报道某个或某类事件、社会问题或冲突时，倾向于对某一方、某一政策或某一观点提供持续性的支持意见或反对意见的现象”（Covert & Wasburn，2009）。媒体偏见应当同时具备以下四大特征：媒体偏见应当是一种有意为之的、具有广泛影响力、威胁现有秩序，且持续性而非偶然性的媒体行为（Williams，1975）。这是迄今为止最为广泛采用的、最严格的媒体偏见的定义。然而，在科学研究和人们对新闻媒体的批评中，媒体偏见的含义却相当模糊，一般都超越了严格的范畴。

（一）媒体偏见的客观体现

对媒体偏见最集中的争论在于主客观之争。有的学者认为，媒体偏见是一种客观性的存在。这是由媒体本身的局限性所决定的。任何新闻报道在本质上都有选择性，因为节目时间和报纸版面都是有限的。这就决定了媒体对事件的展示不可能巨细无遗，而只能提纲挈领。这种归纳性展示的前提决定了选择的标准——它遵循着一系列固定的新闻生产规范。例如，能够成为新闻的事件必须具备突发性、冲突性、新奇性、重要性等特征，那些日日重复的平常事件不可能呈现在观众面前；被选择的新闻必须以一种明白易懂的语言来阐释，才能使不同背景、不同教育程度、不同理解能力的大众都能理解；新闻必须将事件简单化，提炼冲突而省略冗长的过程，由此才能在短暂的时间或篇幅内吸引观众或读者，而不至于使其昏昏欲睡。

有的学者从新闻生产者的角度出发，认为新闻记者即使竭尽全力追求新闻的客观真实，也不可能避开自己的价值观和主观判断（Gans，1979）。新闻生产不可避免地伴随着来自传播者的把关行为。这是一个将无数的信息筛选和制作成为有限的、人们能够接触到的日常新闻的过程（Lewin，1943；White，1950）。Shoemaker 和 Reese（1996）在此基础上进一步提出了把关的“层级影响模式”（hierarchy of influences model），认为把关是由一系列等级化的力量和机制所决定的，这些机制从高到低分别为意识形态的、组织机构的（如新闻机构的规模、建制、目标受众、市场结构）、特殊团体的（如政治机构、民间组织、游说团体等）、新闻日常生产规范的（如预算、截稿时间、文体、编辑室内部机制等）和个人的（新闻记者）等几个方面。其中，新闻日常规范和组织机构形态等影响产生的偏见为结构性偏见（structural bias）；受意识形态因素影响而产生的偏见为党派性偏见（partisan bias）。前者是新闻生产准则与新闻事件的特定语境相互影响的产物，如新闻对当选者予以较多的关注是由于获胜者更有新闻价值；后者却是意识形态影响下的个人标准的产物，如记者或报社对某一方候选人予以较多的关注是源于既有的意识形态和政治偏好（Graber，2006；Gulati，Just & Crigler，2004；Stromback & Shehata，2007）。前者是恒久性的，以累积的方式体现在针对冲突双方或不同议题的报道中；后者却是有选择性的，体现为持续性的厚此薄彼，对一方予以偏爱而对另一方施以偏见（Hofstetter，1976）。

结构性偏见可视为新闻生产规程中非主观性的产物。相比之下，党派性偏见则是由于新闻记者或新闻机构的主观政治立场而有意产生的偏见。这类报道不一定伴随着对事实的扭曲（Schudson，2001），却常常包含对信息的选择性呈现，即多报道自己关注的政党的活动，多报道自己支持的候选人的行为，或用较多的篇幅强调对自己所支持或自己所在群体有利的方面等等（Patterson & Donsbach，1996）。由于美国为两党制政体，美国的媒体研究较少直接使用“党派性偏见”这一术语，而更倾向于“自由主义偏见”（liberal bias）或“保守主义偏见”（conservative bias）的说法。相形之下，“党派性偏见”这一术语在欧洲学界的媒体研究中更为常见。这与欧洲的政治体制有着直接的关系。在议会内阁制盛行的欧洲国家，由于政党众多，往往出现多个小党派组成一个大党角逐议会席位、进而组建内阁的情况。在这样变量较大的政治气候下，党派性偏见的研究也较为盛行。由于多数欧洲报纸都具有悠久的党派报纸传统，在相当长一段时间内为其所在党派的政治利益服务。受这种历史因素的影响，诸多欧洲研究成果表明，即便是在报纸经营完全市场化的今天，报社立场依然受到其政治传统的影响，呈现出较为明显的党派性偏见。这一结论在以挪威（Allern，2007）、荷兰（Takens，Ruigrok，Van Hoof & Scholten，2008）、瑞典和英国（Stromback & Shehata，2007）等欧洲国家政党大选的新闻报道为对象的研究中都得到了确认。

（二）媒体偏见的主观感知

上述以 Shoemaker 等为代表的学者们认为，广义的媒体偏见是客观存在的，并且是不可避免的。然而，狭义的偏见，即真正的、刻意支持或反对某种观点、团体或议程的媒体倾向则较少存在。20 世纪 90 年代以来的众多研究大都支持了这一观点（Epstein，1973；Gans，1979，1985；Domke，Fan，Fibison，Shah，Smith & Watts，1997；Niven，2001，2003；Eisinger，Veenstra & Koehn，2007）。D'Alenssio 和 Allen（2000）对 59 篇关于美国总统大选的研究文章加以统合分析（meta-analysis）。他们制定了偏见的三种标准：把关偏见（gate keeping bias），考察在新闻事件的选择上，作为把关人的编辑或记者是否对大选的某一方持续性地提供更多数量的报道，而对另一方政党候选人的出镜率或见报率予以明显打压；报道偏见（coverage bias），考察报纸杂志等书面媒体发表文章和图片的数量，或广播电视媒体的报道时长等是否持续性地偏向某一方；评述偏见（statement bias），考察新闻报道的内容和立场是否持续性地赞扬某一方而贬低另一方。结果，这三项指标在报纸、杂志和电视媒体上均未呈现出显著差别。作者不否认一些媒体存在持续性偏向，但当单一媒体的偏见被相互抵消之后，整个媒体行业没有发现单方面的、压倒性的媒体偏见。另外一个有趣的研究来自于 Niven（2003）。在美国，有些国会议员会在任期中转换党籍，从共和党转为民主党，或从民主党转为共和党，或从党籍人士转为独立人士。Niven（2003）就媒体对转党人士的新闻报道的数量和报道立场加以分析，发现媒体转党报道与转党人士原有和现有党籍均无显著联系。这表明，媒体并不存在一个预设立场，既没有因为议员从共和党转向民主党而更加宽容，也没有因为议员从民主党转向共和党而更加刻薄。尽管地方性媒体呈现出一定程度的保守主义偏向，但整个新闻业依旧体现出客观公正的态势。此外，Hofstetter（1976）关于 1972 年的总统大选和 Domke 等学者（1997）对 1996 年总统大选的新闻报道所作的内容分析也都没有发现明显的媒体偏见。

与此同时，大量研究却表明，媒体偏向更多的是一种受众的主观感知。有的传播从业者和研究者认为，媒体和政治精英对媒体偏见的大肆渲染是公众对媒体偏见感知的主要原因。Smith（2010）请两组实验对象阅读了两条关于总统候选人攻击新闻媒体的报道。一条新闻的内容是，奥巴马团队对《洛杉矶时报》的一组负面报道并不意外，因为该报纸长期持有偏保守主义的立场；另一条新闻采用同样的内容，只是将“奥巴马”和“偏保守主义”替换为“麦凯恩”（John McCain）和“偏自由主义”的字样，成为一篇麦凯恩团队攻击《洛杉矶时报》持有媒体偏见的报道。这段既无事实也缺乏背景介绍的纯粹政治攻击引发了截然不同的效果。实验对象的判断明显受到政治精英的影响。在两个实验组中，分别有 35%的人选择了与其所阅读的政治精英一致的立场，而持相反立场的人分别为6%和11%。作者认为，由于高层的政治活动实际上在普通民众的日常视野之外，人们并不具备判断政治事件是否属实的条件和能力。当新闻的当事人——政治精英出面攻击和指责媒体持有对其不利的偏见时，是这些指责而非新闻本身充当了人们判断的依据，从而引发了人们对媒体偏见的感知。这一结果确认了美国社会长期存在的共识，即政治精英对普通民众的政治判断具有重要的影响，人们在精英意见之下鲜少做出独立判断。

媒体偏见的主观感知研究中，最具代表性理论即为敌意媒介效果理论（Zhou & Yan，2012）。该理论认为，对某个事件持相反意见的对立双方都会认为均衡的媒体报道是对己方带有敌意的。这种差异化的感知是一种主观心理现象。根据社会身份理论（social identity theory），人们部分程度上依靠社会身份来构建自我身份，依靠与其所在群体的认知结构保持一致来构建符合自我身份的认知体系。人们自然倾向于积极保护自我和自我所处群体的特殊性与优越性，认为“我者”群体是积极的、有别于“他者”群体的（Matheson & Durson，2001）。公平或客观的报道被认为是有偏见的，因为报道没有迎合群体成员的上述需求（Ariyanto，et. al.，2007；Vallone，et. al.，1985）。这是普遍敌意媒介效果的根源：人们对自我群体所怀抱的主观期待本身就是与事实不符的，因此，任何均衡报道都会被认为是对己方怀有偏见的（Reid，2007）。

在这一社会心理框架下，人们倾向于通过选择性记忆记住那些对己方不利的信息，而忽略反映对手负面消息的新闻（Arinyato，Hornsey & Gallouis，2007）；倾向于通过选择性归类，将大比例的信息归结为对对方有利而对己方不利（Schmitt，et. al.，2004；Gunther & Liebhart，2006；Reid，2007）；同时通过信息处理的不同判断标准（different standard of judgment），将己方和对方观点做出不同权重的比较，从而认为公平的报道没有客观地反映出己方的真知灼见，而对对方无足轻重的言辞过分关注。此外，敌意媒介效果还体现在人们对信息本身的判断受到既有刻板印象的显著影响。媒体立场、信息来源以及媒体到达程度等都影响着人们的媒体偏见感知。因为这些外部信息先于新闻而被人们接触到，从而铺垫了人们对新闻本身的判断（Zhou & Yan，2012）。

媒体偏见的主观属性在一定程度上是令人沮丧的。这意味着人们的媒体偏见感知并不受记者个人努力的影响。例如，Chia 及其同仁（2007，2010）以新加坡媒体为对象的研究表明，人们对媒体偏见的感知与记者的个人努力关系不大。即使记者竭尽全力做出均衡报道，人们还是依据媒体的属性对新闻偏见做出轻率的判断：如果报道来自于由政府控制的媒体，人们会认定它一定偏向政府立场；如果报道来自外国媒体，则其内容一定不包含对本政府的偏向。Eagly及其同仁（1978，1981）援引归因理论对此加以解释，认为人们对记者报道动机的归因影响了人们对新闻报道的偏见感知。面对外来信息，人们都会通过种种线索对传播者的意图加以推断。这些线索包括传播者/传播机构的属性、立场、所受的外在压力或限制等。基于这些线索，报道中的偏见或被归因为知识偏见（knowledge bias），即记者没有知识和能力对事实真相加以全面报道；或被归因于报道偏见（reporting bias），即记者主观意愿上不愿意对事实真相加以全面报道（Eagly，Wood & Chaiken，1978）。两种偏见在结果上是相似的，但前者被认为是基于个体的偏见，人们的偏见感知会随着更有能力、更加权威的记者的出现而改变；后者则是一种基于体制的偏见，不会因为记者个体的努力而得到改观。这或许响应了数十年前学者Stevenson和Greene（1980）的论断：新闻偏见与其说是新闻报道准确公平与否的问题，不如说是读者和观众认为新闻报道应当如何的问题。

三、媒体偏见的表现形式

尽管学者们在总体层面上并未发现媒体偏见的存在，但在某一篇报道或某一个媒体上，客观性的媒体偏见还是存在的（Mantler & Whiteman，1995）。我们就媒体偏见的几种体现形式，包括信源（source）、新闻叙事方式、成因归纳和解决方案加以综论。

（一）对信源的引用

媒体对特定信源的依赖可能造成媒体偏见。美国新闻业所受到的最持续性的指责莫过于整个行业对官方信源，包括政府官员、政治团体领袖和保守派基金会的严重依赖（Nimmo，1964；Morgan 1986；Gans，1979；Lieberman，2000）。除非这类官方信源与主流意见呈现明显分歧，或者官方行为引发公众对其合理性的质疑，新闻记者一般都在报道中对官方言论予以高人一等的优待（Bennett，1990），将其作为事实的首要定义者和判断的主要参考标准（Hall et. al.，1978）。Dickson（1994）认为，美国新闻业在一定程度上是由文化和政治意识形态驱动的。这几乎是美国新闻业的一个先天性的弊端。因为西方文化中，所谓的客观化标准具有一个预设性的前提，即，认为政府提供的信息和材料是准确的，而忽视了政府提供的信息本质上所具有的宣传属性。大多数政府档案、证据、国会报告等材料都被媒体当做“真相”来报道或解密，而忽略了它们本身是一系列彼此妥协、权力争夺以及有意或无意扭曲的结果（Altheide & Johnson，1980）。

这一现象在关于外交政策的报道中尤为明显。Zelizer，Park 和 Gudelunas（2002）检查了三大报纸对 2000 年 9 月至 2001 年 6 月期间巴以冲突的报道，发现《纽约时报》、《华盛顿邮报》和《芝加哥论坛报》三大美国主流报纸都在不同程度上采取了官方视角来报道冲突事件；Dickson（1994）针对《纽约时报》关于美国入侵巴拿马事件报道的研究表明，尽管媒体在信源、信源倾向、官方—非官方报道主题等方面并无差别，貌似提供了一个供各方意见公开讨论的媒体平台，但实际上仍将官方信源作为几乎全部讨论的参照标准。官方主题出现在文章开头段的比例是非官方主题的两倍。在大部分的报道中，美国政治领袖和拉美政府的官方信源都充当了权威者的角色。他们定义了讨论的参考标准，并提供了信息真伪的确定性依据，起到类似一锤定音的效果。Dickson（1994）将媒体对官方信息理所当然的使用偏见命名为“意识形态偏见”（ideology bias），认为新闻记者天然地笃信政府和官方版本的信息，通过对官方信源的有意识或无意识的依赖来维持和延续美国政府在对外政策中的主导性地位。这种几乎微不可见的偏见充斥在几乎所有的美国主流媒体之中，并在代代记者中传承和深化（Dickson，1994）。

这种代代相传的行业标准本身就是一种意识形态偏见。一方面，新闻生产的价值原则（production value）要求最低的新闻生产成本和最高的新闻生产效率，这使得记者必须趋向于最方便的、最易接近的、最具持续性和稳定性的信源，即官方信源（Tan & Weaver，2010）。唯此，才能最大限度地保证新闻业具有一种持续性的、恒定化的、能够经受时间洗礼的规范（normative approach）（Entman，1989；Donsbach，2004）。另一方面，新闻业本身就是主流意识形态的产物，其生产活动本质上是通过符号工具来维护主流意识形态。因此，新闻业天然地具有一种维护、支持和美化主流意识形态的倾向，在媒体日常行为上倾向于对权力和权威给予优先尊重（Entman，1989 ）。以美国媒体为例，作为一个商业经济单位，它们具备一些共同的倾向，包括亲资本主义倾向、反共产主义倾向、支持精简政府的倾向、支持民族主义的倾向等（Page & Shapiro，1992）。这些倾向与美国社会的主流秩序相契合，因此，秉承此类倾向的新闻报道往往被视为无偏见性。当官方立场与大众立场一致时，对官方信源依赖所造成的隐形偏见很难显示；然而，在官方意见与公众意见相左的情况下，媒体对官方信源的充分依赖无疑压制了民间意见的表达。

（二）对事实的阐释

媒体对事实本身的叙事方式是媒体偏见最直观的表现形式。媒体报道新闻的时候必须对事实来龙去脉进行陈述：双方究竟孰是孰非、事件的本质如何、冲突的程度怎样。媒体对这些问题的报道立场往往反映了其背后所代表的不同团体的利益（Edelman，1988）。客观公正的新闻报道应当符合以下几个标准：持中（detachment）、不党（nonpartisanship）、重要性优先的倒金字塔模式（the inverted pyramid style）、就事论事（naive empiricism）和均衡（balance）（Mindich，1998；Figdor，2010）。相反，带有纯粹客观偏见的新闻报道则在不同程度上违反了上述原则。

在叙事形式方面，最常见的偏向形式包括三类：歪曲性偏向（distortion bias），即新闻报道中对事实的故意扭曲或虚构的现象；内容性偏向（content bias），即新闻报道中对事件中的一方给予远高于对方的关注和报道；决定性偏向（decision-making bias），即新闻记者和编辑出于个人价值观和机构规范对某些事件给予远高于其他事件的选择和关注（Entman，2007）。质化研究学者列举了常见的新闻偏见制造手段，如引用偏向（citation bias），即媒体对保守派（或自由派）智囊团和政治群体的持续性、系统性的引用偏好（Groseclose & Milyo，2005；Tan & Weaver，2010）；选择性忽略和选择性突出（Gentzkow & Shapiro，2006），即有意地对事件有利于己的部分浓墨重彩，而对不利于己的部分轻描淡写；关注大事中的小节，如当事人的人格缺点或行为过失，而对事件核心避而不谈；对无关痛痒的表面问题泛泛而谈，而不对贫穷、疾病、种族、环境等严重的社会问题展开严肃对话；对事实碎片化、肢解化、扭曲化；单一信源依赖，使官方信源成为社会大众的普遍化标准（Rouner，Slater & Buddenbaum，1999；Bennet，2006）。

在电视新闻中，记者的非言语行为（nonverbal behavior）以一种隐性的方式传达着媒体偏见，进而影响人们对采访对象的感知。学者 Babad（2005）将两组新闻片段展示给受访者。这两组新闻片段在内容上完全一致，但记者的语气和神情却分别呈现出明显的恶意和善意。结果，人们对受访者的印象与记者的非言语性暗示呈现出高度一致的状态。当记者的神情和语气表现出明显的恶意时，人们对受访者的负面评价明显增多；反之亦然。这一实验随后在美国、英国、阿根廷和以色列都得到重复检验。对这些不同国家实验的综合分析发现了相关系数达 0.43 的中等程度相关性（Babad & Peer，2010），这表明记者的非言语行为的确是一种有效的新闻偏见手段。

除了这些明显的偏见制造手段之外，更多的新闻偏见是在貌似正常的情况下产生的。一些记者们习以为常、代代相传的新闻报道方式，如权威化、生动化、戏剧化、刻板化等，都不同程度地制造着偏见。例如，新闻记者常常感觉自豪的一点是：在观众面前他们看起来似乎是全知的。他们在镜头前对于所报道的事情如专家般侃侃而谈；电视报道的权威性风格也使媒体似乎全程目睹了真相，并娓娓道来。确实，电视新闻播报的几乎所有方面，包括稿件写作、人员配置、舞台设计和光线投射等都试图将主持人塑造成一种权威的、无所不知的形象。哥伦比亚广播公司老牌新闻主播沃尔特·克朗凯特（Walter Cronkite）在这方面是个典型的例子。他简直像上帝：他随心所欲地调动记者、事件和图像；他用一种绝对肯定的语调来报道和评点新闻；他是事件的启动者也是事件的终结者（Adler，1981）。这种无所不知的报道态度使人们很容易对新闻深信不疑，而不去思考这种确定化的新闻呈现本身有可能忽略的真相。

另外，报纸、杂志和电视新闻都倾向于采取生动化的叙事。当报道税率、人均收入、国民生产总值等抽象问题时，记者们通常会将这些新闻生动化，通过某个具体的人物故事实现对事件的生动诠释。如典型的“华尔街体”，就往往从某一具体的事例（或人物、场景、细节）写起，经过过渡段落进入新闻主体部分，对宏大事件或抽象道理加以陈述，叙写完毕以后又回到开头的事例。电视新闻则几乎无一例外地通过对市民、专家、当事人的采访来实现对事件的生动性诠释。这种新闻呈现方式固然提供了对庞大、抽象、复杂事件的生动形象进行描述的切入口，却也在无形中为偏见提供了方便之门。一个生动性的事例往往是更鲜明而容易记忆的，当它在文章的开篇或电视节目的开头出现时，往往奠定了整个新闻的基调，并引领人们认知这一事件。如，关于失业问题的报道，如果首先采访了一个中低收入的黑人中年男性，这一生动性事例与人们的刻板认知相结合，就可能会产生一系列暗示。如，会使读者认为失业问题主要存在于黑人当中，主要存在于中低收入人群；同时，人们对中年男性待业人群的认知可能会使得受众认为，该受访对象之所以失业并不完全由于整个经济气候，还可能是由于本人的不求上进。如果受访对象是老年白人妇女，人们便可能基于这一个人化的故事而对整个社会问题产生完全不同的认知（Kinder & Iyengar，1989）。记者们对采访对象的选择可能是有意的，或者仅仅出于方便性、故事性或典型性。但这种生动性的叙事手段之中却无疑隐含了无形的媒体偏见。

与生动化叙事密切相关的另一类新闻表现手段是戏剧化（Bennett，2006），即强调中心人物或核心事件，而忽略那些起到连续性的、承接性的、过渡性的平凡事实；

强调可以看到的现实，而非对事件的未来走向或影响作出负责任的评估；追逐政治人物的绯闻乃至花边新闻，而非关注其政治贡献和对政治机构的影响。这类新闻报道可能展示的每一个细节都是真实存在的，却通过拼接、跳跃和组合产生了“高于真实”的戏剧化叙述。这其中的经典事件当属美国二战英雄麦克阿瑟（Douglas MacArthur）将军1951年荣归故里的报道（Lang & Lang，1984）。从麦克阿瑟抵达美国大陆那一刻起，电视镜头伴随他在公共场合的每一个角落。电视关于各地接待麦克阿瑟的报道制造了一种大众狂欢和政治狂热的印象。与此同时，现场群众所看到的漫不经心和冷场在电视荧屏上却荡然无存。在关于麦克阿瑟的报道中，戏剧化的新闻呈现给观众一个与现实截然不同的故事。从技术上说，电视媒体的技术特征有助于在平淡中制造出戏剧性的效果。因为电视的角度和任何现场参与者所观察的角度都不一样。通过移动的镜头，电视可以按自己的方式重新设计事件，比如它可以将那些自认为重要的方面加以聚焦，而将那些不重要的方面淡化为背景。从新闻价值上说，英雄荣归故里的神话当然比现场寥落而冷清的气氛更加符合人们的期待，也更加具有吸引力。镜头并没有扭曲事实，只是对事实进行了戏剧化的编辑，使得观众即便“眼见”也并不“为实”。

刻板化是另外一种隐藏在新闻日常生产模式之中的媒体偏见形式。出于信息传递的有效性、简明性和易懂性，媒体都倾向于使用那些能够迅速简洁地传达意思的符号、比喻或模式。一些行之有效的模式，如选择年轻人来为学生说话，挑选受过良好教育的商人来代表纳税人说话，挑选黑人、本土印第安人或者具有外来口音的人来为社会福利受益者说话等等，都是快捷有效的模板（Gilens，1996）。它们能够在同样时间内传达更多的信息，并且被具有同样刻板认知的受众毫无障碍地接受和理解。记者们喜欢使用模板，因为它们有助于将复杂的情况和事件翻译到人们通俗易懂的程度（Black，1982）。但危险是双面的：在试图迎合这些刻板模式的过程中，与这些模板不符合的人或事就可能被剔除，因为不代表共性的特例往往需要耗费太多时间和版面去解释，但传播效果却并不成比例；由于不能超越这种刻板模式，事情的本质可能丧失，导致并不真实的新闻报道。所有媒体的新记者都会通过对报社或电视台新闻传统的学习来掌握约定俗成的观察、分类、划分世界的方法；新闻模板的一再应用导致强大的、泛化的刻板印象无意识地在公众心中生根发芽，人们反过来会期待那些刻板化的陈述，来减轻自己信息处理的负担。这样，新闻就不再是对事实的报道，而是对事实的模板化套用。对这套模板谙熟于心的受众却往往对这一模式下的媒体偏见浑然不觉。

（三）对成因和解决方案的归结

对事件成因的阐释是媒体偏见的第三种表现形式。尤其是在只有两个对立方参与的事件或冲突中，对某一方具有倾向性的媒体会将另一方归结为冲突的挑起者乃至唯一参与者，Ariyanto等学者将其称为命名偏见（naming bias）。他们对印度尼西亚安汶岛穆斯林和基督教徒冲突事件的新闻报道加以研究，发现双方报纸都试图将对方塑造为暴力活动的挑起者，并加以明确的批评和指责。作者认为，命名偏见的原因可能来自记者或新闻组织有意识的歪曲，但也可能出于一种无意识的归因。根据归因理论，人们在对事件的原因加以解释时，具有一种天然的组织聚合倾向，就是将事件的负面部分归结为他者或者其他组织，而将事件的正面部分归结为自我或己方组织。受组织规范影响和规约的新闻记者在报道冲突事件时会自觉地将冲突的成因归结给对方，以维护本组织的正面形象和基于组织身份的自我身份认同，由此造成对事实原由的不同版本的报道（Ariyanto，et al.，2008）。

很多情况下，新闻媒体往往从自身的利益出发，对事件的成因加以选择性的报道和强调。以美国主流媒体对贫困问题的报道为例，一派媒体集中关注贫困人群的恶劣处境，如贫病交加、无家可归、饱受暴力犯罪之苦等。这派媒体将贫穷的成因归结为社会结构、商业化社会、市场和国家。另一派则着重报道贫困阶层给非贫困阶层带来的问题和威胁，如犯罪、毒品、枪支滥用等，并将贫穷的主要成因归结为政府力量入侵劳动力市场、社会福利体制以及贫困人群自身的不求上进（Entman，1995；Covert & Wasburn，2009）。

成因和解决方案往往是成对出现的。事件的肇事者往往被认为应当是事件的负责人。如果贫穷被认为是由于个体的不思进取，便应该由心理学家、社会工作者和教育家们负责；如果经济不景气带来的高失业率被认为是贫穷的原因，那么经济学家们应当为此提供解决方案；而如果军事威胁、犯罪、精神疾病及其他社会问题是贫穷的诱因，那各个诱因的相关机构和专家则应当承担责任。如此，媒体通过对事件成因和解决方案的不同阐释，对同样的社会问题构建了完全不同的框架（Covert & Wasburn，2009）。

四、媒体偏见的影响因素

前文将偏见的产生原因从媒体特性、新闻采集方式、事件成因归结等方面加以阐述。在这一节中，我们从媒体新闻生产、创作和消费的环节入手，将媒体偏见的来源大致分为三类，分别为新闻制作者、新闻人物以及新闻消费者。新闻制作者指的是新闻制作过程中的所有因素，包括制作人员、制作机构和制作过程等。新闻人物是指新闻报道的对象，包括事件的主角及其幕后团队对事件的规划和执行。消费者的影响是指新闻工作者和编辑基于对新闻消费者好恶的预期，而在新闻制作上投其所好。需要特别说明的是，与新闻制作者和新闻人物不同，消费者不直接涉及新闻的制作过程。他们对新闻偏见的影响是微妙的，体现在新闻制作者（有时候也包括新闻人物）做出的有关消费者态度的假设方面。在接下来的讨论中，我们将一一检查上述三种来源怎样导致新闻偏见的产生。出于方便起见，我们将以电视新闻为例讨论偏见产生的原因。

（一）源自新闻制作者的偏见因素

新闻收集是受控于社会价值观的（Davis，2001）。根据这种论述，记者尤其维护他们特定文化的世界观——大都市上层阶级的价值观（Lichter et al.，1986）。这种观点以几种形式出现。有人提出阶级偏见的观点，认为电视阶级偏见的产生既源自电视这个行业相对的经济强势地位，也源自电视从业人员较高的教育水平。“电视人”这个概念将一种明确的优越感传递给民众。许多与电视相关的从业人员自认为是反传统、反保守、反朽旧的自由派（Novak，1981）。

探讨美国的媒体是倾向自由派还是倾向保守派是媒体偏见研究的主要课题之一。调查显示，新闻从业者中持有自由派的立场的人员比重远远高于美国民众的平均水平（Dautrich & Hartley，1999）。他们更乐于宣称自己是民主党人，并在大选中积极将自己的选票投给民主党候选人（Kenneth & Hartley，1999）。《纽约时报》的专栏作家 David Brooks 指出，约有 92%的新闻从业者年复一年地投票给民主党（PBS News Hour，7/25/08，参见 Wilson，2008）。这一说法得到了实际投票结果的支持。例如，在 1992 年的总统大选中（Dautrich & Dineen，1996），89%的新闻记者和编辑投给了民主党人克林顿（Bill Clinton），7%的人投给了共和党人老布什（George Bush），2%的人投给了独立候选人罗斯·佩罗（Ross Perot）。据此，保守派人士认为，新闻从业人员常常会将他们的自由主义价值观注入新闻收集过程中（Comstock，1981；Rusher，1988；Comstock & Scharrer，1999），使得新闻报道偏向于自由派的政治立场（Maddoux，1990；Sowell，1992；Limbaugh，1993；Corry，1996；Goldberg，2001）。

在来自保守派的诸多批评中，最有影响力的当属 Lichter 等人 1986 年所出版的《媒体精英》一书。该书对全美新闻记者的调查表明，大部分记者是民主党员，在许多议题上持偏左的政治态度。例如，新闻媒体和记者通常都支持堕胎合法化、同性恋婚姻立法化以及旨在扩大社会少数族裔在政治、工作、教育等方面享受高于其人口比例的种族配额（racial quotas）政策；他们通常反对垄断性商业扩张、资本主义、军事干涉、基督教和共产主义。在此基础上，Lichter 等人将记者的政治态度和记者对一些争议性话题（如核能安全性、校车、种族融合以及能源危机等）的报道加以比较，发现记者们对这些议题的报道反映了他们自己的政治态度。此外，自由派在新闻编辑室的主导地位促使整个新闻报道向自由主义方向倾斜。该书中的许多观点得到 Kuypers（2002）的证实。Kuypers 在一本名为《报界偏见和政治：媒体怎样架构争议性的议题》的著作中，对包括《纽约时报》、《华盛顿邮报》、《洛杉矶时报》等在内的 116 家美国主流性报纸加以分析研究，结论认为，美国主流报纸是在一个自由主义信仰的狭小范畴内运作的。因此，一个政治领袖，无论其党派，如果其言论与报纸所支持的政治立场相近，就有可能得到媒体的正面报道；反之，则有可能受到媒体的负面报道。尽管研究集中在种族和同性恋议题，Kuypers 发现报纸已将政治偏见融合到其他议题，如福利改革、环境保护以及枪支控制等，而且在所有议题中都持自由派立场。

针对这类指责，新闻从业者们表现出强烈的反对。《纽约时报》专栏作家 Paul Krugman 不无戏谑地指出，“至少与国外同行相比，所谓的‘自由派美国媒体’是惊人的保守”（Krugman，2003）。CBS 新闻主持人丹·拉瑟则将贴在新闻业上的“自由主义”标签直呼为“最伟大的政治神话之一”（Jacoby，2002），以此暗指保守派政治精英通过将媒体贴上自由主义的标签，将来自媒体的客观批评转化为政治攻击，从而向受众传达这样一个观点，即，媒体报道的负面消息并不是由于政治人物自身的过失，而是源自具有自由主义倾向的新闻媒体的恶意攻击。

很多学者认为，即便记者们的确持有自由主义的偏向，也没有任何确定的证据表明记者自身的政治立场一定会转化为他们笔下的新闻偏见（Robinson，1972；Shoemaker & Reese，1991；Niven，2003；Wilson，2008）；相反，新闻从业人员在追求新闻职业化时会尽量弱化意识形态对他们工作的影响；更有甚者，新闻记者们由于了解自己个人的政治偏向，会在报道中有意识地侧重于引用保守派人士作为新闻信源或者在新闻评述中有意识地提高保守类言论的比例，以做出有意识地补偿

(Shoemaker & Reese，1991)。Butler 和 Schofield (2010) 在 2008 年总统大选期间向全国 100 家报纸分别寄送了支持奥巴马和支持麦凯恩的两类读者来信，以考察编辑部的把关效应。结果表明，编辑们对支持麦凯恩的信更感兴趣，尤其是对那些与编辑部立场相反的读者来信更感兴趣，并更愿意予以刊登。这表明，编辑们并没有利用把关人的权力垄断言路，反而用来光大异质意见，使其得以发声。迄今为止，学界的量化研究都没有发现记者个人的党派属性与其报道倾向之间存在任何具有统计学显著性的联系 (Robinson，1981，1983；Robinson & Sheehan，1983)。

相反，自由派人士认为新闻室充满了握有实权的保守派人士，导致新闻报道的政治立场向右倾斜。众多研究表明，媒体中的政治偏见来自于董事会而非新闻室 (Cohen，1990；Croteau & Hoynes，1994；Altschull，1995，1996；D'Alessio & Allen，2000；Bagdikian，2000；Alterman，2003；Lee，2005)。公司董事会和行政总裁 (CEO) 的个人信念直接影响了媒体的新闻偏向 (Mann，1974；Coffey，1975；Parenti，1986，1996)。在自由派看来，保守派的声音控制了主流媒体；大部分新闻机构由政府和大公司所控制，它们是促进和维持保守现状的权力代理人；作为成熟的商业化组织，新闻机构的运作不是受新闻记者个人意识形态的影响，而是受媒体公司资本主义导向观点的影响 (Parenti，1986)。记者和编辑可能持有自由派立场，但他们受雇于且因而受制于媒体发行人或拥有者；后者是生意人，普遍偏向保守的政治立场。因此，记者和编辑所报道的新闻必须向保守方向倾斜；否则，他们可能被保守派的同行所取而代之 (见 D'Alessio & Allen，2000)。

另有学者认为，新闻收集的过程受制于组织性压力 (Epstein，2000)。依据这个模式，经济压力和组织性的条律影响了新闻制作的过程和最后的新闻产品。一些组织理论集中在新闻公司和商业动机方面；其他一些理论更关心新闻机构本身，主要研究它们的结构和劳动分工怎样影响了新闻的取舍 (Sigal，1973；Epstein，2000)。不同的媒体组织形态、机构形态、发行特征和政治背景对新闻实践产生的影响是各不相同的。这些不同的特质都影响了特定的组织理论的具体细节。但这些理论都承认，新闻记者绝不是自由的个体。反之，记者们在组织特定的框架内活动；该机构提供给他们少量的选择新闻的自由；这种仅有的自由依然受到职业操守的束缚 (Gans，1979)。组织程序决定了新闻内容的展示。如果媒体隶属政府，那么它就必定在政府的控制下操作；一个商业性的媒体必然围着金钱打转。官办媒体必须保证政治正确，商业电视台则必须制造能最大化吸引观众的新闻。

总的来说，有关媒体偏见的制作成因在学者中并没有达成共识。在新闻室所存在的自由主义倾向以及在公司董事会所存在的保守主义倾向均得到认可。但是，假设这种倾向没有互相抵消的话，那么哪种政治倾向更深刻地影响了新闻的制作呢？新闻业的商业属性和新闻行业的日常运作程序又是如何影响了新闻生产偏向？在新闻商业属性比较弱势的国家，如社会主义国家和集权制国家，又是否存在新的影响性力量？关于这一系列问题，至今尚在激烈的争论之中。

（二）源自新闻人物的偏见因素

大多数的政治新闻报道源自“新闻机会”，即专门为大众传媒所设计的新闻事件（Black，1982）。它包括新闻发布会、采访、通报会以及专门为吸引电视或摄像镜头而设计的庆典仪式等。Boorstin（1992）将这些称之为“虚假事件”（pseudo-events）。真实事件多数具有突发性和不可预知性，而制造出来的媒体事件则往往更像是一场按脚本进行的演出，事件中的人物按照预定的情节粉墨登场。这类事件的新闻报道一定程度上受“表演者”——即事件主角演出精彩程度的左右。

这类事件的典型体现便是总统大选的各种竞选活动。绝大部分竞选活动是为黄金时段现场电视报道而设置的（Mickiewicz & Firestone，1992）。除了总统竞选之外，总统提名大会是总统选举中最大的媒体事件。CBS一位制作人认为，总统提名大会不仅是一个大会，更是一场“秀”（Lang & Lang，2002）。多年来，政党候选人越来越刻意营造他们的大会氛围，使其在电视上“秀”的更漂亮。两党都会选择那些能有效吸引媒体报道的城市作为大会召开地。代表团不再允许那些随意的长篇演讲，也不允许那些自发的、无组织的支持性活动。反之，大会组织者会尽量控制发言者和支持活动，以保证最好的形象得以传播，并保证主要的演讲出现在电视播放的黄金时段。为了在公众面前保持一种良好的形象，竞选经理们会安排新闻性事件以让选民熟悉候选人最好的方面。竞选团队将候选人放在友好人群和团体簇拥的环境中，而尽量不将候选人放在电视镜头可能会聚焦在异议分子的活动中。在这种情况下，想进行均衡报道的新闻人可能很难找到比较负面的信息（Black，1982）。

绝大部分电视制片人不喜欢“讲话的大头像”（talking heads），即只展示演讲者面孔的演讲。尽管演讲是候选人广泛采用的自我宣传方式，但持续数小时展示候选人的面孔显然并不会比肥皂剧更吸引人。为了最大限度提高被报道的机会，候选人会参加一些相当无意义但确定会出现在电视镜头或报纸首页上的活动。比如，在写满自己名字的标语前与支持者握手，身穿便服拜访弱势群体，面容肃穆地祭奠阵亡将士，义愤填膺地指责对手的施政纲领，或者满面春风地在星条旗下自信微笑等等。纵观克林顿总统以来的历次大选，大部分的画面充满了旨在迅速传达固定信息的符号。事实上，随着时间的推移，一套完整的、反映固定印象的语言和画面系统得以形成。候选人会调整他们的风格以适应这个模式系统。比如说，显示候选人和老人、黑人或大学生在一起以暗示候选人和这些群体的关联；显示候选人和家庭成员待在一起以证明候选人过着和平常人一样的生活，是个顾家的好人（Graber，1990，2007）。

如同好莱坞的明星们一样，只有那些充满魅力、充满个性乃至充满争议的人物才会受到电视记者或摄影记者的青睐。克林顿、小布什、奥巴马都是镜头的宠儿。他们风度翩翩、魅力无限、个性突出。在2008年的总统竞选中，身材高挑、体格瘦削、面容俊美、品位突出、口才出众且为首个黑人总统候选人的奥巴马具有被媒体追逐的一切条件，并尤其符合如《万象》（*People*）之类的精英媒体和如《好莱坞快讯》之类的娱乐媒体的胃口。即便在大选之前的政治生涯中，奥巴马也很少受到来自媒体的负面评价。相比之下，他的对手麦凯恩则满面赘肉、年过七旬且口才平平，以至于"没有媒体愿意谈论他的演讲"（Wilson，2008）。

针对报纸的研究也证明了新闻人物及其背后的团队在新闻偏见生产方面的重要作用。Deprez和Raeymaeckers（2010）以欧洲佛兰德（Flanders）地区发行范围覆盖比利时和丹麦的5份报纸为对象，对其关于两次巴以冲突的报道加以内容分析，并对记者进行深度访谈。结果发现，尽管欧洲报纸在总体层面上没有体现出明显的偏向，但与记者们的深度访谈表明，以色列官方成熟的新闻发布制度一定程度上对以色列政府的积极形象塑造起到重要作用。这些深入中东的记者或通讯员们认为，以色列各政府部门都有专门的发言人，他们采用西方记者谙熟的交流技巧，通过常规发布会的形式，以英语直接向西方记者提供充足的消息，从而积极展现和塑造自身形象；相形之下，巴勒斯坦方面的新闻发布制度则极为不成熟，其发言人没有接受过与外媒打交道的专门训练，也缺乏相应的语言和交流技巧。因而，"阿拉伯人一定程度上应该对其在西方媒体中不甚积极的官方形象负责，也应该为他们与对手以色列政府之间日趋拉大的外国媒体形象负责"（El-Nawawy & Kelly，2001，107页）。可见，新闻人物的自我形象塑造能够一定程度上影响媒体的报道方式。那些积极筹划的新闻主角往往能够迎合媒体的口味，方便新闻的采编活动，从而获得更好的新闻曝光机会。

(三) 源自新闻消费者的偏见因素

观众的反应会转换成新闻收集过程中的组织性压力。例如，议程设置理论认为，政治议程、媒体议程和公众议程之间存在着密切的相应关联。其中，公众关心的话题往往能够通过反馈影响媒体议程。这些反馈往往以收视率和观众调查的形式来实现。广播电视产业极为重视这些数据，因为受众的流失常常意味着广告收入的流失，甚至意味着媒体生存能力的丧失。因此，电视新闻节目会根据收视率和观众的口味来重新安排新闻报道议程、节目形式和风格，以吸引更多的受众（Davis，2001）。这体现出受众对新闻组织生产方式的显著影响。在针对 NBC NEWS 和 Wall Street Journal（2008）的一项调查中，51%的受访者称奥巴马是他们关注的焦点，而仅有27%的受访者选择了麦凯恩（Murray，2008）。有鉴于此，媒体基于观众口味而对奥巴马大肆追捧也就不足为奇了。

在报道方式上，记者往往需要提供能取悦观众的叙事方式和报道手段。在视觉上，这意味电视新闻人员需要利用电视的特殊视觉优势来讲述新闻故事，用视觉优势来提高观众的兴致（Buckalew，1969；Fowler & Showalter，1974）。在报道视角上，尽管研究证明，评论者在对事件进行特定解释的时候也许不存在明确的意图（Lang & Lang，2002），然而，他们所采取的角度都是建立在他们对观众的假想之上的。评论者们多数喜欢借助节目调查、受众反馈或者直觉推测，猜想和推断出大多数受众所持有的立场，然后以“大众的一员”的立场，或者干脆以公众代言人的立场，发表他认为会赢得受众欢呼的观点。从这一角度来说，观众可预见的反应影响了新闻的生产制作。尽管新闻记者试图摆脱受众的影响以维护新闻制作的独立性，但在更高的层面上，新闻机构为了迎合收视的需要确实会改变他们报道的风格（Matusow，1983）。

不少经济学家也在理论和实践层面上讨论大众媒体的政治立场在何种程度上受到供需因素的影响。Mullainathan 和 Shleifer（2004）构建了一个行为模式：当受众拥有共同信仰的时候，以利润最大化为导向的媒体会选择或架构新闻报道以迎合这些信仰；而当受众信仰各异的时候，新闻机构会细分市场并相应提供不同的产品，分头迎合两个对立的观点。Gentzkow 和 Shapiro（2006）提出了另一个媒体偏见的需求驱使理论，认为，如果读者和观众对当前的事件有先入之见，但对新闻机构所提供的信息的质量持不确定态度，新闻机构就有可能向受众先前拥有的观点倾斜，以塑造或维持高质量新闻的声誉。

五、媒体偏见的衡量标准和纠正途径

（一）衡量偏见的标准

为有效地衡量媒体偏见，学者们探索出了一系列常用的衡量标准。对于报纸和杂志而言，常见的衡量标准包括：以事件为单位的分析，如（对双方的）报道数量、报道篇幅（多以所占英寸数计算）、报道的显著程度（报道所在位置，如封面文章、头条新闻、内刊头条等）（Mantler & Whiteman，1995；Fico & Cote，1999；Niven，2001）等；以文章为单位的内容分析，包括标题（候选人是否出现在标题中）、显著性（是否在首段出现、是否在文章前半段出现）、图片使用（大小、位置、内容）、报道立场（正面、负面、中性）（Fico & Cote，1999；Niven，2001）等；以文章为单位的文本分析，如假设前提的使用（Bonyadi，2011a）、语法形态的使用（Bonyadi，2011b）、特殊语法手段的使用（Chen，2005）等。对电视和广播新闻的衡量标准除了包括报道时长、时段、数量、显著程度（Fico & Freedman，2008）等标准外，还包括如记者或主持人的发问方式（Huls & Varwijk，2011），非言语行为（神态、动作、互动方式）（Babad & Peer，2010）等。

如前所述，关于媒体偏见的大部分量化研究都没有发现显著性的媒体偏见。与此同时，研究者们对量化研究的诸种标准本身也提出了一定的质疑。譬如，均衡性是最常用的一个量化标准。公众或者学者往往以新闻对冲突双方报道数量均衡与否作为衡量新闻是否偏私的指标，是谓“对半标准”（50 - 50 standard）。然而，对半法则的一个缺陷在于，它将复杂的事实简单化。它的预设前提是，事件本身仅包含两个方面，并且双方在客观上是势均力敌的。但事实并非如此。例如，美国媒体对温室效应的报道持均衡立场，将这一问题塑造为一个尚未有定论的问题。在多数的媒体报道中，总是支持和反对的立场各半。然而，事实上温室效应在学界已有公论，人为原因说（如汽车产业、重工业等造成的二氧化碳排放）已呈压倒性优势。这种情况下，媒体的对半原则已经造成了客观上的偏私。这一点在政治新闻，尤其是大选报道中尤为明显。因为对政治媒体均衡报道的要求隐含了一个前提，即候选人都是均等的。但实际上，候选人之间本身就存在实力差异，也存在受欢迎程度的差别（Wilson，2008），以此要求媒体对双方的均衡报道，一定程度上也是另一种形式的媒体偏见。

此外，这一“对半法则”在应用上也颇受业界人士的诟病。Niven（2003）认为，对半法则忽视了一个前提，即媒体不是一个公共机构，而是一个商业组织。媒体本身不仅仅需要追求真实性，还要追求可看性、戏剧化、表演性等一系列卖点，才能获得受众的注意力。“克林顿比多尔（Bob Dole）更有看点”（Niven，2003）；“奥巴马更多的出现在封面杂志上是因为以他为封面人物的杂志就是比以麦凯恩为封面人物的杂志好卖。这其实是一种以收益最大化为导向的逐利性偏见（pro-profit bias）而非党派性偏见”（Wilson，2008，9 页）。在这样的情况下，双方候选人在新闻价值和商业价值上本身就是不均衡的，此时，媒体对某一方候选人的追逐就不能简单地归结为媒体偏见了。

对于这一衡量标准的改进，学界目前并没有达成统一的共识。Niven（2001）提出要把不均衡的报道（unequal coverage）和不公平的报道（unfair coverage）区别开来。因为对均衡准则的僵化应用并不能百分之百地确保新闻的真实性。相反，可能正是由于这类均衡性的要求，使得记者对双方候选人加以公平报道，从而扭曲了本来并不均衡的事实（Mantler & Whiteman，1995）。这其实是从媒体偏见的根本上来重新思考对媒体偏见的衡量标准。

笔者认为，由于受研究对象（既成的报道档案或节目档案）和研究方法（内容分析法）的限制，目前绝大多数的媒体偏见分析都是一种事后分析。学者们将业界已经成为事实的报道档案重新调用出来，应用一系列量化标准（主要是对半法则）加以衡量。在时过境迁之后，研究者们很难还原事件本身的样貌，将其与新闻中构筑的媒体事实加以比较；而只能依赖简单的对半法则来鉴别媒体报道是否均衡。这在一定程度上是事后分析法无法回避的缺点。相较之下，如果学者们能更准确地进行实时同步分析，或许会开辟一条新路径。因为媒体偏见本质上是媒体活动与客观事实之间的偏离程度。在对大选报道进行分析的研究中，研究者如能将实时的民意调查结果，而非刻板的对半法则作为准绳，研究方法的指导思想就会相应地从简单的方差分析（ANOVA）和卡方分析（chi-square analysis）转化为适合度检测分析（goodness of fit）。如此，是新闻与事实的契合度或偏离度本身，而不是刻板的或臆想的标准决定了媒体偏见的存在与否、程度几何。

（二）纠正偏见的途径

事实上，记者和编辑注意到了局部媒体偏见的存在。他们承认在任何时候保持新闻的客观性是不可能的（Debenport，1992）。考虑到这点，他们用“公正”或“均衡”取代“客观”，以此作为新闻报道的职业目标。达到职业目标的一种方法是正方/

反方均衡法，即在同一个议题上正反两方面的观点都要报道（Zaller，1992）。理论上，这种方法使得不同的观点同时出现在媒体上。然而，组织报道的人依然有责任选择不同观点的代表者、提出没有偏见性的问题以及客观地编辑他们所发表的评论。

另一种避免偏见的途径是公开披露可能存在的“利益冲突”。当新闻机构报道一个故事，而这个故事和新闻机构本身利益相关的时候，披露“利益冲突”就相当有必要。与证券相关的法律常常要求媒体公司（如果是上市公司的话）进行这种信息披露。当评论员对与股票相关的新闻进行评论时，他们常常被要求公开报告他们公司或他们竞争对手的利益是否与该评论相关。

另外，一些国家通过法律和规章制度来强行控制国有媒体报道的均衡性。比如，加拿大广播公司和加拿大广播电台自 1991 年起便严格受制于加拿大广播电视法案。依据该法案，加拿大广播系统所提供的节目应该：第一，是多样化的、全面的，它为所有年纪、兴趣和口味的男人、女人和儿童提供均衡的信息、娱乐和知识启蒙；第二，来源于当地性的、全国性的和国际性的信息渠道；第三，包括教育和小区节目；第四，使公众有机会接触有关公共议题不同的观点；第五，包含加拿大独立制片人的成果（Broadcasting Act，1991）。

在少数情况下，新闻机构还会解雇或重新安排那些在报道中带有明显新闻偏见的人员。在本章开头提到的小布什“服役门事件”中，尽管大量证据表明，报道中所说的备忘录不可能是 20 世纪 70 年代用政府的打字机敲出来的，但在新闻播出后的 10 天里，丹·拉瑟和他的同仁拒绝道歉，而是从各方面寻找证据，试图证明播报中使用的材料是真实存在的。这样的拖延最终将这一新闻丑闻转化为这位金牌主播职业生涯中不可回避的污点，以至于他不得不用辞职来平息公众的愤怒（Kurtz，2004）。他本来已经成为近代美国新闻业的传奇，却最终留下了这样一个不光彩的背影。然而，这个背影仅仅是媒体、政府和大众之间互相不信任的一个日渐黯淡的缩影。

上述这些途径仅仅是政府机构和大众媒体为避免源自新闻制作的偏见而采取的行动。这些行为能够一定程度上纠正客观性偏见。但要纠正主观性媒体偏见，即纠正公众主观上怀有的媒体偏见认知则是媒体素养活动（media literacy）亟须关注的课题。如何才能成为一名不受先入之见左右、不受好恶情绪影响亦不会人云亦云的理性受众呢？对理性受众的培养是公众个体的责任、是媒体的责任、还是教育的责任呢？这一系列问题或许还将经历漫长的争论，但在争论的同时不妨先行实施起来。

如前文所述，首先，大众媒体对媒体偏见的过度强调和渲染是主观性媒体偏见感知的重要诱因，因而，大众媒体应当承担起媒体素养训练的重要角色。日常媒体行为或许应当少一些对竞争对手的大肆批驳，而多一些对事实的客观呈现。因为对对手的批判往往只是降低了公众对全行业信誉度和公平度的信心；相反，如果将事实本身尽量客观地呈现出来，即便出于新闻生产无法避免的限制而产生客观偏见，公众也能够在一个较少舆论引导的环境下获得更真实的信息，并做出更独立的判断。

其次，大众媒体应当与公共组织、各级政府和各类教育机构一道，成为媒体偏见研究的普及者、发扬者和传播者。因为作为个体的社会人很难在纷繁复杂的表象之下发现事物发展变化的规律。与此同时，广大媒体学者数十年来的研究成果却远在公众视线之外。如果媒体和教育机构能够较好地将学界研究成果普及给受众，民众就能多了解媒体内容中的权威化、生动化、戏剧化、刻板化等手段，并在日常的新闻消费中加以鉴别；便有可能通晓记者自身立场、媒体机构属性、政府—财团博弈、民众收视偏好等因素对新闻制造方的影响与压力，从而得出判断媒体偏见的综合性标准，而非简单地诉诸直觉、有限的个体经验或多数人的意见气候；便有可能了解他们习以为常的日常判断中所可能存在的选择性记忆、选择性归类和信息处理的不同判断标准，并在进行媒体偏见感知时有意识地加以纠正。

六、结语：偏见评价和未来研究

（一）媒体偏见的评价

Covert 和 Wasburn（2009）对四本全国性杂志——*The National Review*（代表保守派立场），*The Progressive*（代表自由派立场），*Time* 和 *Newsweek*（代表中立派立场）从 1975 年到 2000 年的 25 年间关于特定社会问题（包括犯罪、种族、性别、年龄、阶层、环境、教育、毒品、贫穷）的全部报道加以内容分析。结果表明，四本杂志在 25 年间基本保持了一贯的立场。其中 *The National Review* 和 *The Progressive* 分别持续提供极端的保守派或自由派立场，而 *Time* 和 *Newsweek* 则提供相对客观中立的立场。研究并没有在主流媒体（*Time* 和 *Newsweek*）上发现所谓的自由主义倾向，却在党派媒体（partisan media）上发现了持续性的、明显的媒体偏见。

一方面，人们似乎对媒体偏见深恶痛绝；另一方面，媒体，尤其是具有明显偏见的小众媒体却能够数十年间保持偏见性的立场并屹立不倒。媒体偏见产生的市场和消费者驱动因素是什么呢？为什么人们一边批评偏见，一边消费偏见？这些问题在学界尚无系统性的回答。

Mullainathan 和 Shleifer（2005）认为，媒体偏见其实并不是一个严重的问题。因为大部分的媒体话题都与人们的日常生活相去甚远，其主要功能仅仅是提供信息，充作人们茶余饭后的话题。大多数人不会对新闻加以慎重思考和缜密分析。在这种情况下，媒体会提供稍微具有倾向性的信息以迎合受众的口味。在受众日益分化的媒体市场上，每一个新闻单位只需要满足特定受众群的消费喜好就能在竞争中立足。Pollingpoint（2004）的一项在线调查表明，90%的共和党人认为 Fox News（著名的保守党电视台）是最好的电视新闻频道，而 70%的民主党人认为 CNN（代表性的自由派电视台）是最好的新闻来源。对那些党派属性强烈的人们而言，政治新闻的偏见越普遍，他们便越能够体会到大选当前、双方对垒的享受感；他们会更倾向于选择那些与个人信念相一致的媒体，因为后者对自我信念的肯定大大强化了人们的满足感（Quanbeck & White，2009）。这充分表明，对于普通受众而言，他们在乎的并不是新闻的绝对真实公正，而是倾向于选择他们觉得舒服的新闻来源进行消费。Arpan 和 Peterson（2008）提供了另外一种解释。他们认为，新闻的公正性和偏见性仅仅是信息的一个属性，信息的知识性、告知性、及时性、广博性等等都是促使人们进行媒体消费的原因。因而，即使人们对媒体的信任一路走低，却依然愿意为新闻阅读或收视活动支付账单。

那么，是不是理性受众的增加意味着媒体偏见的生存空间缩减、公平报道的市场需求增大呢？恰恰相反。Xiang 和 Sarvary（2007）认为，那些执着于真相的受众会倾向于从多样化的新闻媒体中寻找更多的信息加以比对，这意味着有偏向的媒体保持特色化的立场便可能同时吸引那些以消遣为目的的偏见受众和以寻找真相为目的的理性受众。他们只需要保持自己的特点，便能够在那些真相寻找者的订阅目录上保持一席之地。这在一定程度上更是一种营销策略的问题，而不仅仅是媒体立场的问题。

我们认为，对于媒体偏见，实践者和研究者都应当持一种谨慎的态度。偏离事实的报道固然也偏离了新闻活动的应然形态，但偏见的影响却并非完全都是负面的。偏见能够使人们重新考虑自己的观点：要么人们通过对立的媒体偏见来更好地廓清和梳理自己的既有观点，要么通过对对立观点的接触来了解事件的全貌，或发现冲突的别样视角（Covert & Wasburn，2009）。

（二）未来研究的方向

如今，媒体偏见依旧被媒体和大众广泛谈论。一方面，学界对媒体偏见存在与否、偏见的主客观属性、偏见的原因结果等问题依旧争论不休；另一方面，媒体偏见研究已经在这些争论之下有了新的变化。

首先是研究对象的变化。鉴于研究的细分化已经成为一个主导性的趋势，媒体偏见这个相对宽泛的概念也已经细化为众多具体的媒体问题，如敌意媒体理论、生动性叙事、信源呈现、非言语行为使用等等。研究者们通过研究某一特定类型的媒体行为与公众主观感知之间的关系，从微观层面上探索个人、语境、媒体本身等具体要素之间的相互影响。这类研究可以分为两类具体形式：一类以敌意媒体理论为代表，将均衡报道呈现给公众，探讨新闻中各要素（如媒体立场、信息来源、媒体到达程度等）对主观偏见感知的影响；另一类以各种效果研究为代表，将特定的新闻报道（如生动化报道）呈现给公众，考察公众感知的偏向程度和偏向特点，由此反推和归纳出造成这些偏向感知的原因。这两类研究的优点是将媒体偏见问题细化为更可操作、可量度、可控制的微观效果，从而对媒体客观事件和公众媒体素养训练都具有更好的指导性。但这类研究的缺点是预设了媒体偏见的存在，并以碎片化的方式考察媒体内容的某一类特征、某一个截面或某一种行为，从而削弱了研究与新闻实践之间的联系。

与对象多样化相伴的是研究方法的变化。传统的媒体偏见研究多数以内容分析法为主，研究可量化的指标，如报道数量、长度、醒目程度、配图与否、配图大小等指标在同一媒体或不同媒体之间新闻行为的简单差异。随着主观媒体偏见成为研究热点，以个人为对象的偏见研究所采用的调查法、实验控制法和深度访谈法等方法逐渐成为主流。与此同时，传统的内容分析法也焕发出新的生机。媒体研究者倾向于以动态而非静态的视角审视媒体偏见。以单一媒体的单一事件为对象的内容分析法逐渐被以多个媒体的特定事件，或特定媒体的多个系列事件为对象的比较分析法（comparative analysis）代替。此外，以媒体历时性档案为对象的纵向分析法（longitudinal analysis）也日益受到青睐，显示出研究者开掘媒体偏见之历史构成和深层诱因的不懈努力。

对于广大学人而言，内地长期以来的官方媒体背景或许使得媒体偏见成为一个无须讨论的定论。但受众的偏见感知具有很多普遍的共性，媒体的背景也在日益多元化和去政府化。这意味着对华语传媒的媒体偏见研究或将具备更广阔的前景。譬如，学者们首先可以进行一系列的西方理论落地研究。媒体偏见理论从提出数十年来，西方学者所经过的诸多历时性的探索都以共时性的方式呈现在我们面前。华语学人不妨先从落地研究做起，考察西方成熟的媒体偏见理论在东方语境下的适应性和差异性。其次，那些差异性的内容恰恰可能是东方语境、政体和个体所能为整个媒体偏见理论提供新的补充和洞见之处。例如，媒体偏见在华人媒体内主客观之辨如何？华人新闻业特殊的历史成因和现状是否加强了媒体偏见的客观性？又在何种程度上影响了民众的主观性媒体感知？这种感知是无条件的，还是以媒体属性、话题类型、事件性质、涉事诸方的特殊性以及民众个体差异等因素为转移的？如果答案是确定的，那么，这些有条件的媒体偏见应当如何纠正？新闻制造者、新闻人物和新闻消费者们的责任各当几何？再如，媒体偏见的主客观问题是否存在东西方语境的差异？是否存在亚洲文化内部差异？是否存在中国大陆与香港、台湾的差异？

这一系列的研究空白都彰显了媒体偏见研究所拥有的巨大前景。对于致力于传播规律探索的广大学人而言，没有什么是比这样一个变化中的媒体环境更具有新奇性和挑战性的了。

本章原文闫岩、周树华（2014）所著《媒体偏见：客观体现和主观感知》刊登在《传播与社会学刊》，第 30 期，227～264 页。《传播与社会学刊》慷慨准允本书采用，特别致谢。

延伸阅读

Bennett, W. L. (1990). Toward a theory of press-state relations in the United States, *Journal of Communication*, 40 (2), 104 - 127.

Chia, S. C., Yong, J., Wong, D., & Koh, W. L. (2007). Personal bias or government bias: Testing hostile media effect in a regulated press system. *International Journal of Public Opinion Research*, 19 (3), 313 - 330.

Entman, R. M. (2007). Framing bias: Media in the distribution of power, *Journal of Communication*, 57 (1), 163 - 173.

扫一扫，

浏览本章参考文献

第十二章　媒体公信力理论与研究综述

文 | 周树华　闫岩

摘　要

信任是一种认为他人行为符合自己预期的信念。媒体信任是社会信任的一种，是人们认为媒体行为符合自己预期——新闻是对事实的客观呈现——的信念。媒体信任是一个复合性概念，是人们对新闻内容信任、新闻记者信任和新闻制度信任的总和。从产生方式而言，媒体信任是以制度的信任为主体、以属性和过程的信任为补充的信任形态。其中，媒体可信度是媒体信任的核心。本章说明媒体信任与媒体可信度的区别，并在此基础上综合回顾了一般新闻传播研究探讨媒体可信度的研究方法、标准和分类。信源可信度、媒介可信度、信息可信度和受众特质是影响媒体可信度的四大影响要素，其各自的细分标准和研究维度也在文中得到了充分讨论。

关键词

信任、媒体信任、媒体可信度

一、信任之下，信度之上：媒体信任的归类、产生和研究现状

传媒自古有之。举凡龟甲兽骨、石板碑刻、邸报告示、消息纸、传抄本等等，都属于传播媒介的范畴。在以村落或社区为基本单位的传统社会中，传媒并非唯一的消息来源，人们能够通过口耳相传等其他渠道获取信息。但工业时代的来临打破了地域限制。它将人们从狭窄的村落中释放出来，投放于广袤的城市之中。个人生存所需要的信息单凭一己之力已经无法掌握。大众媒体随之诞生，向公众传递对其生存至关重要但其个体却无力验证（impossible to verify）的信息。“无力验证”是信任关系产生的起点。对于尽在掌握的信息，人们只需证实，无需信任。只有无力验

证的信息，才需要信任这种主观性的判断机制。媒体信任因而成为大众传播时代的核心议题之一。

然而，最近数十年来，媒体信任（media trust）的一路走低已经是不争的事实。皮尤研究中心自 1985 年起就对美国社会的媒体信任加以追踪研究。截至 2013 年，这项持续 28 年的研究项目显示，媒体信任已达到历史新低：受访者中 78%认为媒体在犯错之后会试图文过饰非而非坦率承认，67%认为媒体具有偏向性，64%认为媒体经常受权势人物或组织的影响（Pew Research Center for the People and the Press，2013）。在欧洲，媒体信任同样岌岌可危。2010 年一项针对全欧盟的调查显示，52%的受访者表示不信任大众媒体。其中，英国和希腊受访者的不信任程度最高，分别为 79%和 71%（Golding，Sousa，& Zoonen，2012）。最近，《小康》杂志发布的 2014 中国媒体公信力调查显示，55.2%的受访者认为电视公信力最强，33.6%的受访者表示相信报纸，24.9%的人选择线性网络，另有 17.4%和 16.6%的受访者分别认可微博和微信；广播、杂志和户外广告媒体则排名垫底（尤蕾，2014）。即便是排名第一的电视媒体，其公众认可率也仅略微过半，报纸、广播、杂志等传统媒体则不复往日荣光。对于以传递事实为己任的新闻业而言，这种信任的流失无疑是令人担心的。

有鉴于此，学者们致力于研究媒体信任的产生机制、流失原因和挽救对策。学界对媒体信任的研究可以追溯到 Charnley 1936 年对新闻报道准确性的研究（Charnley，1936）。这类研究逐渐扩展到不同的信任类型，如组织信任、机构信任、新闻信任，以及信任的各种变体，如可信度、信誉、威信等。但遗憾的是，新闻传播学视野中的媒体信任研究多数专注于媒体可信度（media credibility）的测量，而鲜少从“信任”这一概念出发，加以正本清源的分析。本章将信任置于哲学和社会学的视野中加以定义，探讨信任的本质和三种产生方式；在此基础上，进一步探讨媒体信任之产生机制；最后在新闻传播学视角下，介绍媒体可信度研究的标准、类型和效果。

（一）信任的内涵

“信任”中的“信”与中国传统意义上所说的“信”并不尽然相同。“信”是儒家传统对人格自我修养的要求，属于个体属性，如“人无信不立”、“仁义礼智信”等，是指个体所具有的能够赢得他人信任的特质。与此相对，“信任”是一种关系描述，是个体对他人、机构、事件、事物等与自身相对关系的一种认知和评估。Luhmann（1979）认为，信任是一种认为他人行为符合某种预测形式的期待或信念。

信任的产生必然包含着关系的双方：信任的施与者（trustor）和信任对象（trustee）。这个对象可以是人、机构、组织、事件乃至一切事物。但除了文学修辞以外，很少人会在实际生活中将信任的对象扩展到物体、时间、定律等，如，“相信家里的筷子”、“相信正常气压下水会在100摄氏度沸腾”、“相信地球会转动”。这些特点体现了信任的本质：信任是试图将不确定性（uncertainty）确定化。如果一切尽在掌握，人们不需要信任。Williamson（1993）认为，在人与人、事、物的联系中，那些确定性的部分可以通过精确计算来预测和控制，那些不确定的部分才需要诉诸信任这种主观信念。计算基于事实证据，信任则源自于事实的缺乏（Gambetta，1988，234页）。绝对的确定性不需要信任；确定性结束的地方，信任开始了。从这一意义上说，永远没有“绝对的信任”（Vanacker & Belmas，2009）。

从哲学意义上说，信任是社会生活的基础。人们需要信任来减少哪怕习以为常的行为的不确定性。如果缺乏绝对信任，人们早上甚至都无法起床，因为不能确定大地是否依然稳固，太阳是否照常升起。没有信任的社会是没有意义的。因为一切皆有可能，人们无法定义时间的过去和未来，事件的起因和结果，逻辑的前后，联系的有无（Garfinkel，1963）。然而，自然和社会的正常存在为人们的物理行为和社会行为提供了稳定基底，使得人们毋庸置疑地确定天地四方、往来古今。这些物理和社会存在决定了人们必须对自然和社会保持有一定水平的信任。因此，纯粹的不信任也是不可能的。

信任总是与风险并存。Williamson（1993）将信任与风险并列使用。信任的产生来自于对风险的有效评估，或者对风险的一无所知。后者便是盲目信任（blind faith），多见于宗教或迷信。人们只有认为风险的预期收益能得到保证时才会产生信任。Sztompka（1999）用“赌注”（stake）来描述这种风险，认为信任是对别人将来行为的一种赌注。这包含了三重意思：第一，信任施与者必须身在局中，局外人无权谈信任；第二，身在局中意味着信任施与者对信任对象的判断受到个体自身利益和立场影响，因此，信任施与者所给予的信任不存在绝对的客观；第三，作为主观判断的信任受赌注大小的影响。赌注越大，风险越大，越难以信任。正是因为这种评估性，信任不是一个有或无的二元概念（dichotomous），而是一个连续性的程度变量。它的一端是绝对信任，另一端则是盲目信任。

从个体视角而言，信任是一种主观判断。Thomas（1998）认为，信任包含了认知、情感、行动三个维度。首先，信任是一种有意为之的主观感知，是信任主体对信任客体将来行为的有意识的评估。不存在随机信任或意外信任（accidental trust）。人们可能随意挑选某一份报纸，但这种随机行为本身并不包含信任。在第一次阅读的基础上，人们决定继续挑选或不挑选这一报纸才是信任的体现和信任的结果。其次，信任是一种包含了情感感知的主观判断。如果投资失败时，人们只会感觉到失望；而当信任被破坏时，人们则感觉到背叛（Baier，1986，235页）。

（二）信任的产生方式

信任是社会关系领域中社会互动（social interaction）、伦理（moral）和义务（obligation）的重要组成部分。在这类关系中，信任和信任的产生、运作和维护机制就显得尤为重要。Zucker（1986）将信任的产生方式分为三类：以属性为基础的信任（characteristic-based trust），以过程为基础的信任（process-based trust），和以制度为基础的信任（institutional-based trust）。

1. 以属性为基础的信任

以属性为基础的信任是指那些与信任对象个体特质直接相关的信任（Thomas，1998），如基于种族、性别、家庭背景等的信任。譬如，人们往往信任女护士、男建筑师、年长的医生、出身望族的意见领袖等。这类基于信任对象个体属性的信任是一种捷思式（heuristic）的、简单化的信任感知。

信任施受双方共享规则和价值（shared norms and values）是以属性为基础的信任的重要组成部分。因为个体特征往往是个体隶属于某一种文化体系、社会体系或符号体系的标志（Zucker，1986）。而相似的文化、传统、伦理等为集体秩序提供了坚实的基础。一个典型的例子是，人们往往对本地人的信任胜于外地人。人们凭借如面貌、体态、口音、服饰等属性特征辨认本地人和外地人的差异，并且经由这类共享规则和价值对本地人给予更高的信任。这是基于个体属性的信任的社会化结果。它在共享秩序的基础上更容易生发，并且更为坚实。

2. 以过程为基础的信任

以过程为基础的信任是指在重复接触和利益交换的基础上，随时间而逐渐累积产生的信任。它能够在以属性为基础的信任的辅助下产生（如收看本地电视台），亦可发端于不含信任的随机行为（如遥控器随机选台），而后经由重复性的利益交换，将起初的随机行为转化为包含了信任判断的行为（如持续收视）。日常生活中大部分的品牌信任（brand trust）都属于以过程为基础的信任。重复性利益交换的过程既累积产生了信任，也受到信任及其维持规范的制约。当随机状态受到束缚，不确定性减少，包含了确定性判断的信任就产生了，并且随着重复利益交换的过程而在程度上不断变化。

以过程为基础的信任之构建除了依赖频率外，还依赖交易关系的长度（Thomas，1998）。基层官员、办事员、咨询师等的信任度往往来自于年龄（工龄），因为这代表着与公众进行交换行为的时间。这当然不排除年龄这一基于属性的信任之影响，但当个体成为机构的代表时，其年龄往往直接关系着交易行为的长度和频率，从而提高人们对其可信任程度的预期。

以过程为基础的信任受利益交换物价值的影响（Thomas，1998）。交换物质的价值越高，人们对信任的期待就越高，人们需要付出的信任也越多。如，买牙膏需要付出的信任同买房子需要付出的信任无法同日而语。Haas 与 Deseran（1981）将利益交换的关系全部抽象为象征交换（symbolic interaction），认为交换物的效用取决于能够将施受双方交易关系符号化的能力。它对施与者的价值大小象征了施与者愿意向施与对象付出的信任多寡。

3. *以制度为基础的信任*

以制度为基础的信任是指存在于个体与制度化的机构组织之间的信任。其中，制度化的机构组织是指那些内化为社会结构的组织，如政府、法庭、警察局、学校、医院等。在工业社会之前，人们以社区/村落为主要聚居单位。人群的流动是有限的。大部分人的一生都在同一个社区里度过，通过邻里间的人际互动积攒起属于个人的信誉。但工业革命以来，新技术带来的社会化大生产打破了封闭的社区结构。乡村和社区的封闭结构被打破。人们离开家族、血缘和土地的束缚，带着无人所知的过去进入城市。社区中建立在个体属性基础上的信任也因此退出主导性地位。与此同时，城市人口的流动性大大增加，邻里之间的稳定性被削减，这使得建立在个体重复接触基础上的、以过程为基础的信任也受到冲击。传统社会中的个体威望被工业社会中的职业信誉取代；当铺、钱庄等基于人际接触的信贷机构被覆盖全国的金融机构所代替；政府规章和法律则取代了风俗、惯例和口头契约。换言之，以制度为基础的信任是一种能够超越物理（physical）和地理性（geophysical）限制的信任（Zucker，1986）。

以制度为基础的信任可以进一步分为两类。第一类是直接针对专业主义的个人或机制/机构的信任，是个体对信任对象所属群体的专业水平和道德程度所做出的判断，如医生、律师、教师等；第二类是以机制为中介的信任，如通过法律、规章、契约等中介来实现的信任（Thomas，1998）。以制度为基础的信任可以降低社会中每个人建立或再建立信任关系的成本。在以制度为基础的信任缺席的情况下，人们需要与社会中的每一个人通过个体长期接触，建立一对一的相互信任关系；一旦信任对象消失，新的信任关系需要在新的个体之间重复建立。但基于制度的信任是以制度保证了制度中的客体所具有的最低可信赖值，由此，信任主体和客体间的关系就天然的具有了最低的信任属性。以制度为基础的信任保证了这种最低信赖值不仅仅存在于当下，还可以持续到未来（Thomas，1998）。同时，这一信任也向基于属性的信任和基于过程的信任打开，使得信任施受双方能够在此基础上发展出不同程度的信任关系①。

理解社会信任的产生机制对我们理解媒体信任有着至关重要的意义。有的研究脱离社会语境而单独谈论媒体信任，如此，则没有充分认知到媒体信任的社会属性。媒体信任是社会信任的一种，它的产生也因此秉承着相似的产生机制，并有其独特的构成特点。

二、媒体信任

媒体信任是媒体伦理学（media ethics）讨论的范畴。在这一领域中，人们对媒体信息的根本属性尚未达成统一结论。有学者将其定义为一种神圣责任（Patterson & Urbanski，2006），有人视其为一种受众对媒体专业主义的感知（Liebes，2000），有人则将其作为社会资本的一种类型（Jones，2004）。

（一）媒体信任是社会资本的一种

社会资本（social capital ）是指人们通过各种社会组织和机构，如社交网络、规范、信任等，来促进社会协调与合作以提高社会整体利益（Putnam，1995）。社会信任、公民参与和政治信任是社会资本的三大组成要素。社会资本理论认为，社会信任是指个人对他人或整个社会的信任感知。它是复杂而多样的，包括人们对社会的

---

① 例如，在以制度为基础的信任缺席的情况下，人们要办理一宗贷款，需要信任钱庄老板。这种信任可能是基于个体属性的信任，也可能是基于长期接触过程的信任。然而，一旦钱庄老板死亡或迁居，人们需要另寻钱庄，重复原先的信任建立过程。但在工业社会，银行体系保证了每一个银行业务代表都具有最低的可信赖值，足以满足人们办理贷款的信任需求。人们与银行中任何一个业务员打交道，都能具有这种最低限度的信任。并且，这种信任不仅满足当下，而且能够持续到未来。但与此同时，人们可能会在长期的接触中对某一个银行代表产生更深的信任。是谓在以制度为基础的信任的基础上所发展出的不同程度的信任关系。

态度、行为和其制度的认识，是稳定和有效的民主政府的基础（Zmerli & Newton，2008）。社会信任，个体信任和政治信任共同作用，积极影响着公共福祉、社会融合、经济进步、民主稳定、个体满足乃至个体健康等诸多方面（Delhey & Newton，2003）。

美国国民的社会信任自1960年代以来一路走低，从1960年的57%跌落至1998年的34%（Norris，2000）。在造成社会信任大幅度滑落的多种因素中，大众媒体被认为扮演重要的角色。Robinson（1976）是最先提出这一观点的学者之一。他认为，媒体对政府持续性的负面报道强化了民众对政府和社会的负面认知。这一论点得到了大量内容分析研究（Robinson & Appel，1979；Hart，Smith-Howell & Llewellyn，1990；Miller，Goldenberg & Erbring，1979）和理论研究（Patterson ，1994；Cappella & Jamieson，1997；Fallow，1997）的支持，并最终由哈佛大学政治科学家Robert Putnam（1995）整合为一个完整的理论。Putnam认为，电视的出现和电视在公共生活中的普及是社会信任度大幅下滑的重要原因。首先，电视收视取代社交行为假说（TV-displaces-civic-activity hypothesis）认为，观看电视节目占据了人们本应用于阅读、沙龙、社区活动等社交活动的时间；其次，培养理论（cultivating theory）认为电视节目对负面事件的大肆报道和对一般事件的负面阐释塑造了人们的恶意世界感知（the mean-world perception），使得人们倾向于以一种负面的态度感知世界，由此造成社会信任的降低。

然而，新近的研究表明，媒介对社会信任的影响是因媒介类型而异的。例如，电视媒体受众比报纸媒体受众的社会信任感低（Hetherington，1998；Moy & Pfau，2000）；喜欢观看公共事务类节目和新闻节目的电视观众比其他受众群体的社会信任感高（Norris，1996）；长期层面的社会信任与报纸新闻阅读频率呈现正相关，与电视新闻收视频率呈现负相关（Gross，Aday & Brewer，2004）；社会资本的构建与信息类媒体使用呈现正相关，与娱乐类媒体使用为负相关（Norris & Jones，1998；Wellman，Haase，Wittte & Hampton，2001）等等。

（二）媒体信任是一个复合概念

媒体信任包含了新闻内容信任（trust of news content）、新闻记者信任（trust of news reporters）和新闻机构信任（trust of news corporations）三种类型，分别为对信息的信任（person-to-content）、对个人的信任（person-to-person）和对新闻产业系统的信任（person-to-system），因此是一个复合概念（Williams，2012）。以报纸为

例，对报纸的信任可能包含了：第一，对报纸内容的信任，即相信报纸能够报道事实真相；第二，对报纸记者的信任，即相信报纸记者的专业能力；第三，对报业机构的信任，即相信报纸能够每日或每周准时出版，不会出现断档，也相信报纸能够以客观立场监督政府作为。对于媒体信任的建构来说，这些要素是组合性的而非前提性的。同时具备内容信任、记者信任及机构信任的媒体之信任指数最高，缺少其中一个要素可能会降低媒体的信任指数，但不会使信任消失不见。人们可能相信媒体的内容，但怀疑记者的权威性，也可能相信记者的专业能力，但对新闻记者的监督功能缺乏信心。换言之，媒体信任是多样、复杂的概念，包含了多种信任内容和信任类型。

媒体信任的多元化还表现在对媒体信任这一概念的操作化层次上。Kohring 和 Matthes（2007）通过大型问卷调查发现，新闻媒体信任是由话题选择、事实选择、描述准确性和记者素质四个次级要素组合构成的。人们对不同子概念的评估分别影响了媒体信任的整体。研究者经常使用的“媒体可信度”仅仅是对新闻与事实契合程度的评估，是信任的构成部分，也是最重要的构成部分，但并不是信任本身。

（三）媒体信任的产生

媒体信任是社会关系的一种。信任的客体是社会关系中的机构和个人，并不是信息本身。信任的关系属性意味着信任施受双方都有创造、维护和破坏信任的能力。对于信任对象而言，个体和机构才具备这种伦理特质，信息并不具有。所以，我们平常所说的“相信新闻”其实是“相信新闻提供者/机构”的一种简述。

媒体信任的主体是一种基于制度的信任。但如果从媒体信任的产生过程和历史渊源加以追溯，媒体信任还具有基于属性的信任和基于过程的信任两类信任产生机制。

1. 基于属性的媒体信任

尽管媒体信任的主体是基于制度的信任，但基于属性的信任却是媒体信任中更为坚实的类型。基于属性的信任能够提高信任产生的程度和信任关系的强度。人们通常对本地人的信任胜于外地人，对本地地方媒体的信任胜于外地媒体，在某些议题上对地方媒体的信任甚至超过全国性媒体（Salmon & Lee，1983）。同大规模发行的都市报纸相比，社区报纸的记者往往被认为是更私人化、个体化的，更容易获得认同和信任。在一项以学生为对象的研究中，Armstrong 和 Collins（2009）比较校报和社区报纸记者的可信度，结果发现，受访学生并不认为经过专业训练的正规报纸记者比校园报纸的学生记者更为可信。学生对学生记者的认同所带来的信任感抵消了学生记者缺乏经验可能导致的不信任，表明受众对传播者的价值认同在信任建构中的作用。

同样的，人们对己方阵营媒体的信任感较高，对对方阵营媒体的信任感较低。例如，保守党成员通常认为Fox新闻比CNN新闻更值得信任。这是敌意媒体理论的核心观点之一（周树华 & 闫岩，2012）。从共享规则与信任之间的关系出发，建立在共享性规则基础上的媒体信任意味着媒体不但是共享规则的产物，也受这种共享规则的约束。所以，媒体活动必须与共享规则保持一致，才能获得和强化群体内部受众的信任。但新闻的专业主义要求媒体报道符合事实而非符合社会/团体的规则。以党派报纸为例，党派报纸对事实的客观报道符合新闻专业主义的要求，但如果将事实以符合本党派意识形态的方式报道则能强化党派成员的媒体信任。这种矛盾表明，媒体追求真相和获得信任在有些情况下无法两全。新闻媒体对真相的坚持有时需要以损害团体信任为代价（Vanacker & Belmas，2009）。

媒体可以是小团体的，或者为团体利益服务。媒体的这种团体属性造成了媒体信任的一个奇怪的现象，即媒体单位之间的互相攻讦。在商业行为中，产品品牌往往通过强调自己的产品比别人的产品好来赢得信任，却很少通过攻击别人产品，或指责对方的产品是假冒的伪劣赝品、以次充好等手段来竞争消费者的信任。但媒体行业则到处充斥着这种相互攻击。Fox新闻与CNN新闻之间对对方政治立场的指责从未停止，各大报纸之间乃至地方小报之间就新闻源头、内容、渠道等方面的攻讦也屡见不鲜。这种攻击或许可以一定程度上夯实群体内部共享价值观，使得Fox或CNN的固定受众群更加死心塌地，但却在总体层面上损伤了整个媒体行业的制度性信任。

2. 基于过程的媒体信任

基于过程的信任是媒体信任比较次要的产生机制。人们往往不是通过重复性接触的方式建立起对某个媒体或整个媒体行业的信任——尽管人们可能这样认为，但实际上，在你第一次购买某份报纸之前，单是“报纸”这种传媒就足以在人们的认知中产生某种限度的制度性信任；同理，某一次媒体表现的过失或内容发生错误也不会全然推翻媒体信任。这就是媒体信任与商品信任的不同。媒体信任具有基于制度和基于属性的信任作为基础，受众因此允许媒体具有一定的犯错空间，使得即使在单次利益（如得知真相的权利）被侵害的情况下还能够保持信任（Gibson，2009）。

尽管媒体信任并不是主要基于过程的信任，但是基于过程的反复接触有利于信任的强化和巩固。这种反复接触往往通过反馈来实现。在一般经济交易中，反馈以人们对商品的二次购买或不购买行为来直接传递；在新闻生产和消费中，这种反馈通过报纸订阅、电视收视率、节目或频道订购等来实现。受众的反馈需要得到媒体的回应，由此产生基于过程的信任。

这种反复接触所建立的信任必须以施受双方共享的信任标准为前提。因此，媒体新闻生产范式不能暗地进行，必须通过公开对话和交流，使公众和媒体对信任的评价标准保持一致。譬如，媒体应当使公众知晓，大选期间奥巴马确实比麦凯恩具有更高的新闻价值，如此，受众才不会认为对奥巴马连篇累牍的报道是一种媒体偏见。

从日常经验来说，要理解媒体信任属于——或者有一部分属于——基于过程的信任比较困难。这些与载体一同呈现的信息，如来自《人民日报》的信息，或者来自《新闻联播》的报道带着天然的制度性信任属性。相较之下，从新媒体的角度来理解基于过程的媒体信任更为方便一些。例如，受众对博客的信任就是一种基于过程的信任。受者最先可能只是随机选择浏览了某个博客，这一选择并不包含信任的成分。随后，通过持续性阅读博客内容、与博主互动、与博客内的其他留言者互动等反复接触，逐渐积累对该博客的信任。这种信任基于过程，建立在个体反复接触的基础上，存在于博客的阅读者和写作者之间。人们对传统新闻的信任不会因新闻记者是谁而有太大的改变，但对于博客而言，博主的个体属性和阅读者与博主之间的接触程度决定了信任的程度。

以过程为基础的信任受利益交换物价值的影响。交换物质的价值越大，人们对信任的期待就越高，人们需要付出的信任也越高。Vanacker 和 Belmas（2009）因此认为，对媒体的信任低意味着人们对媒体的涉入程度高，代表人们将自我视为媒体行为的“当局者”，并且持有大量的“赌注”。正是由于对媒体的重要性评价甚高，才会提出较高的信任标准。人们可能对八卦小报的可信度评级高于主流报纸，因为他们对八卦小报信任期待值比较低。这种现象为新闻可信度的测量方式提供了一个新的视角：要将新闻可信度和新闻使用动机作为两个变量分别测量，探讨两者的交叉影响，不能笼统地将不同类型和不同功能的媒体混为一谈。

3. 基于制度的媒体信任

在传统的以家庭、部落或社区为单位的社会中，媒体不是人们获得信息的唯一管道，甚至不是主要管道。人们能够通过个体经历和人际传播等渠道获取信息。即使是在大众媒体发展的早期，读者也能够通过其他渠道，如口耳相传和私人通信，来检验信息的真伪。但现代社会中，信息的总量与个体能直接接触的信息量之间的差距非常大，使个体无法通过非媒体信息来检验媒体信息的真伪（Tsfai & Peri，2006）。受众可以对某一条新闻的真伪提出质疑，但却缺乏直接对整个新闻业的可信程度做出判断的能力（Jackob，2010）。个体只能依赖于媒体行业的可信度和从业者的职业道德水准来被动地交付信任。因此，媒体信任属于直接针对专业主义的个人或机制/机构的信任，后者从属于以制度为基础的信任。

现代社会的媒体权力来自媒体对受众无法接触的信息来源的垄断性控制。这种个体和媒体系统之间的在信息资源上的不对称性，使得个体对媒体的依赖不可避免。这种依赖关系与社会结构的复杂程度成正比，与社会的多元程度成反比（Ball-Rokeach，1998）。Luhmann（2000）认为，个体对大众媒介的依赖来自现代社会的复杂性本质。社会的复杂程度越高，人们便越需要信任这一机制来减少不确定性。另一方面，社会的多元程度越低，受众的媒体依赖就越强。当人们无法从其他渠道，如政治机构、社会团体、专家学者、私人组织、社区网络等处获得替代性信息，便只能无从选择地依赖媒体和信任媒体。

基于制度的媒体信任意味着媒体信任与媒体所产生的社会制度形态密切相关。在大量的媒体信任调查中，中国媒体信任往往在80%以上，并持续平稳；美国媒体信任则往往在50%左右，且一路走低。有鉴于此，Liu 和 Bates（2009）认为，不同社会体制下的媒体信任不能同等比较，因为两国媒体信任的评价机制并不相同。在营运机制方面，美国媒体是从公共利益导向向商业利益导向的过渡和混合，而中国媒体则主要是政治宣传导向和少量的商业利益导向；在功能机制方面，美国媒体致力于专业主义，而中国媒体致力于权威主义；在文化身份认同机制上，美国媒体致力于文化的多元化和身份的异质化，而中国媒体则致力于文化身份的统一化。身处于不同政治制度和媒体制度下的受众因而采用不同的标准来感知和评价媒体信任。

近年来，媒体信任研究开始向宏观要素转向，关注如政治体制、媒体所有制等体制性因素对媒体信任的影响。其中，政府对媒体的控制程度是影响人们媒体信任的感知重要因素，但在不同的国家体制中，其具体影响形式却是截然不同的。Tsfati 和 Ariely（2013）对44个国家的一项调查发现，宏观体制性要素影响媒体信任。国家经济水平越低，民主程度越低，腐败程度越高，对物质生活的追求越高，民众的媒体信任越高。当控制了这些宏观体制性要素之后，仅电视媒体的国有化程度与媒体信任正相关，即国家在电视媒体中的股权比例越高，民众对媒体便越信任；与此相反，在控制了体制性要素之后，报纸媒体的国家控制程度与公众媒体信任感知之间的关系消失了，这意味报纸的媒体信任受体制性要素的直接影响更加显著。罗文辉等（2013）对大陆、香港、台湾三地电视新闻主播可信度的调查表明，受访者对三地主播的可信度存在较大差异，其主要原因可能是政治社会体制差异与媒体环境不同。香港电视台一直为民营机构，受政府干预较少，且主持人素质较高，获得最高的媒体信任评价；台湾媒体则由于政党属性明确，且互相对立，而主播多新人，形象占优但素质欠佳，获得最低信任评价；国内媒体均为国有或共营，但受惠于全国性的新闻联播政策，使得主播曝光率高、形象好，其可信度位于香港和台湾之间。

三、媒体可信度

华语学界对媒体信任的讨论常常使用“公信力”这个词，并且将其对应翻译为 media credibility。这不论是在用法上还是译法上都是不尽准确的。Media credibility 对应翻译为“媒体信度”或“媒体可信度”，在研究中常常涉及对媒体信源属性、渠道属性、信息属性、受众属性等内容的讨论；但“媒体信任”这一概念则较为宽广，是社会语境下的关系概念，关乎公众与媒体的关系，有着特定的产生机制和层次，对应的词是 media trust。

媒体可信度是新闻传播学科对“媒体信任”进行研究的可操作性切入点。最早的媒介信度研究可追溯到 1936 年对新闻准确性报道的研究（Charnley，1936）和 1950 年代霍夫兰（Hovland）等所领导的耶鲁大学研究小组对新闻信源信度与劝服效果关系的研究（Hovland，Lumsdaine & Sheffied，1949；Hovland，Irving & Kelley，1953）。这类研究开辟了以量化方法研究媒体可信度的基本模式：从信源、渠道和/或信息属性出发，分离出媒体属性的相关自变量和一系列受众对可信度感知的因变量，并通过调查法或实验法，探究这两类自变量和因变量之间的关系。

但这类研究路径的弊端在于，将媒体信任中最容易测量的部分——媒体可信度——标准化，那些不能够或不方便测量的部分却因而更难以获得关注。譬如，媒体可信度通常要求问卷受访者或实验受试者单独汇报其对某一新闻、节目、媒体单位或媒体类型的报道在准确性、公正性、权威性、客观性等指标方面的感知。这种测量方式是最容易标准化的，但媒体信任所涉及的其他方面，如媒体的社会关怀和社会责任、媒体的盈利需求与公正诉求，媒体与其他社会单位之间对公众信任的相互作用等，却不能通过可信度研究得到完全解答。而这些不易量化的部分却恰恰是媒体可信任研究的缺失所在。

如同媒体信任一样，媒体可信度也是一个复合概念。关于媒体可信度的本质属性存在着诸多争论。主要的分歧在于：媒体可信度究竟是一种属性描述还是一种关系描述（O'keefe，1990）。所谓属性描述，是指认为媒体可信度是媒体本身的一种特性（Markham，1968；Mulac & Sherman，1975；Bucy，2003）；所谓关系描述，是指媒体可信度是受众认为某一媒体可信任的程度，是信息接收者对信息发送者的一种可信度感知（perceived credibility）（Gunther，1992；Metzger，Flanagin，Eyal，Lemus & McCann，2003；Freeman & Spyridakis，2004）。这一定义方式似乎更符合学者们的研究需要。

鉴于媒体信任的主体是一种制度性信任，媒体可信度作为媒体信任的表现形式之一，更确切的定义应当是受众对媒体可信任程度的一种综合主观感知：第一，这种感知是主观的，但是受到信源、媒介、信息以及受众本身等客观特质的影响（Flanagin & Metzger，2007）；第二，这种感知是由信息的接收者完成的，在个体层面上是情境化的，随具体信息、语境和个体特征的变化而变化（Freeman & Spyridakis，2004）；第三，但在社会层面上，作为一种综合的主观感知而言，则是相对稳定的，是抵消了个体差异和个体变化之后的一种稳定的社会关系概念。

（一）信度常见评价标准

早期媒体信度研究的重要特色是对媒体信度这一概念加以量化和操作化。这类研究需要解决的问题是媒体信度的具体评价标准。1970 年代到 1980 年代大多数此类研究都是以调查的方式，通过因子分析提取对媒体信度感知具有显著影响力的构成面向（Jacobson，1969；Berlo，Lemert & Mertz，1970；Rimmer & Weaver，1987；Meyer，1988；West，1994）。

这些研究中，最重要的研究是美国报业编辑人协会（The American Society of Newspaper Editors，ASNE）于 1984 年至 1985 年进行的全美电话调查。研究使用的 16 个题项最终被提取为报道信度（credibility）和社会关怀（social concern）两大要素。Meyer（1988）对这一调查数据的二次分析表明，只需要使用下列 5 个题项：公平性（fair）、无偏向性（unbiased）、完整性（tell the whole story）、准确性（exact）、可靠性（trustworthy）就足以测量媒体可信度。这五项指标遂成为目前最为常用的信度测量指标（West，1994）。因子分析除了提取了信度测量指标的构成要素，更重要的意义在于表明概念本身的多维性（multi-dimensional）（Bucy，2003）。

Schweiger（2000）将可信度对象划分为六个层次，由顶端到基础分别为：第一层次，呈现者（presenter），包括新闻主播、评论员、记者；第二层次，信源（source），指消息内部某一段事实、引语或观点的提供者，如学者、专家、政治人物等；第三层次，编辑单位（editorial units），如某一个节目、某一篇文章；第四层次，媒介产品（media product），如某一媒体组织、媒体品牌，如《时代周刊》、《纽约时报》、CNN 电视等；第五层次，媒介类型的子系统（subsystem of media type），如公共电视、通俗报纸、新闻杂志等媒介渠道中的亚类；第六层次，媒介类型（media type），包括报纸、电视、广播、网络等媒介类别。这表明，媒体可信度不仅仅是一个复合概念，而且还是一个层级性复合概念。这六个层级形成了一个金字塔式的层级系统。每一层级的信度都建立在上一个层级的基础上，并且彼此交互影响。这种影响既包括不同层级之间的垂直影响（如电视媒介的整体信度影响人们对节目信度的感知），也包括统一层级内部不同媒介类型之间的影响（如不同网站类型之间信度评价的相互影响，或者同一文章内部不同专家言论之间的一致性/不一致性对文章信度感知的影响）。

正是由于多元维度的存在，可信度这一概念的测量方式本身就影响着测量结果（Gantz，1981；Rimmer & Weaver，1987）。例如，Harris（1992）调查结果表明，1966 年到 1992 年美国人对报业“非常信任”的一直不超过 29%。Roper 在 80 年代初的调查表明只有 18%的人对报业“非常信任”（National Opinion Research Center，1993）。但这些方法本身被认为是过于粗糙的。Kohut 和 Toth（1998）认为调查中“报业”（the press）一词在人们心目中是缺乏亲切感的全国性媒体而不是信任度较高的地方媒介，如果使用“新闻媒介”（news media）一词，所得到的调查结果要正面得多。1997 年，50%的受访者表示对新闻媒介满意和非常满意（Pew Research Center for the People and the Press，1998）；当对调查对象进一步细化时，66%的人认为地方电视新闻满意和非常满意，只有 6%的人认为地方新闻令人非常不满意（Electronic Media，1995）。

Newhagen 和 Nass（1989）指出，1950 年代后大部分可信度的研究都在寻求发掘可信度的各个层面，但是这些研究的可比性却值得怀疑。当时，电视的媒体可信度普遍被认为高于报纸，这似乎与人们的日常经验相反。因为在日常经验中，报纸往往被认为是较为严谨和具有深度的，而电视则主要是提供娱乐和休闲。Newhagen 和 Nass（1989）将研究目光投诸可信度的评价标准而非可信度本身。研究发现，公众对电视和报纸的可信度评估是从不同的分析层次进行的：人们倾向于将电视新闻视为一种个体信息互动行为，主要采用人际信任标准：主持人的业务素质是最重要的影响因素，其次是电视记者的职业道德水平，然后才是对电视机构的信心；相反，报纸被认为是组织的，主要采用组织信任标准：首先是对报纸机构的信心，其次是记者和编辑的职业道德水平。进一步研究显示，小型报纸媒体信度的主要标准依赖于记者和编辑的职业道德水平，而大型报纸则主要依赖于人们对报社机构的信心。这一结果意味着人们对不同的媒体、乃至同一类媒体的不同类型也采用不同的信度标准。据此，对各种媒体的比较除了用统一的问卷外，还应根据各媒体的差异深入获取信息。

（二）媒体信度的类型和影响要素

按照对自变量切入的分析角度不同，对媒体可信度的研究通常分为信源可信度（source credibility）、媒介可信度（medium credibility）、信息可信度（message credibility）三类。早期研究主要从信源信度和信道信度两个角度切入，但近年来，学者们一般认为，媒体可信度是信源、媒介、信息以及受众属性（audience attribution）四个变量共同作用的结果（Wathen & Burkell，2002）。

1. 信源可信度

信源是信息产生的源点。它可以是人、群体、机构、文化和意识形态，各自以其本身的特性影响人们对其提供的信息的可信度感知（Markham，1968；Mulac & Sherman，1975）。信源可信度的研究认为，媒体信源的可信程度是影响媒体信度感知的主要因素（Jo，2005）。

对信源可信度的研究是最早的媒体信度研究类型，可以追溯到霍夫兰及其同仁的劝服研究。大量的早期研究发现，专业程度（expertness）和可信程度（trustworthiness）是最影响可信度感知的两个要素（component）（Hovland，et al.，1949，1953）。前者是指在多大程度上信息的发出者被认为是见多识广的和睿智的（informed and intelligent）；后者则是指在多大程度上信息的传递者被认为是不带劝服目的的和公正无私的（absence of persuasive intentions and impartiality）。后续研究者在此基础上进一步探究信源可信度的构成面向。如 Berlo 等（1970）将安全（safety）、资格（qualification）和活力（dynamism）作为信源的三个指标；Whitehead（1968）在此基础上增加了能力（competence）和客观性（objectivity）两个因素等等。

近年来的研究逐渐将信源可信度作为媒体可信度的一个层面而非媒体可信度本

身。通常来说，人们认为一个信源越可信，对信源所提供的信息的可信度评价就越高（Freeman & Spyridakis，2004）。用推敲可能性模式（elaboration likelihood model，ELM）理论解释，这是人们将信源特质当作线索，通过边缘路线而对信息可信度做出的捷思式判断。人们将对专家的信任转移到对信息的信任上，从而在信源可信度和媒体可信度之间建立起正相关关系。

2. 媒介可信度

媒介可信度研究认为，信息载体的可信程度影响媒体可信度感知（Bucy，2003）。第一类研究是单纯以媒介为唯一自变量或主要自变量的研究。这类研究有两个高峰期，第一个高峰期是媒体可信度研究刚刚风行的1970年代末至1980年代初，媒介类型作为主要的自变量分类被广泛采用。这类研究多数是以大型调查的方式进行，收集和分析不同的媒介渠道，如报纸、广播、电视等媒体在总体层面上的可信度差异（Abel & Wirth，1977；Gantz，1981）。第二个高峰期是1990年代末至21世纪初，互联网作为新的媒体单位出现并风行，催生了新一轮关于媒介可信度的讨论（Schweiger，2000）。

Burns W. Roper是早期媒介可信度研究方面的重要人物，不仅仅因为他最早开始进行关于媒介可信度的大型调查，更在于他所进行的调查的持续性。从1959年开始，每隔两年就进行的Roper调查提供了关于美国社会媒介可信度感知的简明变迁史。当人们被问及"当不同媒体渠道提供了相互冲突的信息时，你更倾向于信任哪一种媒体?"时，选择信任电视媒体的人数从1961年开始首次超过了报纸，并就此逐年拉大。这就是在媒介可信度的研究中每每提及的1961年转折点的由来。

但更为严谨的研究者认为Roper的调查方法过于笼统。Westley和Severin（1964）最早发现并提出媒介可信度的感知受调查对象人口统计学特征，如年龄、性别、教育程度、媒介使用频率等因素的显著影响。这种研究方法至今依然为大多数的媒介可信度研究者所沿用。这类研究得出的结论是各个不一的，依赖于调查对象、调查内容、调查方法、调查量表使用等等诸多因素。例如，有的研究发现报纸的可信度等级高于电视、广播和网络（Flanagin & Metzger，2000；Kiousis，2001）；有的研究则发现电视获得更多的信任（Westley & Severin，1964；Abel & Wirth，1977；Finberg，Stone & Lynch，2002）；大多数的研究都发现网络信息的可信度最低（Pew Research Center，1996）；但仍旧有一些关于特定内容的研究报告了网络信息相对于传统媒介的可信度优势（Johnson & Kaye，1998，2009）。此外，不同媒介之间的可信度差异甚至受到地域、文化和国别等要素的影响（Gunter，Sancho-Aldridge & Winstone，1994）。

尽管研究者喜欢将不同媒介的可信度分离比较，但受众往往是同时使用多种媒介来搜寻、获得和评估信息的。人们对不同信道的信度评价往往是高度相关的：认为电视比较可信的人往往也同时给予印刷媒介更高的可信度（Newhagen & Nass，1989；Kiousis，2001）。这就是信道信度研究中的信度相关性效果（credibility correlation effect）。

Bucy（2003）在研究中发现了一种媒介协同效果（synergy effect）。对于不经常同时使用电视和网络的成年受众而言，如果通过电视和网络同时获取某一信息，那么，他们对电视或网络新闻的评价等级都显著高于通过单一媒体渠道（只观看电视新闻或只阅读网页新闻）获取信息的组别。随着多平台媒体使用行为的普及，这意味着通过多渠道传送并到达受众的信息能够产生媒介协同效果，产生更高等级的可信度感知。这就为多平台和跨渠道的媒体可信度研究提供了新的视角。

第二类研究试图将信息内容与渠道结合起来，研究不同媒体中同一信息类型的可信度感知。例如，Major 和 Atwood（1997）的研究发现，当关于自然灾害的预报不准时，电视的可信度等级并没有显著降低，而报纸的可信度等级则大幅下滑，表明电视可信度更具有稳定性和持续性；那些对政治消息感兴趣的网民认为网络报纸和网络候选人评述比传统媒体更值得信任（Johnson & Kaye，1998）；报纸和电视媒体所报道的民意调查比网络媒体调查更为可信（Kim，Weaver & Willnat，2000）。Flanagin 和 Metzger（2007）发现，即使同为网络媒体发布的同一条信息，具体渠道属性的不同也直接影响了人们的信度判断。在网站整体可信度、网站出资人可信度和信息内容可信度三个指标上，媒体机构的可信度评价最高，其次为公益团体和经济组织，个人网站最低（Flanagin & Metzger，2000）。

第三类研究在更抽象的层面上探讨媒介对于可信度感知的影响。针对报纸和电视等媒体的研究通常将纸张或电视默认为同质化媒介，鲜少对其技术内涵加以研究。相比之下，对互联网媒介属性的研究则非常多样。研究表明，媒介属性强烈地影响着人们对网络新闻可信度的感知，这些属性包括：网页中视觉信息的数量、网站的交互性、设计风格、信息深度、网站复杂性（Flanagin & Metzger，2007），编辑和广告内容之间是否具有明确分类，信息是否有第三方证明，是否提供联系方式，模板设计的专业性，导航目的明晰性，外接链接的数量和效度，广告和促销信息的有无，隐私保护与网页安全，过往信息保存等等（见 Freeman & Spyridakis，2004）。

3. 信息可信度

信息可信度是指信息本身的可信度，包括信息的形式（format）和内容（content）两个方面。如果内容之外全部的要素都视为形式，那么信息形式应当包含了信息的载体形式和展示形式。但在可信度研究中，通常将前者归于媒介可信度之下，而将后者视为信息可信度的研究范畴。

受众对媒体可信度评估的核心应当是对媒体内容的评估。理性受众应当将评估对象仅仅局限于新闻的内容本身，考虑内容与现实的契合度（Austin & Dong，1994）。但媒体可信度研究的悖论在于，对信息可信度的研究反而是最少的。研究者执着于考察信源、媒介、受众特质等周边因素对认知的影响，却反而对核心要素的分离和测量漠然置之。这其中部分原因在于，内容本身的变数非常大，难以通过调查法全部涵盖，或通过实验法简单控制。

在少数关于信息可信度的研究中，信息内容的主要衡量标准在于内容的质量（quality），或者说关于"某一条新闻是不是好新闻?"这类关乎新闻的评价标准问题。它通常包括新闻的准确性、即时性、完整性、信息强度等要素。这些都与信息可信度评估直接相关（Metzger et al.，2003）。Meyer（1988）的新闻信度五项因子：公平性、无偏向性、完整性、准确性、可靠性等通常可以用来量度内容可信度。

在信息形式上，事件被展示的方式（message presentation）决定了事件能否成为新闻。一条消息如果被冠以"记者从 XX 处获悉……"的"新闻体"，往往被认为是符合新闻行文规范的，也往往被认为具有更高的可信度（Sundar，1998）。类似的影响信息可信度感知的信息展示形式还包括语言的组织性，行文风格的规范性（Chartprasert，1993），语言的流畅性，使用的数据类型，论据的修辞手法、数量和严谨程度（McCroskey & Mehrley，1969），文章的形象程度，例子使用（Brosius & Bathelt，1994），引语使用（Sundar，1998）等等。这些因素之于新闻信度感知的影响当然不乏刻板印象的因素，因为读者凭借"新闻体"这种约定俗成的便捷方式来判断信息内容的专业性；但这些因素也是更接近消息本源的因素，应当成为受众日常信度评估的主要依据。

在大量关于认知反应的研究中，信息展示形式的数量与认知结果基本上呈现出倒 U 形关系。如 Edgar（2002）发现，"图片＋文字"形式的信息比单一文字信息获得的正面评价更多，但同时传递图像、声音和文字的信息获得的正面评价反而低于单一文字媒体。这大约体现出一种认知效果的倒U形结构，即形式要素的增加在一定范围内能够正面提高认知效果（Ibelema & Powell，2001），但当输入信息数量超过一定数值时，将会引发信息过载，或导致受众注意力转移或扭曲，造成认知效果的下降（Bucy，2004）。因此，Kiousis（2006）指出，并不是信息形式的数量，而是用户实际上使用或参与的信息形式数量影响了人们最终的可信度感知。这实际上是将信息形式问题转化为一个受众参与（audience participation）和受众互动程度（audience interaction）的问题。

4. 受众属性

《华盛顿邮报》编辑Ben Bradlee认为“可信度是一份报纸最珍贵的财产，它几乎完全取决于报道者的正直品质”。这样的宣言充满着新闻理想主义的热血，但关于媒体可信度评估和媒体偏见感知的很多研究表明，人们并不是将可信度视为媒体的固有属性，而是将其视为一种情境变量（situational assessment）(Berlo，et al.，1970)。换言之，人们对媒体可信度的评价并不是系统化和稳定性的，而是依话题特点、新闻语境、个人涉入程度等要素的变化而变化的。其中，影响信息评估的外在因素主要包括前面提及的信源、媒介和信息可信度相关要素，内在要素主要为受众特质。它包括以下几个要素。

人口统计学特征（demographics）。一般而言，在媒体可信度评估方面，女性对媒体可信度的评价高于男性，年轻人高于年长者，教育程度低的人高于教育程度高的人（Johnson & Kaye，1998；Finberg，et al.，2002；Freeman & Spyridakis，2004）。还有众多研究讨论性别、年龄、种族、教育程度等不同人口变量之间的交互关系对可信度感知的影响，也都发现这些变量对可信度的影响具有不同的互动效果（Westley & Severin，1964；Bucy，2003；Beaudoin & Thorson，2005）。

涉入程度（involvement）也是影响媒体可信度的变量。依据ELM理论，个体涉入程度越高，就越可能更彻底地寻找信息和进行更严格地评估信度，也就越不容易受语境影响而做出轻率的可信度判断（Petty & Cacioopo，1986）。但另一方面，高涉入度往往也意味着评估者个人对某种观点持有更广博的知识和更鲜明的立场，他们往往顽固而不易劝服。一旦人们对某个话题的知识增加，人们自身立场便很难改变。此时，对新闻可信度的评估就转化对新闻与自身立场契合程度（agreement/disagreement evaluation）的评估（Fox & Rainie，2002）。换言之，当人们以专家自居时，与自我立场相符合的信息才会被认为是可信的（Slater & Rouner，1996）。因此，在对信息高度涉入的情况下，人们做出的更严格的评估不一定更为严谨（Gunther，1992）。

媒体使用（media use）。一般来说，媒体使用与媒体可信度评估正相关（Wanta & Hu，1994）。人们对特定媒体的使用频率越高，对该媒体的可信度评价就越高（Westley & Severin，1964；Kim，et al.，2000；Matzger et al，2003；Freeman & Spyridakis，2004）。例如，网络新闻使用者往往认为因特网的可信度高于传统媒体（Pew Research Center，1996；Flanagin & Metzger，2000）；长期博客使用者认为博客信息比传统媒体信息更为可信（Johnson & Kaye，2004）。

其他要素，如信息使用后的信息查证行为（message verification）（Kiousis，2001）、咨询验证行为（information verification）（Flanagin & Metzger，2007）、对信息的感兴趣程度（Freeman & Spyridakis，2004；Armstrong & Collins，2009）、种族主义偏见程度（Melican & Dixon，2008）等都在一定的条件下影响着人们的媒体可信度感知。受众特质作为可信度感知的变量，更大的意义在于进一步表明，媒体信任是一种社会信任。它与社会族群的特定特征密切相关，并成为构筑特定族群社会信任的中介和组成部分。

概言之，对媒体信任的研究是从学术角度出发的一种方便性的归类，由此，学者们得以分离并测量单独变量，如信源、媒介、信息、受众本身等对媒体可信任感知的具体影响。但从受众角度而言，信任是一种总体的知觉结果。人们对媒体信任的感知不是割裂的，而是整体式的、一体化的。人们对新闻来源的信任会影响他们对新闻内容的信任（Greer，2003）；对新闻内容的偏见也会导致对信息渠道的偏见（Fico，Richardson & Edwards，2004）。在大多数捷思式判断中，人们依赖最易得的线索对媒体的总体可信任程度（overall credibility）做出判断。故此，媒体信任的构建应当是一项全方位的任务。

四、结语

媒体信任危机在1960年代初见端倪。当时，电视已经成为新的强势媒体，以不可阻挡之势冲击着报业和广播业的媒体版图。这种时间点上的契合并不排除这样一种可能性，即替代性媒体的出现引发了对既有媒体可信度的质疑。这并不奇怪。因为，如同在文章开头所提到的，信任的本质是试图将不确定性确定化，是信任施与者在无法控制的不确定性中，基于便捷性的线索而试图做出的确定性推断。它包含希冀，也隐含风险。而对确定性的追索以趋利避害是人的本能。新的替代性媒体为人们提供了验证信息的机会，人们可以通过电视上的信息来验证报纸的信息；半个世纪后，人们可以用互联网上的信息来验证电视、报纸、广播等传统媒体的信息。而信息，如同香农所说，本身就是一种不确定性的减少。这意味着，当更多的媒体渠道出现之时，人们能够掌握的事实增多了，对世界的不确定性也相应减少了。在人与媒介的相对关系上，人们可以比较少地诉诸主观的信任判断，而更多地诉诸客观的事实判断。如果仅仅从媒体角度而言，这或许意味着媒体崇高性的陨落。但如果着眼于社会框架下，这不过是人与媒体关系之中，基于道德、直觉和刻板印象的部分逐渐缩减，基于可用信息、理性和逻辑的部分有所声张。因为没有证据表明，当下的新闻业比 18 世纪党派报纸林立、恶意攻讦丛生的时代更为糟糕，所以，所谓的媒体信任下滑，严格上说，只是反映了民众感知的媒体信任下滑，而并非媒体行为的实际堕落。

这或许是一种进步，标志着媒体从基于制度的信任重新向基于属性和基于过程的信任的倾斜。人们不再只看媒体的品牌、历史或国家机构属性而赋予信任，而是基于对每一次媒体行为的评估做出累积式的信任判断。新媒体，如博客、微博等的出现更是推动了媒体信任的过程化转变。这或许标志了传媒对信息资源和公众信任之垄断的式微。

从这一意义上说，单方面的要求媒体反躬自省只是关注了“信”的内容，而没有真正理解“信任”的本质——这就回到开头的问题：“信”与“信任”是两个不同的概念。前者是社会伦理的范畴，是个体和组织本身所具有的值得他者信赖的特质；而信任是一种关系属性，是信任的施与者对信任对象的感知结果。从这一关系角度来说，媒体信任的下滑更大的意义只是表明，在媒体与公众的关系中，媒体先天的信任优势渐趋削弱。民众不再将媒体奉上神坛，而是以一般社会单位平视之，以一般逻辑手段检视之。

目前，对媒体信任的研究在方法上已经能够将媒体信任视为一种关系属性，但在义理上却似乎仍旧局限在伦理的范畴，要求媒体必须践行崇高的道德标准。学者们多数担心媒体可信度走低会影响媒体的信息传播效果，这在一定程度上是一种精英思维——民众是愚昧的、无知的、被教化的，传媒必须保持正直品格，才能保证民众获得正确的信息。但这种假设忽视了民众本身的信任判断能力，并颠倒了信任的主客体关系。民众允许如《苹果日报》一类的媒体存在，并能够自觉地对其赋予较低的信任期待值，这显示的是民众的理性而非愚昧。以此观之，这一趋势预示着媒体从宣传工具、政论工具向经济单位、娱乐单位的转变。

与经过工业革命洗礼的西方社会不同，华语社会有着漫长的人情社会传统和跨越式的现代化转型。在东方语境中，“信”之核心内涵或许并非关乎“赌注”和利益的经济学判断，而是关乎信誉和威望的道德判断。有鉴于此，华语学界对媒体公信力的研究当着眼于东方语境的特殊性。如，东方语境下信任的产生包括哪些途径？是否依旧可以划归为以属性、以过程和以制度为基础的三类？如果是的话，其具体产生路径有何差别？东方语境下政治体制、媒介体制以及政治—媒介关系的特质如何影响了媒介公信力的产生、偏向和后果？官办媒体携官方背景对公信力判断的影响是否会随着全球化进程下的数字公民一代的成长而削弱或消弭？这些都是试图在东方语境下开展媒体公信力研究的学者所需要特别注意的问题。

此外，新媒体的发展不仅仅是一种新的介质和平台，更改写着信任的构成形态。传统媒介的公信力有赖于其权威地位和垄断资源，但互联网却为个体提供了平等的虚拟身份和信息获取路径。以开放源软件和维基百科等为代表的网络技术和网络产品向用户开放，代表了数字时代媒体信任从权威性（authority）向可靠性（reliability）的转变：真正值得信任的是那些经过不同的人多次重复测试仍旧能够保持一致性（consistent）和可靠性（dependable）的东西（Lankes，2008）。这隐隐带有媒介信任从以制度为基础的信任向以过程为基础的信任的回归感：不仅仅是信息的内容和质量，而且是信息产生的过程和方式影响着公众对媒体信息和媒体本身的可信度评估。这种转型当引起业界和学界的高度重视。

尽管技术的发展伴随着更不易觉察的隐性控制和信任感知影响，它同时也赋予了民众更丰富的信息判断资源和更确切的信任推测手段。2012 年，中国的一项调查表明，网络与微博的媒体信任程度（67%）已经超过了报纸和杂志两大传统纸质媒体（54%）（鄂璠，2012）。这种信任感知也许并不能确切地反映媒体行业的真实状况，却反映了民众与媒体行业之间的相对信任关系。作为民众的主观判断，信任向新媒体行业的倾斜传达着对既有媒体体制的质疑和对自由信息内容的倚重。这或许是媒体可信度研究之外，媒体信任研究的一个新的维度。

延伸阅读

Fico，F.，Richardson，J. D.，& Edwards，S. M.（2004）. Influence of story structure on perceived story bias and news organization credibility. *Mass Communication & Society*，7（3），

301 - 318.

Golding, P., Sousa, H., & Zoonen, L. V. (2012). Trust and the media. *European Journal of Communication*, 27 (1), 3 - 6.

Gunther, A. C. (1992). Biased press or biased public? Attitudes toward media coverage of social groups. *Public Opinion Quarterly*, 56 (2), 147 - 167.

扫一扫，

浏览本章参考文献

第四部分

媒介效果研究新领域与新兴媒体研究

第十三章　娱乐媒介及其效果研究

文｜周树华　叶银娇　徐洁

摘　要

与华语电视节目掀起一番又一番的娱乐热潮相比，目前华人学术界对娱乐的研究却不够广泛和深入。本章集中论述了娱乐的定义和娱乐在西方和中国的发展历程，并进一步深入论述了娱乐的社会功能和心理功能，包括娱乐对社会关系创造和维持的作用、娱乐的幽默和喜剧效果、娱乐的遁世作用和情绪调节作用。本章还针对华人学术界对媒介娱乐的研究刚刚起步的状况，对将来如何研究媒介娱乐提供了建设性的建议，包括从社会学的角度探讨娱乐的起源和功能、从人类行为和信息处理机制的角度研究娱乐以及运用各种心理学范畴的概念对娱乐现象进行解释等等。希望本章能够对华人学术界的娱乐研究起一个抛砖引玉的作用。

关键词

娱乐、社会功能、心理功能、娱乐理论

一、引言

从美国CBS的《幸存者》(*Survivor*)到中国的《欢乐英雄》，从FOX的《美国偶像》(*American Idol*)到中国的《超级女声》，从卓别林的喜剧电影到冯小刚的贺岁片，从斯皮尔伯格的好莱坞大片到张艺谋的商业电影，娱乐似乎是现代社会特别是媒介的最佳写照。比如，电视广告最初的目的是介绍和推广产品和服务，但现在相当部分广告以幽默和戏剧的形式来表达，目的是娱乐观众，为其产品建立良好的形象。同样，一些教育节目也将一些科技知识以娱乐的形式推给观众。就算是电视新闻也一改以前照本宣科的习惯，以灵活多样、引人入胜和讲故事的形式来吸引观众的眼球。

纵观美国的电视节目，四家全国电视网黄金时段基本上被真人秀［如《与星共舞》（*Dancing with the Stars*）、《幸存者》（*Survivor*）、《减肥达人》（*The Biggest Loser*）、《美国偶像》（*American Idol*）］、情景喜剧［如《好汉两个半》（*Two and A Half Men*）、《居家男人》（*Family Guy*）］和体育节目垄断，在这段时间出现的新闻多以新闻杂志的形式出现，追求的不是信息量，而是戏剧化的故事。有线电视更有几十个体育频道和30多个电影频道，娱乐确实在大行其道。事实上，经济学家Wolf（1999）认为，驱动现代社会经济发展的不是汽车，不是钢铁，也不是金融服务，而是娱乐。有断言说商业娱乐在21世纪的大行其道就如同石油在20世纪的重要性一般。这是一个娱乐的时代，人们在拥有追求幸福权利的同时，如今也享有充分的娱乐权利。

二、娱乐的定义

文化、技术和现代社会都将我们推到同一方向——娱乐。那么，怎样为娱乐定义呢？回答这个问题的困难之处在于对娱乐的诸多误解，主要体现在两点上。第一，娱乐被认为是媒介提供的一个商品，根据这一观点，有些媒体的内容是娱乐，有些则不是。电视剧、电影、情景喜剧、体育等等是娱乐，而新闻、纪录片和教育片则不属娱乐。这种观点源于行为科学的简单认识：娱乐节目使人娱乐，而非娱乐节目则不可能使人娱乐。现代心理学则认为媒介受众也起着一定的作用，观众可以有目的、有计划地决定他们将会在何种节目、何种内容中得到乐趣。第二个误解是将娱乐和信息对立。这种观点认为，节目的信息量越大，娱乐性就越差，换言之，观众得到的乐趣越多，他们学到的知识就越少。很显然，这种观点也是站不住脚的，观赏奥林匹克比赛是一种娱乐，但观众也能从中学到他国的风土人情、竞赛知识和人类的生理、心理极限（Vorderer，2001）。

以此看到，娱乐可被看作是一种通过表现喜怒哀乐或自己和他人的技巧而予以受者喜悦，并带有一定启发性的活动（Bryant & Miron，2002）。很显然，这种定义是广泛的，它包含了悲喜剧、各种比赛和游戏、音乐舞蹈表演和欣赏等等。

三、娱乐的发展历程

在17世纪中叶前，西方文明被神权控制。社会基本上由两个阶层组成。贵族、教士和官员被簇拥在社会的金字塔顶，他们的生活、仪式、艺术和娱乐都被赋予了一层神圣的色彩，不可亵渎。而由农民和商人组成的下层社会，他们的生活被认为是低贱的，因此他们的娱乐和艺术不值一提，是简单和粗陋的。这个时期精英与大众壁垒分明，他们各自的娱乐在表现方式上差别很大，但是共同点同样存在，即这些都是人们追求快乐行为的表现。与其说两个阶层的娱乐在方式与功能上有差别，不如说他们的目标受众有本质的区别。

17 世纪中后期，社会结构的简单二元化被新进的一种社会力量打破了，这就是中产阶级。随着中产阶级的崛起和社会结构的进一步分层，社会角色大大丰富了。这个阶层的较高受教育程度为他们开启了歌剧、公共音乐表演、读书俱乐部以及沙龙的大门。他们为社会创造了可供休闲娱乐的金钱，同时自身日益增长的经济实力也使他们具备了与贵族阶层争夺艺术创作者的实力，后者让艺术家或者娱乐从业者完成了从当权者的服务生到职业人员的角色转变。在政治领域，当权者同样要保持社会和秩序的稳定，为了便于管理，艺术和娱乐第一次被机构化了（Zillmann，2000）。

西方市民社会的崛起，其影响是巨大的。社会从上而下的结构被原子化的机械模式所取代，个人成为主体。从 18 世纪早期开始，艺术和娱乐渐渐成为一种商品。娱乐从业人员的生存取决于他们能提供多少满足不同公众消费口味的产品。这是一个不同的世界，尽管艺术和娱乐提供快乐的基本功能没变，但是机构化、职业和技术人员管理的娱乐界为这个世界提供了不同的图景。艺术被产制、扩散、赞助和批评。这时，“娱乐”这个概念成为了一种广泛认同的社会行为。以前从来没有一个时期像当时那样，人们对“非严肃”（unserious）的社会行为有如此大的兴趣。越来越多的人开始消费娱乐产品，付费得到娱乐。这些人受过相对较高的教育，经济能力不俗，他们也正在成为社会的中坚力量。从 17 世纪以后，娱乐活动开始成为与吃饭、祈祷和工作相似的功能型行为（Zillmann，2000）。当然，中产阶级并不是铁板一块。它同样有着复杂的结构组成，不同的群体都有自己独特的审美偏好和娱乐品味。19 世纪早期，中产阶级使娱乐彻底摆脱了过去单一的赞助体制，一种新的判断娱乐产业成功与否的标准出台了：销售量。它能赢利吗？这成为大家关心的问题。这种赢利可以通过采用节约成本的技术创新获得，也可以倚重商业活动的推广，但最关键的还是给消费者他们想看的东西，所谓的迎合受众也许就从此开始了。为了娱乐产品的市场前景，贴近生活、服务民众、产品多样化的理念出现了。与此同时，与娱乐产品相关的规范、法律也在制定和完善。

从19世纪中叶开始，以便士报的出现为标志，大众媒体应运而生。娱乐的“大众”时代来临。受商业理念的驱使，人们很快意识到，也许真正的大众从未存在过，羊脂虽好，众口难调。

娱乐业是一门历史悠久的行业，而大众传媒的迅猛发展是20世纪开始的事情，将传媒与娱乐全面地结合在一起则是近十几年现代高科技发展的结果。

如今娱乐同空气、水一样，成为人类基本的调适元素。人们对信息的价值判断意义减少，替代性满足上升，娱乐需求激增。近年来，欧美新闻节目惨淡经营，退出黄金时段，真人秀、《百万富翁》等娱乐、游戏、影视剧风靡世界，在一个消费社会里，娱乐性节目的风行，有它自身的现实合理性。传媒的娱乐化已不单纯指娱乐性内容所占比重越来越大，即使是严肃新闻也竭力用娱乐性来包装。20世纪90年代末期以来，由于各种传媒之间的激烈竞争，也由于处在特定历史状态中的电视消费群体的娱乐需求的增加，电视的娱乐化倾向越来越明显。它们提供的是一个欢乐的平面，一个世俗化的万众同乐世界，因此，电视已成为现代社会人们重要的娱乐、休闲的工具。

娱乐在中国的进程于近代前与西方几乎毫无二致。精英与大众，阳春白雪和下里巴人，宫廷艺术与民间技艺，二重分野延续了几千年。统治阶层的娱乐是诗意和正统的，普通民众只能望其项背，期盼这种享受也能飞入寻常百姓家。

在“政治挂帅”的年代，传媒的功能是教化和灌输，那时的社会没有娱乐的位置。经过30多年的改革开放实践，中国文化娱乐事业获得长足发展，受众的娱乐消费心理日益突显。随着人们生活的多样性和娱乐业的发展，娱乐已经成为人民生活的重要组成部分，甚至成为人们的一种生活方式。中国的娱乐产业有着广阔的前景，尤其是媒体娱乐：电视、互联网、手机用户、网民数量已经是全球第一，媒体是增长最快的消费品。影视传媒也毫不逊色，比如《泰囧》一个月票房达12亿、《致我们终将逝去的青春》16天破6亿、《中国合伙人》3天破亿，屡创票房奇迹。中国的娱乐资源十分丰富，市场前景令人期待。国内首家娱乐产业信息咨询机构艺恩咨询（2012）发布的《2011—2012年中国文化娱乐产业报告》预测2014年整个文艺产业（包括电视电影、动漫、新媒体、网络游戏、在线视频等）规模将接近2 000亿，为2007年的近5倍。普华永道（2014）发布的《2014—2018年全球娱乐及媒体行业展望》预计到2018年，中国娱乐及媒体总支出的年均复合增长率将达到10.9%。2013年至2018年期间，预计数字化娱乐及媒体总支出（不包括互联网接入支出）的年均复合增长率将达15.5%，占中国娱乐及媒体支出增长的53%。

四、关于娱乐的争论

很多年来，关于娱乐属性，健康的还是腐朽的，传媒业是应该限制还是应该发展，以及如何发展的争论就没有间断过，东西方都莫过如是。自大众传媒诞生以来，人们对其效果的关心远胜于对功能的经验审视。当今对娱乐的非议主要涵盖以下两个方面。首先是关于它本身，有人认为它是不健康的、低俗的、粗陋的、哗众取宠的。负面的娱乐自然带来负面的后果。长期浸淫在娱乐世界中的人容易逃避现实，审美趣味低下，以致缺乏责任感。为什么我们会批判娱乐？这是有深刻的历史、社会和心理根源的。从历史上来说，西方的主流价值观是基督教或新教赋予的，东方则与孔孟文化结伴而行。两者的共同特点是对真善美的追求，对坚忍、自察、自律的大力弘扬。苏格拉底说过，“不受检视的生活是没有意义的”。孔子赞赏“克己复礼”，孟子也说：“天将降大任于斯人也，必先苦其心志，劳其筋骨，饿其体肤”。由此我们可以看到，这些被崇尚的原则与娱乐的些许沉迷、自我放纵和快乐至上几乎背道而驰。其次，从社会的角度来说，娱乐最为人所诟病的是它“脱离现实”的特性。现代人生活节奏快，压力大，焦虑、不安全感随之而来，挥之不去，怎么办？娱乐吧。它会让你暂时忘却痛苦，生活在媒体创设的假现实（pseudo-reality）中不可自拔。久而久之，人丧失了面对现实、挑战现实和改变现实的勇气和能力，变得消极、缺乏责任感和作为能力。有极端者如哲学家帕斯卡尔（Blaise Pascal）甚至断言：“所有的大众娱乐都是对基督徒生活的威胁。”在西方，虽然加尔文教（Calvinism）的影响已经渐渐淡化，但是原教旨主义对救赎和末日审判的价值遗产仍有很大市场，工作与玩乐、自我否定与自我沉迷、个人主义与集体主义、沉思冥想与简单狂放、精英品位与大众行为的论争从未停止。即便是追求快乐，快乐的道德说（fun morality）也占据了重要一席（Zillmann，2000）。人们对娱乐的疑虑和保留一直存在。在心理方面，主要的担心集中在两方面，一是娱乐行为会释放人们的无聊情感和欲望，压抑多时的利比多（libido）浮出水面，而隐匿在人心深处的情感一旦爆发，我们很难对此有积极的期待。二是娱乐导致的幻想（fantasy）会大行其道。

五、大众娱乐的社会功能

很难想象现代社会失去了大众传媒提供的大众娱乐将会成为何种社会。社会学研究表明，娱乐和生存性劳动是反比的关系。也就是说，一个社会的工作条件越优越，报酬越高，工作时间越短，娱乐的需求性就越高，而这种需求也越容易满足，因为工薪阶层有精力、时间和金钱来满足这些需要。娱乐是和经济宽裕而不是经济贫乏有密切联系的。在美国，对娱乐的强调被认为是对“美好生活”追求的体现。Mendelsohn（1966）的研究表明，现代美国超越所有阶层的一个价值观就是对“美好生活”的向往——无忧无虑，不为需求和劳动所困的生活。这种生活的特点就是有足够的金钱和时间。我们可以把大众娱乐看成美好生活的一个组成部分，而不是劳动或其他困境的避风港。因为在困境中人们寻求的往往是精神（如宗教）的支持和帮助，而非娱乐。著名社会学家 Gans（1975）也持同样的看法。他对波士顿贫穷小区的研究表明，大部分人都不认为利用大众娱乐的目的是逃避，而是对他们向往人生的一种追求。另外的研究表明，追求娱乐是现代生产力高速发展的结果。与我们的祖先迥然不同，我们不再担心下一顿吃的在哪里，我们追求的是如何过得更好。“幸福快乐”成为人们生活的重心，这是因为日益增强的经济实力使得人们更加注重个人的生活体验。

不可否认，大众娱乐和烟酒、暴力、性一样有“遁世”的功能，尽管如此，社会学家 Veblen（1934）提出的模仿理论（emulation）也认为经济贫匮阶层的目标往往不止于物质富裕，他们都仰望有闲阶层的休闲生活，以他们多姿多彩的生活作为模仿对象。Veblen（见 Bowles &Park，2004）认为，模仿是消费理论的基石：人们极力想成为某种类型的人。这也适用于娱乐消费。大众媒介则将以前只属于皇家贵族的娱乐搬上了大众舞台，娱乐从此被移植到社会的范畴。人们再不用雇佣宫廷乐手，不再为掏不出歌剧票的费用而烦恼。电视将体育比赛、歌舞戏剧悉数展现，现代科技使不同经济阶层的人们享受同等的娱乐。这种社会秩序的主要贡献是将社会各界的生活方式拉近了，这种距离的缩短使以经济为阶层分界线的社会逐步过渡到以地位为分界线的社会。

大众娱乐的另一个社会功能是群体之间的分享更加频繁和紧密，这体现在观看、讨论和评议电视剧主人公的遭遇和命运、球赛的成败、歌唱比赛选手的表现等等上。大众娱乐无疑为社会关系的创造和维持提供了润滑剂。在大多数情况下，因为大众娱乐和观众本身的现实生活没有利害关系，所以娱乐的话题使人与人之间的交流显得容易。

六、媒介娱乐研究课题

娱乐研究相对其他领域的研究历史较短，在国内更是刚刚起步。那么，有志于娱乐研究的学者可以开发哪些课题呢？概括来说，课题可分三大类。

第一，从社会学的角度探讨娱乐的起源理论、娱乐的功能，娱乐对价值观、人生观和伦理的影响。我们前面谈到娱乐的发展历程，主要的观点认为中产阶级的产生使休闲和消费成为可能而催化娱乐。必须指出，有学者从进化论的角度认为娱乐是性选择（sexual selection）和创造性智力（creative intelligence）的结晶，物种因为择偶而发展的创造性（如孔雀开屏）使娱乐成为可能（Bryant &Vorderer，2006）。但这一类的研究仅停留在构想阶段，大量的推理和实证工作还有待进行。

第二，从人类行为和信息处理的机制开发课题。如以行为动机解释娱乐。这种观点认为娱乐的存在是与先天性动机（intrinsic motivation）有关的。人类从婴儿时期就活泼、好奇，Ryan 和 Deci（2000）认为这是一种求知和探讨的天性。因为娱乐活动常给人新鲜感、挑战性和美感，它们满足了人类对这些需求的动机。是否如此，大家可以进一步探讨。信息处理的另一基本机制是注意力。娱乐研究可从注意力的基本原理探讨各种娱乐节目对注意力的影响，比如节奏的快慢、制作技术的运用、特技的多寡、人物的吸引度和节目的新鲜感。这一类的研究在电视信息处理上表现居多，但专门针对娱乐的研究则较少。同样道理，上述的既有变量也可以用于探讨它们对人们理解和记忆信息以及对信息处理的影响，而利用娱乐媒介进行上述研究至少可减轻参与者的信息疲劳和增加他们的兴趣。

第三，以各种心理学范畴的概念对娱乐现象进行解释。这类研究概括起来可以从三方面进行。其一，研究各类娱乐节目对观众心理的影响；其二，通过研究各种心理机制，如幻想机制、认同机制和投入机制，来认识娱乐的作用和效果；其三，通过对娱乐的研究发展娱乐理论。目前已有不少成型的娱乐理论。因为从心理学的原理探讨娱乐研究有着广阔的空间，我们将在这里做较详尽的论介。

七、娱乐的几种类型

（一）喜剧片

娱乐节目中的喜剧片就是一种故事片，它富含冲突和对冲突的解决，而且也有给予人娱乐的故事情节。能给人充分娱乐的故事片往往是这样的：故事中好人的生活总是一步一步改善的，相反，坏人们的命运是越来越坏，并且还遭受惩罚。

倾向理论（disposition theory，Zillmann，1996）认为，故事片和喜剧片的观众实际上是道德的监督者，他们会对主人公的意图和行为鼓掌或谴责。他们希望好运伴随他们所喜欢的角色，而厄运等着他们所不喜欢的角色。幽默片和喜剧片似乎特别热衷于无限制地贬低和嘲讽反面角色。早期的心理学研究（Wolff，Smith，& Murray，1934）认为幽默和喜剧片的主题往往与贬低有关。喜剧片中往往毫不留情地攻击那些傲慢、自以为高人一等、自负、爱慕虚荣，同时又无知、固执、以自我为中心、毫不顾及他人感受的人物。很明显，对一个极其不受欢迎的角色的贬低和侮辱最能引起观众的发笑。倾向理论认为，如果观众越不喜欢某个角色，他就越容易从对这个角色的贬低中感受到乐趣；反之，如果观众越喜欢某个角色，那么他就越能从该角色对他人的贬低中感受到乐趣。倾向理论的这些观点在许多研究中都得到了证实。例如，Zillmann 等人（1998）发现，观众越发憎恨一个政治家，他越倒霉观众就越高兴。当然，喜欢思考的读者会觉得倾向理论有点将问题简单化，例如，观众虽然憎恨一个政治家，但如他的作为对国家有利，他们对他的倒霉就不一定感到高兴。

幽默和喜剧性的效果不仅来自于与那些外貌和智力上都低人一等的人们相比较，同时也来自于与在各方面都胜自己一筹的人相比较。当喜剧片中的角色取得了观众无法在现实生活中取得的或者至少如无特别努力就无法取得的成就，他们内心所坚持的公平竞争的原则就会受到干扰，从而故事中为纠正不公平竞争的行为就会被观众接受和鼓掌欢迎。观众的这种反响不在于他们想要比故事中的主人公高一筹，而是在于他们感到了欺骗性竞争的存在，而如果这样一种不公平的竞争被消除了，他们就会感到欣慰。

当所有的好喜剧片的因素都齐全的时候，观众就会感到极其多的乐趣。也就是说，喜剧片中要有被鄙视和被贬低的角色，要让这些反面角色遭受厄运，还要有能力令观众自由自在地享受这些角色被贬低的幽默氛围和色彩。幽默的氛围和色彩能让观众从观看反面角色的不幸遭遇中感到的快乐倍增。

总的来说，喜剧片是大众娱乐节目中一种基本的类型。它有助于人们逃离现实生活。情绪管理理论（mood-management theory，Zillmann，1988）提出，人们知道哪种大众娱乐节目有利于修复和改善他们的情绪状态。他们逐渐地习惯观看喜剧片，从而摆脱被不良情绪的控制。喜剧中的幽默还起到一个解压阀的作用，能令人从悲观中摆脱出来。有研究表明，那些善于利用幽默来应付不走运的人，比起那些更少有幽默倾向的人生活得好得多。除非是带有低级趣味或是冒犯意味，一般的幽默都能够激起和提高人的积极乐观的情绪，同时还带来放松感。

（二）体育竞赛

体育竞赛节目也是大众娱乐的一种。决定人们从观看电视体育节目中获得乐趣的因素有几个，包括观众与参赛人员或队伍的关系、比赛结果是否为观众所期待的、比赛中对抗与戏剧化的成分（无论是比赛本身所具有的还是电视节目转播中所添加的）的数量、比赛的悬念感和悬念是如何解决的、比赛的新鲜感与风险感，以及比赛的有效程度。

倾向理论认为，观看比赛中一方的胜利所获得的乐趣随着对那一方的喜好程度而增加；反之，如果不喜欢取得胜利的一方，那么乐趣就会减少。同样的，观看比赛中一方的失败所获得的乐趣随着对那一方的讨厌程度而增加，如果对失败的一方很喜欢，那么观看他们的失败所感受到的乐趣就会减少。

体育比赛几乎包含了所有的戏剧成分：故事的参与者、故事情节、故事情节的发展过程，故事情节所象征的意义、所包含的社会信息。电视转播的特性还渲染了体育比赛中对抗的成分，从而加强了观众对体育比赛中戏剧性一面的体验。Comisky、Bryant 和 Zillmann（1977）的研究发现，一般的体育比赛一旦被节目转播添加的评论描述成带有攻击性的，那么观众就会相应地觉得这场比赛更加激烈和暴力化一些。Bryant、Brown、Comisky 和 Zillmann（1982）还发现，如果体育比赛转播把比赛双方评为死敌的话，比起那些正面的或中性的转播方式来说会更令观众感到激动，也更加吸引人和有趣。也就是说，体育比赛中的戏剧化的冲突提高了节目的娱乐性。新近的研究也表明，电子游戏中的冲突能够吸引游戏者，并进一步引发游戏者对游戏中角色的认同感，从而大大增加了他们的乐趣（Hefner，Klimmt & Vorderer，2007）。

体育比赛中究竟谁胜谁负对观众来说往往是一种悬念。而悬念感是因为对负面结果的到来感到肯定而产生的。如果观众强烈认同比赛的一方，并且非常恐惧己方会失败，这两者结合会使观众产生和比赛一方相通的压力感，这种压力感进一步与观众对胜负结果悬念的认知相结合，就可以引发悲伤或是高兴的情感状态。

不寻常的比赛也有助于娱乐感的产生。比赛结果的不确定很容易使观众感到激动，从而有利于他们获得观看体育比赛的乐趣。当然，新奇感也影响观众乐趣的产生。另外，将来可以考虑研究比赛的有效性，即求证所拥护的比赛一方朝成功迈进的速度是否也是一个影响观众获得乐趣的因素。

（三）音乐节目

音乐和 MTV 节目是大众娱乐节目的另一个组成部分。音乐能使人们感到身心愉快。尽管当代音乐种类繁多且各有自己的风格，但无论是何种音乐形式都能引发人们生理上的兴奋和刺激。音乐一般都能令聆听者感到愉快。听自己所爱好的音乐还能够减少焦虑所带来的不愉快的感觉，或是振奋人的精神（Wells，1990）。

研究表明，尽管青少年对流行音乐的歌词和主旨理解得并不透彻，他们普遍认为流行音乐是一种被社会接受的、有助于社会发展的力量源泉。Gantz 等人的研究认为流行音乐培养了人们的同情心和对他人的需要的敏感性（Gantz，Gartenberg，Pearson & Schiller，1978）。MTV 这种新形式的音乐通常比单纯的音乐歌曲更为人们喜欢。它包含有潜在的社会信息，利于引发生理上的良性刺激，对情绪有良好的调节作用（Desmond，1987）。有趣的是，这些研究发现与大众的观感刚好相反。另外的研究则显示，MTV 对青少年的影响还不止于情感上的，它还对他们对自身的认知和评判有影响。例如，如果 MTV 中的演员外表身材出众，那么青少年观众会产生负面情绪，对自身也更不满意（Mulgrew，Volcevski-Kostas & Rendell，2013）。批评家对 MTV 多指三道四，孰是孰非还有待更多的研究证明。

研究还发现，喜好不同音乐种类的人有不同的个性、价值观、态度和不同的社会现实感。例如，比起不是朋克音乐爱好者来说，朋克音乐的爱好者更少接受权威，也觉得现实生活中存在更多的权威行为（Bales & Couch，1969）。喜欢摇滚音乐的人，往往喜欢寻求刺激、轰动效应和冒险行为等等。Swami 等人（2013）发现，喜欢重金属音乐的人更开放，更不服从权威，更追求独特性，更少信宗教。

对于中国研究者来说这些内容提供了很多研究课题。例如，大量各种西方音乐的浸淫对中国青少年的传统世界观有何影响，是否左右他们的情绪。研究发现，聆听音乐所引发的心理上的反应是音乐欣赏中一个重要的组成部分。例如，Hansen 和 Hansen（1990）发现，MTV 在观众中所引发的心理上的刺激程度是评价 MTV 吸引力的一个重要因素。所引起的心理刺激程度越高，观众就越有强烈的情感反应（无论正面或负面的情感）。同时这种心理刺激的程度也能够影响观众对引起正面情绪的音乐的喜欢程度或对引起负面情绪的音乐的不喜欢程度。

八、娱乐的心理机制

前面分别描述了不同娱乐节目对观众心理上的影响，但是没有特别地阐述大众娱乐节目究竟如何实现对人心理上的影响。下面我们选择概述一些被西方学者讨论得较多的机制，包括幻想和想象机制、认同机制和投入机制。

（一）幻想和想象机制

娱乐节目产生娱乐效果的机制之一，是通过幻想或想象来产生的。幻想和想象是不同的：幻想使人们不能与其他体力或是脑力活动同时进行，而想象不一定和外界环境分离；其次，幻想典型的是一种自由、无特定目标的脑力活动，而想象通常有特定的目标。幻想和想象都被认为是人们进行信息处理中的基本特色。

根据此处的定义，幻想不能与任何其他正在进行的活动同时进行，因此，幻想往往不能在观看要求认知和情感参与的大众娱乐节目中产生。由此，我们专注于讨论观看虚构的大众娱乐节目中（例如电影、戏剧）的想象活动。通常状态下，观众们不会利用他们对现实世界的了解和知识来压制观看虚构性的娱乐节目所产生的情感。在这种模式下，观众们的情感之所以能够被虚构的电影触动，是因为他们在观赏电影时，没有采纳他们对现实世界的认知和了解。当然观众有时也会利用他们对现实的了解来解读虚构的电影故事，但是这只发生在电影主人公的行为言语不太令人信服之时。

Polichak 和 Gerrig（2002）把想象在欣赏娱乐节目中的作用归类于五个方面。第一，观看戏剧时人们常常会进行推测，以填补戏剧场面之间的跨越。第二，观众常常把戏剧中的故事当成真的一样。例如，当某人在侦探电影中被杀，观众可能列出一系列可能的谋杀者，并评价每一个人物作为谋杀者的可能性。第三，观众常常会自发解决故事中的问题。观众通常有策略地从故事中收集那些使得他们能够更加利于预见故事结果的证据，尤其是他们所倾向的故事结局的证据。第四，重新构造情节。如果一个故事和观众所预计的不同，观众可能感觉到心理上的不适，并且开始重新构造故事情节以解决这种不安。第五，评价反应。这种反应反映了观众对电影故事是否符合实践或道德标准等的评价。例如，当观众看拳击电影时，他们会对拳击是否是一种合适的运动表示疑问。Polichak 和 Gerrig（2002）对观众观看电影的反映的研究表明，观众在观看和体验娱乐经历时是有一系列的想象活动的。这种想象反应的种类和数目依赖于不同的因素，包括虚构故事的特性、观众本身想象的能力、他们的信仰和以往的经历以及他们选择性观看某一特定类型娱乐节目的动机。这种想象活动对观众的感情移入（empathy）的产生是必要的，因为根据 Boruha（1988）的研究，感情移入包含情感和想象方面。

不仅观看娱乐节目时有想象活动，观看娱乐节目后，人们的心理活动例如幻想和想象也受到了影响。模拟假设学说认为，大众娱乐节目通过其内容对人们的幻想和想象能力施加影响。例如，在幻想方面，这一观点认为，经常观看某种类型的娱乐节目的观众倾向于更频繁地幻想与那类节目主题有关的东西；而在想象方面，这一假设认为媒体娱乐节目为观众提供了丰富的用于想象活动的资源。比如当观众平时在进行画画、讲故事这些需要想象力的工作时，他们往往可以利用节目中的材料丰富他们的创作，从而提升作品的质量和数量。Greenfield 和 Beagles-Roos（1988）发现刚刚观看过一场电影的孩子们可以把电影故事中的元素综合到他们的画画中去。

尽管观看大众娱乐节目对人们的幻想和想象能力有正面的影响，但是也有理论认为，依赖于听觉和视觉上的媒体娱乐节目，它们构建上的特征（如快速的节奏、信息丰富的图片）阻碍了观众的幻想和想象能力的发展。与单单依赖语言文字的娱乐节目不同，这些依赖于视听的娱乐节目展示给观众信息较为全面的图片，由此留给观众很少的想象空间。还有理论认为，当人们处于想象中时，人们很难与视听娱乐所提供的图片脱离，这种限制导致观众很难产生新奇的想法。与可视化的假说不同，快速节奏假说认为娱乐节目对观众的幻想和想象能力的限制作用是因为节目中的快速节奏。快速节奏给观众很少时间处理节目信息和思考节目内容，结果视听化的娱乐节目促成了观众认知上的过度负载，亦即不加思考的思想风格。因为回顾性的思考是想象的前提，想象能力由此被限制了。

被动假说则认为，电视被观众视为一个容易对付的媒介，即看电视要求很少的脑力劳动。只要有一定的脑力劳动，观众就可以享受由他人制造的幻想性的节目了。这导致了一种“由你来娱乐我”的态度，这种态度破坏了观众主动动用自己的想象能力的意愿。

总之，娱乐节目对观众的幻想和想象能力是有影响的，无论是正面的还是负面的。对于幻想能力的影响，模拟效果最有可能，即媒体的娱乐节目容易让观众进行与节目内容和主体相关的幻想；而对于想象能力的影响，限制假说最有可能，即观看媒体娱乐节目很有可能限制观众的想象能力的发展。但是，现有的研究还不够充分，以至于我们不能指出究竟以上三种限制假说（视觉假说、快速节奏假说、被动假说）中哪一种最有可能。这些都是未来研究需要解决的课题。

（二）认同机制

媒体娱乐节目对人的心理上的作用还体现在观众认同感的产生上。娱乐节目允许观众分享他人的生活，因而能够刺激观众、教育观众，并促发观众进行想象和思考。更重要的是，媒体娱乐节目能够促使观众产生认同感，能让观众在感情上和认知上都投入到他们明明知道是虚构的故事中去。关于观众们如何能够投入到虚构的故事中有几种解释。一种认为因为观众愿意把他们知道所接触的故事是虚构的这一点暂放一边去。但为什么能有这种可能、是何种心理机制在作用则有待更多探讨。另一种观点认为观众对故事中的人物产生了认同感。认同感这一概念提供了理解观众如何投入虚构故事的钥匙：对角色的认同为观众提供了领略节目中故事的观点和角度，左右着观众对角色的理解，并有利于培养观众与角色之间的亲密感。

对媒介角色的认同是一种想象的过程，是对角色的一种反馈。对一个角色的认同意味着对这一角色感到亲密以至于被深深地吸引到角色的经历中去，对角色的经历、动机和目标有身临其境的理解。节目中角色所经历的一切就如发生在观众自己身上一样，至少就观众忽略了他们只是观众这一事实来说。所有这些都深化了观众的观看体验。所以，对角色的认同感既有情感成分（感情移入）在，也有认知成分（理解角色的目标和动机、采取角色的观点）在。

总的来说，认同是一种积极的心理状态，但不是稳定的，也不是与其他心理状态相排斥的。它是我们对角色的反应中的一种方式，也是我们体验娱乐时的一种立场和观点。认同的发生和强度取决于多种因素，包括角色、观众和节目文本的特性。最后，认同是我们对娱乐节目的一种反应，也是我们为他人的幸运与不幸所感染和感到快乐的一种方式。

对于认同这一过程所引起的强化媒介效果的原因有几种理论解释。一种解释认为，在认知层次上，认同使得观众看待故事中的事件和人物与故事中的主人公在观点和立场上得以统一；在感情这一层次，感情移入使得观众所感受到的悲伤和快乐更加强烈。由此看来认同是鼓励观众更加深入地融入到故事文本中去的。另一种解释则认为，认同能使观众更加注意所认同的角色或故事信息。Maccoby 和 Wilson（1957）发现认同故事中一个角色的孩子们能够回忆更多的与那个角色有关的事情。Cohen（2001）在对认同这一概念的回顾中总结到，认同的影响是多方面的，它不仅能够增强信息的说服力，还能增加观看的乐趣，引发强烈的情感回应。

如此看来，对媒体角色的认同能够影响我们对媒体文本的投入程度和解释。它不仅是人类想象能力的产品，同时还能够提高人类想象能力和从不同层面处理事件的能力。认同是媒体信息影响我们的生活和社会的一个重要渠道。认同是一种想象过程，我们采取了与角色相同的观点，并产生了对角色的动机和行为身处其境的理解。它使得观众对媒体文本有更强烈的情感投入。有证据表明，认同感与对媒体节目的快感体验是有关联的。

（三）投入机制

媒体娱乐节目对观众心理上的影响还体现在观众对节目的投入上。在使用与满足理论中，投入是一种观众行为。在观看节目前，投入是为什么要使用媒体的原因；在观看过程中，投入可理解为观众与节目内容的联系以及个人所产生的心理反应；在观看节目后，投入可理解为观众对节目或节目角色的长期认同和与节目人物之间的一种社会关系。

具体说来，投入这一概念指的是观众对节目、传播者、广告信息、所推销的产品和商标的投入。它可分为长期而稳定的投入或不稳定而短期的投入。它包括认知的投入和感情的投入：认知上的投入可理解为积极的信息处理，积极地感知、注意、思考和回忆信息；情感上的投入则是对传播信息和传播者等的强烈的感觉或情感。一句话，投入作为一个综合性的概念包含了一系列的相互联系却又不同的概念，指的是媒体用户是如何被媒介和其内容所主导，及其如何在认知上、情感上、动机上和传播信息或传播者融合在一起。

根据使用与满足理论，观众对媒体信息和传播者在认知、情感以及行为和动机上的投入，是使用电视中很重要的一方面。但是令人惊讶的是，很少有人研究观看娱乐节目中的投入现象。以下是对这一领域不多的研究的一点总结。例如，Bryant 和 Comisky（1978）发现，观众对节目的注意和投入（观众自己主观认为的投入、对节目的兴趣和认知上的投入）在故事高潮和结局之前和之后是最高的。Vorderer、Cupchik 和 Oatley（1997）则发现当主人公的经历为故事中心的时候，读者会认为故事更能吸引人；相反，如果故事以动作为主，那么它的吸引力就要下降。Patwardhan（2004）的研究结果指出，娱乐网站一般能吸引中等程度的投入。相对来说，媒体用户对娱乐节目的认知和情感投入要比对信息节目的投入低得多。另外，认知上的投入比起情感上的投入多一些。娱乐教育节目也是一个新的研究领域。娱乐教育节目对观众的信仰、态度和行为都有正面的影响。观众对娱乐教育节目的认知和情感上的投入增强了观众自我对付问题能力和集体对付问题能力的有效性。可见我们对投入这一概念的了解还十分有限。一方面可能这个概念包容过多；另一方面，投入的不稳定性也给研究带来很多测量的难题。

九、结语

研究媒体娱乐节目不仅可以研究观众为何观看娱乐节目，还可以研究观看这些节目对观众所产生的效果。在这一领域产生了不少对具体的研究很有指导意义的理论。比如，对观众是如何从观看喜剧片中获得乐趣这一问题，倾向理论提出，观众观看喜剧片时对片中的主人公有着事先的态度倾向，并且这一倾向影响观众对喜剧片的欣赏。具体来说，当观众接触到主人公这一角色时会对其行动进行道德评判。观众如果欣赏主人公的行为，那么正面的态度，例如对主人公的喜欢和关心就会随之产生，倾向由此形成。这一倾向反过来会影响观众对主人公的观察，同时也使得观众情不自禁地期盼好结果的发生而害怕坏结局的到来，与故事中的主人公同喜同悲。

娱乐研究在西方传播学界还属于一门年轻的学科分支。新闻和大众传播教育协会（Association for education in Journalism and Mass Communication）于 2007 年起在年会上增设“娱乐研究”兴趣小组，其他主要传播学会也在近年来加大了对这一研究领域的关注。研究者从微观的角度切入，从受众的角度出发，运用传播学、心理学、社会学的诸多理论，对娱乐现象在社会、心理等诸多层面进行了一些经验研究和理论探索。

综观西方近年来娱乐研究的现况，几个现象值得关注。

第一，娱乐研究对传统大众媒体的关注多，对新媒体的关注少。传统娱乐现象的载体，如电视、广播、电影等蕴涵丰富的娱乐信息，对受众影响巨大。然而，随着近年来新媒体的风起云涌，网络、电子游戏甚至手机等媒介对受众娱乐信息的收集接触和娱乐经验的调动集结产生了显著的影响。以体育节目为例，除了收听收看相应的体育节目以外，很多体育迷光临各种赛事网站了解最新的信息。另外，手机作为一种移动媒介，跟电子游戏和电影播放的联合也在很多年轻受众中颇受欢迎。网络的实时、互动和海量信息等特征对受众的娱乐体验有着不同于传统媒体的诸多特点，娱乐现象在数字化传媒时代的趋势和影响值得我们深入发掘。

第二，娱乐研究对成年人的关注多，对其他人群，如 18 岁以下少年、退休老人的关注少。事实上，从休闲时间的角度来说，青少年和老人具备更加充分的资源去接触各种娱乐渠道。从个人差异的角度来说，同样的信息在不同情况下对不同的人群也可能产生迥然不同的传播效果。目前的娱乐研究多从信息本身的角度出发，探察相关信息的不同结构、内容、语境、组织、播出时间等特点对受众的影响。然而，受众内部并非铁板一块，他们的收视喜好、个人特点、实时状态都影响着娱乐信息的接收、关注、译码以及最后的传播效果。从这个意义上来说，娱乐传播的分众研究应该提上议事日程。

第三，对娱乐传播效果的多样性研究力度不够。娱乐心理学研究把大部分的精力都集中在"受众对信息的愉悦反应"上，而事实上，受众的娱乐体验是多元、广泛和复杂的。忧伤、期待、祈祷、恐惧等等看似与愉悦毫不相关的感情反应也是媒体诱发的娱乐体验的一部分。拓宽娱乐心理学理论化的研究范围，蕴涵不同娱乐"基因"的信息和受众多种娱乐体验的发生也值得研究者们加以关注。

至于在中国语境下的娱乐研究，我们应注意在21世纪之后，娱乐元素越来越显著地出现在中国的大众传媒，特别是电视传媒上。但学界对娱乐现象的研究还少有涉及。整体上来说，娱乐现象的研究还处在起步阶段。

一方面，媒体的娱乐化现象仍是学界的一个批评重点。娱乐化被等同于媒体内容的"恶俗化"和"粗鄙化"。炒作话题、制造娱乐新闻、竭力煽情成为媒体赢利的常用武器，媒体在市场经济的驱使下出现了价值偏差，片面追求适应受众的口味，失去了批判现实的能力。另一方面，大家也意识到媒体的娱乐化丰富了大众的社会文化生活，赋予了公众一定程度的话语权，突破了过去意识形态引领下媒体作为党和政府喉舌的单一功能，可以说，娱乐已经从过去一味被批判、打压和否定的状况发展到今天被客观审视，并期待肯定甚至张扬的现状。

综观目前的娱乐研究现状，描述性、定位性和思辨性的研究可先行。研究者可从宏观的政治经济社会背景的考虑下思考中国媒体娱乐化的根源，从而达成一定程度上的共识。这类宏观研究可为下一步深入具体的经验性研究提供背景，从受众的角度分析各种娱乐基因对节目内容的感知、态度、心理变化等的影响。这些问题都有待研究者从宏观的背景下走出来进行具体的经验研究，为娱乐节目的制造人、发行方和评价者提供一手的、可供参考的经验数据和微观证据，将娱乐研究在中国的进一步发展引向深入。

另外，研究娱乐节目对观众的影响还可以研究观众观看娱乐节目时所处的社会环境（例如与恋人一起看电影、与朋友一起观看体育比赛）对娱乐效果的影响。以往的研究对浪漫关系和氛围如何影响媒介娱乐效果已有所探讨，但是对于其他社会环境如何影响观众欣赏娱乐节目这一问题几乎还没有涉及。这是对媒介娱乐研究的一个挑战。

以往的媒介效果研究，特别是电视效果研究都以信息传播为中心，研究关注的是受众从中学到了多少新知识（详见第五章）、传播了多少伦理思想。从中国的情况看，为党和国家的宣传做了多少贡献。但是其中媒介最明显的一个功能——娱乐往往被忽略或掩盖了。我们不能不承认，现代社会特别是发达国家，大部分人打开电视的目的就是寻找娱乐。正因为如此，对娱乐的社会和心理作用有正确的认识尤显重要。

现代西方倾向于把媒介视为娱乐性经济，媒介消费是一个自觉享受过程，而不是接受宣传灌输的过程。加拿大传播学家麦克卢汉（Marshall McLuhan，1964）说真正的社会教育者在传媒那里，而不是在传统的学校和教会；媒介在轻松的视听享受中教育人，甚至改变人。媒介的力量首先是予人耳目，给人以快感、刺激，形成自觉接触习惯，这是娱乐为人所忽视的正功能之一。

正本清源，在我们充分理解娱乐现象、全面认识娱乐行为和科学判断娱乐得失之前，我们必须搞清楚，为什么人们倾向于娱乐？受众在娱乐行为中获得了哪些体验？将娱乐研究提高到学术层面，工作才刚刚开始。

本章原文为周树华、叶银娇、徐洁（2009）所著《娱乐的社会和心理功能：中西方研究的现状与前瞻》，刊登在《传播与社会学刊》，第 10 期，157～178 页。《传播与社会学刊》慷慨准允本书采用，特别致谢。

延伸阅读

Bryant，J.，& Miron，D.（2002）. Entertainment as media effect. In J. Bryant & D. Zillmann（eds.），*Media effects：Advances in theory and research*（pp. 549－582）. Mahwah，NJ：Lawrence Erlbaum Associates.

Bryant，J.，& Vorderer，P.（2006）. *Psychology of entertainment*. Mahwah，NJ：Erlbaum.

Sayre，S.，King，C.，& Bryant，J.（2010）. Entertainment and society：Influences，impacts，and innovations. Hoboken：Taylor & Francis.

第十三章

扫一扫，
浏览本章参考文献

第十四章　电子游戏的社会影响：理论与现实

文｜魏然　吴志远

摘　要

在全球范围内，电子游戏是一个发展强势的产业。而对电子游戏的研究是媒介效果研究中一个相对较新的领域。本章将从社会科学的视角，阐述电子游戏研究的概念并且提出一些核心的研究问题。这些问题涵盖了从最基本的“什么类型的电子游戏人们玩得比较多？为什么要玩?”到比较有争议性的“电子游戏对玩家有何不良影响?”不仅如此，针对电子游戏产业中最具有争议的问题——玩暴力电子游戏是否与激进、暴力行为有关联，本章进行系统地探讨，并深入分析目前实证研究的成果和存在的缺陷。此外，本章还将从行业内部自律或通过更严格的政府限制这两方面来探讨“如何对电子游戏内容进行监管”。最后，本章为未来对电子游戏的研究方向提出较为独到的建议。

关键词

电子游戏、视觉刺激、玩游戏的动机、电玩的社会影响、暴力行为

一、背景与电玩研究的缘起

电子游戏产业（electronic videogames）是一个全球性强势发展的产业。仅 2010 年一年，在全世界范围内，电子游戏及配件的销售额达到近 500 亿美元。电子游戏产业在经济上的成功主要得益于互联网宽带入户技术和人们使用电脑技能的提高，同时也受益于人们对电脑技术的改进，以及将更新的功能纳入游戏软件、硬件的迫切需求。美国在 2010 年花费在游戏内容、硬件和配件上的支出为 251 亿美元（娱乐软件协会，2011）。自 2005 年以来，这种花费的增幅将近 360%（Vorderer，Bryant，

Pieper & Weber，2006；Smith，2006）。需要指出的是，在 2005—2009 年 4 年间，美国计算机和电子游戏软件产业每年增长率有 10.6%，然而同一时期，美国整体经济的年增长率为 1.4%（Siwek，2010）。

尽管电子游戏风靡全球，电子游戏产业对全球的经济有着重要的影响，令人惊讶的是，我们对人们玩电子游戏的动机、玩电子游戏的实际情况和所带来的后果，知之甚少。更值得忧虑的是，从长期来看，玩电玩会导致什么样的不良后果（harmful consequences），我们几乎一无所知。电子游戏的研究，是媒介效果研究中一个相对较新的领域。有鉴于此，本章将从社会科学的视角对电子游戏进行理论性梳理，并且提出一些更为深入的问题。问题的范围从基本问题（什么电子游戏人们玩得比较多？为什么？）到比较有争议性的问题（电子游戏对玩家有何不良影响）。更具体地说，我们将就目前涉及电子游戏产业的最受争议问题——玩暴力电子游戏是否与激进、暴力行为有关联，进行理论性的综合评述，并分析目前实证研究的缺陷。

在过去的 20 年中，电子游戏的内容，特别是那些最畅销的游戏中带有大量刺激视觉的暴力游戏，已经被政府有关部门盯上，并开始进行广泛地审查（Sherry，2006）。发生在美国数州（包括肯塔基州、马萨诸塞州、阿肯色州和科罗拉多州）一系列孤立却致命的校园枪击事件让人们对游戏诱发暴力的问题担心不已。有批评者指出，具有暴力或攻击性主题的电子游戏会对玩家的行为产生不良的影响，玩家受之影响进而触发疯狂的暴力或反社会行为（Anderson，2004）。有耸人听闻的传媒报道说："玩电玩会杀人"。

的确，暴力电子游戏正变得越来越极端，这要归咎于玩家的欲望和市场需求，以及由此给业界带来的惊人经济效益（Miller，2010）。如果电子游戏未来的发展是继续倾向于呈现更多、更富有视觉刺激性的极端暴力性的内容，我们可以想象，电子游戏可能对玩家的行为产生更大的影响。我们可以这样预期：更多的极端暴力游戏会导致更严重的暴力行为。更为重要的是，传播学者如何才能对暴力电子游戏的不良影响达成共识，进而从中发展出有普遍意义的理论来进一步指导对电子游戏的研究？

自 20 世纪 80 年代中期以来，研究人员就一直试图观察与记录暴力电子游戏和玩家过激、危险的行为是否有关联的科学证据。但是，有一些研究人员不认同那些显示暴力电子游戏和危险的、反社会行为之间有关联的研究结果。事实上，一些学者认为，含有攻击性内容的电子游戏可以让玩家用非破坏性的方式来释放愤怒和心理压力（Bowman & Rotter，1983；Kestenbaum& Weinstein，1985），也就是说，他们的观点是玩家是用游戏来排解愤怒（cathartic effect），并最终从玩刺激的电玩中得到放松。

这一领域的学者们较为一致的观点是，现有的研究还没有能够完整地回答关于暴力电子游戏影响的问题，不管是不良影响还是释放性放松。当前的电玩效果研究，特别是加州大学圣塔—巴巴拉校区的教授瑞内·韦伯（Rene Weber）所做的研究，运用传统的社会科学和神经科学的方法，详细阐述了以互联网为主干的新媒体平台对人们认知和情感的影响。这个新媒体平台包括最新的电子游戏。韦伯教授的研究发现以及现有的暴力电子游戏如何影响行为的研究结果，将在本章稍后进行更深一步的介绍和讨论。

最后，我们还将从行业内部自律或者通过更加严格的政府限制这两方面来考虑对电子游戏内容进行监管。由于电子游戏的普及率在美国及全球各地已经飙升，该行业已成功地抵制住了政府提出的限制向未成年人销售游戏的规定。迄今为止，美国法院一直反对这种政府利用法规的手段来干预业界的行为，法官的理由是美国宪法《第一修正案》充分保证言论和出版自由。同时，法官认为，目前尚缺乏电子游戏和暴力行为有因果关系的充分实证证据。例如，在 2011 年 6 月，美国最高法院裁定，加州州政府制定的禁止向未成年人销售暴力电子游戏的法案，是一种违反宪法所保障的言论自由的行为（Liptak，2011），因而要废除法案。

随着世界各地电子游戏硬件和软件销售的不断增长，对玩家玩游戏的动机、玩电玩的影响之研究与媒介效果研究所涵盖的领域不仅密切相关，而且有其重要性。对此，本章将从三个方面对现有的电玩研究，提供全面的梳理和深度的点评：

第一，电子游戏是一种文化现象；

第二，现有的关于暴力电子游戏及其影响的研究发现；

第三，更深入地分析游戏的诱惑力以及潜在的问题。

最后，本章也对未来的研究方向提出建议。

二、电子游戏发展简史

现代电子游戏的发展始于 20 世纪 60 年代。在 70 年代初期，第一个面向玩家市场的游戏机出现。在 20 世纪 70 年代和 80 年代期间，随着便携数据盒式游戏的发明，加上硬件平台前所未有的创新发明，例如 Mattel 将 LED 技术应用在电子游戏机中，电子游戏行业开始蓬勃兴起。虽然掌上游戏机（handheld game console），又称为便携式游戏机［如美泰（Mattel）公司的汽车大赛《*Auto Race*》和《*MattelFootball*》］，在1978年首次生产上市之后，并没有马上受到大众市场的青睐。然而，在日本任天堂第一款掌上游戏机Game Boy于1989年首次亮相后，市场的情况立即大为改变。这是因为任天堂的掌机游戏具有便于携带和随时娱乐的特点，同时，掌机的卡式游戏的可以收集、交换等便利设计，进一步提升了这类游戏的魅力。很快，掌机游戏吸引了大量的用户，并带动了相关电玩软、硬件产业的进一步发展。

电子游戏普及的最重要驱动，可能是功能强大的硬件系统不断更新（如Led大屏化以及电玩的附件出现），新的游戏机能够运行日益复杂的高端软件，使电子游戏更加生动和逼真。在游戏系统创新方面各霸一方的游戏生产商，成功地细分市场，进一步加强各自的优势。例如：索尼的PlayStation和微软的Xbox争夺的市场是成年群体，而任天堂（DS和Wii游戏机）反其道而行之，他们的市场发展策略专注于家庭和儿童。

到了20世纪80年代末，个人电脑（PC）在美国家庭开始普及，这一趋势有助于个人电脑作为游戏平台变身为电玩的新平台（Dreier，2006）。之后的便携式（laptop）电脑平台的技术进步，推动了移动视频播放器支持的游戏之普及。进入21世纪，智能手机和终端一枝独秀，为电玩提供了新一代的平台。来自美国娱乐软件协会（2011年）的统计数据显示，72%的美国家庭玩过电脑或电子游戏，55%的游戏玩家则使用他们的智能手机或其他移动媒体终端玩游戏。

与音乐相似，电子游戏的类型是根据游戏主题和内容参数的体裁来划分的（Sherry，2006）。虽然体裁的范围从非暴力游戏（例如益智或纸牌游戏）到以暴力为主的游戏比比皆是（例如射击、战斗机、功夫打斗），但是，大多数体裁的游戏通常是非暴力和暴力内容的混合物，并不是那么泾渭分明。举例来说，赛车游戏往往把重点放在高性能赛车（如极品飞车、GT赛车上）上。但第一批引发争议的电子游戏之一，就是1976年的赛车游戏——《死亡飞车》（*Death Race*）。在该游戏中，通过行人"捣蛋鬼"被飞车迎面碾过以获取分数，此后行人在屏幕上被"墓碑"替代。随后的赛车游戏，基本都要通过碾压行人以得高分，《*Carmageddon*》和《*Crash Team Racing*》两款游戏甚至允许玩家拿枪互相射击，充满了暴力成分。

目前，市场上有成千上万种以普识教育类、非暴力式战略类和体育竞技为主的游戏，供玩家选择。根据娱乐软件协会（2011年）的数据显示，在2010年销售的所有游戏中，虽然有 76%被评为“E”（everyone），即代表老少皆宜的游戏，“T”（Teen），即代表适合青少年玩的游戏，或“E10+”，即代表适合 10 岁以上所有人玩的游戏。但是，不可否认的事实是，暴力电子游戏在所有的游戏类型中仍然是最畅销的，为厂家最赚钱的。仅 2010 年一年，游戏中单一类别销量最大的动作或射击类游戏占当年电子游戏总销量的 32%（Morris，2010）。

暴力电子游戏之所以于 20 世纪 90 年代时发展成熟，成为玩家必选的类型，在很大程度上归功于 1992 年风靡一时的游戏——《格斗之王》(*Mortal Kombat*)。该游戏以数字化图像将游戏的血腥程度提升到了一个前所未有的水平——包括头颅、心脏和脊椎等人体主要部分，可以被从游戏里受害人的身体上活生生地撕开，给予摧残。《格斗之王》多年来一直是最畅销的电子游戏之一（Gross，2011）。当然，《格斗之王》的轰动，也催生了更严格的政府监管行动，美国娱乐软件分级委员会开始根据游戏的适龄性和内容性为电子游戏评级。然而，尽管实施了评级制度，暴力电子游戏的数量和普及率仍然在继续增长。最畅销的游戏，例如《街头霸王》（*Street Fighter*）和《末日》（*Doom*）等拥有非常真实的视觉刺激（如血液四溅）和声效（如刺耳的尖叫声），让玩家们毫无顾忌地肆意去致残、伤害或击毙游戏中的对手。

由 NPD 集团——一个致力于研究消费者的市场研究公司——所发布的最新统计数据显示，2010 年全世界的游戏总销售量中，动作游戏（21.7%）和射击游戏（16.9%）在三大流行游戏题材中占了两个。在 2010 年，有暴力内容的游戏被评级为“M”（Mature）——仅适合成年人玩的游戏——就占该年度电玩总销量的四分之一。同时，2010 年，在十大畅销电子游戏中，有 5 个都是被评为限制级，非成人莫玩的“M”级的游戏（娱乐软件协会，2011）。

以上行业统计数据和游戏销售纪录说明一个不可否认的事实：电子游戏的内容越暴力，其销量就会越好。有鉴于此，游戏开发商就会推出更加刺激，也更血腥的暴力游戏来达到赢利的目的。可以说，当今最流行的电子游戏非暴力类游戏莫属，这验证了电玩市场主导的规律。这些情况，就构筑了下面要专门探讨的电子游戏对社会造成不良影响的研究背景。

三、从媒体暴力到电子游戏暴力：一个新研究领域的演进

在媒介效果研究这个不断拓宽的领域，传播学者对媒介暴力（如电视和电影中的暴力情节和画面）的潜在负面影响已有超过 60 年之久的深入研究。鉴于电子游戏

暴力在20世纪80年代末和90年代初才出现，可以说电玩游戏的研究是媒介效果研究领域的后来者。也正因为如此，与电视、电影暴力研究相比较，电玩研究的成果积累还很有限，关于电子游戏暴力的实证研究还比较少（Anderson et al.，2010），可以说，电子游戏暴力对玩家和对社会影响的研究尚属于一个比较新的领域。

早期的电玩研究倾向于集中在对电子游戏的内容分析上。例如，分析游戏内容来测定其暴力内容的总量，然后与娱乐软件评级委员会的分级标准相比，看游戏内容是否符合指标、是否合法。娱乐软件评级委员会（Entertainment Software Rating Board，ESRB）曾经因为对游戏暴力内容审查不够严格而被告上法庭。就在其在1994年于北美成立前后，有一篇关于电子游戏内容分析的期刊论文指出：在2004年，电子游戏中的暴力内容就在增加，并且明显地变得更加极端（Miller，2010）。另一项研究（Sherry，2006）使用针对美国电视暴力节目而制定的分级标准，去系统分析索尼的PlayStation、任天堂的N64以及世嘉的Dreamcast这三个平台上60个最流行的游戏的暴力成分。

以往的研究结果显示，含有暴力游戏的比例占游戏内容总量的56%至98%不等，因不同研究所采用的游戏样本不同，结果有所差异（Children Now，2001；Thompson & Haninger，2001；Smith，Lachlan & Tamborini，2003；Haninger & Thompson，2004；Scharrer，2004）。例如，学者Haninger的分析结果显示，被评级为“青少年”（T）的游戏中，98%包含有暴力内容（Haninger&Thompson，2004）。一项为期长达七年（1988—2005）、针对游戏内容趋势变化的研究（Miller，2009）发现，诸多游戏的暴力行为随着时间的推移而逐渐增加，愈到研究的后期，暴力变得愈加频繁，司空见惯；同时，游戏中的暴力更具有真实感和极端化倾向。在游戏中出现的身体攻击方面，美国学者Haninger与Thompson在2001年和2004年所做的两项研究发现，有三分之一的游戏带有身体攻击特征的暴力电子游戏评级，隶属于既不是代表所有人的“E”，也非代表青少年的“T”，而属于暴力内容，它们有超过评级所定的标准之嫌。

另外，传播学者Smith等人（2003）发现，游戏评级为“T”和“M”的游戏中，每分钟就有4.59个暴力动作；与之相比，游戏评级为“E”或“K-A”（“儿童到成人”）的游戏为每分钟有1.17个暴力动作。可见，暴力成分在电玩中无处不在，只是因分级不同，多少有所不同而已。

以上介绍的这些针对电子游戏内容方面的研究，进一步证实了电子游戏“非暴力不火”现象的存在。但是，这些研究的局限是，它们不能说明为什么电子游戏非暴力不火，尤其是从玩家的角度出发，为什么大家都喜欢玩具有暴力内容的电子游戏呢？

在下文中，我们重点介绍对玩家的玩游戏动机及心理方面的研究和主要发现。这些研究，对以上的问题提供了答案。

（一）人们喜欢玩暴力性电子游戏的原因

美国一家关注家庭的公益机构——凯泽（Kaiser）家庭基金会（1999）曾做过一项调查并发现：8～18岁的美国男生每天至少会玩40分钟的电子游戏。基于这项调查结果，史密斯（2006：64）估算出，玩家每天会接触大约180次的游戏暴力行为，这也反映了电子游戏暴力性的严重程度。由于游戏中有过多的身体攻击，如果玩家经常接触这类暴力游戏，那么当他们在现实生活中与人交往时，也可能会更倾向于展现暴力行为（Huesmann，1988；Lee &Peng，2006）。此外，电子游戏因能给玩家提供一个发泄内心愤怒和排遣压力的途径，因此玩家会沉迷于这些游戏中（Olson，2010）。

以往的研究表明，如果对游戏的掌握程度，对一个玩家来说很重要的话，即便非暴力性质的游戏也能达到舒缓压力、发泄愤怒的作用，游戏中的暴力成分对他们来说就不是必须之因素了（Olson，2010）。其实，游戏中的暴力并无法给予玩家真实的满足感，也无法给未成年人提供正确的价值观和进取心（Przybylski，Ryan & Rigby，2009）。其他学者如Olson等（2009）的研究指出，玩家易怒的特质和性格中含攻击性的倾向，与经常玩等级为“M”的暴力游戏之间并没有明显的因果关系。也就是说，玩暴力游戏并不能合理预测人的暴力倾向。

当前的研究中，有几个尝试解释暴力电子游戏流行原因的理论，其中包括心理学的激发转移（excitation transfer）和社会学习理论（social learning）以及媒介效果理论——使用与满足。接下来，我们逐一点评。

由美国阿拉巴马大学原知名教授Zillmann（1983）所提出的激发转移理论指出，人们能通过媒体上塑造的人物形象进而接受和认同人物，并有与媒介人物生活在一起的感受。无论是人们在看电视或是玩游戏，他们都能感到游戏中人物的情感并进入角色（米勒，2010）。不少传播学者认为，玩家玩电子游戏中的入戏感受会更加明显，因为电子游戏比其他媒体更有互动性（Gentile，Saleem & Anderson 2007；Grodal，2000；Konijn，Bijvank & Bushman，2007）。此外，根据美国芝加哥大学著名的心理学者Csikszentmihalyi的情感流理论（theory of flow），由于电子游戏能给玩家带来极大的兴奋和放松感，所以，他们玩游戏时会感到开心、产生满足感。在此情感释放的情形之下，使用媒体，尤其是动手玩电子游戏，会让用户和玩家通过沉迷于幻觉的感觉，借以逃避现实。

从认知角度来看，Grodal（2000）认为游戏的魅力很大程度上取决于玩家对游戏的掌控及熟悉程度，即如何控制游戏的玩法和操控游戏结果。当玩家通过激发脑力把握游戏的难度及速度时，他们自身精神的兴奋度（arousal）会达到空前的程度。所以，他的结论是，电子游戏是玩家控制自己情感的一种工具。含有很多暴力因素的射击游戏，比如《震动》（*Quake*），当这些备受欢迎的电子游戏需要玩家具备多种认知能力才能获胜时，暴力的电子游戏所带来的不良影响可能就不那么明显；此时，玩游戏的效果更多的是，通过成功地掌控游戏给玩家带来一种正面的信心满满的成就感和自我满足感。

心理学中常用的社会学习理论也是一种认知理论，这项理论表明人们会通过观察、模仿他人的表情、行为和动作学到一些东西（Bandura，2001）。由于电子游戏中不同的人物有不同的性格、情感和行为，所以玩家能扮演这些角色来尝试不同的性格、情感和行为（Giles & Maltby，2004）。麦克唐纳和金姆（2001）曾做了一个实验，他们让中学生写下他们最想拥有的性格，同时要求他们写下他们最爱的电子游戏人物的性格。结果显示他们在这两张表中填写的这些性格十分相似，也就表明孩子们想拥有游戏中的人物性格。奥尔森、库特纳和沃纳（2007）所做的研究，亦发现类似的结果。他们发现，12～14 岁的孩子会通过玩游戏来表达对拥有力量、名誉和权威的幻想。

也许，关于玩暴力的电子游戏动因最具有洞察力的研究，是对电子游戏的使用与满足方面的研究。使用与满足理论的重点在解释受众为何选择使用不同的传媒。简而言之，这一传媒理论认为，人们会选择适当的媒体来满足自己的各种心理需求（如学习新知、社交、娱乐），并从使用所选择的传媒中获得满足（Katz & Blumler，1974）。举例来说，人们喜欢看电视新闻和电影的根本原因，是为了满足社交的需要（即与人聊天时，不乏从看电视得来的话题）。

有学者将使用及满足理论运用到电子游戏的研究中，从受众接受传媒的社会原因和心理动机的视角，试图解释玩家迷恋电子游戏的原因。Selnow（1984）的研究发现，在 10～19 岁和 20～24 岁的玩家群体中，动动手脚和关门独处是五种由玩电玩带来的满足感中的两个。Griffiths（1991a，1991b）关于迷恋电子游戏之谜的研究发现，压力的减少、刺激兴奋、动动手脚、孤处和逃避现实皆是从玩电玩中能够得到满足的重要原因。

近年来，Sherry 等人（2003）将研究聚焦于特定的群体，来探索青少年和年轻人从电子游戏中得到的满足感。他们的研究结果发现，电子游戏被视为消遣（例如放松或者逃离压力）、幻想（例如做平时不能做的事情）、兴奋（例如感情刺激）的有效方式。Sherry（2004）在讨论传媒作用的差异时指出，一些社会性因素会激励人们通过逃避获得兴奋感，如从玩游戏的刺激中得到减压。换言之，玩电玩也能使人得到放松，并感到兴奋。

将使用与满足理论运用到电子游戏的研究带来的启示是，在选哪种游戏来玩的过程中，玩家会将心理需要的满足与选择的游戏联系在一起。换句话说，玩游戏的主动权在玩家，玩家玩游戏的活动有特定需求和动机，并从玩游戏中得到“满足”。

（二）玩电子游戏的社会影响之研究

前面介绍的这些研究，有其价值。但是，电子游戏这一领域最核心和最迫切的问题，是要确定暴力性电子游戏对玩家的行为有无影响，如果有，如何确定？为此，在过去的十年，学者们广泛地使用整合分析方法（meta-analytic review）来全面地解析暴力电子游戏的影响。其中的一些分析涉及短效期的实验性研究和大规模的问卷调查（Anderson & Bushman，2001；Sherry，2001；Anderson，2004；Anderson et al.，2004），这些研究显示，玩暴力电子游戏对玩家有显著的负面影响。

综合这两种研究方法发现，接触暴力电子游戏可能产生下列后果：更高水平的攻击性认知、攻击性情感、攻击性行为、生理兴奋以及低水平的亲社会（pro-social）行为。在一份最近的整合分析中，Anderson 等人（2010）有力地证明了接触暴力电子游戏会对玩家产生不良影响，诸如攻击性（包括认知、态度和行为各方面）的风险因素，同时，玩电玩也可能减少玩家的同情心，并导致反社会行为。总之，学者们一致认为，对暴力电子游戏的影响，进行大致上的预测是做得到的。例如，在其他一切条件相同的情形之下，被随机分配玩暴力电子游戏的玩家会倾向于比被随机分配玩有趣非暴力电子游戏的玩家，在玩游戏后的短时间内，更具有攻击性的倾向（Anderson et al.，2010）。

关于暴力电子游戏短期影响的研究，在研究方法上，通常是在实验室或学校的实验中进行的，一般是研究者观察一个人玩电玩 15 分钟后的各种反应。而研究玩暴力电子游戏的长期影响，在研究设计上，则需要通过长时间（如几个月或几年）观察玩家反复接触暴力电子游戏后的反应。长期影响往往是根据横向或纵向设计的研究来评定的。一般而言，此类研究的框架是：在攻击性行为上产生长期和短期影响的环境变量，如对他人侮辱、身体伤害和暴力媒体使用等是通过“影响玩家的认知、情感、神经系统而产生不良后果的”（Anderson et al.，2010：154）。例如有家庭暴力生活经历的孩子玩有暴力内容的电子游戏，会引发他们用暴力的方式去解决现实生活中的问题（这属于一种被暴力游戏涵化的认知性反应）。

当前，对暴力电子游戏的短期影响，学者们有近乎一致的共识。但是，因为缺少足够的实证性证据，学者们对玩暴力电子游戏的长期效果还无法达成一致的论点。例如，Bushman 与 Huesmann（2006）认为，暴力电玩的短期影响主要是通过玩家自身现有的知识结构和对生活经历的记忆而实现的。具体而言，受暴力游戏影响的过程是通过玩家至少已熟悉一个暴力攻击行为，加上短时间内接触到充满暴力行为的电子游戏。只要玩家的攻击思路已经被激活，那么不管电子游戏中的攻击性行为和现实生活中的暴力之间具有怎样的不可相比性，玩家都有可能做出暴力性行为。大部分研究电子游戏暴力的学者认为，暴力电玩的短期影响，主要是一种导引效果（priming）（Krahe，2001；Anderson et al.，2003，2007；Bushman & Huesmann，2006；Kirsh，2006）。用平常话说也就是，有暴力倾向的玩家，一旦玩过暴力刺激的电子游戏，即使玩短暂的时间，碰到问题，常常会情不自禁地大打出手。

在过去的研究中，学者们同样关注暴力电子游戏对青少年生理上的影响。在一般情况下，暴力媒体会导致受众有更多攻击性的想法和一个更高水平的生理刺激。电子游戏，特别是那些主要面向青少年的电子游戏，可以通过鼓励过激的行为，引导青少年玩家的攻击性想法，增加兴奋感，进而创造一个玩家对暴力跃跃欲试的亢奋状态。例如，关于美国职业摔跤联盟的游戏《重拳出击》（*SmackDown vs. Raw*）会教玩家一些复杂和具有攻击性的摔跤动作，玩家就会模仿这些动作，最后产生了他们用这些动作重伤他人的潜在可能。学者们认为在那些对已经表现出暴力倾向的年轻玩家群体中，游戏这样的“言传身教”而产生的不良影响会更为严重。

另一方面，其他研究人员对这些证明暴力电子游戏与危险的、反社会行为之间有关系的研究结果提出一些质疑。他们（Bowman & Rotter，1983；Kestenbaum & Weinstein，1985）认为，电子游戏的攻击性内容可以让玩家用非破坏性的方式释放愤怒情绪和压力带来的紧张，玩家可以基本上用游戏来缓解自己的怒气，并最终得到放松。象征性的宣泄（symbolic catharsis）的概念，即为在一个幻想的世界与电子游戏的虚拟世界，玩暴力电玩被视为一种发泄的手段，可以释放玩家的攻击情绪（Golden，1992；Scheff，1979；Scheele，2001）。暴力电子游戏提供的宣泄释放，可能表现为在玩游戏的过程中或者之后玩家所得到满足感。

此外，有批评者指出，互动性强的电子游戏，如体育比赛或赛车游戏，可能会让玩家更加兴奋或得到更高一层的刺激，但这并不一定会增加玩家攻击性的暴力倾向。这个论点，点出了所有电子游戏的魅力：即玩家可以有与游戏内容互动的机会。掌握许多电子游戏需要有认知和一定的运动技能，玩家只有通过反复玩游戏来培养这种技能。甚至进一步来说，暴力性电子游戏对玩家运动神经和心理技能的发展也可能是有益的，比如说，玩家在敌境之下，必须为如何杀死敌手做出快速的反应，否则自身难保。这样的游戏，无意之间培养了玩家的反应意识和自保技能。

学者们认为，玩电子游戏的长期影响主要来自于让玩家习惯暴力，对暴力见怪不怪、不再敏感的效果（desensitizing effect）。令人担心的是，这样对暴力习以为常的态度和行为是由于反复接触暴力电子游戏而造成的（Anderson et al.，2010）。虽然，玩家不一定真会动不动就挥拳头，但在学者们看来，容忍暴力、全面无视暴力，就是玩暴力电玩的不良影响。在评估长期影响时，另一个很重要的因素就是玩家所处的环境是否鼓励攻击性行为。然而，在目前的研究中，还没有研究提出实证数据去证明玩暴力游戏或接触暴力电子游戏的长期影响，这是当前电玩社会效果研究中，一个有待填补的空缺。

（三）电玩游戏社会影响的理论建设

以往针对暴力电子游戏的有害影响进行的实证研究，经常引用几个理论框架来解释暴力游戏的负面影响。其中，一般性的攻击模型（general aggression model，GAM）也许是探讨暴力电子游戏的影响时，被学者们引用的最多的理论。该理论由Anderson与Bushman（2001）提出。GAM理论模型表明，玩暴力电子游戏可能引发玩家暴力的思想、情绪，甚至是明显的身体症状（如心跳加快、出汗等）。长此以往，玩暴力电子游戏可以改变人们的行为习惯，进而导致更多的攻击性行为。

从学理渊源来讲，GAM理论是在早期几个人类攻击行为的模型基础之上发展而来的（Bandura，1971，1973；Zillmann，1983；Huesmann，1986；Geen，1990；Berkowitz，1993；Crick & Dodge，1994；Anderson，Deuser & DeNeve，1995；Anderson，Anderson & Deuser，1996；Lindsay & Anderson，2000），在理解暴力媒体的影响以及为何接触暴力媒体会增加有些人的侵犯行为和暴力方面，它是“一个非

常有价值的理论框架”（Anderson & Bushman，2001：355）。

然而，一些学者，包括 Anderson 本人提醒，不要盲目地将 GAM 模型应用到任何与暴力电子游戏影响相关的研究中，对不同的电子游戏一概而论。因为以下原因，他们建议应该考虑更多的影响因素。

第一，预测在电子游戏研究中所有可能组合的变量模式，需要先透彻地了解电子游戏业务的流程（即“第三人称射击者”PK“第一人称射击者”的效果；血腥程度高的游戏的影响，真的大于血腥程度低的游戏吗?）如果没有对每一个具体的游戏是如何激活侵犯性的思想、情绪和诱发生理反应进行深入细致的剖析，拿 GAM 模型来做的任何预测将是缺乏根据的（Anderson et al.，2010）。

第二，要注意区分、评估不同类型暴力电子游戏潜在的短期以及长期影响的重要性。虽然有些社会认知模型，如 GAM，让我们能提出几个重要的关于接触暴力电子游戏可能出现的短期和长期影响的预测，电子游戏暴力的影响可能最终还是取决于这些影响是短期的还是长期的。这种区别在理论上是至关重要的，因为同样的刺激，可以对促进或抑制侵犯行为的几个关键因素产生多重影响。例如，在眼前情况下，玩同一个游戏的两个不同版本：无暴力版和血腥版，可能会导致相似水平的暴力行为反应。然而，反复接触一个版本或其他版本的结果，其中血腥版本可能将具有“更明显的长期影响”（Anderson，2010：154）。

第三，考虑可能调节电子游戏攻击性认知影响的社会性情境因素（situational factors）也是特别重要的。这一点就解释了为什么玩暴力电玩的玩家成千上万，但玩家杀人者却只有寥寥数人。应该指出的是，在某些非暴力电子游戏中，环境因素也可以增加玩家的兴奋情绪和愤怒。例如，赛车电子游戏、体育电子游戏，甚至感知、动作技巧类的游戏，需要玩家具有高度集中的注意力和快速反应能力。玩起来，玩家会心跳加快，同时血压升高，进入亢奋状态。同样，节奏过快或难度太大的电子游戏，可能会增加玩家的沮丧感和愤怒程度，这样反过来又可能激发玩家产生侵袭性的想法，以便消除失败的挫折感。这里，要记住一个关键的区别：“暴力性电子游戏，根据其性质，需要游戏中的攻击性思想先去激活玩家的攻击性，而非暴力的游戏则不需要这样去做”（Anderson et al.，2010：155）。

最后，玩家的攻击性思想反复被激活，是最有可能让玩家发生相对持久性变化的机制。比如，玩家具备与攻击性相关的知识结构被玩电玩激活之后，如果不断重复，就会变得更加自觉和习惯（即对暴力变的习以为常，遇到问题时，大打出手就变为颇为自然的反应)。应当指出，电子游戏（不管是暴力或非暴力内容的）所带来的负面影响和生理兴奋消散得也相当快，这与学习或者过度学习与攻击性相关的知识和社会模式（包括在玩暴力游戏时不断预演的攻击性想法）相比，不太可能在大脑里留下长期的痕迹，进而改变玩家的行为。

为了解决像GAM这样的社会认知模式的局限性，最近加州大学圣塔—巴巴拉校区的韦伯博士和其他同事所做的研究，另辟蹊径，采取脑神经科学的方法来检测暴力对儿童和青少年的影响，他们用磁共振成像（MRI）的监测手段来检测可能反映攻击性认知的脑电波图案（Weber，Ritterfeld & Mathiak，2006)。然而，尽管攻击性电子游戏已经被发现能和真实攻击性行为一样刺激相同的大脑皮层的活动，但是第一人称射击游戏（FPS）似乎使游戏更个性化，因此，同样使暴力更个性化。韦伯的最新研究表明，暴力电子游戏的确不一定会使所有人暴力化（Murray，2008)。例如，脑前扣带皮层（ACC）中的神经模式通常与攻击性认知和暴力行为有关，可能涉及对积极情绪（如同情）的抑制，使玩家能够成功掌握游戏，或者在虚拟的环境中，当玩家的虚拟生命处于危险中时，会感到担心不已（Weber et al.，2006)。虽然脑神经学的研究方法为暴力电子游戏的研究开辟了一条新的研究路径，但其结果主要基于个案的建立（MRI每次只能做一个人的数据收集)，其结果的普遍性还有待更多的研究来检验。

（四）关于暴力电子游戏版面的影响因素：人口变量的制约

像大众传播研究的其他课题一样，对暴力电子游戏影响的研究是典型的媒介效果受条件限制（conditional effect）的研究范式。换句话说，媒体可以通过一个或多个制约因素去影响自变量和因变量（McLoed & Reeves，1980)。过去的研究已经找出了一系列影响玩暴力电子游戏与攻击相关的结果的因素，它们包括重要的人口统计变量（如年龄、性别、受教育程度和家庭收入等)。有大型问卷调查发现，8至18岁的青少年，每星期使用各种类型媒体的时间超过40小时。其中，电视是最经常使用的媒体，电子游戏机也日益普及（Anderson & Bushman，2001；Kubisch，2006)。在美国，Gentile等人（2004）的研究显示，男孩每周花13小时来玩电子游戏，女孩每周只花5小时来玩电子游戏。在玩电玩的频率方面，根据Olson等人（2007）的研究发现，有94%的青少年玩游戏，其中每天都玩电子游戏的男孩有三分之一，女孩中仅有11%玩得如此频繁。

美国娱乐软件协会2011年发布的报告指出，电子游戏玩家的平均年龄是37岁，而且已经玩了12年之久，而最常买游戏的玩家，平均年龄是41岁。在全美玩电玩的人口中，有42%是女性。事实上，相对于只占13%的17岁以下的男孩游戏人口相比，18岁以上的妇女在游戏人口占着更大的部分，高达37%。在2011年，有29%的50岁以上的美国人在玩电子游戏，这比1999年增长了9%。这些研究告诉我们，在美国男女老少皆玩电子游戏。

然而，电子游戏在13岁年龄段最为风靡。之后，随着玩家的年龄增长，玩游戏时间会逐渐减少。玩电子游戏的高峰年龄是12～13岁，依照Kubisch（2006）的发现，这个年龄段的人每天玩的时间平均超过30分钟，男孩比女孩通常多玩三倍的时间。但在15岁后，玩的概率就会低于9～10岁的孩子。当孩子们长大为成年人之后，他们越来越喜欢利用网络玩在线游戏；Kubisch（2006）的研究指出，玩该类在线游戏的男孩人数是女孩的三倍。

对于游戏类型的偏好所存在的明显差异也表现在玩家的年龄和性别上。男孩在不同类型游戏上的兴趣，在不同的年龄组通常是不变的。一般来说，他们更喜欢快速的动作类游戏。玩格斗游戏、体育游戏和赛车游戏的玩家年龄，通常在6～16岁。11岁的男孩，对于必须制定计划的游戏感兴趣。相比较而言，女孩更倾向于叙事的游戏，但是各个年龄组的女孩似乎也对冒险类游戏深感兴趣。

此外，有些女性也会对暴力类或攻击类的电子游戏感兴趣。2011年的6月，由娱乐软件协会发布了一份报告表明，42%的玩家是女性，18岁或以上的女性游戏人口超过总游戏人口的三分之一。由Sherry和他的同事做的研究（2006）发现，45%的八年级和十年级（即初中和高中生）的女性受访者认可暴力射击类的游戏。Sherry（2004）认为，电子游戏的使用和偏好在性别上的差异不仅表现在内容上，而且表现在“两性在享受玩电玩的认知差异上”。玩电玩的挑战是乐趣的源泉（即满足动因）。前面提到的媒体情感流动理论研究，为在电子游戏享受中的性别差异研究，提供了一种可能的解释，即通过放松的体验来享受玩暴力电玩的挑战（Csikszentmihalyi，1997）。过去的研究已证明男性玩家在玩攻击或暴力电子游戏中，拥有更强的认知技能，比如定位；但女性玩家具有较强的三维旋转能力，相比男性而言，她们更喜欢玩射击类的电玩游戏。

（五）电子游戏影响相关研究在方法上的困惑

在以往的电子游戏效果研究中，常常存在结果不一致的现象，甚至会出现互相矛盾的结果，进而产生学术上的争议。这些通常是由于学者们在搜集证据时使用了不同的研究方法。例如，对实验研究结果的整合性分析（结合一些同类主题论文的结果）表明，玩暴力性电子游戏与暴力的行为或态度相关，但这类研究只解释了约4%玩家显示的攻击性行为。换句话说，玩家的攻击行为，有96%的部分是其他因素引起的，与玩暴力电玩无关。

有鉴于侵略暴力类的游戏测试中有人为的影响（如刻意让玩家玩暴力电玩，并制造使用暴力的条件），这些以及其他类似的研究结果已经遭到学者们的普遍质疑。人们普遍认为，如果暴力电子游戏和暴力之间有联系，也只是这其中相关的几个影响因素之一而已。而这样的关联结果可能只在实验环境中才能产生。

此外，Brake（2006）指出，出于研究伦理的顾虑，没有人对孩子进行直接的试验研究（让孩子们玩暴力电玩然后看他们打架的研究课题，是不可能得到任何主管教育的当局批准的）；这样一来，实验基本要以大学生和未成年人为基础来完成。针对儿童和成人的调查结果显示：玩暴力电子游戏和暴力的态度、行为之间是有联系的。但究竟是有暴力前科或者有暴力倾向的儿童更喜欢暴力游戏（或两者都有），还是玩暴力电玩刺激了儿童的暴力行为，目前的研究，对于这种因果关系依旧没有确切的答案。

要清楚无误地回答这一问题，需要展开多年的长期的对玩家的跟踪性研究。同时，研究设计必须确定哪些因素或者自变量更为重要：如性别、年龄、家庭环境等。确定这些因素有助于了解玩暴力电玩是否会产生长期或短期的不良后果。我们认为这样的研究设计，对于确定玩暴力电玩和玩家的暴力行为之间的因果关系或因果顺序是至关重要的。否则，此类研究就很难得到进展。

（六）电子游戏研究成果对政府制定政策的影响

美国国会长期以来一直关心电子游戏的内容以及其对社会的影响（Miller，2010）。2000年，在美国参议院，几位专注于电子游戏的研究人员在听证会上作证，他们强调无论是在理论上还是在实证方面都有正当的理由去关注正处于暴力电子游戏的影响之下的美国青少年。2006年，参议院批准了资助位于亚特兰大的疾病控制中心，拨专款来研究电子游戏的社会影响。此事件表明美国政府对电子游戏研究的支持。有了课题资助，传播学界投入研究电玩的人也越来越多。这种情形与20世纪70年代研究电视暴力的情形如出一辙。

电子游戏业面临着不同类型的管制，包括行业自律和销售游戏的限制（ECA，2008）。但到目前为止，美国法院还没有接受限制销售游戏的立法，因为法官通常认为缺乏有力证据来证明游戏和暴力之间存在着不可争辩的因果关系（Interactive Digital Software v. St. Louis County，2003；Entertainment Software Association v. Hatch，2006)。2011 年 6 月，美国最高法院甚至推翻了加州一项禁止向未成年人销售暴力电子游戏的法律（Liptak，2011），法官在裁决中肯定电子游戏虽然被认为具有“公然的冒犯性”，并且符合未成年人“离经叛道或者病态的兴趣”，但电子游戏仍充分受到美国宪法第一修正案的保护，因此，政府不得制定任何附带惩罚的法律条款来限制电子游戏的销售。

（七）国际范围内的电子游戏研究现状

正如在美国一样，现在世界各地，各年龄层的人经常接触暴力媒体内容。在中国，截至 2012 年，网络游戏用户数已经达到 3.36 亿，其中 18 岁及以下网民数量已经达到 1.5 亿。2012 年 3 月，中国青年网组织专家抽测了流行的 117 款网络游戏，专家在分析了这些流行游戏后认为，适合小学生及以上年龄用户使用的游戏仅 6 款，仅占全部测评游戏的 5%。而被抽测的网络游戏有近七成由于传播低俗信息、鼓励玩家恶意 PK 等原因，被专家认为不适宜未成年人使用。有学者（佐斌 & 黄永林，2013）认为中国网络游戏中的暴力泛滥化问题也颇为严重。《百度网络游戏行业报告》显示，2009 年中国最受欢迎的网络游戏中，高达 70% 的游戏包含有暴力成分（段东园等，2014）。

电子游戏的全球普及，促使学者们开始考虑暴力内容对生活在东西方不同文化环境下玩家的影响。一直以来，大多数与电子游戏暴力影响相关的研究都以美国或者与美国有相似的个人主义价值观和特性的西方文化为基础。下文对这些国际范围内的研究展开了梳理性的介绍。

除了美国之外，传播学者们还研究了英国（Colwell & Payne，2000）、丹麦（Schierbeck & Carstens，2000）和德国（Fromme & Gecius，1997；Feierabend & Klingler，2003）青少年对电子游戏内容的偏好和玩电子游戏的习惯。这些研究发现年龄、性别与受偏爱的游戏内容或类型之间存在有关联性。例如，von Salisch，Kristen 和 Oppl（2004）主持了一项对德国三至五年级学生进行的纵向研究，这是第一个以小学生为对象进行的暴力电子游戏与侵犯行为之间关联的研究，该研究发现，经常受老师和更年长的学生“欺负”的学生，会花更多的时间玩电子游戏。虽然这项研究没能得出与学生玩暴力游戏的动机相关的结论，但是，这些研究结果与美国学者所做的研究，结果是一致的。

有关东方集体主义社会的电子游戏内容，玩家动机和游戏影响的研究也使得相关文献丰富起来。东方文化中集体主义社会的特点是人们具有高度的纪律性，崇尚和平与非暴力手段解决争议（Anderson et al.，2010)。有学者的研究探讨了电子游戏暴力中的语境差异（Yahiro，2005)，以及玩家处理情绪上的差异（Kitayama，Mesquita & Karasawa，2006；Mesquita & Leu，2007)，然后从中探讨中西方文化差异对电子游戏产生的影响（Colwell & Kato，2003；Anderson et al.，2010)。举例来说，在一个对象为日本五年级学生的小组访谈中，Shibuya 等人（2008）认为，暴力内容的质量和环境比游戏中显示出的暴力数量更为重要，并且应该作为未来研究电子游戏暴力影响时的一个重要制约变量来考虑。

美国南卡罗来纳大学魏然博士所做的一项有关电子游戏暴力对中国青少年影响的研究（2004)，把流行游戏以暴力内容分类，然后检测玩暴力性游戏与对暴力的认知和态度之间的关系。他的研究结果发现，受访的玩家所接触到的暴力内容和他们接受暴力态度之间有显著性关联。不过接触到的暴力内容与倾向好斗行为之间却没有关联。他的研究显示，玩暴力电子游戏对中国青少年玩家态度的影响远远大于其对青少年玩家外在行为的影响。他认为这与中国的非暴力文化有一定的关系。

然而，跨文化的差异在暴力媒体内容及其对青少年和青壮年的影响中仍存在诸多问题。例如，Colwell 和 Kato（2005：529）在英国和日本的游戏者中发现了游戏和攻击频率的相似之处，但是任何案例中都没有发现攻击性游戏和攻击性行为之间存在重要联系。由此他们得出以下结论：“相反的因果关系应得到支持——具有攻击性性格的玩家倾向玩电子游戏，许多玩电子游戏的人其本性就具有攻击性。”而这样的现象和玩家的国籍是英国还是日本没有任何关系。也就是说，玩家的性格本性具有普遍性，东西方的文化差异对玩暴力游戏及其后果没有影响。

在东西方国家对于暴力电子游戏影响之研究的整合分析中，Anderson 等人（2010：162）作如下总结：“虽然分析的研究设计方法规模有限，但仍可以得出以下结论：玩暴力电子游戏会逐渐增加玩家的攻击性，并且这些影响似乎在各种文化中都很普遍。”要验证这样的因果关系，我们还需要更多的跨文化比较分析，进而来推动建立暴力电子游戏影响之相关理论。

四、本章结论

接触暴力游戏会对儿童和青少年的身心健康产生威胁，与这一假设相关的测试性研究非常盛行。特别在媒介效果这一研究领域，对暴力性电子游戏的研究更是后来居上。这方面的研究，是对社会大众普遍关注暴力电玩日渐盛行的一种回应。

综合而言，过去的研究发现，在儿童和青少年中，不管是实验性或是非实验性设计，沉溺暴力电子游戏与加剧攻击性之间存在着正相关关系，与亲社会行为能力方面存在着负相关关系。这样的研究结果与性别无关。大量的实证研究还发现接触电子游戏的暴力内容还与攻击性人格——包括攻击性的认知、攻击性影响和生理刺激等，都有着正相关关系。

然而，也有学者对暴力电子游戏是否会对可以观察到的暴力行为产生任何重要影响产生质疑，并以此来挑战攻击性实验测试结论的正确性，并且把缺少对儿童的直接实验视为当前学术研究的重要缺陷。正如从事这一研究的两位大牌学者 Anderson 和 Bushman（2001）所提到的，依赖对高度公开的、习惯玩暴力电子游戏犯人的校园杀人事件的个案分析，并不足以建构起理论框架，来促使政府拟定并执行与制约电子游戏产业相关的政策。另一方面，学者们倾向于认为制定预防措施是十分必要的：应该保护儿童免受电子游戏暴力内容的影响。在电子游戏暴力内容的潜在危害还没有很明确的结论的时候，至少我们可以确定的是，目前的研究中没有证据显示玩电玩是有益无害的。

延伸阅读

Anderson，C. A.，& Bushman，B. J.（2001）. Effects of violent video games on aggressive behavior，aggressive cognition，aggressive affect，physiological arousal，and prosocial behavior：A meta-analytic review of the scientific literature. *Psychological Science*，12（5），353-359.

Lee，K. M.，& Peng，W.（2006）. What do we know about social and psychological effects of computer games? A comprehensive review of the current literature. In P. Vorderer & J. Bryant（Eds.），*Playing computer games：Motives，responses，and consequences*（pp. 325-345）. Mahwah，NJ：Lawrence Erlbaum.

Wei，R.（2007）. Effects of playing violent video games on Chinese adolescents' pro-violence attitudes，attitudes toward others，and aggressive behavior. *Cyberpsychology & Behavior*，10（3），371-380.

扫一扫，
浏览本章参考文献

第十五章　媒介的情感效果研究

文｜周树华　张翠　Charles Meadows

摘　要

媒介对改变一个人的情绪有着近乎神奇的作用。被媒介所引发的情绪，又会进一步影响人们的态度、感知和行为，所以，情感近年来成为媒介效果的一个新领域。本章探讨情绪在媒介信息处理中的角色，并重点阐述以下要点：首先，阐释情绪的定义；第二，梳理重要的情绪理论；第三，检视如何测量情绪；第四，讨论情绪研究中普遍的方法问题。通过介绍情绪在媒介效果研究中的具体应用，本章为对情绪效应感兴趣的读者提供研究设想。

关键词

情绪、媒介效果、情绪理论、情绪测量

媒介对改变一个人的情绪有着近乎神奇的作用。无论是观看恐怖电影，还是浏览幽默的杂志广告，人们似乎也很享受在媒介环境下的“情绪过山车”（Zillmann，2003：577）。尽管媒体中的许多人物和事件时而真实，时而虚构，人们还是会对这些虚构的事件情有独钟并深深地被其吸引。被媒介所引发的情绪，又会进一步影响人们的态度和行为。

对于情绪（emotions）的研究在媒介信息处理和媒介效果的研究中占有极其重要的位置。在心理学和神经科学领域，情绪对决策过程起着重要的作用。而在传媒领域，研究媒体在这个过程中的角色以及对文化和社会的影响，是一个非常有意义的课题。因此，探讨情绪在媒介信息处理中的角色，已成为传播研究的一个重要议题。

早期大多数对情绪的研究是在心理学和社会学等其他领域进行的，这些情绪研究带动了一些传播学者开始利用心理学的理论来开展媒介效果。虽然传播学的研究从这种交叉学科的研究中受益匪浅，但同时也带来了一些方法论问题。

本章旨在进行以下几点研究：第一，阐释情绪的定义；第二，梳理重要的情绪理论；第三，检视如何测量情绪；第四，讨论情绪研究中普遍的方法问题。

一、情绪的概念以及情绪和感受（feeling）的区别

虽然文献中对情绪的定义有很多种，但是一直以来学界对于“情绪”都没有统一的定义（Damasio，1998）。Damasio 将情绪定义为“大脑的一部分通过神经和激素向身体以及大脑其他部分所激发的一系列的反应”（Damasio，1998：84）。Damasio 的定义旨在将情绪分成两个相互关联但又有所区别的部分：其一是情绪状态（emotional state），其二是精神状态（mental state）。他将情绪状态定义为“身体的变化，例如内脏、内部环境以及大脑特定部位的变化”（Damasio，1998：84）。而精神状态则用来描述情绪状态的精神表现形式，也就是感受。精神状态包括身体变化的精神表现以及其他大脑激发的内部反应（Damasio，1998）。

Keltner 和 Shiota（2003）认为情绪是“一个普遍的、功能性的对外部刺激的反应。它短暂性地综合心理的、认知的、现象的和行为上的渠道来加快对当前状态的反应”。这个定义表明情绪是对外部刺激的反应。例如，我们在野外遇到熊是一个外部刺激。熊的出现激发短暂的身体变化（心跳增加）和心智变化（预估行为）以启动具体行为（逃跑），其中夹杂着具体的情绪例如恐惧、紧张。

另外，以 LeDoux（1998）和 Nabi（2010）为代表的一些学者认为情绪可以通过一些组成部分来定义：认知、觉悟（awareness）、动机、生理反应（physiological reactions）、行为和行动（LeDoux，1998；Ohman，Flykt & Lundqvist，2000；Frijda，2007；Moors，2009；Nabi，2010）。以下是对这些组成部分的概述，然而，学界对这些组成部分的定义和特性也存在分歧。总的来说，这种定义较全面，但也较笼统。

从广义上来讲，情绪的认知层面包含所有激发情绪状态的精神过程；从狭义层面来讲，它是一系列的特定的精神过程。与 Damasio 的观点相似，Frijda 对感觉和情绪做了区分（Frijda，2007）。他认为感觉是对情绪过程有意识的知晓，并与预估过程相关。LeDoux（1998）认为情绪并不取决于有意识的知觉，而是由基本的求生机制演变而来的。因此，认知是情绪的组成部分。

情绪的动机、行为和行动层面经常被放在一起讨论，因为在许多情绪理论中这三个方面都相互关联。动机往往作为行动的一个准备阶段。例如，Frijda（2007）认为一

个外部的刺激能够激发认知预估行为，而后引发动机（预备行动）反应，最后采取行动。总体而言，这些组成部分构成了情绪中的知觉部分。行动部分可以看作是情绪或行为的生理表现。例如，人们总是通过与他人互动来表达特定的情绪。

生理反应层面是情绪比较持久的一个部分，因为身体的变化显而易见，并且生理反应较其他组成部分更加容易被测量。研究者往往利用生理学测量方法（例如测量心跳、眼珠的运动、皮肤电传导、肌肉运动、神经反馈和面部表达）以揭示特定的有关情绪的信息。

具体而言，生理的变化不仅是情绪的表征，而且与认知和行为相互关联。例如，心跳变动性（HRV）是一个普遍被用来测量心跳变化的生理指数，它常被用来测量情绪的变化。心跳变动性由交感神经系统和副交感神经系统的交互作用而调节。这两个神经系统由认知控制（Thayer & Lane，2000）。例如，McCraty、Atkinson、Tiller、Rein 和 Watkins（1995）利用心跳变动性来研究感激和愤怒这两个情绪。该研究验证了生理学表征（心跳变动）、认知（交感神经系统和副交感神经系统）以及情绪状态（感激和愤怒）这三者之间的关系。

虽然上述文献中对情绪组成部分的阐释为我们提供了建构情绪概念的基础，但是总体而言学界依然对情绪缺乏清晰的定义。Rozin 和 Cohen（2003）认为对情绪的定义是情绪研究中的当务之急，因为概念决定研究方法，情绪在概念化（conceptualization）与操作化（operationalization）方面的不一致，会影响情绪的研究进程，也会阻碍不同研究结果之间的比较。

二、关于情绪的理论模型

关于情绪的文献不胜枚举，本节将就与传播学有关的理论模型进行阐述。在情绪研究中，主要有三个观点，即情绪构面理论（dimensional theories of emotion）、情绪分立理论（discrete theories of emotion）和情绪预估理论（appraisal theories of emotion）。

（一）情绪构面理论

情绪构面理论大多是基于生理心理学的研究，它将情绪视为多构面的概念（Wundt，1912，1924）。每一个构面是所有情绪的基本单元。Plutchik（1960）和 Russell（1980）提出由价向和唤起两个构面组成的情绪环形模式。Russell（1980）认为情绪由两个构面组成，即价向（valence，愉悦和不愉悦）和唤起（arousal，平静和激动)。例如，恐惧是不愉悦和激动的情绪。其他任何一个情绪都可按此方法归类，但会由于价向和唤起程度的不同而所处位置不同。

Bradley和P. Lang (1994) 对情绪的环形结构做出了发展。他们提出了基于三个构面的情绪理论，即唤起、价向和控制。唤起指情绪激动的程度；价向指一个情绪是正面还是负面；控制指情绪能够被控制的程度。这个理论被很多传播学的研究所应用，然而控制构面却被人诟病。Detenber和A. Lang (2010) 认为价向和唤起这两个构面能够解释情绪中的多数变量，而控制则只能解释一小部分变量。

诚然，抛开构面数量的不同而不论，情绪的构面理论在很多神经科学和传播学研究中都作为理论根据而得到研究 (Nabi，2010)。学者一般通过测量愉悦和唤起的程度来测量情绪 (Newhagen & Reeves，1992；Morris，1995；A. Lang et al.，1996；Yoon，Bolls，A. Lang，1998；Grabe，Zhou，A. Lang & Bolls，2000；Bolls & A. Lang，2003；Ravaja，2004；Zhou，2005)。

(二) 情绪分立理论

Fontaine、Scherer、Roesch和Ellsworth (2007) 对只用两个构面来测量复杂的情绪存在质疑。他们认为对于特定的情绪，只用两个或以上的简单的维度来定位不是很有效。并且，他们提出构面的数量必须基于特定的假设和研究目的。情绪实际上包含很多方面 (如前所述包括心理学、预估行为、表达、主观感觉等)。

情绪分立理论的代表学者之一Nabi认为该理论对情绪的研究更为有效，因为它不仅综合了构面理论中的价向和唤起，并且提供了每个情绪状态的细节。例如，在构面情绪理论中，愤怒作为一种情绪，其唤起的程度与负面值很高，但是分立理论提出更多语义学上的解释并能预测愤怒过后的行为 (Nabi，2010)。愤怒情绪可能会导致对他人的暴力行为。因此，Nabi认为正因为传播与社会互动有关，基于情绪分立理论的研究更能促进我们对情绪的理解。

虽然有对于情绪分立理论的批评，但是该理论一直以来都是情绪研究中的重点 (LeDoux，1994；Barrett，2006)。该理论认为情绪可以被分为几个有限数量的独立情绪，例如高兴、恶心、恐惧和愤怒等 (Izard，1972)。情绪分立理论与情绪的功能性联系紧密。该理论认为情绪是人类为了生存而发展的适应机制。

许多学者认为情绪由特定的神经机制来调节。情绪分立理论的先驱者之一Ekman (1972) 认为，在进化过程中，人类发展出一些功能性的和普遍性的分立的情绪。他主要的观点在于分辨普遍的面部表情和规律。他提出了几种情绪的普遍表情，如愤怒、享受、悲伤和恶心。他认为，一种情绪的出现可以激发特定的面部情感程序，面部情感程序与特定的情绪相关联，即“特定的神经形式控制面部肌肉”（Ekman，1972：217）。

然而，能够支持这一观点的实践性研究结果数量有限，并且也常被一些学者质疑（Iwata & LeDoux，1988；Cacioppo，Berntson，Larsen，Poehlmann & Ito，2000）。另一些学者提出，文化多样性可能是导致面部表情不能充分体现基本情绪的原因（Jakobs，Manstead & Fischer，1999；Wagner & Lee，1999）。Jakobs 和同事们认为面部表情取决于人们所处的社会环境。例如，一个人笑可能是因为高兴，也可能因为感动或不确定。因此，特定的面部表情与情绪并不是一对一地相关联的。相反，面部表情实际上是一种人们为了监视复杂的社会环境而达到需求和欲求目标的社会工具。Wager 和 Lee（1999）为这一假设提供了实践依据。在实验的基础上，他们研究了女性参与者的情绪。这些女性参与者对实验者或对自己描述自身的感受。结果表明，面部表情和文字报告因她们所处的社会环境而不一致。此外，Cacioppo 和同事们（2000）认为许多情感过程也并不通过明显的面部表情体现。

（三）情绪预估理论

情绪预估理论在 20 世纪八九十年代得到发展，并与上述两大情绪理论共同指导情绪研究。情绪预估理论最初基于 Arnold 的情绪理论（Arnold，1945）。Arnold 提出人们接触正面和负面刺激并不断地基于之前的记忆评估这些刺激。情绪预估理论正是在 Arnold 最初的假设之上得到发展的。该理论认为情绪是人们的信仰、欲求和动机之间的决断（Lazarus，1999）。情绪预估理论认为预估是情绪的主要诱因。Lazarus 认为人们的大脑首先对外部刺激做出预判断，而后刺激引发情绪。他认为外部刺激首先激活预估系统，然后激发行动准备，最后激发情绪。这些预估既能有意识地发生也能无意识地发生。Frijda（1986）发展了 Lazarus 的这个模型，Frijda 认为情绪应当包含构面理论和分立理论两个模型的元素。他认为这两个理论模型分别关注情绪处理的不同层次。分立的情绪是为反应做准备的状态，而这些状态根据连续的构面而程度不同（Bagozzi，Baumgartner，Pieters & Zeelenberg，2003）。因此，Frijda 认为这三个情绪理论模型检验情绪过程的不同阶段和层面。Roseman（1984，1996）也认为应当从构面和分立两个理论视角来研究情绪处理。他认为所有的情绪都有动机的根据，并且提出了五个心智维度来解释情绪状态的不同。这五个维度包括事件或人引发的、正面的和负面的、确定的和不确定的、接近的和回避的、强烈的和微弱的。因此预估理论既包括情绪构面理论也包括情绪分立理论，而同时也加入了心智或预估的元素。

情绪预估理论认为情绪包括心智的预估。在产生预估的过程中包括了自上而下和自下而上的两种路径。Ochsner 和 Gross（2007）认为自上而下的预估是人们有意识的活动，因为在这一过程中需要脑部的前额页皮质（prefrontal cortex）的参与。而自下而上的预估是由大脑底部的杏仁核结构和其他皮下结构自动地控制。这两个过程共同产生情绪状态。自下而上的过程可以对外部刺激进行编码，从而使自上而下的预估来决定行动。

虽然情绪预估理论在近年来得到重视，神经科学的发展却对这个理论提出了挑战。最主要的是由 LeDoux（1998）所提出的质疑，即多数研究都是依赖自我报告的数据。正如上文所述，情绪包括有意识的和无意识的元素（Damasio，1998；LeDoux，1998），因此对于自我报告方法的精确度还有待商榷。其次，一些学者认为预估理论夸大了心智的作用而忽略了情绪中其他的组成部分。

三、情绪在传播学中的应用

一般而言，在传播学研究领域中，情绪通常被划分为自变量和因变量两种类型（A. Lang &Ewoldsen，2010）。例如，研究者通常利用操控一则媒介信息中的情绪特点，来检验不同的媒介信息属性如何影响个体的情绪反应。在此情况下，情绪作为因变量，研究者（通常在广告研究领域）即可检验个体在接触了不同的媒介信息后，如何对这些情绪刺激进行反应。广告商通常钟情于挖掘不同的广告活动或产品所激发出的消费者的不同感觉。

早期的情绪研究致力于探讨情绪诉求，主要是恐惧诉求（Nabi，2002）。而其他的具体情绪如内疚、生气、厌恶和悲伤则极少受到传播学研究者的青睐。

各种恐惧诉求模型认为情绪是影响说服性信息成功或失败的重要因素。许多恐惧诉求模型都把情绪作为刺激产生的结果。这些模型包括驱动模型（drive models）（Hovland，Janis & Kelly，1953）、保护动机理论（protection motivation theory）（Rogers，1975，1983）、并行处理模型（parallel processing model）（Leventhal，1970）和扩展并行处理模型（extended parallel processing model）（Witte，1992）。

驱动模型是由 Janis 和其他学者共同创立的，意指恐惧唤起信息能够诱发个体的负面驱动，以此激发个体的行动（Hovland，Janis & Kelly，1953）。Leventhal 在 20 世纪 60 年代提出了并行处理模型，进而解释了恐惧诉求的功能。在 70 年代，保护动机理论的提出进一步完善了 Leventhal 的理论，主要将信息中的恐惧诉求成分分离以进行研究（Rogers，1975，1983）。目前最为广泛认可的是由 Witte 在 1992 年提出的扩展并行处理模型，该模型融合了之前的恐惧诉求模型并试图解释恐惧诉求是如何发挥其功能的。Witte 提出两种心理预估过程（威胁预估和效力预估）会激活危险控制过程或恐惧控制过程。如果恐惧诉求激发了个体高程度的威胁感知以及高程度的效力感知，则认知性的危险控制过程就会被激活，那么个体就会接收这一恐惧诉求。相反，如果恐惧诉求激发了高程度的威胁感知和低程度的效力感知，则恐惧控制过程就会被激活，那么个体就会拒绝接收这一恐惧诉求。

尽管这些理论都阐释了恐惧诉求信息的重要性，但是却极少涉及情绪研究。首先这些恐惧诉求模型认为情绪是接触媒介信息引出的后果，因为不需要阐释情绪产生的机制。其次，这些模型都对测量方法进行了批判。以往的研究均是通过一系列的形容词来测量恐惧，但是语义过程需要涉及情绪的认知感知。

其他的传播学模型在情绪模型的基础上融合了情绪这一成分。例如介导信息处理的有限能力模型（the limited gapacity model for mediated message processing，又称 LC4MP）认为动机性激活主要基于两个概念：方向（喜爱和厌恶）和程度（高或低）。动机性概念（如方向和程度）恰当地反映了情绪构面理论以及接近与退缩模型中的情绪维度（Davidson，1998）。

Zillmann（1980，1994，2003）提出了情绪三因理论（three-factor theory of emotion），该理论认为情绪体验是倾向性、刺激性和经验性这三种成分共同互动的结果。倾向性的成分可以被描述为身体改变或行动反应的集合。这种改变或反应是在应激反应中自然发生或无意识情况下进行的。这个成分可称为“反应引导机制”（response-guiding mechanism）（Zillmann，1984：191），在对某个情绪事件进行直接回应的时刻立即发生。例如，某人在森林里爬山时突然看到前面有条蛇，这时此人便会体验到一种情绪状态（即恐惧），并且伴随着身体的自然反应（如心跳加速、肌肉紧绷、肢体僵硬等）。这些身体反应就是人的反应引导，为了下一步应激行动作准备。如果在现有的情绪模型框架中来检验倾向性成分的话，则可以在情绪的三个模型（如情绪分立理论、情绪构面理论和情绪预估理论）中找到相应的描述。这三类模型均认为躯体反应发生在情绪状态产生之时。

刺激性的成分是在交感神经系统对外部刺激进行反应时被激活的。该成分可以被称为“反应激励机制”。该激励效果通过加强或减弱肾上腺皮质轴释放儿茶酚胺（catecholamines）和可的松（cortisone）这两种化学成分的活动来体现。与倾向性的成分一样，刺激性的成分主要出现在刺激和加强控制过程中，也就是说，该成分并不需要较高的认知功能，而是可以被认识是为行为的产生提供必要的能量（Zillmann，1996）。Zillmann 认为在这一阶段，感觉会出现，但该阶段可能或不能激发预估过程或经验性成分的出现。由于这一过程不能直接引出预估过程，则该过程可被视为情绪环状模型中的唤起构面。反应激励机制确立了儿茶酚胺和可的松这两种化学成分在情绪过程中的作用，随之而来的交感神经系统唤起也包括了儿茶酚胺类的释放（如肾上腺素、多巴胺和去肾上腺素）。

经验性成分认为倾向性和刺激性成分诱发了个体的意识，从而有利于定义情绪。该成分可以被视为“反应监控（预估）机制”或“反应调节机制”。与其他两个成分不同的是，经验性成分通常发生在接触刺激后的一段较长的潜伏期内（Zillmann & Vorderer，2000）。尽管情绪的三因理论否认情绪需要认知上的深思熟虑才会有所表现，但其却认为情绪往往受到认知的监控。这种恒定的认知监控与 Damasio 提出的“反馈环”相一致（Damasio，2003），其认为大脑不断地预估身体的变化并将这些变化和已构建好的情绪状态“图书馆”内的各类情绪进行对比。接着上面的例子说，一个人看到前面有条蛇后也许会本能地跳开或者僵在原地。但是当他仔细观察了这条蛇后，发现这条蛇跟个蛇形软管差不多，则他的情绪（恐惧）在情绪状态“图书馆”里找不到，那么他的情绪状态和行为就会根据经验或反馈成分而改变。

情绪三因理论中的第二个成分，即刺激性成分，引起学者的主要关注。该成分认为尽管感觉（如情绪状态的感知）会在刺激过程中出现，但是该过程并不需要依赖高程度的认知功能。这个论断与最新的神经学关于情绪的研究相冲突。许多学者认为情绪是通过皮下结构而产生的，而情绪状态的感知（如感觉）是一种有意识的认知，需要较高的皮层结构才能产生（Damasio，1994，2003；Lane & McRae，2004）。因此，鉴于这些发现，有必要对刺激性成分进行修正和改变。

有趣的是，该模型是基于一项备受质疑的研究发展而成的。这项研究是 Schachter 和 Singer 在 1962 年提出的，主要是将刺激或唤起与情绪反应相关联。但是，尽管这个模型饱受争议，但是它仍是传播学中影响力最大的模型之一，并衍生出兴奋迁移理论（excitement transfer theory，ETT）和情绪管理理论。

兴奋迁移理论是由 Zillmann（1983，1989）发展而成的。该理论常用于媒介效果研究来检验如音乐（Zillmann & Mundorf，1987）、幽默（Cantor，Bryant & Zillmann，1974）和暴力（Zillmann，Katcher，&Milavsky，1972）等不同媒体信息的效果。兴奋迁移理论的基本原则是由不同媒体内容产生的生理唤起会慢慢减弱（Cantor，2003）。例如，如果一个人在短时间内碰到了两个唤起事件，则由一个事件诱发的唤起会转移到第二个事件。Zillmann 认为个体意识到了一种唤起状态，并且主动寻求该状态的解释。个体不会把这种唤起状态归因于第一个事件，而是错误地归因到第二个事件，因而增强了总体唤起度。

近年来，神经学研究支持了这一观点。例如，许多研究者都认为情绪和感觉是在不同的神经系统中相互联系的（Jakobset al.，1999；Wagner & Lee，1999）。Damasio 认为情绪状态可以在无意识的情况下产生，因此个体错误地归因于另一事件是完全可能的（Damasio，1998）。Zillmann 的这一理论经得起时间的考验，且能够成为在传播学领域中情绪研究的踏脚石。需留意的是，Zilliamann 强调了交感神经系统活动是情绪研究的重要特征。

情绪管理理论认为个体使用媒体来调节其情绪状态，个体通过一次次尝试，了解到哪种媒体类型能够更好地帮助他们维持情绪稳定（Zillmann& Bryant，1984）。Zillmann 强调了效价和唤起在媒体选择过程中的作用。关于效价，Zillmann 认为是个体趋向于“接近”行为（如快乐的欲望），并且寻找回避退缩的行为（如负面情绪）。他认为个体通过接触媒体来寻求程度最适宜的唤起（Zillmann& Bryant，1984）。如无聊（低唤起度）的个体愿意寻求唤起度高的媒体类型来提高他们自身的唤起程度，从而达到正常水平。相反，焦虑的个体（过度唤起的个体）则愿意选择能让自己平静的媒体种类来降低自己的唤起度。

另一种情绪模型是由 Nabi（1999）提出的认知功能模型（cognitive-function model，CFM）。该模型既采纳了情绪的构面和分立理论，又包括了信息处理过程（Nabi，1999）。CFM 认为媒体信息可以诱发分立情绪，一旦这种情绪被激发，则情绪的说服力会影响个体的信息处理。情绪的强度和种类会紧随其后地影响“信息处理的深度和方向”（Nabi，2002：299）。Nabi 提出的模型能够更好地构架学界和业界间沟通的桥梁。以上理论强调了三个情绪理论模型对媒介效果和传播处理模型上的影响。表 15—1 是对这些影响的总结。

表 15—1　　情绪理论与传播学模型之间的关系

传播学理论或模型	分立理论	构面理论	预估理论
驱动理论	√		
并行处理模型	√		
保护动机理论	√		
扩展并行处理模型	√		
兴奋迁移理论		√	√
情绪管理理论		√	√
介导信息处理的有效能力模型		√	
目标情绪管理理论			√

四、情绪的测量

对情绪的测量与上述理论模型紧密相关（Mauss & Robinson，2009）。本节将综述基于以上理论模型的传播研究对情绪的测量方法。主要的测量方法大多数来自于情绪分立理论和情绪构面理论（Juslin & Sloboda，2001），以三种对情绪的测量方法为主，即自我报告（语言的和非语言的）、生理反应以及语义的测量方法。自我报告的测量方法在传播学中的应用最为普遍（A. Lang & Ewoldsen，2010）。该测量方法取决于参与者对自我情绪的有意识的评估。自我报告测量方法有两种形式，一种是基于语言的，另一种是基于图形的。生理学的测量方法并不依赖于参与者的自我报告，而是通过生理系统的变化来收集数据。基于语义学的测量方法既依赖自我报告又依赖客观的数据。在传播领域，情绪的测量主要通过两种途径：第一，实验参与者的自我报告（self-report）；第二，生理数据（physiological data）。下文总结媒介研究中最常见的几种测量情绪的方法。

（一）自我报告的测量方法

如前所述，情绪的构面理论是由价向和唤起这两个维度所组成的圆环模型。在这一类别中主要运用图片的测量方式。这一方式的好处是利用卡通人物形象而不受语言能力的限制，从而增加多种语言环境下收集数据的可信度（Ekkekakis & Petruzzello，2000）。Hodes，Cook 和 Lang（1985）以及 Bradley 和 Lang（1994）等学者提出了 Self-Assessment Manikin（SAM）量表。SAM 是测量价向、唤起和控制三个情绪构面的图表。每一个构面由卡通人物的表情和形象变化代表不同的情绪。例如，如果卡通人物的眼睛睁大，心脏位置有“电流”穿过的图形，则意味着该卡通人物有强烈的唤起。SAM 在传播学和其他领域的研究中都有广泛的应用（Bradley &

P. Lang，2007）。但是这种方法的缺点为利用卡通图像代表情绪有些时候容易让人混淆和不容易理解。

基于情绪构面理论的另一个重要的测量方法是积极与消极影响量表（Positive and Negative Affect Scale，PANAS）。该方法由 Watson、Clark 和 Tellegen（1988）基于 Watson 和 Tellegen 的情感构面理论提出（A. Lang & Ewoldsen，2010）。PANAS 用 10 个五点 Likert 题项测量情绪的两个构面，即正面情感和负面情感。虽然这个方法的内部精度较高，但是运用这种方法测量的结果也会出现不对称的结果（Carroll，Yik，Russell & Barrett，1999）。基于情绪分立理论的测量方法大多使用两极化的量表来测量具体情绪的程度。在传播学和市场营销领域的研究都是基于 Izard（1977）的差别情绪理论（differential emotion theroy），差别情绪量表（differential emotions scale，DES）测量 10 个情绪，包括兴趣、享受、惊喜、悲伤、愤怒、恶心、轻蔑、恐惧、害羞、负罪感。

Plutchik 和 Kellerman（1974）的情绪描述指标（emotions profile index，PFI）基于 Plutchik 的主要情绪表，要求参与者选择最能代表他们情绪的字对，主要用于广告学研究（Zeitlin & Westwood，1986；Hansen & Christensen，2007）。

（二）用生理数据来测量情绪

肌肉活动、肤电反应、瞳孔扩大、心跳和脑活动这些生理反应可以用来测量情绪。面部肌电扫描（EMG）被广泛地使用在传播学研究中以测量情绪（A. Lang，Potter & Bolls，2009）。EMG 测量颧骨肌和皱眉肌的活动。这些肌肉在微笑和皱眉的时候会运动。负面情绪会伴随皱眉肌活动，正面情绪会有较强的颧骨肌肉运动。因此，EMG 的测量方法也与情绪构面紧密相关。

另一种基于生理活动的测量情绪的方法是肤电反应（electrodermal activity，EDA）。该方法依赖于交感神经系统控制的汗腺系统的活动。肤电反应与交感神经系统的变化联系紧密（Lidberg&Wallin，1981）。EDA 经常用作情绪唤起程度的指标，因此，这种方法可以归类在情绪构面理论中。这种方法积累了很多实证研究的支持，是一种可靠的测量唤起的方法（Bolls，A. Lang & Potter，2001；Ravaja，2004；Sequeira，Hot，Silvert & Delplanque，2009）。

其他的方法，例如测量心跳也可以被归类于构面理论的测量方法。与心脏有关的测量方法包括心电图（electrocardiography，ECG）和心律变动性，它们在许多传播学的研究中被用来测量情绪（Reeves，Thorson，Rothschild，McDonald，Hirsch

& Goldstein，1985；Potter，2000；A. Lang，Borse，Wise & David，2002；Wise & Reeves，2007；A. Lang，Potter & Bolls，2009）。例如，Ra-inville、Bechara、Naqvi和Damasio（2006）测量了人们在出现一些情绪（恐惧、愤怒、伤心和高兴）时的心脏活动情况。结果表明，这四种不同的情绪伴随有不同的心脏活动形态。当然，心脏的活动并不能完全反应情绪情况，正如EDA一样，心脏活动对情绪的解释能力也是有限的。

另一种基于非语言的对情绪的测量方法是由Kaiser和Wehrle（2001）提出的面部表情分析工具（facial expression analysis tool，FEAT）。该方法主要是测量情绪的身体表征。在Ekman和Friesen（1975，1978）研究的基础上，以及基于面部动作偏码系统（facial action coding system，FACS），该方法对面部运动进行录像并编码。FACS是一个编码系统，用来识别明显的面部肌肉运动而后将这些肌肉运动形式与各种情绪相关联。

Gottman和Levenson（1985）提出了"情感分级码"（the affect rating dial）。该测量方式用正负两极测量单一的情绪构面。最近的研究利用该方式测量参与者对电影片段的情感反应（Fredickson & Kahneman，1993；Fredickson & Levenson，1998；Tsai，Levenson & Carstensen，2000）。该方法的优势为能够不间断地收集数据，但其缺点为只测量一个构面（Ruef & Levenson，2007）。

（三）两种测量方法的优势与劣势

自我报告测量方法的劣势在于可供参与者选择的量表数量有限，且对被测者的语言和认知能力的要求较高。因为自我报告的方法较为主观，因此该方法的精确度取决于人们精确地评估自己情绪的能力（Mauss & Robinson，2009）。自我报告方法的优势在于其相对灵活、成本低，对器材的要求不高。

生理反应测量方法的缺点在于，单独的生理学方法不能决定一个情绪是否真实发生，且每一种生理学方法都有各自的缺点。例如，虽然EDA能够很好地用来测量唤起的程度，但是它并不能测量情绪的正负。心理学的测量方法的优势在于，该方法能够不间断地收集数据，减少主观偏见，以及与参与者的认知能力关系不大。

本章只是分析了复杂情绪研究的一小部分，在条件允许的情况下，研究者应该使用自我报告和生理活动测量相结合的方式来测量情绪。情绪很可能在人们不知觉的情况下在大脑皮层下的区域发生（Izard，1992；Ohman，Flykt & Lundqvist，2000；Damasio，2003；Winkielman & Berridge，2004）。因此，研究者需要考虑研究的目的是检测情绪的主观经验还是真实的情绪状态。不论实验设计如何，利用多种测量方法会为情绪的测量提供相对完整的结果。

五、结论与讨论

本章分析了媒介效果所涉及的情绪研究中的三个主要方面：情绪的概念、主要情绪理论模型，以及情绪的测量。

传播学者往往错误地解释情绪。本章通过回顾当前几种对情绪的定义而阐述情绪和情感状态的不同（Damasio，1998，2003）。另外，本章还提出虽然学者并未对情绪背后的生物系统达成共识，但是多数学者认同情绪包括心智、意识、动机、生理反应、行为和行动这几个组成部分。对这些组成部分的理解可以帮助学者对情绪进行更加全面的研究。

通过对情绪研究的梳理我们发现情绪的研究融合了心理学、社会学等多个学科的背景，甚至神经科学和神经生物学的研究也为情绪研究提供了新的可能。本章还分析了传统情绪理论在传播学研究中的灵活性。基于不同的研究目的，情绪构面理论和情绪分立理论会得到不同的应用。

本章还分析了唤起在情绪研究中的角色。只用唤起来测量某种情绪的存在与否是不谨慎的。唤起并不能与情绪一一对应。因此，学者应对激发情绪的生理系统和媒介环境都有所了解，这就需要多学科的合作。媒介研究者需要了解神经科学的研究而具备神经解剖学和神经物理学方面的知识，虽然这并不意味着传播学者要成为这方面的专家，但是跨学科的合作研究应当受到重视。缺乏这方面的知识会阻碍学者对当前文献的理解和有效地将神经科学的研究成果应用到传播学中来。

最后，传播学者只是关注于一些有限的情绪，如恐惧、愤怒、高兴等。而且有些情绪只在具体的传播形式中出现。例如，在广告中传播者很少运用恐惧和愤怒来说服消费者，而在健康传播中恐惧被经常用到。因此，更多的情绪和传播形式有待学者去开发。

作为媒介效果的一个新开拓的领域，情绪研究是一个跨学科的研究领域，它综合了心理学、社会学、生物学和神经科学等。这要求传播学者借鉴其他领域的理论和研究方法来研究情绪在媒介信息处理中的角色。只有这样我们才会离情绪这个充满复杂和疑惑的变量的真谛越来越近。

延伸阅读

Bradley，M. M.，& Lang，P. J. （2007）. Emotion and motivation. In J. T. Cacioppo，L. G. Tassinary，& G. G. Berntson (Eds.)，*Handbook of Psychophysiology* (pp. 581－607). New York，NY：Cambridge University Press.

Frijda，N. H. （2007）. *The laws of emotion*. Mahwah，NJ：Erlbaum.

Zillmann，D. （2003）. Theory of affective dynamics：Emotions and moods. In J. Bryant，D. Roskos-Ewoldsen，& J. Cantor (Eds.)，*Communication and emotion：Essays in honor of Dolf Zillmann* (pp. 533－567). Mahwah，NJ：Erlbaum.

扫一扫，
浏览本章参考文献

第十六章 信息社会下新媒体与媒介效果研究

文｜魏然

摘　要

信息化（informatization）是现代社会发展的特征之一。当前在西方后工业化的信息社会中兴起的新社会形态是“网络化社会”（the network society）。网络社会是由有个性的个人所组成的，他们利用传播科技连接成为数以万计的社群（圈子），以其巨大的组织动员能力发挥着日益重大的社会影响力。互联网和手机媒体是“网络社会”的平台和发展的根基之所在。本章通过阐述西方后工业化社会的发展进程和特征，特别是传播科技对信息社会发展的促进作用，梳理西方传播学者对信息社会建构的理论，包括主要的理论体系、理论框架、核心概念以及代表性的学者。此外，本章还探讨西方新兴的社会学理论体系如何为推动传播学理论的发展和创新提供必要的基础。最后，本章介绍传播科技、社会转型对媒介效果研究的影响，进而提出信息社会下新的研究课题。

关键词

信息社会、社会转型、网络化社会、新媒体

一、后工业化社会的理论建构与西方社会转型

社会转型是指社会从一个阶段到另一阶段的历史演进过程。根据知名的美国管理学大师德鲁克（Peter Drucker）的说法（1999），“在西方历史上，每几百年就会有一个明确的转变。社会跨过一个分水岭（divide）。在短短的数十年内，社会重新做出自我调整——包括世界观、价值观、政经结构、艺术和主要社会机构。50 年以后，一个崭新世界就会出现。”美国历史学者福山（Fukuyama，2002）把这场空前的社会

转型描述为“大破坏”（the great disruption）；国内人比较熟悉的提法是人类发展的“第三次浪潮”（the third wave）（Toffler，1980）。

在国内，社会转型是一个流行的概念。其实，社会转型似乎不仅局限于中国，它是当代人类社会所面临的共同经历和挑战。西方国家的转型主要从工业化社会过渡到后工业化社会。按照美国学者的预测，从 20 世纪 60 年代开始，由信息科技带动的社会转型将在 2010 年至 2020 年之间大致完成。即西方国家将从工业化社会进入一个崭新的社会发展阶段。有西方社会学者将当代西方社会的转型，描述为一种从“固体型”社会形态（the solid society）转型为“流体型”的社会形态（the liquid society）。

有趣的是，自从美国社会学家丹尼尔·贝尔（Daniel Bell）在 20 世纪 70 年代分析工业化社会即将终结，并预示后工业化社会（post-industrial society）的降临以来，西方学者对告别工业化社会的理论论述没有疑义。然而，他们对如何认识、界定后工业化社会却缺乏共识。西方学者对后工业化社会的结构、特征和形态有着诸多不同的描述，例如：信息社会（the information society）、信息时代、知识型社会（Drucker，1993）、知识经济社会、后现代社会（Jameson，1991）、后传统社会（Giddens，1991）、后资本主义社会、晚期资本主义社会（Drucker，1993）、后福特主义社会、后生产线社会、数字经济社会、消费型社会消费资本主义、媒介化社会、连线社会（wired society，Martin，1978）、全球性信息社会等等，诸如此类，不一而足。

以上这些描述对于理解现代社会在特定历史阶段的发展趋势和特征大有助益。但是，这些概念五花八门缺乏一致性，让人眼花缭乱。可能由于背景不同，不同学科的学者们对后工业化社会发展各持己见，因而造成后工业化社会发展缺乏统一的理论体系和综合的分析框架。

本章旨在阐述西方后工业化社会的发展过程和特征，介绍西方传播学者对信息社会的理论建构，包括主要的理论体系、理论框架、核心概念以及具有代表性的学者。重点在探讨新媒体形态与传播科技扩散对西方后工业化社会转型的影响，并分析在信息的社会环境下，传媒科技的作用及媒介效果研究应如何与时俱进。信息化是当今世界发展的大趋势，信息化对中国的社会转型影响深远。本章也将阐述中国社会转型的过程与面临的挑战，进而提出新的研究方向。

(一) 信息社会和信息化理论

在众多描述后工业化社会的社会学理论中，信息社会理论最广为人知，也最具有影响力。那么，什么是信息社会呢？如何去理解信息社会理论？

提起信息社会，大家很容易联想到计算机、互联网、电子报、移动媒体、智能手机、博客、微博、云计算等，这些都是信息社会的媒体。不过，信息社会这一概念在二战后最早提出的时候，既没有计算机，也没有互联网。它是从经济学的角度指出推动社会发展的生产力，不再是工业化时代的机器，而是信息。西方社会从工业化时代转型到后工业时代，离不开信息和知识。也就是说，社会的生产方式不再是资本、土地或劳动力等这些 19 世纪和 20 世纪经济学的支柱概念，而是知识。

美国社会学者丹尼尔·贝尔（1973）在《后工业社会的来临》（*The coming of the post-industrial society*）一书中，首次提出美国社会从农业和工业化社会转型为后工业社会的阶段性发展趋势。他提出从 18 世纪由英国开始的工业革命而发展出来的工业化社会（the industrial society），即将被一种新的社会形态所取代，他称这个新的社会为“后工业化社会”（the post-industrial society）。贝尔（1973）认为“工业化社会是生产货物的社会，而后工业化社会是以生产信息为主的社会”（467 页）。换句话说，这个社会是以信息的获取、处理和传递的方法来界定的。贝尔认为，知识将是未来社会发展的最重要的特征，是经济增长的源头，也是财富的来源。贝尔进而描述这个后工业化社会的特征如下：

第一，服务业将取代制造业，成为美国主要的支柱产业；第二，以知识和科技为核心的新产业将兴起，特别是信息技术会把美国带入“信息时代”（the information age）。

信息时代的社会特征是一半以上的就业人员不再从事制造看得见、摸得着的产品，而是从事与收集、处理、应用信息相关的“知识产业”（the knowledge industry）。因此，后工业化社会是一个建立在以知识为中心的社会，以知识来进行社会调控和创新。

(二) 信息的内涵

信息（information）是什么？从字面上看，它指的是资料、文件、统计数字、数据、情报、消息、新闻报道、年度报告、档案等。不过，信息的内涵不仅仅是资料和文件的整理、数据的收集和情报的汇集，也包括对信息的传播、挖掘与使用，特别是从信息中提炼出有价值的知识。因此，有学者将信息的内涵描述为以“数据”、

"知识"和"沟通"为核心，各为一只脚的三角凳理论（见图16—1）。

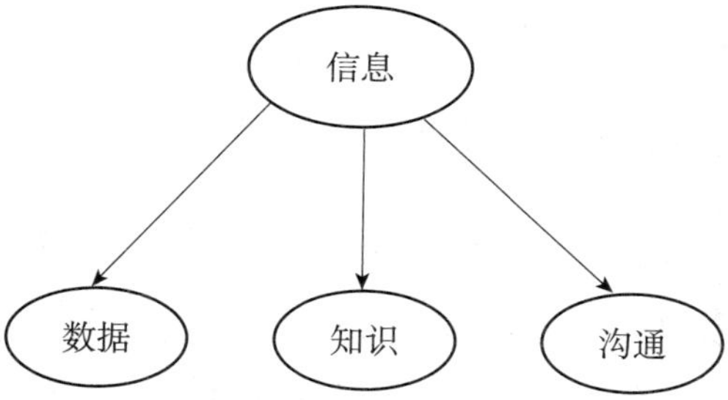

图16—1 信息内涵的三角凳理论

资料来源：Pintner，2008.

所以，信息的三角凳理论有两个要点：

第一，知识比数据、资料更为重要，它才是信息社会的发展动力。此外，信息不是静态的，而是对原始资料和数据的处理，将资料、数据变为知识，用传播科技将知识传播出去，变为具体的产品（例如今日流行的大数据分析）。

第二，传播科技是信息社会的基础。信息社会的生产，甚至经济基础，是建立在信息和传播科技的基础设施之上的。这些科技所提供的基础设施，包括20世纪80年代兴起的以计算机为中心的技术创新、90年代兴起的互联网信息高速公路（information superhighway）、21世纪初的3G无线通信网络（WiFi）与数字电视网（digital TV）等，以及目前的互联网科技2.0、3.0与云计算（cloud computing）等。

（三）信息的特征和信息传播原则

信息社会的基本资源是信息。信息和一般性商品不同，它摆脱了物质稀缺性定律（the law of scarcity）的束缚。这是因为支撑信息产业发展的不再是原子（atoms），而是信息的单位"bit"（电脑上的最小信息单位），而bit是无限的。就像托夫勒在《第三次浪潮》中所阐述的，"有史以来，人类社会第一次建立在一种不仅可再生而且可自生的重要资源上"（144页）。

有趣的是，信息有它本身的定律和规则：一人拥有并使用了信息后，再传给别人，并不减少信息的价值，反而可能增加信息的价值。例如，越多的人知道了某种商品的价格后，买家的杀价力就越强。又例如，防盗的信息传给越多的人，社区的安全就做得越好。这样的信息经济原则让我们抛弃了零和游戏的交换思维。当社会处于工业化向信息化转型的时期，经济由以量取胜的"规模经济"（scale of the economy），延伸至以拓宽产品种类为主导而获得经济效益的"范围经济"（scope of economy)。由工业社会向信息社会转型的过程中，越多人拥有具有核心竞争力的信息，信息产生的经济和社会价值就越大。

二、信息社会的社会结构和社会关系

当处理、储存和传递信息的传播科技日新月异，信息在社会中无处不在时（如繁华闹市里不停地更新的新闻提要、股市看板、交通实况等），这样一个以信息为主导的社会被称为“信息社会”。就理论发展的演进而言，最早提出“信息社会”（日语原文为“johoshakai”）这一概念的是两个日本学者：一位是历史学者，另一位是社会学者，他们在20世纪60年代初就提出了信息社会这个概念。

信息对一个社会的结构有着深远的影响。英国社会学者弗兰克·韦伯（Weber，1995）从五个不同的层面，详细地阐述了信息社会的特征：

第一，科技层面：传播科技的日新月异，特别是支撑信息社会发展的传播科技（如联网的计算机、因特网、万维网等）；

第二，经济层面：信息、知识产业对一个国家GDP的贡献越来越大（例如美国在20世纪80年代，知识产业就占了GDP的三分之一）；

第三，就业层面：知识型专业白领的人数增加（例如在2000年，制造业的就业人口在发达国家所占就业人口的比例少于六分之一或八分之一）；

第四，空间层面：地域、空间对人们的限制逐渐消失，在以新的传播技术为基础的新媒体所提供的平台上，人们的沟通跨越地域，实现全球化（例如网络视频传播）；

第五，文化层面：信息爆发式的增长，社会从媒体匮乏的时代进入媒体丰富时代，例如电视频道剧增、24小时的新闻频道出现等；同时，虚拟空间的出现，为大众提供了前所未有的娱乐资讯。

简而言之，信息社会的特色是知识和信息的生产与传播，信息社会是一个完全和工业化社会不同的新社会。虽然贝尔提出西方社会由工业化社会转型为后工业化社会，成为有信息属性的社会，但他对信息社会的组织、结构和形态等问题却只有笼统的描述，缺乏细节。也就是说，贝尔说明了后工业化社会的生产力、生产方式的改变和经济的转型是大势所趋，但他却没有说明信息社会的生产关系，特别是新型社会的结构特征。他的后工业化社会理论也没有说明在信息社会中，人与社会关系具有什么特征。这些是贝尔社会转型论述的不足之处，因而饱受学者的批评。毕竟，社会转型主要是社会结构的变化，大量丰富的信息并不能等同于信息社会。信息在国民经济上日益重要的贡献，仅仅是新型社会生产力方面的变化。判断一个社会是不是进入信息社会，重要的是社会结构的变化，也就是生产关系的变化。

更为重要的是，传媒的运作及传播效果可能影响人与社会的关系。因此，接下来本节梳理信息社会的社会结构与社会关系的相关理论。

（一）信息社会的形态：个人化社会和液体型社会结构

信息社会的形态是个人化社会（an individualized society），而信息社会的社会结构属于液体型。这个后现代社会学的理论框架是由英籍社会学者鲍曼（Z. Bauman，2001）所提出的，鲍曼的论述深受英籍德裔社会学者诺伯特·伊莱亚斯（Norbert Elias）的影响。在其专著《集个人为大成的社会》里，伊莱亚斯（1991）集中探讨了个人与社会的关系。他提出两者有着相互依附的关系（reciprocal conception），即社会塑造其成员的个性，同时个人通过他们的行为和各种社会网络组成社会。两者互为依存，相互影响。

鲍曼（Bauman）延续了伊莱亚斯的论点，强调将社会大众视为个人是当代社会的显著特征。他明确提出个人化（individualization）是当代西方社会，甚至全球的发展趋势。他的社会学专著的题目就是《个人化的社会》。在日趋个人化的社会，个人有着充分的自由和各种各样的选择和权利。自由的选择和权利塑造了个人的身份（identity）。个人化社会的视角，完全放弃了沿用多年的大众社会（the mass society）的概念。

鲍曼进一步将信息社会的社会结构比喻为液体动态型或流体型社会，他认为工业化社会属于固体型。

什么是流体型社会？打个比喻：信息社会的结构像液体，如行云流水，它自身没有固定的结构或形状，但把它放在有形状的载体里，它就呈现载体的形状（Bauman，2002：2）。美国管理学大师德鲁克（1993）在《后资本主义社会》一书中，也以“液体”流动的属性来形容后工业化社会的社会形态。

液体型社会的特征是社会成员不停地流动，不停地尝试新的事物，而非过着一成不变、沿袭习惯和传统的生活。因此，在这样的一种社会中，人们的生活说变就变，充满众多不确定因素（Bauman，2005：1）。根据鲍曼的论述，当代西方社会正处于从固体型社会形态转型为流体型社会形态的过程之中。这种转型对于个人来说是一个前所未有的挑战，这是因为固体社会形态所形成的社会建制和各种机构，将越来越不能为个人提供依靠和支持。

(二) 网络型的社会关系

工业化社会结构是“金字塔”型的等级结构。信息社会的结构与工业化社会的“只见大众、不见个人”的社会形态完全不一样，个人在信息社会的角色突出，信息社会把个人联结起来形成类似“蜘蛛网”式的网络结构，因此称为“网络化社会”或称为“网络型相互关联的社会”。

“网络社会”这一概念最早由荷兰传播学者 Jan VonDiik（1991）提出。他认为信息社会的结构将以信息传递和交换的网络为核心，因为这种网络呈网状，所以称为网络社会①。主导信息社会的理论体系则是由美国南加州大学传播学者卡斯特（Castells）（1996，2006）所建构的。他认为，以计算机为核心的传播科技为西方社会带来了崭新的社会结构。在网络型相互关联的社会中，由联网的计算机所处理和传递的信息，构成社会关系网连接的中心点（network hub）。

根据卡斯特的网络社会理论体系，连接信息社会人与人关系的是网状连接。即个人在社会中属于一个个的点，一个以各自为中心的点，与其他点相连接，从而组成网状型的社会结构（如一个个的圈子、社群）。信息社会就是由这些点与网连接所组成的社会。

举例来说，互不相识的自由投稿人彼此之间可以通过关系网络连接，然后组成一个完整的工作团队。卡斯特进一步指出，网络化社会在工业化社会时期主要是在私人领域起了重要的作用。具体而言之，在生产和公共领域，占主导地位的是那些通过垂直性结构而相互依存的官僚机构，包括大公司、宗教团体和军队。在网状型相互关联的横向社会关系中，这些结构都会改变，由垂直变为横向。另外，因为网络化结构是没有中心的，横向的关系结构具有主导性。在人人都可以为中心的社会中，人们之间相互的关系将呈现平等化趋势。用《纽约时报》专栏作家托马斯·弗里德曼（Thomas Friedman，2005）的话说，冷战结束后的 21 世纪是一个“世界是平的”（the world is flat）的时代。

---

① 在中国，社会关系网这一概念早已经存在，讲网络化的社会关系，好像没有新意。但是，这两个概念的根本性区别在于以下两点。第一，网络化社会中的网络在英文中是褒义词，是指交通、联结和接触，没有人情、利益交换的意思，意思是个人或者机构进入一个网络。联结和接触是值得鼓励的事情。第二，在中国社会，关系网与人情社会传统混合在一起，核心是利益交换，人情用完了，关系也就没了。而英文的网络形关系社会，没有这个明显的利益交换的意思，而且横线的联结，越联越大。在信息社会，个人的社会关系的实质就是网络关系的建立和社会网络的大小。

卡斯特认为，生活在网状形相互关联社会中的成员不是封闭和孤立的，他们是在具有复杂关系系统中真实的人，有鉴于此，个人的价值在这样的社会中深受尊重。同时，他认为在转型中的信息社会，个人会有种社会不安全感（social insecure）。这是因为不同于固态化的工业化时代，事事越来越不能预测，也不能事事先统统规划好（例如，中国改革开放前的大学生就业分配制度，已经一去不复返）。他特别强调，网络社会的形成离不开传播科技。巧合的是，互联网的结构也正是网状的。

上面这几个西方社会学理论在理解信息社会的形态和结构方面，有以下共同之处。

第一，传统社会的金字塔形结构将走向瓦解，等级、阶级和官僚的自上而下的结构将式微。美国历史学者福山（1992）指出，信息社会所呈现的特征是尊重选择的自由和平等待人。人们的选择很多，包括电视频道、购物场所，在网上结识的朋友等等，不胜枚举。随着工业社会向知识型经济转型，普通老百姓都可以有直接接触信息的途径，从而掌握大量信息。

第二，个人在信息社会的角色将会较为突出，因为这样的社会是由充满个性的个人所组成的。这一论点和工业化社会“只见大众、不见个人，千人一面”的社会概念完全不一样。个人的角色已不再是一颗螺丝钉，也不再是一棵默默无闻的无名小草，而是有个性、和他人相连接，在各个领域都拥有大量选择机会的个人。

第三，在信息社会，人与人之间平等连接，点与点的网状结构（如各类的圈子）是信息社会最基本的社会结构。这点从互联网用户所构建的一个个真实的人际关系网络（SNS）就能体现。拿社交网站“脸谱”（Facebook）为例子，该网站已经成为全世界最大的社交网站，遍布全球的用户超过十亿。“脸谱”的流量统计显示，它有四亿个活跃的用户，其中一亿用户采用手机来上网。每个“脸谱”的用户平均有 130 个朋友。据网络调查公司中商情报网的数据，国内社交网站用户数大幅增加，2014 年中国交友和社交网站用户规模已达 5.1 亿，年增长率超过 10%（中商情报网，2014）。

值得强调的是，网络化社会关系有着网络越大越坚固的特点。人的社会关系网络的构建，网络越大越牢固。在网络化社会或信息社会中，个人社会关系的实质就是网络关系的建立和社会网络的大小。当人的社会关系网络越大，它就越不容易断，而且整个网络的价值就更大。可以说，生活在信息社会，一个人的社会网络是他最大的“社会资源”。

最后，福山（1992）指出，在信息社会中，人与人关系的本质将产生深刻的变化，那就是，人们之间的关系似乎越来越不能持久。因社会高度的不确定性，社会形态会因不同场景、不同的时间而呈现不同的结构。也就是说，信息社会将不会有固定、单一的社会结构。天时、地点和偶然性因素将决定信息社会的关系。举例来说，一个人白天可以是某公司的员工，下班后，他也可能是环保人士，反对该公司。

三、传播科技、新媒体与信息社会

（一）新媒体的特征

信息社会的基础设施是传播科技。没有传播科技，信息社会则无从谈起。贝尔（1976）很早就指出，电信系统、计算机系统和有线电视网是连接社会的新支柱科技，起着推动社会转型的作用。新传播科技，特别是互联网与手机，以其巨大的组织动员能力，发挥了重大的社会影响力（例如奥巴马 2008 年当选美国总统，新媒体功不可没）。可以说，互联网和手机是“网状型相互关联社会”的重要基础设施，也是后工业化社会的发展基石。

从历史的眼光来看，西方传播理论深受社会学大众社会理论（theory of mass society）的影响。可以说，现代西方国家的传播理论，特别是美国的传媒理论，是以工业化社会和大众社会来建构媒介效果理论的。大众社会是大众传播的社会学基础。如表 16—1 所示，现代传播理论所依据的是工业化社会的社会形态，而工业化社会的形态属于大众社会。大众社会的特征是整个社会如同一架庞大的机器，通过专业分工，每个人只负责机器一小部分的运转。最典型的大众社会的运作莫过于生产线模式（the assembly line model）。在此情形下，大工业生产的产业工人数目，数以百万计，而社会千人一面，只见大众集体，不见个人，故称之为“大众社会”。

根据社会学理论大师韦伯、迪尔凯姆（Durkheim）、帕森斯（Parsons）、米德（Mead）和米尔斯（Mills）等人的论点，大众社会的结构近似金字塔，庞大而又没有人情味的官僚机构（bureaucracy）支撑着这样一个社会。这些机构主导着人们的生活、就业和娱乐活动。而人与人之间的关系在心理上是疏远的。个人虽然是自由的，可以迁徙，但也是孤独的（例如数百万在国内各大城市打工的农民工）。

在大众社会形态下，西方学者对媒体的理论建构是“大众传播理论”（mass communications）。由于模拟型（analogue）媒体资源稀少，该理论体系将大众传播的特征归纳为点到面（one-to-many），从上而下的直线型、单向传播；传播的目的在于追求最大数量的读者和受众。具有代表性的大众媒体有报纸、杂志、电影、广播和电视等，而大众传播内容制作者是在社会官僚建制化之下的专业记者和编辑。大众媒体的社会功能包括指道、宣传、告知、娱乐、文化传承以及社会整合（McQuail，2000）。对于传统媒体所制作和传播的内容，不管喜欢与否，使用者只能被动地接收，因此，媒介效果研究逐渐兴起（详见第一章）。

综上所述，后工业化社会所产生的“大集体”、“千人一面”的大众社会，正在削弱，甚至可以说正逐渐消失。与此同时，大众传播中的“大众”也变得越来越小了（《大众电影》曾是中国发行量最大的杂志之一，还有《大众电视》，诸如此类的以大众为题的出版物，已经被多样化的时尚消费杂志所取代）。新媒体带来个性化、量体裁衣式的媒体使用方式。同时，智能手机、流动媒体如同变形金刚，集通信、上网、看电视于一身，受众随时随地可以使用。

表 16—1 比较了工业化社会与后工业化社会的差异以及传媒在两个社会中不同的功能。

表 16—1　　西方社会学理论和传播学对传统媒体与新媒体的理论建构

理论体系/社会形态	工业化社会	后工业化社会
社会发展阶段	大众社会	信息社会
理论大师	韦伯、帕森斯、米德	贝尔、杜立克、鲍曼
社会特征	社会如同机器，千人一面，大众集体	有个性的人，液体性，网状连接
媒体的核心理论建构	大众媒体	分众、小众、流体型媒体
媒体特征	模拟型、稀少、垄断化	数字化、丰富、开放性
传播特征	由点到面，自上而下，指令型	点对点，横向，参与型
传播内容的制作者	属于建制内的专业记者、编辑	人人皆可做记者、传媒人
代表性媒体	广播、电视	互联网、手机
媒体的主要社会功能	指道、告知、娱乐、文化传承、社会整合	知情、参与、娱乐、创业、文化创新

在过去的 30 年间，传播科技快速变化、电脑科技不断发展、互联网大范围普及、媒体资源从稀缺转为过剩，在这种种变化之中，传播渠道的变化速度是最为突出的。传播渠道的变革对“信息革命”的影响最为深远，其中最重要的影响就是新媒体所具有的互动性（interactivity）。

所谓互动，最起码的要求是有两方参与，单单一人拥有或使用传播科技是无法互动的。例如，打电话没有人接听，用传真机发传真没有接收者，都缺乏互动。互动性使传播科技更具影响力，多了一个使用者，整个用户网络的价值就会倍增，使用人数越多，用户网的价值越高，用户网变得复杂多样的同时，也意味着它的结构越稳固，这就产生了一种类似“马太效应”（Mathew effect）的情形。即信息科技的成功和进步使大量用户得以参与，进而形成一种累积优势，因此得到更多的机会，发展更为迅速。所以，互动新媒体的扩散是遵循网络发展规律原则的。

从 16 世纪的印刷术到 20 世纪的广播电视技术，再到目前的电子通信技术，这些传播科技代表信息产业的发展阶段，也代表人们从被动的接受信息，到主动的利用信息，再到有意识的制造和传播信息的过程。媒体不断地创新，为所有人提供了“话语空间”，特别是信息时代的每一个人都可以在信息传播渠道中发出声音，发挥影响力。美国麻省理工学院的教授尼葛洛庞帝（Negroponte，1996）在《数字化生存》（*Being digital*）中曾指出，在互联网上“每个人都可以是一个没有也不需要执照的电视台”。如今，这个观点在对社会影响力巨大的网络公共视频上得到印证。传播不再是单向的而是双向的互动和交流，这一点从流行的“拍客”一族身上得到充分的印证。

总之，由信息革命所造成的媒介环境变革，使记者从一般体制内的新闻采编人员扩散到社会的各个阶层，“人人皆可做记者”，原来被垄断的话语权得到有效转移。造成这种转移的主要原因，是因为社会提供了让人人有机会说话的“工具”和“渠道”，使这些工具和渠道不再是专业传媒体制内少数精英的专利。

（二）新媒体是信息社会转型的推动力量

作为传播的平台，新媒体最突出的属性是平等。也就是说，新媒体不仅打破传播地域和空间的限制，而且提供了平等、非等级化的传播平台，人人可以自由地使用媒体。例如出电子报纸、网上上镜、做公民记者。可以说，有多少博客就有多少出版发行人、媒体撰稿人。所以，这是一个没有英雄的时代，因为每个人都可以成为“英雄”（例如只要敢脱就可一夕成名，走红天下）。在农业和工业社会，时势造英雄；在信息社会，网络造英雄。在这个去中心化的网络时代，每人在网上都有机会“走红 15 分钟”（15 minute of fame）。

如何来理解这种现象？在传统媒体发展阶段，传媒发展的目标是扩大节目的覆盖面，所解决的是接触媒体（media access）的问题。例如，中国的电视“村村通”工程。但是，传统媒体的传播方式属于垂直的点对面模式，这种传播模式具有从上到下的指令性和运作惯性。

而新媒体的传播方式属于横向群体对群体的模式（many-to-many），具有开放和参与性。例如，互联网技术、3G手机技术。新媒体所解决的问题不仅是媒体接触，而且是接受者“发声”的问题。用流行的词来说，是新媒体为所有人提供了“话语空间”。在互联网传播时代，传播终于变成了双向选择、双向传递信息。因此，它是网民参与和自我表达的理想媒介和平台。这些，为媒介效果研究提供了无限的想象力。

已故美国麻省理工学院的政治学教授以·朴尔（Ithielde Sola Pool，1984）曾经指出，在历史上，报纸书籍的印刷技术推动了西方社会走向自由的转型。大批量印刷的书籍把一盘散沙的社会群众变为有组织的群体和社团。他的结论是新的传播科技破坏了现状，带给民众自由，因而推动了人类社会的进步和向前发展。他认为当代的传播科技，如有线电视、计算机和卫星电视等新媒体，同样具有“解放性”（emancipation）的社会影响力。

第二代互联网科技的兴起，特别是随身携带式播客（podcast）、博客（blog）、视频博客、微型博客等技术，形成了一种卡斯特（2006）所说的“横向传播网络”（horizontal communications network）。此外，社交媒体的流行，加速了网状相关联社会结构的形成，新媒体已经成为向信息社会转型的主要推进力量。

（三）新媒体能帮助中国实现社会转型吗?

新媒体的蓬勃发展，使人类社会进入一个新的社会形态——信息社会。信息社会是当今世界发展的大趋势。中国目前还处在向工业化转型的时期，从一个农业大国发展为工业经济大国。同时，中国的转型还包括进一步的市场化、城市化和现代化。不过，有中国学者指出，中国的社会结构发展速度要比经济发展的速度慢很多（陆学艺，2010）。通过分析消费指标和社会各阶层的规模，他们认为中国的社会结构还处在工业化的初期到中期阶段，而中国的城市化还需要数十年才会达到目标。

但由于传播科技在中国的快速发展，信息化社会的发展与工业化齐头并进。从信息的硬件和基础设施建设来讲，中国有了信息社会的雏形。以互联网和手机为代表的新媒体在中国发展迅速。根据中国互联网络信息中心（CNNIC）2014年发布的《第34次中国互联网络发展状况统计报告》，截至2014年6月，中国手机网民规模达2.75亿，网民中使用手机上网的人群比例由2012年底的74.5%提升至83.4%（CCNIC，2014）。预料未来几年用手机上网人数的增长趋势仍会持续。

从信息的流量、交换和使用来看，中国在向信息社会迈进。根据中国互联网络信息中心（CNNIC）的最新调查，收看网络新闻已经成为中国网民上网的第二大活动，使用率高达78.7%，这意味着2.66亿人从网络上获取新闻信息。中国有数百万的城市流动人口，手机和移动媒体是他们必备的通信工具。

从信息的硬件和基础设施建设来讲，中国有了信息社会的雏形。所以中国当前的社会转型主要是现代化，特别是法制和民主的现代化。当前，随着快速的经济发展，社会矛盾也不断加剧，而新媒体将能疏解中国的社会形态发展落后于经济发展的窘境，因为传播科技和新媒体的进步能有效督促政府进行科学决策和促进主流媒体的变革。通过改变人们的传播方式、传播手段，新媒体和传播科技正在改变社会的形态，推动信息化社会的发展。正如新媒体学者利雅·李尔若（Leah Leivrouw）和桑尼雅·利文斯通（Sonia Livingstone，2004）所指出的，"新媒体不仅仅是延伸人类传播能力的科技发明，它们也影响着、制约着媒体的社会实践"。

举例来说，新媒体的功能可以表现在以下两方面。

第一，督促政府进行科学的决策。社会转型可能会导致社会分化加剧，各种社会矛盾日益尖锐，中国需要一种与时俱进的以信息网络为重点的公共管理新制度。新媒体的发展，有利于督促政府进行科学的决策，提高政府公共政策决策的质量。人民网 2009 年舆情监测显示，77 个社会热点中，由网民爆料而引发民众关注的就有 23 个，接近 30%。同时新媒体对政府官员执政行为的监督力度是巨大的（例如孙志刚事件使得政府改变了过时的流动人口收容政策）。所以，网络民意对中国的政治体制改革及法制的现代化具有积极的影响。

第二，促进主流媒体变革。国内的主流媒体宣传多于传播，而新媒体有利于促使主流媒体反映民众较关心的话题。如今网民创造了大量丰富的内容，促使媒体内容也更为多元化，在海量的信息环境下，传媒不再垄断信息，而是要"聚合"新媒体上的信息。此外，智能终端的广泛应用和信息渠道的信息流使发讯者和接受者更加接近，并且缩短了信息流动的时间。这种技术上的进步使主流媒体离不开网民。近年来，诸多突发新闻事件的报道是来自通过手机来记录事件的目击者和参与者。所以，主流媒体可以转变为人们信息交换和传播信息的平台，民众可以帮助主流传媒提高其"社会服务价值"。

综上所述，社会的信息化、新媒体的普及，对中国的社会转型影响日益重大。特别是在社会转型期间，传统文化和家庭价值瓦解，社会出现拜金主义；收入的不平等，导致社会分化加剧，各种社会矛盾都会表现出来。在这种新形势之下，中国就更需要一种与时俱进的以信息网络为重点的新思路，让新媒体成为促进社会转型，重建家庭价值与社会和谐的力量。

四、信息社会下的媒介效果研究

在信息社会中，由传播科技支撑的网络化社会的出现，为媒介效果研究提出了新的研究方向，同时也对传播学者提出了新的挑战。

西方新媒体研究的一个特色是不仅把传媒产业作为研究题材，同时把新媒体的使用及其影响，置于整个社会发展的大环境下进行审视。这一领域最具代表性的学者，当属美国南加州大学传播系的曼纽·卡斯特教授。他整合分析网络的发展、工业化社会的消失和新媒体的兴起等趋势，完整地提出后工业化社会将是以电脑为核心的网络化社会的理论框架。

由此可见，新媒体这门学科的范畴极为丰富，内容包括新媒体对传统媒体的影响、新媒体在广告公关领域的应用和创新实践、新媒体对国家经济发展的贡献、新媒体与国家发展策略、新媒体与公民社会，以及新媒体与人文艺术（digital humanities）等众多研究课题。但归根到底，新媒体的研究是对社会变迁的研究。认识和理解新媒体，是认识人类社会从工业化向信息化社会演变的关键，也是网络媒体时代媒介效果研究的重要组成部分。

新媒体和社会变迁这类宏观的研究，专注于考察传媒对社会发展的作用，特别是从传统社会（traditional society）向现代社会（modern society）以及从工业化社会向信息社会转型中的促进作用。可惜的是，在以个人为研究重点、微观型的传媒效果研究主导下，关于媒体与社会发展之间关系的研究一直非常稀少。毫无疑问，在信息社会新形势下，这种重微观、轻宏观的研究取向需要改变。按照台湾传播学者陈世敏（1994）的说法，社会变迁应该是大众传播研究的“主要话题”（1 页）。

那么如何去做这类的宏观媒介效果研究？如前所述，新媒体被视为社会转型的催化剂和变革者（a change agent），扮演不可或缺的角色。例如，新媒体宏观效果的研究可以关注政治文化的制度变革、公民参与公共事务的渠道平台建设，以及新媒体对社会发展的影响机制。具体而言，中国前所未有的社会转型，为国内外的传播学者提供了建构新理论体系的难得机会。以下是一些值得关注的课题：

- 中国网民社会的形成以及特点（包括上网方式，如手机上网）
- 公共事务媒介化现象与中国社会发展
- 网民社会与公民社会之间的关系：个性化的媒体与公共领域空间
- 新媒体与政府、民众间沟通的机制

- 新媒体与公共信息的公开，对政府的期待
- 中国民众对参与公共事务的期待和满意度

此外，多元化媒体以独有的传播优势和特性占据不同的传播空间，特别在媒体融合的媒介技术催化下，各种新媒体相互取长补短，交叉发展，进入到一个融合媒体、全媒体的（convergence）时代。人们依赖新媒体所提供的虚拟沟通环境交往、娱乐与工作，新媒体已经充分融入到我们的日常生活中（Blank & Dutton，2012）。在媒体常态化的情形之下，随时、随地、随身传播成为人们媒体使用的新习惯。有鉴于此，以关注媒体的负面影响、对社会有害处的传播为导向的媒介效果研究需要与时俱进。传播学者应花更多时间和精力去研究传媒对人们日常生活的影响，以及传媒如何在人们生活中发挥出效果。2014 年国际传播学会（ICA）的年会主题定为“传播与享受生活”（communication and good life），这可以说是未来开展此类媒介正面效果研究的风向标。

我们可以预见，在不久的将来，互联网时代的媒介效果研究的方向将是“告别革命，回归生活”。研究课题会逐渐从传媒可以“改天换地”转移到传媒如何“改善人们的生活”。对于新媒体研究，特别是媒介效果研究来说，这将是一个根本性的改变。因为以往的媒介效果研究传统是建立在关注媒体对社会、对受众的不良影响（the harms of media）之上。这一变化反映出媒体已经不再是少数专业精英人士独享的平台与主导话语权的工具。进入寻常百姓家的传播科技，与每个人日常的衣食住行息息相关，拥有并使用新媒体已经成为数以百万计人们的基本需求。同时，新媒体产业是人们生活品质、生活满意度的重要指标，更不用提新媒体在家庭和睦、社会和谐中所扮演的重要角色。

我们认为，在互联网时代，未来媒介效果研究的前沿会聚焦在下面几个方向：

- 信息化社会，新媒体与人们接受信息的新方式和新习惯（新媒体时代的到来，微内容、极速性、多终端、个性化等传播特点改变着人们的信息接收方式）
- 新媒体使用与社会资本的相关性研究（把新媒体视为一种日益重要的社会资源）
- 新媒体与数字鸿沟（digital divide）（如精英阶层与普通民众；民工与城市居民）
- 新媒体使用与人们的生活品质（生活满意度）
- 新媒体生态下，文化对新媒体使用和生活品质的影响
- 新媒体与终生学习
- 人们的隐私权保护

- 新媒体的不当使用与后果（依赖症、使用上瘾等）

五、结语

有学者预测，美国从后工业化社会到信息社会的转型将在 2020 年完成，而中国向现代化社会和后工业化社会的转型所需要的时间会更长。任何社会的转型经历都是痛苦的，如在 20 世纪 80 年代起美国制造业消失的过程中，南卡罗来纳州的支柱产业纺织工业凋零，至今还有后遗症。在中国，快速的社会发展导致的转型更为复杂。而转型的过程必然使矛盾加剧和凸显，因而充满挑战。但是，转型毕竟是阶段性的，总会有完成的一天。

任何事物都有两面，新媒体的进步同样也带来新问题（比如诈骗、隐私泄露、上网成瘾等），但是如果没有新媒体，事情可能会变得更糟，中国社会的进步就不会这么快。所以，我们要利用科学新技术，促进社会生产力的飞跃发展，提升整个社会生活的品质。通过改变人们的传播方式和传播手段，新媒体正在改变社会的形态，推动信息化社会的发展，让中国在前所未有的社会转型中减少震荡，并架起一座跃向未来信息化社会的宽阔桥梁。未来精彩的媒介效果研究将由此而产生。

延伸阅读

Bell，D.（1973）. *The passing of industrial society*. New York，NY：Basic Books.

Van Djik，J.（1991）. *The network society*：Social aspects of new media De network maastchappij Bohn Staflen Van Loghum，Houten；The Netherlands.

Webster，F.（1995）. *Theories of the information society*. London：Rutledge.

第十六章

扫一扫，

浏览本章参考文献

第十七章　国内传播科技和新兴媒体探索性研究述评

文｜魏然

摘　要

传播学学者认为，传播科技发展与扩散的历史也是一部社会变革的历史。然而，有趣的是，在各种社会政治力量和创新技术的交互影响之下，传播科技往往以不可预知的方式改变社会。新媒体在国内的发展如火如荼，中国网民人数高居世界第一。在新兴媒体日益普及的形势下，中国社会将会如何改变？通过系统分析国内学者对传播科技的研究，可以了解新兴媒体在中国的使用情况和传播效果，也可以一窥当代中国社会的复杂变化。因此，本章对在国内中文学术期刊上发表的69篇论文进行量化分析，旨在探讨目前新兴媒体研究在中国的发展：包括热门的选题、理论的应用和常用的研究方法。通过这样的分析，我们希望让关注新媒体发展的学者确切了解新媒体探索性研究在国内的现状。同时，本章将提出一些值得注意、具有前沿性的研究方向与趋势。最后，本章指出中西方在新媒体研究方面还存在的一些差距，并建议未来研究的新方向。

关键词

新媒体、数字媒体、传播科技革命

一、序言

起源于西方的"工业革命"（the industrial revolution），带动了大众传媒的兴起。传播科技（information and communication technology，ICT）在大众传媒的演进和发展过程中，起了关键的作用。在现代史上，曾经发生了三次传播科技革命，特别是20世纪60年代电脑技术出现以后，由数字媒体（digital media）带动的新兴传媒以日新月异的速度快速发展。在此背景下，传播科技研究在美国大学开始起步；1990年初研究开始普及。21世纪，以商业化应用为主导的互联网技术为新媒体研究开启了一个全新的时代。作为电脑科学、传播学、历史学以及新闻学等多门学科的交叉研究领域，新媒体研究是一门年轻而又有活力的前沿学科。

在海外，对新媒体的研究在过去的30年中已经形成一个独立的研究领域。数个大规模的国际传播研究学会，如“国际传播学会”、“国际大众传播研究学会”（International Association for Mass Communication Research，IAMCR）和“全国传播学会”（National Communication Association，NCA）等，在其机构建制中都设有独立的新媒体研究组（division）。同时，专门刊登新媒体科技研究的刊物，近几年来如雨后春笋般纷纷出现。

概括地说，西方学者对新媒体科技的研究具有跨学科、采用多元理论视角和使用多种研究方法的学科特征。新媒体研究所涉及的学科包括：新闻学、大众传播学、信息科学、计算机科学、心理学、社会学、教育学、经济学、管理学、哲学和语言学等。在研究方法上有量化的、质化的、法学的、历史学的以及文化学的角度。可以说，对新媒体的研究，不同学派各展所长。因此，西方从事新媒体研究的学者，因其训练与专长不同，形成了各自的学派（魏然，2007）。

1990年代初，互联网技术开始由美国传入中国。1995年，国内第一家商业性的国际互联网供应商（ISP）开张，以网络媒体为主导的新兴媒体开始在国内快速发展起来。与此同时，网络研究开始热络起来。具有标志性的事件有：1996年，清华大学成立新媒体传播研究中心，同年开始招收硕士研究生，2003年开始招收博士研究生；1999年，中国社会科学院新闻传播研究所成立网络与数字传媒研究室；2000年，中国传媒大学（原北京广播学院）创建网络传播教研室；2014年，北京大学成立新媒体研究院。

伴随着专门研究传播科技的学术机构的出现，新媒体研究在国内方兴未艾。在较短的时间内，即有专著探讨新传播科技的发展状况以及在新闻传播上的应用（闵大洪，1998；明安香1999；金兼斌，2000）。此外，越来越多对传播科技的社会影响和使用的探索性研究开始出现。可以说，新媒体研究是近年来国内传播学“最热的研究领域”（相德宝，2012：41页）。

在这样的背景下，本章旨在探讨目前新媒体研究在国内展开的情况，包括热门的选题、新媒体理论的应用和常用的研究方法，从解析这些探索性的研究中，可以了解新媒体研究在国内的发展现状，同时找出一些值得注意、具有前沿性的研究方向与趋势。最后，本章将指出中西方在新媒体研究方面还存在哪些差距，并对未来国内新媒体研究的路径提出建议。

二、历史上的三次传播科技革命及影响

（一）第一次传播科技革命：机器印刷技术

人类历史上第一次传播科技革命发生在1450年，德国人古登堡（Gutenberg）发明了世界上第一台手摇金属活字印刷机（mechanical movable type printing），并开始用活字版印刷书籍等，印刷技术（hand-operated Gutenberg-style press）就此开始应用。之后，卷筒纸轮转铅印机及自动铸排机（steamed-powered rotary press）等近现代印刷设备在18世纪中后期出现。到20世纪初，这些设备在世界各国得到广泛采用。书籍印刷、报纸和杂志的量化印刷极大地推动了知识的传播和近代传媒业的发展（例如宗教改革和文艺复兴运动）。英国伦敦的《泰晤士报》（*The Times*）从1814年开始以机器蒸汽动力来印报；1833年，第一张廉价报纸纽约《太阳报》（*The Sun*）采用当时最先进的滚筒印刷机，每小时印的报纸达4 000份，日发行量达百万（常雪，2006：145页）。

以机器印刷技术为标志的第一次传播科技革命，对世界范围内的社会进步、文化的传播、宗教的改革以及近代广告的出现，皆产生了深远的影响。例如古登堡金属活字印刷技术使得人们可以阅读书籍（《圣经》），而阅读带动了读书眼镜的需求。根据发明史学者Johnson（2014）的研究，近代的天文望远镜和显微镜的发明是基于读书眼镜的技术，皆与古登堡的印刷技术有着不解之缘。天文学和生物、医学的发展都是拜古登堡发明之赐。最重要的是，传播技术成为新闻媒介信息传递和使用的手段和载体。于是，人类社会发展进入以印刷科技为媒介的大众传播时代（即以大众报纸和大众杂志为主要传媒形式）。

依靠印刷和动力技术的突破，大众传播实现了大规模、巨量型并且高效率的信息传播。大众传播对社会的深刻影响主要体现在两个方面。

第一，大众传播弱化了口语传播。口口相传的信息（verbal messages）消失得快，而且传播的范围非常有限。比起口语传播，以文字为符号的印刷媒介极大地扩展了信息传播的地域与空间，其传播范围超出了声音的传播限制。凭借传播技术，大众传媒可以将信息传播到五湖四海。

第二，通过大众传媒所发布的新闻和传递的各种信息可以直接送达到千百万的受众（例如美国的便士报 *Penny Press*）。过去那些过滤信息、扮演守门人（gate-keeping）的社会力量（如教会、学校、宗族领袖等）开始瓦解。过滤信息的角色现在完全由聘用专业人士的大众传媒机构来担当。因此，社会的政治和文化精英开始密切地关注大众传媒在现代社会中对个人所带来的信息冲击。这也是媒介效果研究的缘起（见第一章）。可以说，传播科技的突破、大众传播方式的出现，使得现代传媒成为影响社会的一支重要政治经济力量。

（二）第二次传播科技革命：广电媒体

20 世纪二三十年代，信息传播新技术革命进一步突破，广电媒体（electronic media）的出现使我们看到技术在传播中起着不可估量的作用。无线广播诞生于 20 世纪初，在此同时，电影技术在欧美成为另一种有活力的大众媒介。电视技术最早出现在 1924 年，英国于 1936 年开始有电视广播节目（常雪，2006：145 页）。

在技术层面，电波（electronic waves）的非物质属性解决了报纸、杂志等纸媒必须需要先印刷出来然后雇人乘交通工具挨家挨户送达的限制。依靠电波的电子媒体不仅使信息传播的范围真正扩展到了整个世界，更重要的是，广播电视技术以及后来出现的卫星（satellite broadcast technology）电视技术，借助电磁波每秒 300 000 000 米的传播速度，从技术层面缩短了新闻事件发生和接收的时间差。家里拥有收音机和电视机的受众，可以对世界上发生的重大事件，有身临其境的收听经历。1950 年代，彩色电视出现，带来了以视听传播为主的崭新的信息传播方式。总之，广电传媒对以纸媒为主的早期大众传播时期而言，是一场空前的传播技术革命。

1960 年代，通信卫星（communication satellite）成功发射。卫星通信技术带动了国际广播和洲际卫星电视的出现，其他大众传播技术，例如电子新闻摄像机（electronic news-gathering，ENG）、移动卫星直播技术（satellite news-gathering，SNG）加快了广播电视媒体的采编和传送能力。在技术层面上，第二次传播科技革命完成了信息传播在空间和时间两个维度上的扩展，传播科技进入太空传播时代。国际广播、卫星电视是传播科技的第二次革命的高潮。可以说广播电视突破了纸媒传播的时空限制。信息的传播进入无疆界时代。

传播学的奠基人之一施拉姆曾把电视与卫星技术称为 20 世纪最有影响的科学发明，为传播学开拓了空前的研究范围和新的课题。加拿大最著名传播学者、媒介理论学家麦克卢汉提出了“媒介即信息”（media is the message）的经典论点。依靠卫星技术的国际卫视使信息的全球传播拥有了和本地传播一样的速度和准确度，麦克卢汉 20 世纪 60 年代提出的“地球村”（the global village）的概念，很快地在 20 世纪末变成现实。

（三）第三次传播科技革命：数字媒体

20 世纪 40 年代计算机的出现为大众传播的进一步发展带来了一次新的机遇，以电脑为核心的数字化技术将网络化的计算机与通信技术结合，完成了人类历史上的第三次传播革命，而数字技术带来的最根本的转变是信息传播渠道的深刻变化。大众传播进入了数字化与网络传播的新时代。

20 世纪 90 年代以来以数字技术和信息技术为标志的新型媒体迅猛发展，被形容为传播史上的另“一次飞跃”（程曼丽，2000：19 页）。这一波新兴媒体与传统媒体所不同的是，作为传播渠道和平台，新兴媒体依靠数字化的传播技术，以计算机技术为核心，向使用者提供信息、通信和娱乐等服务（Wei，2008a）。

作为一个广泛的概念，新媒体几乎无所不包，既包括互联网、数字有线电视、卫星广播、手机电视，也包含社交媒体如播客、博客、微博、微信以及搜索引擎。为了说明新媒体其实是一个富有活力的生态系统，表 17—1 列出新兴媒体系统的各个部分。

首先是作为基础设施的中心网络（例如光纤网络、卫星网络和互联网），这些通信、传播网络是传媒内容制作和服务运营的基础设施；其次，是内容制作商；然后是各种接收媒体内容的终端用户设备（例如移动终端、iPad、智能手机、平板电脑等）；最后，完成这个新媒体生态系统是各种各样的应用程序。

表 17—1　　新媒体所展现的技术和应用系统

系统	网络	内容产生	终端用户服务	应用
电信/DSL	LAN（局域网络）	内容提供者	个人计算机、平板计算机、掌上计算机、Kindle	电子邮件、BBS 聊天室、WWW、博客、实时通信及社交网络
电缆（光纤）	WLAN（无线 LAN）	录像厂和电视台	数字电视	HDTV、VOD、DVR、视频会议、VoIP 的播客、数字广播
卫星	WiMax	电视台和广播电台	iPod、MP3 播放器、MP4 播放器	Podcast 广播
互联网	内联网	内容提供者	手机	无线电子邮件、手机短信、手机上网、手机电视

第三次传播科技革命正在深刻地改变世界，新媒体已经渗透到经济、社会、政

治的方方面面，影响着每一个人的生活。以智能手机和 iPad 为代表的新媒体给人们的工作、生活和娱乐带来全方位的变化。当前，从世界格局、国家治理到每个老百姓的生活，皆因新媒体而改变。数字媒体革命蔓延整个世界，中国就像其他国家一样，正在经历一个历史性的传播范式转变。根据 Wei（2008a）的综述，这些转变包括五个方面。

第一，从被动接收（passive）媒体内容，变成主动（active）使用内容；

第二，从大众传播（mass；one size fits all）变成由个性化内容（personalized content）主导；

第三，从单一功能（unifunctional）的阅读或观看变成通过融合（converged media platform）平台，如数字互动电视、互联网和智能电话等媒体交叉使用（multitasking）；

第四，从固定时段使用媒体的模式变成全天候、24 小时不间断地使用（time-shifting）；

第五，从习惯在固定地点（如客厅、办公室）使用媒体，变成在移动空间使用（space-shifting），例如利用便携式移动终端在上下班的路上观看下载视频。

总而言之，传播技术对大众传播媒介的演进和发展起了最重要的作用，表 17—2 比较并总结历史上的三次科技革命的特点。

表 17—2　　　　历史上的三次传播科技革命

科技革命	核心技术	媒介	属性
第一次	活字版印刷技术	报纸—杂志	大众纸媒、渗透面广、效率高
第二次	电波的传送和接受技术	广电媒体	传播速度快、现场直播
第三次	数字—网络技术	数字媒体	双向传播、互动、多元终端

展望未来，从网络媒体发展的历史轨迹来看，每一个核心技术由盛而衰的周期大概是 10 年。例如，20 世纪 60 年代，引领传播科技的平台是大型电脑（mainframe computer）；70 年代有小型电脑（personal computers），如 IBM 5100；80 年代有视窗系统的个人电脑（pc with windows operating system）；90 年代有万维网（worldwide web）；进入 21 世纪，移动互联网兴起，手机媒体逐渐流行；然而，3G/4G 手机与平板电脑的发展周期更短，少于 10 年。学者 Murray（2010）比较各种新媒体的发展速度，他发现慢的如电话，需要 25 年或 30 年才发展至成熟阶段；中等速度的如收音机、电视机、计算机、手机、互联网和智能手机等，也需要超过 5 年的时间来发展；但平板电脑只花了 3 年左右的时间。由他的分析得出的结论是，新媒体的发展周期越来越短，同时，用户的增长幅度越来越快。例如，从 10%的用户使用率增长到

40%，电话花了 39 年，电脑也花了将近 15 年，但手提电脑和互联网只花了 5 年至 6 年，智能手机更少，只花了 3 年左右（Murray，2010）。

三、新媒体在中国的发展和影响

新兴媒体传入中国的历史并不长，主要是受益于从 1978 年开始执行的“改革开放”政策。当时，政府积极推动发展科学技术（四个现代化目标之一），为国家的经济发展提供支持。此时，在美国，计算机技术开始从主机（main frame）进入个人电脑时代。据史料，在 1979 年，全世界仅有 1 500 万台个人电脑（主要是第一代苹果机 Apple I）。20 世纪 80 年代中期，计算机技术开始出现在中国。当时，国家最早派往美国留学的几名公职人员，归国时把个人电脑（IBM-286）带回北京，令国内学者大开眼界。1986 年，互联网首次在北京亮相，当时在美国之外的国家中，这属于领先的。1987 年，第一部手机在中国投入服务。2002 年，中国第一个博客在互联网上发布；博客的技术在中国的落地，几乎与世界同步。

从以上历史背景可以看出，以计算机为核心的新兴媒体传入中国的时机非常好，新的传播科技在美国成熟不久，即进入中国，并有极大的发展。在新媒体的使用上，中国过去几年已经领先世界。根据（CNNIC，2008）统计数据，早在 2008 年，中国就拥有全球最多的互联网用户（2.3 亿），数量最多的博客（1.3 亿），数量最多的移动电话用户（5.47 亿）。无论以任何指标来衡量，新媒体科技在中国蓬勃发展，前面所陈述的传媒第三次“数字革命”正在中国如火如荼地展开。

从传播学的角度来看新兴媒体的快速发展和普及，人们之间的联系、通信和沟通越来越依赖数字化媒体来进行，从短信到电邮，再从微博到微信，不一而足（Yzer & Southwell，2008）。以互联网为主导的媒介化数字传播，远远超出了传统媒体，是一种以跨国界、即时、双向的互动为特征的传播。例如，即时视频技术（如 skype 与 face time），让身处天涯各一方的人们近距离地沟通、分享。因此，新兴媒体正在改变工业化时代建立起来的大众媒体为主导的格局，数字媒体革命蔓延至整个世界，中国就像其他国家一样，正在经历一个传播范式从大众传播到网络传播的历史性转变。

（一）传媒科技对社会的影响

在国际上，一些知名的新媒体欧美学者如 Rice（1984）、Dutton（1996）、Lievrouw 和 Livingstone（2002）、Lin 和 Atkin（2002）皆认为，传播科技的历史本质

上是一部人类社会变迁的历史。然而，有趣的是，在各种社会经济、政治力量和技术创新的影响下，传播技术往往会以不可预知的方式改变一个社会。那么，在新媒体迅速发展的环境之下，中国社会将会如何改变？需要传播学者急切关注和展开深入研究的有关新媒体效果问题很多，举例如下：

● 以亿万计的中国人如何接受、消费、应用和重新发明新媒体？具体来说，在宏观层面上，影响新兴媒体普及的推动因素是什么？同时，在个人层面上，驱动人们拥抱新媒体，对智能手机情有独钟的因素有哪些？

● 新媒体的广泛应用对中国社会，特别是对政治和经济的影响是什么？

● 新媒体的兴起对现有的国有传统媒体有什么影响？前者会不会取代后者？而后者应如何适应以用户为中心的自媒体传播的时代？

● 新媒体的广泛使用对个人会带来什么影响？例如互联网的色情讯息、传播假照片和虚假信息的事件，数以百万计的手机用户受垃圾信息滋扰等（据报载，单是2008年8月，北京就有510 000宗投诉）。

（二）新媒体研究在中国

了解和认识转型中的中国以及其未来的发展，不能忽视新兴媒体。可以说，新媒体是了解中国社会发展的一个窗口。同时，从对国内新媒体的研究中，可以认识甚至预测中国社会未来发展的前景。正如Steward（1992）所说，只有研究目前存在而可能塑造未来的力量，才能把握未来。这正是分析国内近年来展开的新媒体研究的意义所在。具体而言，随着新媒体研究近年来在国内的不断升温，国内学者研究新媒体的成果，可以帮助我们理解新兴起媒体在中国传播、普及和应用的过程。此外，他们的研究结果也有助于了解新媒体技术对中国社会产生的各种影响，一窥中国的现代化发展历程和复杂的社会转型。

（三）论文资料的收集和分析框架

为了确切分析国内新媒体研究的现状，我们从面向国内读者的中文学术期刊搜集相关的学术论文，作为本章的实证分析材料。中国知网、中国期刊网汇聚了中文期刊全文、博士论文、硕士论文、本科毕业论文。这个数据库拥有中国学术期刊最全的收藏，包括7 400种期刊，涵盖科学、工程技术、农业科学、医学、哲学、人文科学、社会科学（如新闻学、传播、广告、营销、管理、信息科学等）。我们从该网的期刊全文数据库中搜索，搜索的关键词包含互联网、数字媒体、手机和通信技术等。

经过各种搜索，我们对数据库中2000年至2007年的文章进行了全面的查阅，共发现106篇符合搜索条件的文章。然后，我们对专注于新媒体的106篇论文做了进一步的筛选，例如去掉意见性的评论文章，最后选定69篇符合要求的论文。虽然数量不多，但这些论文都出自国内传播研究期刊，包括核心学术刊物，如《国际新闻界》、《新闻大学》、《现代传播》和《新闻与传播研究》等。

海外出版的英文传播学期刊曾经发表过数篇关于新兴媒体、互联网研究的回顾与分析文章（Tomasello，2001；Kim & Weaver，2002；Cho & Khang，2006）。这些学者的视点，为我们提供了基础文献和分析框架。此外，采用学者使用的现有框架，使我们可以拿国内的新兴媒体研究跟西方的研究做一个比较。

具体而言，我们采用的分析框架涵盖四个方面：新媒体的种类，研究的主题，理论观点，使用的研究方法。新媒体共分为14大类：一般的新媒体，与互联网相关的（互联网、即时通信工具、博客、维基、网络电视、数码游戏和WiFi），有线数字电视，移动电话（短信、手机电视、手机电子报和WAP）及电子出版。在研究的课题上，则有12个类别，包括：新媒体法律问题、新媒体政策、新媒体历史、对新媒体哲学性的分析、新兴媒体使用、使用者对新兴媒体的看法、新兴媒体对个人的影响、新兴媒体对组织的影响、新兴媒体对传统媒体的影响、针对新兴媒体研究的问题、技术问题和其在实务中的应用等。

在此之外，我们也分析了这些研究是否基于某个特定的理论（如创新扩散理论或议题设定理论）。分析最后一项是论文所使用的研究方法，分为定性和定量两种。前者是从历史、哲学或法律的角度来研究新兴媒体，如话语或文本分析、文化分析，小组访谈和田野观察等；而实证方法包括问卷调查、内容分析、实验法和二手数据的量化分析等。

（四）研究发现：国内新媒体研究现状

1. 新媒体论文在数量上的增长趋势

依据中国期刊全文数据库，从中国权威学术期刊上所筛选出来的69篇论文中，主要出现在21世纪头十年的后期。具体而言，在2000年和2001年之间，根据我们的检索，并没有发现任何与新兴媒体研究有关的文章，而2002年只有一篇而已。但此后不久，研究新媒体的文章数量在2003年和2006年之间显著增加。近半数（29）的论文是在2006年发表的。在2007年发表的论文只有7篇（这种现象有可能是由于数据库对入选论文的更新延后）。

单从数量方面来看，国内的新媒体研究论文虽然不多，但我们还是可以从中观察到一些趋势，即随着电脑和网络媒体在20世纪90年代在中国的不断普及，对新兴媒体的研究开始起步，从无到有，从少到多。有趣的是，新媒体学术研究在国内展开的轨迹，跟Tomasello（2001）所总结的20世纪90年代后在美国的研究过程基本相似。例如，Tomasello的分析发现，从1994年到1999年5年之间，在主要传播期刊发表的961篇文章中，只有3.7%关注互联网和与互联网相关的新兴媒体。其他学者的研究（Cho & Khang，2006）进一步指出，在2000年和2003年间，美国顶尖期刊如《传播学研究》、《新闻与大众传播季刊》和《传播学学刊》很少刊登关于互联网方面研究的论文。

2. 新媒体研究所关注的新媒体技术

从69篇论文涉及的媒体科技来看，这些论文涵盖了各种新媒体科技，包括手机、无线上网、短信、博客、维基、电子出版、网络电视和网络游戏等，可谓无所不包。然而，这些论文对不同新媒体技术的关注是不均衡的。如表17—3所示，短信最受国内新媒体学者关注，共有26篇，占全部论文的三分之一（37.7%）；其次是互联网，共有14篇，约占全部论文的五分之一（20.3%）；而研究其他的一般新媒体的则较少，仅有12篇（17.4%）而已。表17—3为新媒体科技研究的分布情况。

表17—3　　新媒体科技研究分布

新媒体	出现次数	百分比
手机短信	26	37.7
互联网	14	20.3
一般新媒体	12	17.4
博客	4	5.8
手机电视	3	4.3
手机报纸	2	2.9
维基	1	1.4
网络游戏	1	1.4
数字电视	1	1.4
电子出版	1	1.4
实时信息（IM）	1	1.4
IPTV	1	1.4
WiFi	1	1.4
WAP	1	1.4
总计	69	100

从以上分析可以看出，国内的新媒体研究议题主要集中在以3G智能手机和移动

媒体为平台的各种应用上。这样的研究焦点不同于西方，后者的研究兴趣主要集中在互联网研究。这一结果反映了手机在中国是最广泛使用的新媒体科技的事实：在20世纪90年代，手机在中国每年增加的用户从十万到百万不等，手机在中国普及速度之快是世界其他国家无法相比的。根据工业和信息化部2008年6月发布的报告，中国的手机人口当年达到5.47亿，普及率上升为41.6%。5年之后，中国的手机使用人口突破10亿，普及率为85.3%。人手一机，是中国城乡到处可见的场景。

新媒体中智能手机是国内最流行的媒体平台和接收终端，而手机在中国最发达的服务非短信莫属。2000年，手机短信首次出现；到了2008年，在中国，平均每天发送短信的数量高达12亿条（MIIT，2008）。难怪，在我们分析的文章中，有数篇论文就短信的传播优势以及所衍生的问题（例如垃圾邮件、散布谣言等课题）进行了研究。

3. 学者们在新传播科技方面关注的主题

通过分析所选69篇论文的研究主题，表17—4中列出国内新媒体学者对传播科技关注的主题。

表17—4　　新媒体研究主题分布

主题	出现次数	百分比
媒介技术问题	13	18.8
商业广告和营销问题	12	17.4
互联网用途及对互联网的看法	11	15.9
互联网对个人或组织的影响	9	13
历史或哲学的讨论	8	11.6
对传统媒体的影响	7	10.1
与互联网研究有关的问题	4	5.8
政治、民主和发展问题	2	2.9
文化和社会问题	1	1.4
法律和政策	1	1.4
其他	1	1.4
总计	69	100

从表17—4的研究主题分布情况，可以归纳如下。

首先，对新媒体作出概念的界定（例如手机是否是真正的新媒体）等技术类问题是研究最多的主题（苏威，2003；顾荣，2004；窦碧云，2006；郝香，2006；宋有震，2006；袁静华，2005）。

其次是传播科技所带来的经济和营销类问题，如互动广告等主题（冯智敏，

2006；袁小平，2006；张江、吴南山、杨士强，2005）。

第三是互联网的用途和对互联网的态度和看法，以及互联网对使用者和组织机构的影响（陈力丹，2004；袁艳、丁秋月，2004；姚鹏，2005；赵高辉，2005；张术馨，2006）。例如，两篇论文探讨在网络传播环境之下，政治制度改革和发展问题（娄成武、张雷，2003；郑芸，2006），其中一篇（郑芸，2006）探讨了网络民主的问题。

所有论文中，最少受关注的主题是新传播技术带来的文化问题，在 69 篇论文中，仅有一篇探讨短信作为一种文化的现象（蒋晓丽，2007）。

有趣的是，在 20 世纪 90 年代末，与互联网相关的研究在美国最受关注的研究课题是法规和政策（Kim & Weaver，2002），而研究最多的主题是互联网的使用和网络对认知的影响，如信息的获得与网络购物等行为（Cho & Khang，2006）。因此，在新媒体技术研究的选题方面，也能看出国内学者和西方国家的传媒研究人员之间的差异和不同的关注点。

四、新兴媒体研究中理论的应用和研究方法的使用

关于论文中理论框架和理论假设的应用，结果汇集在表 17—5 中。如该表所示，在所选的 69 篇论文中，仅有 5 篇有理论基础（以麦克卢汉的“媒介即信息”论点为最多）；其余的，高达 92.9%的文章，属于非理论性的论文。所以，以扎实的理论为基础的新媒体研究在中国并不常见，有理论导向的研究更属于少数。

表 17—5　　新媒体研究中所使用的理论和观点分布

使用的理论	出现次数	百分比
没有理论	64	92.8
麦克卢汉	3	4.3
议题设定理论	1	1.4
民主理论	1	1.4
总计	69	100

具体而言，麦克卢汉的媒体中心理论——“媒体作为人的延续”及“媒介即信息”的论点，被其中三篇文章采用（陈七妹，2004；白磊，2006；项国雄、黄晓蕙、张芬芳，2006）。此外，一篇研究博客的文章（陈燕，2006）用了议题设定理论作为分析的理论基础；而另一篇文章则探索互联网使用和公民参与民主理论（Lou & Zhang，2003）。在西方广泛应用的新媒体研究理论，如 Rogers（1995）的创新扩散理

论、传播技术接受理论（Davis，1989）、媒体使用与满足理论（Leung & Wei，2000）、社会信息处理理论（Fulk，Steinfield，Schmitz & Power，1987）、网络社会理论等（Walther，1992；Monge & Contractor，2003），在中国的新媒体研究中都没有被提起，更没有被国内新媒体学者采用。

从以上对新媒体研究理论采用情况的分析，可以归结出国内对新兴媒体研究与西方的新媒体研究的一个重要不同之处：在国内主流传播期刊发表的学术论文绝大多数没有理论基础，这些研究属于典型的描述、应用性的研究。而少数几篇有理论框架的论文，所使用的理论基本属于“常规性理论”（normative theory）的范畴，即新传播科技应该是什么，新兴媒体应当有什么样的功能等。

在美国加州大学执教的著名新媒体学者 Rice（1989）是 20 世纪 80 年代南加州大学新媒体研究团队的专家之一，他在讨论新媒体理论建设的不同阶段时，提出了两大类研究 ：操作性（opearational）研究（如研究某个传播科技如何运作）和归纳性（summertive）研究（例如建构传播科技模型或相关理论的研究）。以 Rice 的观点来看，国内的新媒体研究，仍以可操作性研究为主，属于初级阶段，尚未发展到以理论作研究基础的阶段。

（一）研究方法的使用情况

严谨的实证研究除了要求论文有扎实的理论基础之外，还要求使用合适的、科学的研究方法（Barbie，2010）。按照这样的学术要求，我们分析了国内研究新媒体学者所常用的研究方法。如表 17—6 所示，所选的 69 篇论文中，在研究方法上，大部分采用了非量化的研究方法 ，对传播科技技术进行分析是采用最多的方法（87%）（陈力丹，2004；袁艳、丁秋月，2004；姚鹏，2005；赵高辉，2005；张艺馨，2006）。

其次是历史或思辨的分析（占整体的 5.8%）。另外，仅有 1 篇论文从法律的角度来分析新兴媒体对著作权的影响（林蔚文，2003）。另外，有 4 篇论文没有明确的研究方法（张江、吴南山、杨士强，2005；Di，2006；何威，2006；白云，2007）。

表 17—6　　新媒体研究方法分布

使用的理论	出现次数	百分比
问题分析	60	87
历史或哲学分析	4	5.8
法律问题	1	1.4
其他	4	5.8
总计	69	100

另一方面，常用的定量方法，如问卷调查（网络或传统的入户民调）、实验法、系统内容分析法等，在国内的新媒体研究中极少使用。以上的分析结果也反映出国内的新兴媒体研究瓶颈——缺乏理论的支持，因为定量方法通常要通过理论建立假设，并利用数据进行验证。

总体来说，国内的新媒体研究在研究方法的应用上，跟西方学者的经历相似，都是以非量化方法为主。例如，在1996年至2000年间所发表的英文论文采用定性研究方法远远地多于采用定量的方法。根据Kim和Weaver（2002）的统计，定性研究占72.9%而定量研究占26.7%。有意思的是，Cho和Khang（2006）在对西方学者的互联网研究趋势进行分析后指出，1994年和2003年之间，在海外英语传播类期刊发表的互联网相关研究也有同样情形，即描述性评论或陈述（narrative）是主要的研究方法。

（二）对国内新媒体研究的思考与述评

新媒体在中国蓬勃发展，为中外传播学者提供了大量的研究机会。为了评估国内新媒体研究的现况，我们对2000年和2007年之间在国内中文新闻传播类期刊发表的文章中选出69篇论文，进行了系统的分析。这些文章具有一定的代表性，从分析中可以了解国内传播学者选题的倾向及方法的使用，特别是通过系统分析，找出国内的新兴媒体研究跟西方学界的差距，并以此作为加强今后国内新媒体研究的努力方向。

对这69篇所选论文的分析，揭示了一些趋势，并发现一个广泛存在的问题。新媒体研究在中国自2000年以来有所增长，令人鼓舞。然而，国内的新媒体研究并没有追上媒体使用的速度。例如，2008年5月12日四川大地震导致网民和博主的数量急剧增加（Jiang & Ouyang，2008）。2008年北京奥运会是发展新媒体技术的一个催化剂，如高清晰度电视、3G手机、多媒体广播（CMMB）相继在中国推出（Huang，Lei & Li，2008）。

与西方以互联网占主导地位的研究议程不同，新媒体研究焦点在中国更侧重于移动电话，尤其是短信的使用和社会影响。这些议程反映了中国社会现况，手机已经饱和的北京、深圳、广州、上海等大城市和手机使用快速增长的农村地区并存。

此外，中国新媒体研究的议题集中在技术方面。在Wimmer和Dominick（2006）提出的大众传媒研究演进的模式中，这样的研究仍属于媒体研究四阶段演化模型中的第一阶段。目前的研究结果主要是描述性的，欠缺理论框架或机制进行实证检验，来解释新媒体对个人、组织和社会的传播效果。理论能提供有系统的命题，带出研究方向（Hunt，1991），没有理论就会令研究失去方向。

我们的分析还发现无论采取定性或定量的研究方法，这些论文很少揭示新媒体技术的影响或探讨新媒体影响社会的过程，如数以百万计的中国人如何消费、申请和改良新媒体技术，新媒体技术对社会政治和经济有哪些影响，如网络淫秽色情和垃圾短信的不良效果。

为了推进系统性新媒体技术在中国蓬勃发展，加强相关研究的理论基础十分迫切。只有以理论为基础的研究，才能深入理解中国正在进行的数字媒体革命，并产生具有普遍意义的模型和理论框架，将来还可在中国以外测试，加强我们对新媒体与人类沟通的理解。例如新媒体的使用和消费、智能手机和移动互联网对社会的影响，这些都是今后研究的可能方向。

五、结论与建议

本章对国内有关新兴媒体的学术论文从其研究内容、方法以及趋势等各方面进行分析，目的是用量化的方式对近年来蓬勃发展的新媒体研究在国内的现状进行探索性的研究。我们得出以下具有普遍意义的结论。

第一，国内的新兴媒体研究与传播科技的发展普及密切相关。中国手机用户高居世界第一。所以，中国是研究移动传播的好地方。手机可作为一个真正的媒体和信息接收设备，这是因为中国有数量庞大的流动人口到处寻找就业机会和更好的生活，但没有一个固定的邮件地址。

在美国，拥有一部手机和拥有一辆汽车，是个人生活不可或缺的。而在中国城市，数以千万计的人通过公共交通系统（仅在北京地区，一天就有数百万人）通勤。他们的日常生活中，更容易使用手机和其他个人媒体设备。因此，相比固定地点，便携式设备、无处不在的媒体能更广泛地发展。鉴于移动媒体在中国的关键作用，我们建议未来的研究可以集中探讨这些问题：手机媒体有什么作用？它们跟传统媒体有何相似及相异之处？人们是如何使用手机和在什么情况下使用手机的？这些新的应用如何成为一种大众媒体？现有的初步研究表明，要定义流动媒体，本地性和流动性都是要考虑的关键（Wei，2008b；Wei & Huang，2008）。

第二，通过研究高度个人化的博客在互联网上如何令社区建设产生改变这一问题以探究博客和公民民主参与社区建设的关系是研究的另一个方向。调查（CNNIC，

2008）显示，在 2008 年 6 月，近一半（42.3%）中国互联网用户的博客，共计 107 万博客，在 2008 年 5 月 12 日发表关于四川地震的文章，由此引发超过 20 亿次点击。如何使用 Web 2.0 技术为社区建设作出贡献？在提高社会传播和扩大公共关系方面，博客互动能发挥什么样的作用？具体来说，谁在中国博客空间最活跃？谁是博客读者？博客在哪些方面能促进社会关系？博客如何在迅速工业化的国家，比如中国这样的社会里发展？

第三，新媒体如何影响国家传统的媒体并给它们带来积极的变化，是今后重要的研究方向。由于权力下放，热点话题首先在网络空间进行讨论和传播的趋势越来越明显，这跟匿名、互动、开放等新媒体传播的属性有很大关系。在很大程度上，新兴媒体能影响主流媒体的议程设置，更能充当官方媒体的监督员。例如华南虎假照片的争议，就因为中国网民质疑照片的真实性，最后发现它是捏造的。因此，新的研究可以探索新媒体技术影响新闻传播和大众传播的结构和流程。这样的研究可以检视中国的主流媒体如何适应新媒体环境以保持面向中国公众。

第四，有关中国跟亚洲其他国家以至西方在新媒体发展方面的比较研究。随着中国的新媒体状况与世界各地越来越相似，比较研究可以探讨中国在使用移动互联网方面是否不同于其他国家。在中国的民族文化和独特的新闻模型中，博客如何影响社区和公民参与？这些模型在非中国文化如美国的社区中是否一样？

值得留意的是，学术研究和学术出版在中国基本上是国家和高等教育机构的工作。学术和学术期刊出版在课程排名、招聘和推广中越来越重要。少数中文学术期刊中的文章已能够确切反映当前新媒体研究的状况。然而另一方面，许多高质量的新媒体研究刊登在内部报告、政策议案（例如蓝图）和年鉴等平台上。它们不在本文的讨论范围内，是本研究的一个局限。

总之，要推动国内新兴媒体研究的理论化。即对快速发展的传播科技技术的观察、思考进行去粗存精的处理，对传播科技的客体进行抽象、归纳，进而把观察的规律上升为理论。理论化是国内新兴媒体研究未来发展、提高研究水平，以及缩小与西方国家差距的不二路径。

本章的部分内容来自 Wei (2009). “The state of new media technology research in China：A review and critique”. 刊登在《亚洲传播学刊》，第 19 期，115～126 页。《亚洲传播学刊》慷慨准允本书采用，特别致谢。

延伸阅读

Dutton, W. (1996). *Information and communication technologies*. New York: Oxford University Press.

Kim, S., & Weaver, D. (2002). Communication research about the Internet: A thematic meta-analysis. *New Media and Society*, 4 (4), 518 - 538.

Wei, R. (2009). The state of new media technology research in China: A review and critique. *Asian Journal of Communication*, 19 (1), 115 - 126.

第十七章

扫一扫，

浏览本章参考文献

第十八章　新媒体与亚洲政治传播前沿研究述评

文｜罗文辉　魏然

摘　要

本章对亚洲的新媒体与政治传播相关研究进行梳理与点评。为检视政治传播领域的发展状况、考察新媒体对政治的影响，本章采用内容分析法，分析 1988 年到 2008 年间在 10 本顶尖传播学期刊上发表的新媒体与亚洲政治传播相关的论文。研究结果显示，在亚洲政治传播研究领域中，社会科学范式占主导地位；大部分相关研究均有理论依据；问卷调查法是最为常用的研究方法；在这个研究领域发表论文的学者，以在美国学术机构工作的学者人数最多。本章分析了这些研究趋势对媒介效果研究的意义，并提出未来相关研究的方向。

关键词

新媒体、政治传播、第五权、政治媒介化、研究范式

一、导言

新媒体是政治机构的一种（Cook，1998），英国牛津大学的学者达顿（William Dutton，2007）把新媒体称为现代社会的“第五权”（the fifth estate），因为新媒体在现代社会中扮演重要的角色。事实上，既往数十年来的研究显示，在现代社会中（Willnat & Aw，2009），媒体不仅扮演监督政府、守望环境的角色，更对民众政治生活的各方面皆有重大影响。

政治与人们的互动息息相关，几乎所有政治现象都涉及传播活动。Nimmo 及 Combs（Nimmo & Combs，1990：xiii）指出，很少人有机会亲身参与政治活动，因此对大多数人来说，他们的政治体验大多是通过大众传媒的报道，才有机会认识政

治人物，间接参与政治活动。在这个经由传媒中介的过程中，人们接触、注意及采纳了不同的政治、事件及观点，并形成政治态度，塑造脑海中的政治现实。

随着数字媒体的发展，数以亿计的亚洲人在网络空间利用博客、网络社交媒体与移动媒体来获取、传递和交流信息。在这个以网民为主导的新媒体传播潮流下，政治的媒介化程度（mediatization）不断加深。“媒介化的政治”是指，人们通常很难亲身经历政治，他们需要通过传媒来参与政治、了解时政。在当代社会中，越来越多的政治信息和政治活动需要通过大众传媒来传播和报道。传媒不仅是政治信息传播的渠道，也是政治力量博弈的平台，更是民众参与政治事务的手段。

亚洲拥有世界最大的手机用户群体，2014 年，亚洲的手机用户群超过 25 亿，其中能够上网的智能手机用户有 7.38 亿（e-marketer，2014）。世界上手机用户最多的三个国家，中国（12 亿）、印度（7 亿）和印度尼西亚（2 亿）都在亚洲。而在亚洲富裕的中产城市，如香港、台北、上海、东京、新加坡等，手机的普及率超过 100%，一人多机在手，司空见惯。同时，在众多的亚洲国家中互联网用户高达 10 亿，普及率达到总人口的 50%以上。在新媒体如此蓬勃发展的环境中，亚洲政治传播难免发生深刻的变化。

受到政治与传播学者相互融合的影响，政治传播（political communication）在西方逐渐成为一个独立的研究领域。在美国最大的传播学组织“国际传播学会”和最大的政治学学术组织“美国政治科学学会”（American Political Science Association，APSA）各自的分组中，都有政治传播组。一方面，传播学者在研究传播活动时，要充分考虑政治场景对传播产生的影响；另一方面，政治学者对传播的研究兴趣，大多集中在媒介所起的政治作用上，尤其注重大众传媒对政治的影响（黄智诚、李少南，2003）。

尽管政治传播作为一个独立的学术研究领域在亚洲已经基本成熟，然而，对于亚洲政治传播进行系统性分析的研究仍然不多，特别是关于新兴媒体对亚洲政治传播的冲击，相关文献付之阙如。本章通过梳理亚洲新媒体与政治的相互影响，并对过去 20 年中亚洲新媒体与政治传播领域的学术研究进行综述性回顾，以期为亚洲政治传播发展趋势提供实证分析。我们的此项研究成果（Lo & Wei，2010），旨在阐明新媒体与政治研究领域在亚洲的理论发展，以及亚洲学术界对于媒介政治影响的概念化和理论发展的努力，从而反映出亚洲传播学研究与西方研究的共通性以及亚洲政治传播的特殊性。这样的系统实证分析，可以为未来的亚洲政治传播研究指出新的研究方向。

二、研究范式、传统与方法

（一）研究范式

考察学科的研究范式（research paradigm）是了解媒介与政治领域传播学研究发展趋势的途径之一。正如库恩（1970）所言，“研究范式是学术全体成员共享的信念、价值以及方法的集合”。范式为研究者提供观察和理解研究对象的概念框架。Potter、Cooper 和 Dupagne（1993）认为范式主导着研究问题的提出、研究方法的使用、研究资料的甄选、学术主张的效度评估。

在新闻传播领域，何种研究范式占据主导地位，学者对此看法不一（Potter，Cooper & Dupagne，1993；Fink & Gantz，1996）。美国学者安德森（1987）认为，传播学领域主要由两种研究范式所主导：质化研究范式（qualitative）与量化研究范式（quantitative）。与之相对，欧洲学者 Rrosengren（1989）则认为传播学研究领域尚未形成任何固定的研究范式。他认为传播领域尚处于前范式或者说准科学（pre-paradigm）的发展阶段，各学派与研究传统并存。另一位美国学者 Craig（1989）认为传播领域中已形成三大范式：实证研究范式（positivist）、阐释范式（interpretative）和批判理论范式（critical theory）。

具体而言，实证主义学派的研究，旨在“通过发现自然和社会现象间必要而普遍的关系，来解释、预测及控制可观察的现象”（Craig，1989：106）。例如建立阅读报纸与候选人选举政见的了解之间的关联，或者建立使用大众媒体与预防流感的知识之间的关系（Lo，Wei & Su，2010）；测试攻击性选举广告对选民的投票意愿的影响（Wei & Lo，2007）。阐释范式试图在理论框架中，通过文本，了解有意义的人类行动，例如以文化学的视角来解析传播现象。批判理论关注于通过“对于社会行动的批判性，反思实现社会变革与解放”。这类学者分析传媒所有权，预测传媒机构的行为，揭发操纵传媒的各种势力，并对传媒带来的社会不公不义无情地进行批判。

Potter 等人（1993）对 1965 年到 1989 年间美国出版的 SSCI 传播学期刊进行实证分析，他们的研究结果显示，在大众传播研究领域确实存在着社会科学、批判研究以及阐释研究三种范式。该研究发现，社会科学研究范式占 60%，阐释研究范式占 34%，批判研究范式只占 6%。与此一致，Fink 和 Gantz（1996）的分析发现大众传播研究学者倾向于采纳社会科学、阐释学以及批判学派所持有的基本假设。

在本章我们首先尝试对过去20年中亚洲新媒体与政治传播领域的研究范式进行系统的分析。我们认为亚洲传播研究的发展和美国的发展趋势相关。这是因为大多数的亚洲传播学者在研究上遵循美国的概念与方法体系（Tran，2007）。此外，多数亚洲传播学者曾在美国深造，并获取博士学位。因此，美国主流理论与方法会对他们的研究、教学产生深远影响（Lo，2006）。由于亚洲地区过去并无相关研究，因此我们提出第一个研究问题：

从1988年到2008年这20年间，在主要的传播学期刊上发表的新媒体与亚洲政治传播研究论文中，最常见的研究范式是什么?

（二）理论建构

理论建构（theorization）是所有领域科学研究的终极目标（Donohew & Palmgreen，1981）。因此，理论的发展对于任何领域而言，都非常重要（Kamhawi & Weaver，2003）。何谓理论? Kelinger（1973）认为理论是“一组相互关联的概念、定义和命题。理论以解释和预测现象为目标，通过细化变量之间的关系，展示对于现象的系统性认识”（9页）。

尽管在过去几十年中，亚洲传播研究的数量非常多，但既往研究大多未能对大众传播在政治领域发生的作用与效果进行理论检验，因此对于传播的理论建构贡献不大（Sin，Ho & So，2000；Lo，2006）。最近的研究对理论验证与建构逐渐重视。例如，Tran（2007）的研究发现，40%已发表的亚洲传播研究有理论支撑。但在政治传播研究方面，到今天为止，仍没有任何研究探讨过亚洲新媒体与政治领域研究在理论化方面的努力。因此，我们提出第二个研究问题：

在1988年到2008年间发表的有关新媒体与亚洲政治传播关系的研究中，有多少论文使用理论进行分析?最为常用的理论是什么?

（三）研究重点

此外，本研究也对已发表的新媒体与亚洲政治传播相关论文的研究重点进行检视，从而对研究者的研究趋势、研究模式和研究旨趣进行考察。过去有的研究已经通过内容分析法对亚洲传播研究的研究焦点进行了一定考察。在对45篇发表在韩国学术期刊上的政治传播研究进行分析后，Kim与Kwon（2009）发现总统选举与选举模式（33.3%）是最受关注的议题，媒介与政府间的关系（13.3%）、信息处理（11.1%）、电视政治谈话（11.1%）、政治事件的媒介报道（11.1%）、互联网与新媒体（8.9%）、公共舆论（6.7%）等课题次之。

Wang 与 Tseng（1993）对 1961 年到 1992 年间台湾的 212 个相关研究项目进行了内容分析。他们发现大众传播（23.6%）最受关注，受众分析（19.8%）、媒介实践（9.9%）、传播与发展（9.0%）、政治传播（7.5%）等次之。但既往研究没有对新媒体与亚洲政治传播相关领域进行系统的检视。为填补这一空白，我们在本研究中提出第三个研究问题：

在 1988 年到 2008 年间，探讨新媒体与亚洲政治传播关系的论文中，最受关注的研究课题是什么？哪些课题最受重视？

此外，我们还希望探讨哪些新媒体是政治传播研究的关注重点，所以提出相应的研究问题如下：

在 1988 年到 2008 年这 20 年间，主要传播学术期刊发表的新媒体与亚洲政治传播研究中，最受关注的新媒体为何？

（四）研究方法

在研究方法方面，既往研究显示，问卷调查和内容分析是亚洲传播学研究最为常用的方法（Wang & Tseng，1993；Tran，2007；Kim & Kwon，2009）。Tran（2007）分析亚洲传播研究发现，问卷调查法（20.6%）和内容分析（20.3%）是最为常用的研究方法，历史研究（8.4%）、政策研究（7.9%）、文本分析（6.6%）、试验法（6.5%）、二手资料分析（5.6%）等次之。法律分析、深度访谈、参与观察等质性研究方法较为少用。

尽管现有研究未对主要期刊发表的有关新媒体与亚洲政治传播研究所采用的研究方法进行考察，我们认为大部分相关研究会倾向选择采用问卷调查与内容分析等最主要的研究方法。为了了解以往相关研究所采用的研究方法，我们提出第五个研究问题：

在 1988 年到 2008 年间，主要传播学术期刊发表的有关新媒体与亚洲政治传播关系的研究中，最常用哪些资料收集方法？

（五）论文作者

最后，本研究分析了论文的作者（authorship），希望了解亚洲政治传播研究的代表性学者主要来自哪些国家与地区。既往研究曾分析在 SCI 和 SSCI 期刊上发表研究的论文作者的国籍及地区之代表性（Luwel，Moed，Nederhof，De Samblanx，Verbrugghen & Van Derwurff，1999；Inonu，2003；Lauf，2005）。在传播学领域，Lauf（2005）发现美国学者居于主导地位。在 SSCI 收录的传播学论文中，美国学者为作者的占三分之二。有趣的是，Ha 与 Pratt（2000）对亚洲传播学研究的考察也发现相似的趋势，他们发现探讨大中华地区传播问题的研究论文中，有五分之三的论文作者是美国学者。我们探讨新媒体与亚洲政治传播关系的相关研究是否也会呈现这种趋势？因而提出第六个研究问题：

在 1988 年到 2008 年间，主要传播学术期刊发表的新媒体与亚洲政治传播相关论文，论文作者是否以美国学者为主？

三、分析方法

为回答这 6 个研究问题，我们对 11 本主要传播学期刊进行内容分析。期刊选择标准如下：第一，需为 SSCI 收录；第二，必须在 1988 年至 2008 年间连续出版。以上述两项标准为依据，我们选择以下 11 本期刊进行分析：《亚洲传播学刊》、《传播学研究》、《人类传播学研究》、《国际公共舆论研究学刊》、《广告学学刊》、《广告研究学刊》、《应用传播学研究》、《广播与电子媒介》、《传播学学刊》、《新闻与大众传播季刊》、《政治传播》。

在 1988 年到 2008 年间，所有在这 11 份学术期刊上发表的论文均列为分析对象，但分析范围限于探讨新媒体与政治传播关系为主题的研究论文。书评、专刊介绍及专题内容均未予纳入。研究人员对每篇文章的研究范式、理论运用、研究方法、作者身份、关注媒介以及发表年份进行编码。具体编码条目如下。

（一）研究范式

依据 Potter 等人（1993）的划分方法，本文把研究范式分为：“社会科学范式”、“阐释范式”和“批判理论范式”三种。我们把使用实证数据资料来探索媒介信息和人类政治行为模式的相关研究，归入社会科学范式；通过对少数事件的解读来了解人类行为意义的相关研究，归入阐释范式；深入文本资料，发觉深层意识形态与价值观的相关研究，则归入批判研究范式。

（二）理论运用

研究者依照“未使用理论”、“使用具体理论”、“未使用具体理论，但提出理论框架”三种类别对入选论文进行编码。论文中明确述及某一理论者归为“使用具体理论”。这些理论包括：议程设置理论、批判理论、涵化理论、创新扩散理论、守门人理论、深思可能性模式、知沟理论、媒介依赖理论、媒介帝国主义、修辞学、社会学习理论、言论行为理论、沉默螺旋理论、第三人效果理论、二级传播理论、使用与满足理论、社会认知理论、信息处理理论、价值观预期理论、功能分析理论等。

(三) 研究重点

研究重点是指论文的主题，包括 10 个类别：选举宣传与投票模式、媒介与政府关系、信息处理、媒介效果、媒介使用、政治事件的媒介报道、公共舆论研究、政治谈话节目、媒介管理与媒介政策等。

(四) 关注媒介

指入选论文所关注的新媒体，具体类别包括：互联网、电子邮件、博客、社会化媒体、手机、短信、有线电视、卫星电视、数字电视、IPTV、BBS、数字电台、多元新媒体以及其他。

(五) 研究方法

我们也对入选论文使用的研究方法进行分类，具体类别包括：内容分析、问卷调查、实验法、历史分析、主题性文献综述、个人访谈、参与观察、话语分析、二手资料分析、个案研究、多元方法以及其他方法。

(六) 作者身份

我们依照论文作者工作机构所在国家或地区，对入选论文的作者也进行了分类。

内部分析的编码工作，由四位经过训练的新闻传播学院研究生负责执行。研究者曾随机选择 10 篇论文，对编码结果进行了编码同意度检验。结果发现编码者同意度如下：研究范式（0.93）、理论运用（0.88）、研究重点（0.78）、研究方法（0.88）、关注媒介（0.90）。

四、研究主要发现

在 1988 年到 2008 年间，11 本主要传播学期刊共刊登 34 篇研究新媒体与政治传播关系的相关论文，大多数论文（70.6%）发表在 1999 年到 2008 年间，只有 29.4%的论文发表在 1988 年到 1998 年间。刊登论文最多的期刊是《亚洲传播学刊》（占 44.1%），其次为《传播学研究》（占 23.5%）。表 18—1 统计了 1998—2008 年 SSCI 传播学期刊发表相关文章的数量。

表 18—1　　1998 年到 2008 年间 SSCI 传播学期刊发表相关文章数目

期刊	总计频率	百分比
亚洲传播学刊	15	44.1

续前表

期刊	总计频率	百分比
传播学研究	8	23.5
应用传播学研究	3	8.8
人类传播学研究	2	5.9
国际公共舆论研究学刊	2	5.9
新闻与大众传播季刊	2	5.9
政治传播	2	5.9
总计	34	100.10

本研究第一个研究问题探讨新媒体与亚洲政治传播相关研究的主导研究范式。在34篇相关论文中，有30篇（占总体88.2%）属于社会科学范式，仅有4篇使用阐释或批判理论范式，社会科学范式论文远超其他范式。这一结果显示，1988年到2008年间，新媒体与亚洲政治传播关系研究以社会科学范式为主导。

第二个研究问题关注新媒体与亚洲政治传播相关研究是否使用具体理论。如表18—2所示，50%的论文采用具体理论引导研究；20.6%的论文提出一定模式作为研究的理论框架；只有29.4%的文章没有提及或依循一定理论进行分析。这样的发现显示，新媒体与亚洲政治传播研究大多援引理论进行理论检验。但在15种使用到的理论中，仅有议程设置理论在两篇论文中被运用，这显示相关论文在理论运用方面相当多元。

表18—2　　发表文章理论运用情况

理论运用	总计频率	百分比
使用具体理论	17	50.0
使用分析模型	7	20.6
未使用理论	10	29.4
总计	34	100

第三个研究问题探讨新媒体与亚洲政治传播相关研究最核心和最热门的研究主题。如表18—3所示，媒介使用是这一领域最热门的议题，选举研究居次，再其次是媒介效果研究以及媒介管理与政策，公共舆论研究数量最少。

表18—3　　论文的主要研究主题

研究重点	总计频率	百分比
媒介使用	11	32.4
大选与选举模式研究	9	26.5
媒体效果	7	20.6
媒介管理与政策	4	11.8

续前表

研究重点	总计频率	百分比
公共舆论研究	2	5.9
其他	1	2.9
总计	34	100

第四个研究问题探讨新媒体与亚洲政治传播相关研究最受研究者关注的新媒介。如表 18—4 所示，互联网是研究者最为关注的新媒介，相关研究占所有论文的 67.6%；有线电视排名第二，占 14.7%；再次是社交媒体，占 5.9%。此外，手机、卫星电视、BBS 和 IPTV 等新媒体分别只有一篇论文述及。

显而易见，互联网是新媒介研究的首要关注对象。虽然很多涉及新媒介的研究仅将新媒介使用作为一个变量（35%），但也有 30%的研究从广义的框架中研究新媒介与政治的关系。此外，在一些研究中，新媒介仅只和研究方法相关，如在互联网上进行问卷调查，或者仅局限于对网络资讯进行的内容分析（7.5%）。

表 18—4　　论文关注的新媒介类型

新媒介	总计频率	百分比
互联网	23	67.6
有线电视	5	14.7
社交媒体	2	5.9
手机	1	2.9
卫星电视	1	2.9
BBS	1	2.9
IPTV	1	2.9
总计	34	100

第五个问题涉及过去二十年间在主要期刊上发表的论文所使用的研究方法。如表 18—5 所示，过去二十年间所发表的相关论文中，采用问卷调查法的研究占 38.2%；有 14.7%的研究采用个案研究法；采用内容分析和二手资料分析法的研究各占 11.8%。使用实验法的研究占 5.9%，话语分析占 2.9%。仅有 8.8%的相关研究同时采用多种研究方法。

表 18—5　　论文使用的研究方法

研究方法	总计频率	百分比
问卷调查法	13	38.2
个案研究	5	14.7
内容分析	4	11.8
二手资料分析	4	11.8

续前表

研究方法	总计频率	百分比
多种研究方法综述	3	8.8
实验法	2	5.9
话语分析	1	2.9
其他	2	5.9
总计	34	100

第六个研究问题探讨在美国学术机构工作的学者是否在新媒体与亚洲政治传播相关研究中发挥主导作用。在34篇论文中，12篇由一位作者独立完成，14篇为双作者，8篇文章由多位作者合力完成。表18—6显示，美国学者表现突出。在34篇文章中，过半数的论文是由美国（或在美国学术机构工作的）研究者独立或和其他学者合力完成的，有13%的文章来自台湾学者，其次是韩国（6.5%）、新加坡（4.8%）、香港（1.6%）和泰国（1.6%）的学者。

表18—6　论文作者所属的国家与地区

隶属国家或地区	第一作者		第二作者		第三作者		总计	
	频率	百分比	频率	百分比	频率	百分比	频率	百分比
美国	18	52.9	10	50.0	4	50.0	32	51.6
台湾	5	14.7	2	6.3	1	12.5	8	12.9
新加坡	3	8.8	0	0.0	0	0.0	3	4.8
韩国	2	5.9	2	6.3	0	0.0	4	6.5
香港	1	2.9	0	0.0	0	0.0	1	1.6
泰国	1	2.9	0	0.0	0	0.0	1	1.6
其他	3	8.8	6	18.8	3	9.4	12	19.4
总计	33	100.0	20	100.0	8	100.0	61	100.0

五、结论

本研究的主要目的，在分析过往20年间新媒体与亚洲政治传播相关研究，探讨亚洲政治传播研究的发展趋势与特点。结果显示，在1988年到2008年间，主要期刊上发表的相关论文中，社会科学范式研究占据主导地位。这一发现和过去的大众传播研究发现一致。因此，本研究结果证实社会科学范式是新媒体与亚洲政治传播相关研究领域的主要研究范式。

探讨新媒体与亚洲政治传播相关研究的理论使用概况是本文的另一个主要目的。本研究发现，过去20年这个领域的研究，大部分都援引一定理论或提出理论模式。这样的研究结果与过去的亚洲传播研究发现有明显的差异。既往研究显示，大多数的亚洲新闻传播学研究没有理论基础，也未根据理论进行理论的检验、修订或发展（Sin，Ho & So，2000；Lo，2006）。但我们的研究结果显示，在新媒体与政治传播相关研究领域，理论运用已相当普遍。这一结果显示，政治传播领域的学者更倾向于通过检验和发展理论来探讨新媒体环境下政治传播的现象与过程。

另一方面，值得关注的是，新媒体与政治传播领域所使用的理论多来自西方。譬如把议程设置理论、第三人效果理论运用于亚洲政治传播研究。这些研究为西方传播理论是否适用于亚洲提供了有益的探索，也进一步证明了这些经过验证的理论，在不同文化中可以用来探讨新媒介与政治传播的关系。但笔者认为，学者应在这一领域进行更多原创性的研究和跨文化的比较研究，以期建立具有独特东方视角的相关理论。

有些研究盲目地将西方对新媒体影响力的假设应用于亚洲政治传播研究中，政治传播学者曾对这种做法提出质疑。质疑者（Taubman，1998；Kluver，2004）认为，新媒体是在亚洲特殊的社会政治情况下进行运作的，因此新媒体在政治传播中发挥的作用，也应考虑亚洲的特殊情况做具体分析。Taubman（1998）则提出了互联网管理、民主、信息多元化等问题。他认为，尽管互联网在发达民主国家得以飞速发展，但对于欠发达的非民主国家来讲，新媒介难以掌控的特色似乎同时带着腐蚀性的意味。他以中国为例说明，中国在拥抱互联网的同时，也进行着政治控制，限制互联网技术的充分使用。谷歌公司与中国政府的争执，佐证了他的观点。Kluver（2004）指出，亚洲社会的政治文化在信息科技促进政治动员和政治参与之间起到中介性的影响。他对新加坡 2001 年大选的个案分析显示，新加坡的政治文化（包括各项法规在内）对于新媒体在政治传播中发挥的作用，起到了一定的限制性效果。

此外，我们发现新媒体与亚洲政治传播相关研究所采用的研究方法相对较为局限。最为常用的研究方法是问卷调查、内容分析及个案研究，也有少数研究采用实验法、话语分析、深度访谈与参与观察法。值得一提的是，有一部分研究综合使用了多种研究方法，在一项研究中同时使用多种研究方法，可能使研究设计更为充实、内容更为多元，研究结果因而更具理论价值。例如，在一项研究中同时采用实验法及深度访谈两种方法。实验法可以在控制的环境中检测、修订与发展理论，而深度访谈可以辅助研究者发现重要变量，提供深入的分析。未来研究可同时采用多种方法探讨亚洲民众如何使用新媒体获知政治信息、新媒介使用如何影响受众的政治态度与行为。

最后，本文发现亚洲传播学研究吸引着许多美国（或隶属于美国学术研究机构的）学者进行研究。这些学者的研究成果大多在具有影响力的主流传播学刊上发表，推进了我们对亚洲媒体与政治关系的理解。当然，美国学者或者隶属于美国学术机构的研究者在这一领域占主导地位，对致力于这一研究领域的亚洲学者形成挑战，也使他们在主流传播学刊上发表相关研究成果更为困难。

六、研究局限

本研究分析的期刊局限于SSCI收录的学术期刊，而这些期刊必须在1988年至2008年间连续出版，未分析非SSCI期刊及新兴的SSCI期刊。这些非SSCI期刊及新的SSCI期刊，有许多特别关注新媒体，如《新媒体与社会》就是专门探讨新媒体与社会的新兴SSCI期刊。因此，尽管本研究结果为主流传播学期刊在这一领域的研究提供了鸟瞰式的回顾，我们的研究发现并不能反映亚洲政治传播研究的全貌。如果能将新的SSCI期刊、非SSCI期刊、会议论文和书籍纳入分析，研究结果可能会有相当的差异。

在中国，政治传播学已经开始受到重视。早在1990年代，“政治传播学”方面的专著就已经出现，例如邵培仁主编的《政治传播学》（1991）、周鸿铎所著《政治传播学概论》（2005）和李元书写的《政治体系中的信息沟通：政治传播学的分析视角》（2005）。

有鉴于亚洲快速变动的社会情势以及数字新媒体在亚洲国家的发展，我们认为探讨亚洲新媒体与政治传播关系的研究将会不断增加，相关的学术期刊、论文、书籍、研究报告亦会逐年增加。因此，未来研究应将非SSCI期刊、研究报告、书籍、会议论文及高质量的中文论文，都纳入分析的范围，才能对不断发展的新媒体与亚洲政治传播领域提供更为全面的评估。

此外，未来的研究对政治传播的研究主题，还可以进一步拓展。1990年以来的第三次通信革命，通过卫星、有线电视、移动电话、互联网和数字科技，创造出所谓的“资讯社会”。在资讯社会的环境之下，民众可以更简单、更有效率及更广泛地获得新闻与资讯。于是，公民与公民团体在获得资讯、挑战政府立场与作为上，变得更有效率。由于新媒介能促进政治参与，并且能更有效地组织政治抗争与政治动员，未来的研究应把政治参与及政治动员列为新媒体与政治传播研究的主题，使研究主题包含的范围更为广泛。

本章的部分原文来自 Lo & Wei (2010). “New media and political communication in Asia: A critical assessment of research on media and politics, 1988—2008”. 刊登在《亚洲传播学刊》，第 20 期，264～275 页。《亚洲传播学刊》慷慨准允本书采用，特别致谢。

延伸阅读

Graber, D. A, & Smith, J. M. (2005). Political communication faces the 21st century. *Journal of Communication*, 55 (3), 479 - 507.

Lo, V. H. (2006). Communication research in Taiwan. In K. W. Leung, J. K., & P. Lee (Eds.), *Global trends in communication education and research* (pp. 177 - 187). Cresskill, NJ: Hampton Press.

Nimmo, D., & Combs, J. E. (1990). *Mediated political realities*. NY: Longman.

扫一扫，
浏览本章参考文献

第十九章　新媒体与国际广告前沿性研究

文｜魏然　尹良润

摘　要

当今全球化的浪潮席卷世界，知名国际品牌、全球化营销、国际广告等作为一种经济和文化软力量，促进和增强了全球化的浪潮（Schultz & Kitchen，2002）。与此同时，在过去20年，以互联网为核心的新兴媒体影响甚至改变了国际广告实务，越来越多的广告面向全世界。国际广告的未来与全球化息息相关。本章旨在探讨国际广告研究中的新兴媒体问题，因为新传播技术，包括卫星电视、因特网、Web 1.0、Web 2.0和社会化媒体等，皆处在国际市场营销和国际广告实践的最前沿。本章将首先追踪新兴媒体在广告投放上的增长趋势。其次，以国际的视野重新界定国际广告的内涵。通过介绍前沿性的国际广告策略，特别是广告一体化策略和本土化策略的研究，本章从不同角度理解新兴媒体为国际广告主发布广告讯息、打造品牌提供了一个全球性的平台和世界性的媒体渠道的深层价值。本章强调对国际广告的三重认识：国际广告在根本上是一个在社会价值观、传播风格和消费习惯不同的多种文化中发生的跨文化传播现象；广告主和广告代理公司在不同国家创作广告和购买媒体属于一种商业活动；国际广告反映社会价值观和向世界宣传某种价值观的重要文化力量。最后，本章探讨最新国际广告研究对国内学者的启示，并对国内学者如何展开此类研究提出建议。

关键词

数字化、互联网、社会化媒体、全球化、国际广告

一、引言

商务无国界（乔佳义，2005），互联网技术推动了全球化，为跨国公司开拓新市场，并消除了以前分隔国内外市场的界限。在互联网时代，以瞄准国际市场通过做

广告打造品牌的国际广告（international advertising），亦越来越不分国界。由于国际广告活动最初是在几个国外市场展开的，互联网技术为国际品牌解决的一个核心问题，就是如何在国际市场范围内以有效的创意策略和媒体渠道把品牌的广告信息传播到全世界。过去20年以来，在全球化浪潮的推动下，国际广告以前所未有的速度和规模发展。我们目睹了全球“超级大品牌”（megabrand）的出现，这是国际广告史上前所未有的现象。

美国《商业周刊》每年发布“全球品牌100强”（100 Global Brands）的排名。“可口可乐”公司连续7年（2003—2010）稳坐头把交椅。这些全球100强品牌无处不在，富可敌国，其营销实力和市场规模巨大。例如，伴随iPhone手机热潮横扫全球，苹果公司牢牢稳固了其全球强势品牌的地位。全球范围内全球品牌的出现和大范围受消费者追捧，表明国际广告的发展已经到了一个黄金时代。

全球品牌时代的到来，主要归因于全球化的趋势，全球化令世界上的主要经济体进入到一种相互依存的国际经济体系的新模式中。从国际营销史视角看，哈佛大学商学院教授Levitt（1983）早在20世纪80年代所大胆提出的“世界大同”（one world）的观念和“全世界同属单一的同质市场”（single homogenous market）的愿景，已经变为现实。对商品流通而言，看似不分国界的世界，实际上由跨国公司和工业化国家的决策者（由美国领导）所联合缔造，他们深信自由贸易的经济利益将造福全球市场上的所有参与者或利益攸关者（stake-holders）。

另一方面，国际广告其自身作为一种经济和文化软力量，也促进和增强了全球化的势头（Schultz & Kitchen，2002），尤其是产品和服务营销领域的全球化。例如，全球性媒体的内容在互联网上更加容易获取，世界各国的消费者都能几乎同步体验和消费一些文化产品，如电影、流行音乐和当红电视剧（如我们记忆犹新的好莱坞大片《哈利波特》同步在全球公映）。同样，全球性媒体把强势品牌的广告讯息传递给全世界的观众。McCullough（1996）认为，世界各地的消费者能够平等地接收同一个跨国广告主的信息，这是互联网出现之前不可能想象的。如果不是“麦当劳”和“星巴克”在全世界无处不在的广告，Levitt（1983）的“世界大同”概念也不会如此真实。

国际广告之所以与全球化息息相关，主要是因为它由互联网新媒体所驱动，这些新传播技术把全世界连接在一起，使消费者在全球范围内形成网络，和数十亿规模的全球性的消费群。而全球化的市场形成，对于拥有超级品牌的跨国公司来说是个福音。因为从经济学的角度来看，网络新媒体让更多的消费者能够购买这些以前不可能接触到的超级品牌（越多人买 LV 包，LV 品牌就会有更多的粉丝）。如此这般的网络效果（network effects）给跨国公司带来了规模经济（economy of scale）的竞争优势。可以说，由互联网和国际广告带来的消费市场全球化，令强的品牌更强。

与此同时，以互联网为平台的国际广告活动具有跨文化（cross-culture）的特点。有趣的是，这两个互为影响的趋势发展对国际广告产生了"矛盾性的影响"（paradoxical effect）：一方面，互联网属于覆盖全球的广告媒体，成为跨国公司积极推动全球化消费市场发展的利器；另一方面，国际广告跨文化传播文化特点，凸显本土文化对全球化品牌的影响，为了达到理想的广告传播效果，跨国公司的广告活动不得不考虑本土化的广告策略。

从互联网的发展对国际广告产生"矛盾性的影响"，可以看出国际广告处于广告和新传播技术的交集点上，互联网对国际广告实务和理论有着颠覆性的影响。也正因为如此，海外的国际广告研究发展迅速，近年来不断有新成果出现。本章将以国际视野，追踪互联网新媒体在国际广告业务上的增长趋势，解析网络媒体是如何为国际广告主发布其广告讯息提供了一个全球性的平台。然后，我们将探讨在网络新媒体作为世界性的传媒渠道的环境下，传播学者对国际广告这一概念的重新思考和界定，并介绍对国际广告策略的最新思路与研究成果。最后，本章讨论国外最新国际广告研究对国内学者的启示，并对如何展开此类的研究提出建议。

二、数字媒体时代的国际广告研究发展综述

（一）网络新媒体技术与国际广告

在广义上，新媒体是指依赖于数字传播技术，传播信息和娱乐内容的平台、渠道和硬件设备。当今新媒体包括（但不局限于）互联网、万维网、数字电视、卫星广播、移动电话、短消息服务、播客、博客、RSS、微博、社交网站和搜索引擎（Lievrouw & Livingstone，2002；Logan，2010）。

新媒体前所未有的快速增长，引发了一场"数字化革命"（digital revolution）（Belch & Belch，2011：194）。新媒体之所以与传统媒体如报纸、杂志、无线广播电台、电视台等有着本质的不同，是在于新媒体具有数字化（digitization）、互动化（interactivity）及全球化（globalization）三大基本属性。

数字化是指将信息（不论是文字、图表、图像、音乐、语音、视频或数据）转

换为一系列 0 和 1 的过程。信息数字化意味着这个信息以 0 和 1 的方式生产、发布和存储。因此，互联网具有以多媒体格式传递图文并茂、有声有视频的各种信息。

互动化是指用户与信源之间的双向沟通或反馈。在广告情境中，Cho 和 Leckenby（1999）定义互动为“一个消费者通过与广告信息和广告主互动来积极介入广告传播过程的程度”（163 页）。互动化意味着用户可以根据自己的兴趣选择，订制信息或个性化的消息，同时，他们可以通过如客户讨论组、电子邮件、博客文章、直接订购等机制，参与双向沟通。

全球化是指全球的国家经济和多元化社会逐步整合为一个相互依存的世界体系的过程。全球化主要得益于传播、交通和基础设施的进步，全球化使得各国之间在科技、经济、政治和文化方面的交流空前密切，同时各社会之间和人之间的联系也更为紧密。因特网就是全球性媒介最典型的传播科技，作为“网络之网络”，因特网的建立和运营都是基于一个全球互连的计算机网络系统之上，这个系统使用全球统一的技术标准——因特网协议（Internet protocol）。因特网连接了全世界 164 个国家的 1 300 万台主机，它们服务近 20 亿全球互联网用户（Pak，1999：208）。在接收端，4G 智能手机和黑莓无线电话（wireless phones）都是全球性数字媒体的例子，这些传播科技让用户能够接驳以全球移动通信系统（global system for mobile communication，GMS）主导的全球性无线电信网络。GMS 与因特网是互通的，用户可以用智能手机上网，从一个大陆给另一个大陆发邮件，展开即时通信等。

（二）互联网技术在全球的普及和使用

不论从什么角度来说，互联网都是历史上最快的发布与传递信息的传播技术。根据最新的互联网全球普及统计情况来看，截至 2015 年，互联网用户数总计 31 亿，占世界总人口的 40%以上。图 19—1 为全球互联网用户发展趋势图。在人类的传播科技普及史上，从未有过其他传播技术被世界上如此多人所使用。

与此同时，拥有移动电话的总人数在 2014 年底（ITU，2014）达到 69 亿，相当于世界总人口的 95.5%。相应的，90%的世界人口居住在能够接入移动电信网络的地方，这意味着智能手机用户可以通过他们的手机接入互联网（见图 19—2）。

在 21 世纪到来之际，Web 2.0 技术（即那些促进参与式制作信息并分享传播的网络应用技术）的出现，催生了社会化媒体的普及。作为一个包括一系列因特网应用的涵盖性术语，社会化媒体允许用户从事信息内容（user-generated content）的制作和传播。当今世界上最知名的社交网站是美国的 Facebook，它在全球拥有超过

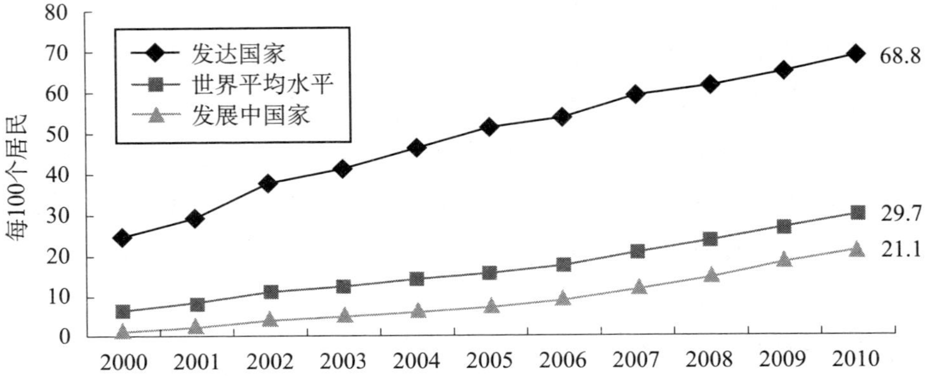

图 19—1 2000—2010 年全球互联网用户发展趋势

资源来源：国际电联（ITU），2010。

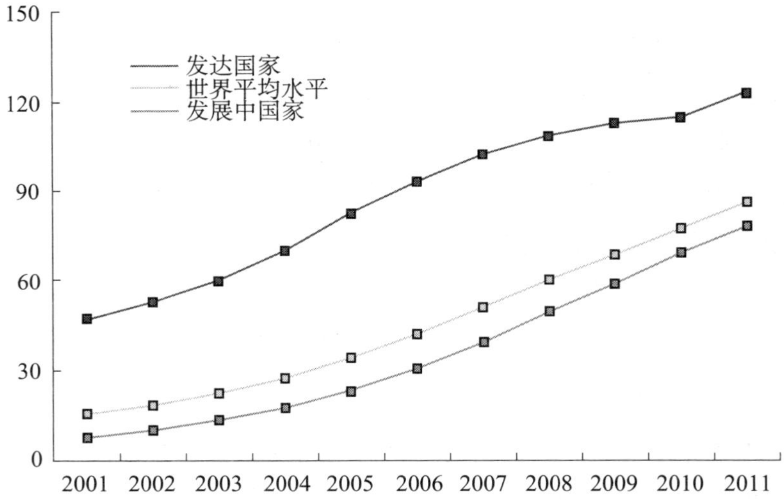

图 19—2 世界每 100 个居民的手机用户数

9.5 亿的活跃用户（CBS Money Watch，2012）。在国内，“QQ 空间”、“人人网”和“新浪微博”等社交网站，皆拥有上千万的用户。

来自 Facebook (2011) 的数据显示，其网站用户每月花 7 亿分钟浏览这个网站。有超过 9 亿个用户互动的对象（如页面、群组和事件）。同时，平均每个用户每月制作 90 条信息。这些活动让 Facebook 网站成为一个巨大的信息分享库。Facebook 报告显示，每个月用户共享超过 300 亿条信息，涵盖网站链接、新闻、博客文章、笔记、相册等内容。

总之，网络社会化媒体（如 Facebook 、MySpace 、YouTube、Twitter 等）的普

及与流行是互联网技术发展的第二个高峰，Web 1.0 技术将海量的信息的覆盖范围拓展至一个无边界的传播世界；而 Web 2.0 技术将网络传播开放给亿万用户，提供一个用户可以参与信息传播的互动经历。

毫无疑问，新媒体扩散的惊人速度对实施国际广告的跨国公司有深远的影响。社会化媒体给常常要做国际广告的跨国公司提供了一个新的发展机遇。与此同时，社会化媒体也给跨国公司提出了新的挑战。根据 Belch 与 Belch（2011）的看法，传媒的数字化革命给国际市场营销环境带来了根本性变化，迫使营销人员全盘重新思考如何做国际广告（294 页）。

（三）互联网广告在全世界的发展趋势

不难理解，营销人员和跨国广告主已经接受网络新媒体作为一个切实可行的面向全球的广告渠道。根据网络营销调查公司 e-Marketer（2011a）发布的数据，2008 年，全世界的数字媒体广告支出总额达 552 亿美元；2009 年出现了两位数的增长；2010 年总额达 618 亿美元，2014 年，总额高达 1 375 亿美元。脆弱的全球经济复苏似乎并不会妨碍互联网广告两位数的增长。IDC 的数据显示（Weide，2010），目前全球数字媒体广告支出占广告总支出的 13.6 %，其增长趋势的详细信息见图 19—3。

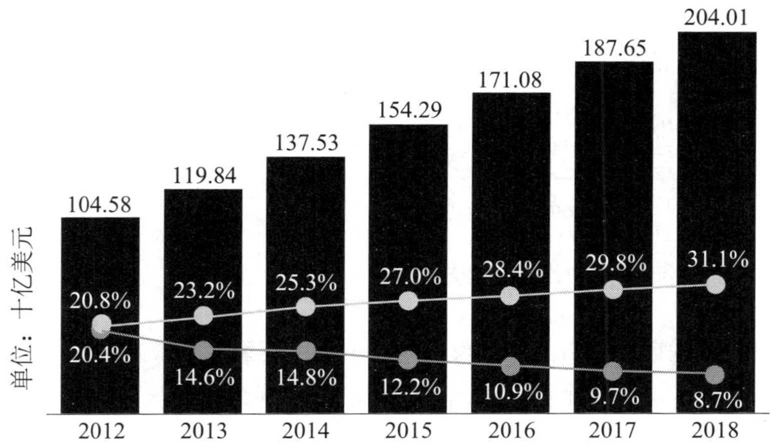

注释：此柱状图显示数字广告每年的支出。下线代表增长的百分比；上线代表数字广告在所有媒体广告花费中所占百分比的变化。图中统计的广告平台的数字媒体包括桌面和便携式电脑、手机和平板电脑，但不包括短信、多媒体短信和私人间的传播媒体。

资料来源：eMarkter，2014.

图 19—3　全球数字媒体广告花费（2012—2018）

美国互动广告局（Interactive Advertising Bureau，IAB）的一份报告显示（IAB，2010），2010 年网络广告中最流行的形式是搜索广告，占总收入的 46 %。其次是分类/目录广告、销售线索生成（lead generation）、电子邮件、展示类广告（包括数字视频广告、广告横幅/展示广告、赞助和富媒体广告）。IAB 年度报告（2010）也预计在 2010 年，仅美国移动广告收入达 5.5 亿至 6.5 亿美元。在广告支出方面，互联网已经超越报纸，步入一个发展的里程碑（IAB，2011）。

社会化媒体在世界各地的流行也引起国际广告主的关注。近年在社交网络做广告的总量有显著增长。比如，在 2009 年，全球广告主共花费 22 亿美元在社交网络（eMarketer，2011b）。在 2010 年，Facebook 成为美国和世界其他很多市场广告主的首选，其份额接近全球所有社交网络广告支出的 25 %。表 19—1 显示了社交网络的广告增幅。

表 19—1　社交网站 MySpace 与 Facebook 的广告量（单位：百万美元）

	2009	2010	改变
MySpace			
美国	$465	$360	-23%
非美国	$25	$25	3%
总计	$490	$385	-21%
Facebook			
美国	$335	$450	34%
非美国	$100	$150	65%
总计	$435	$605	39%

资料来源：eMarketer,2011.

三、国际广告研究动态与成果综述

在这部分，我们将回顾网络新兴媒体和其他创新型传播技术在国际广告上应用的研究动态。在综述研究成果的基础上，我们将指出目前研究的不足与局限，并对未来国际广告研究的新方向提出一些建议。

（一）互联网语境下对国际广告的概念的新思考

万维网、电子邮件和无线通信技术为人们提供了全天时、全球性的连接。随着互联网已成为全球性商务最重要的渠道之一，国际广告所依赖的整个传播基础设施发生了深刻的改变。新的国际广告创意和实践不断出现，例如国际大广告主积极利用网络新媒体或 Web 2.0 技术如 Facebook 来打造品牌。

网络新媒体的出现，使得国际广告真正地不分国界。尽管如此，关于网络新媒体对国际广告实践到底意味着什么，学者们在概念上还缺乏系统的认识。因此，国际广告研究面临的首要挑战就是，在全球数以百万计的消费者能被瞬间覆盖的全球化媒介时代，探讨国际广告内涵和意义。换句话说，要在概念上阐述清楚在互联网的语境下国际广告是什么？如何认识国际广告的属性和特质？

很明显，现有的国际广告的定义并没有将全球新媒体这个要素纳入理论化的描述中。传统的国际广告定义把其界定为“一个国家的广告主在另外一个或者多个国家做广告或进行推销活动，以实现销售其产品的目标”（Belch & Belch，2011：652）。有些定义在诠释国际广告时，说明国际广告是以本国的广告发展为母体，品牌在国内站稳市场后，再进入世界市场的广告活动。言下之意，国际广告的基本活动从创意到媒体购买与在国内做广告是相同的。换言之，国际广告只是国内广告（domestic advertising）的延伸和补充。很明显，在网络传播时代，这样狭隘的定义与品牌营销全球化的现实严重脱节，已经不合时宜了。

另一方面，以全球性网络新媒体的思路给国际广告下的定义五花八门，它们的共同缺陷是没有在新的定义中反映新媒体的全球性覆盖或国际影响力。例如，有教科书将互联网语境下的国际广告定义为互动性广告（interactive advertising）、数字广告（digital advertising）、网络广告（web advertising）、电子邮件广告（e-mail advertising）和短信广告（SMS advertising）等，诸如此类的概念界定只是简单地指出了广告讯息传播所依托的传播技术和平台而已，缺乏深度。这些概念没有考虑到在互联网语境下，国际广告活动中能覆盖全世界的消费者。其他的概念如横幅广告（banner ads）和在线赞助广告（online sponsorships）则更狭隘，因为它们主要是以广告信息的形式来给国际广告下定义。以上这些涉及网络新媒体的广告定义之不足，凸显出在学术研究上，国际广告的基本概念定义的一个空白点。

为推进国际广告研究与时俱进，有学者尝试提出包含网络的新的、非传统的定义。这些新定义反映了学术界试图从传播技术的视角重新梳理国际广告概念的内涵和范围。此类研究的一个典范就是 Roberts 和 Ko（2001）的概念性阐述。

在全球互联网使用以令人震惊的速度发展的背景下，Roberts 和她的学生 Ko 将国际广告定义为“全球性互动广告”（global interactive advertising）。这个定义意味着国际广告属于“精心策划和执行的跨文化环境下的营销传播活动，通过网络互动媒体来积极让人们参与到广告传播过程当中，作为整体的本地化、区域化或全球化广告战略的一部分”(25 页)。

Roberts 和 Ko 提出的定义是广告学者在数字互动新媒体的概念框架内重新概念化国际广告的一种尝试。她们(2001)解释了为何选择“全球互动广告”作为国际广告新定义的首选，而没有采用其他名词和概念，例如“国际化互动”(international interactive)、“多国互动”(multinational interactive)、“跨国互动”(transnational interactive)或“超国家互动”(supranational interactive)性广告。他们认为，国际化营销(international marketing)和多国营销(multinational marketing)之类的概念倾向于聚焦自身种族为中心(ethnocentric)、内向型(inward-looking)取向的国内市场目标消费者，即便广告信息投放在网络新媒体能被世界各地的消费者所看到，他们似乎并没有在战略意图的层面去吸引其他市场的消费者。在这种情况之下，全球各地的消费者确实也能看到该公司的网站或公司其他形式的互动广告、公司的品牌和服务，“但这些并没有经过策略性的规划”(19 页)，属于随机性质的，不值得借鉴。

另一方面，在 Roberts 和 Ko(2001)看来，全球性互动广告跟全球性营销(global marketing)和跨国营销(transnational marketing)类似，是多中心(polycentric)的、外向型(outward looking)的取向。在这个意义上，网络时代的国际广告会在互动广告的部署与细节执行方面，意识到并有策略使公司或品牌战略意图(centralized corporate or brand directives)与广告本土化策略相协调一致。因此，覆盖他们品牌的全球网络消费者就不再是随机的，而是“一个具有混合型广告策略方法的策略性指导下的结果”(20 页)。

站在更宏观的角度，Roberts 和 Ko(2001)提出了全球性互动广告在营销全球化的过程中扮演的两个主要角色：促进全球商业的发展和为跨国公司打造全球性品牌。首先，全球性互动广告可以通过打通品牌的国际消费者与本国消费者之间的关系来增加全球的贸易。例如，英美的跨国公司可以考虑建立多语种的网站来吸引非英语国家的消费者。同时，全球性互动广告可以通过那些多语种的网站，利用营销内容、销售图表、品牌背景和多媒体的广告等组合来打造一个统一的品牌形象。她们拿“可口可乐”这个品牌作为例子，不论是哪个国家的网站域名，“可口可乐”网站的首页都出现相同的品牌标示和广告音乐(jingles)。

总之，在过去 20 年基于网络的新媒体已经影响甚至改变了国际广告实务。正如 Kloss(2002)所言，越来越多的广告已经面向全世界。跨国公司在由因特网引发的数字媒体革命中进行国际广告的实践。在全球性网络媒介快速发展的时代，全球性互动广告的多维度的新定义显示出与传统国际广告明显的不同。国际广告不再理解为国内广告的延伸和补充。简言之，新的国际广告以互联网新媒体为平台来建立世界范围的传播渠道，其内涵既有统一的全球性策略，也有本土化的落地的战略性思考。这样的国际广告实践的意义在于为企业打造全球化的强势品牌（即大品牌）。

然而，全球性互动广告的概念作为最新国际广告研究的思路，尚未有实证研究来证实其有效性。因此，在定义国际广告时如何将定义理论化，研究国际广告的学者还有很多的开拓性工作要做。在根本上，这需要广告学者在理论范式上有一个大的转变，这一领域的学者需要跳出传统国际广告研究范式中把国际广告等同为“媒体策划”（media planning）的窠臼。在传统范式中，不论是组合不同媒体（media mix），如互联网、电视、电台、户外，还是跨越区域性、全国性和国际性等三种媒体平台，媒体策划和媒介购买均被视为国际广告策略的中心。但正如之前所讨论的，基于网络新媒体为跨国公司提供一个全球性的媒介平台，打破了以“媒体策划”为导向的国际广告传统范式。此外，在全球媒体时代，国际广告的理论发展不应该过于狭隘地集中于一些已有和正在发展中的某个传播技术如推特，这样的做法只会使国际广告的内涵仅仅局限为网页浏览行为，非常片面。

综上所述，互联网语境下的国际广告出现了令人激动的发展，消费与传播的全球化使人类发展进入了一个全新的阶段；对于消费者来说，消费国际大品牌是一个全新的经验。处在广告传播与网络新媒体的交集点，一个与时俱进的国际广告新定义应该范围广泛，反映出国际广告的最新实践。然后，理论指导实践。一个以互联网新媒体为核心，具有前瞻性的国际广告定义将使那些拥抱网络、瞄准全球消费者，却苦于品牌不强的广告主受益，这正是国际广告研究的现实意义。

由于国际广告的概念性定义是国际广告研究领域的一个基石，因此，为了推进这个领域的研究，国际广告术语的彻底重新概念化显得非常必要。建立一个合适的国际广告概念性定义，对国际广告学者而言是一个必要的起点。

（二）跨国广告中的新媒体与广告研究

在几十年来积累起来的研究成果之上（Dunn，1961；Baudot，1989；Englis，1994；De Mooij，2009；Mueller，2010），国际广告已经形成了一个成熟的研究框架来理解国际广告的多面性以及经济、政治、法律和文化环境诸因素对国际广告实务的影响。这些研究显示，国际广告不仅仅只是某些国际大广告主和他们雇用的广告代理公司在不同国家创作广告并购买媒体的一种狭隘的商业活动和单纯的品牌经营行为。站在传播的角度来看，国际广告在根本上是一个在不同社会价值观和消费习惯的多种文化的环境之下所发生的跨文化的传播过程；国际广告反映了广告主的社会价值，通过向全世界做广告，国际品牌是向世界宣传某种价值观的重要文化力量（Frith，1996；De Mooij，2009）。有学者说（McIntyre & Wei，1998；Jones，2000；Mueller，2004），广告卖的不仅是供人消费的产品而已，而是一种生活方式，就是这个道理。

借助上述的研究框架作为结构，下面，我们将检讨国外最新的国际广告的研究，并对那些有关新媒体对国际广告实务影响的主要变量，进行详细的介绍。

首先是把网络虚拟世界技术注入广告营销传播的探索性研究。随着计算机技术的发展，互联网正演变为一种三维的传播体验，这项技术使营销传播更加逼真。消费者可以通过创造数字化的另一个自我（digital alter egos）获得通常称之为用户另一个身份的“化身”（avatars）。而“化身”不受现实世界（the real world）物理定律的限制，可以在网络虚拟世界像在现实世界一样自由行动。

对于广告营销者而言，虚拟领域具有极大的吸引力，因为虚拟世界网站结合了最流行的新媒体的各种互动技术，如聊天室、视频游戏、在线商店、用户生成内容网站和社交网站。虚拟领域为广告主与目标受众之间深度的沟通提供了新的可能性。虚拟领域不仅仅可以实现传递产品或服务信息的目标，还可以让消费者参与到品牌的传播过程中来，体验品牌。

大型跨国公司如可口可乐、索尼、BMG娱乐、Sun Microsystems、日产汽车、阿迪达斯、丰田汽车公司和喜来登酒店集团等，都已经开始把网站作为一个针对现实生活的三维试验平台。其他广告主如锐步、耐克、亚马逊和美国时装公司（American Apparel）已在虚拟世界性的网站“第二种生命”（Second Life）中设置虚拟商店，销售其数字化版的现实世界产品。这些国际大品牌率先进军虚拟世界的行为意味着网络广告实践的最前沿的尝试。

网络虚拟世界三维广告是否有效果？如何产生效果？对此，有学者做了些研究来探讨如何在虚拟世界实现消费者的参与式沟通经验（engaged communication）的问题。例如，采用社交网络理论和消费社群社会的概念，Tikkanen等（2009）认为，对于发挥虚拟世界重参与、重消费者的经历特点而言，传统广告的手法并非有效的方法。在网络的传播生态下，口口相传式营销反而有效。具体来说，虚拟世界尤其可以用来与目标消费者建立联系起一对一的沟通关系，以此来增进客户对产品的认识，并获得顾客对产品的及时反馈（customer input）。他们把这种密切互动的沟通称为“品牌与消费者合作式的营销市场信息交换”（co-productive marketplace exchanges）（1357 页）。作为一种资源和创意手段，这种信息交换的意义在于达到建立长久的客户关系之目标。

Tikkanen 等（2009）的研究采用三个不同虚拟世界和相关的用户生成的博客讨论内容作为网络民族志（netnographic）证据。在研究结果之上，他们提出了虚拟世界吸引并留住用户的有效机制。据他们的研究的结论，促进虚拟世界营销成功的核心因素有三项：“为顾客创造价值，高度互动的网站和有效的虚拟社区管理”（1375 页）。

在这些探索如何利用虚拟世界来做有效的广告和营销传播开拓性的研究中，Messinger 和 Ge（2010）在网络广告传播研究中引入了一个新的概念“参与层级”（a hierarchy of engagement）（73 页）。他们认为，网络虚拟世界有利于触发这个层级中更深层次的消费者对品牌传播的参与，深度的参与有利于增强品牌与目标消费者之间有效的沟通，取得更好的传播效果（如更高的品牌回忆度和客户对品牌的忠诚度）。例如，广告主可以把品牌植入网络游戏中，让消费者在娱乐中接受品牌。

Messinger 和 Ge 还提出了在虚拟世界的情境中如何管理传统的广告元素，如信息量、媒体渠道、广告的发布时机、信息的强度和广告预算等来达到消费者更深层次的参与。具体来说，如何能有效地利用虚拟世界与目标受众沟通？他们建议广告主要的系统搜集消费者反馈，利用虚拟世界的互动技术提高消费者对品牌的参与度，并为消费者提供有价值的体验。

在此类的研究中，亦有学者使用实证研究方法，尝试考察网络游戏中的说服性广告讯息如何影响儿童对某品牌的认知、情感和消费意向反应（conative responses），以及他们对游戏本身的态度。例如 van Reijmersdal 和他的同事（2010）在 11～17 岁的 2 453 个女孩中进行了一项实验。该实验的结果显示，在体验了植入游戏中的互动品牌后，这些孩子们对游戏的态度属于正面，对品牌有更高的第一提及率，同时也具有强烈的品牌购买意向。此外，该实验结果还显示，对植入品牌的接触、年龄和以前的品牌使用行为三者之间的交互作用对购买意向有明显的影响。这种影响就是，未使用该品牌的最年轻女孩比未使用该品牌的最年长女孩更容易被植入游戏中的品牌所影响。

网络虚拟世界为国际广告平台的前沿性研究为互动广告研究开辟了一片新的天

地。然而，此类研究往往关注最新的网络技术，研究者尚未以跨文化传播的视角来研究虚拟世界中国际广告信息的传递过程。因此这些研究发现与国际广告研究的价值性，仍有待观察。

虚拟世界可以用来与目标客户建立联系，增进客户对产品的了解并获得客户输入，此类研究目前还比较超前。但随着国内互联网带宽的增加、网速的提升，虚拟世界的网站在国内也会越来越多。同时，“品牌与消费者合作性的信息市场交换”这一概念对未来在国内展开此类研究应该有借鉴的价值。此外，Messinger 和 Ge（2010）所提出的“参与层级”概念对国内做消费者参与研究也应该有参考价值。

有关虚拟世界的研究，反映出广告学者探索最具创新性媒体（即互联网）对于广告实务和营销传播方面所付出的努力。随着互联网技术的不断更新，网民已经远离仅仅提供没有互动式浏览信息的 Web 1.0 技术，转向具有互动性的 Web 2.0 社交技术，建立起沟通的群体和圈子。鉴于网络虚拟世界具有如社会网络和同侪（peers）之间口口相传的特征，他们能够给广告主提供让消费者深度参与品牌传播的机会。虽然网络虚拟世界在理论上是无国界的。例如，在世界任何地方的可口可乐粉丝都可以在可口可乐世界创建电子化身并参与可口可乐的虚拟游戏和购物。然而，过去的研究没有触及虚拟世界的品牌全球化问题。

鉴于这个研究空白，未来需要更多的研究来考察在虚拟世界中全球性的参与问题，并且将虚拟世界中消费者与全球品牌互动视为一个跨文化传播过程来深入研究。基于网络的新媒体提供多种文化交融与互动的平台，因此，新媒体的全球化属性要求此类互动广告研究必须考虑品牌营销中跨文化传播的问题。

（三）国际广告中互动广告公司的角色研究

在互联网 2.0 技术时代，我们的研究需要将国际广告视为一种商业行为和营销管理行为，要关注在全球媒介时代跨国广告主和具有在全球建立有服务网络的大型广告公司（worldwide-networked advertising agencies）所做的广告创意和购买媒介决策。在传统国际广告研究中，广告公司的选择和媒体策划与购买属于广告业务两个核心的决策领域。

首先，必须考虑到广告公司的征选。国际广告往往涉及多种语言和背景各异的创意团队，在传统环境下管理这类团队本来就比较复杂。Roberts 和 Ko（2001）指出，“跨国广告公司对于如何与传统广告公司和广告客户所面对的电子商务和网络新媒体打交道，目前还处于摸索当中”（19 页）。分布在世界各地的互动广告公司（interactive ad agencies）的专长是借助数字媒体和网络渠道提供一些专门的广告创意和营销服务，在传统广告公司完全接受互联网之前，他们已经声名鹊起。传统的跨国广告公司和旗下控股公司正通过各种方式扩大自己的互动广告公司的服务网络，包括收购和兼并当地的互动广告公司，成立合营式的新公司，或者与独立的互动广告公司建立战略联盟（Tharp & Jeong，2001），将之纳入自己的全球广告公司的网络。这样一来，传统的跨国广告公司缺少互动团队的难题就迎刃而解。有趣的是，附属于这些传统广告公司的互动广告公司比那些独立的互动广告公司国际化程度更高。据 Roberts 和 Ko 的研究，DDB 的互动广告公司在全世界 20 个国家拥有 26 个办事处；而 Grey 在线广告公司则有 31 个办事处，遍布亚洲、欧洲和拉丁美洲的 24 个国家；而 IXL 和 Sapient 这两家最大的独立经营的互动广告公司（unaffiliated interactive agencies）只在全球 10 个国家设有办事处。这些跨国广告公司的全球网络使得他们可以基于网络新媒体为他们的全球客户提供全面性的线上线下广告服务，其竞争优势，不言而喻。

然而，传统广告公司过渡到互联网时代的过程并不那么容易。Bugge（2011）以挪威首都奥斯陆的广告业为个案，研究了广告业如何适应网络广告，探讨本土广告公司所经历的一个将互联网作为营销新兴媒体渠道的经历。他的研究显示，传统的广告公司一直不愿考虑互联网广告蕴含的新机会，这导致一些较小的和专业的网络广告代理公司出现，而这些公司已经拥有了互动广告行业最好的技能。作者认为，在本地广告业存在两个平行的广告专业人士的社群，缺少交集，各自有自己的活动。以至于，挪威首都的广告行业似乎陷入了“以技术为导向的多轨制”（228 页）。作者总结说，因为传统广告公司和新兴起来的互动广告之间缺乏相互学习，所以诸多传统广告公司还在挣扎地学习制作互联网广告的新技能。

采用知识管理的理论架构和社会化网络研究方法，Mould 和 Joel（2010）对英国伦敦广告业做了一项研究。Mould 和 Joel 研究了在英国广告人中间颇有人气的社交网站“buzz”。他们希望以社会网络的微妙视角，来理解英国广告人的社会关系网络，以及他们在行业圈子内的互动轨迹。在此个案研究中，他们使用了各广告公司之间相互聘任董事（一种常见的公司行为，一家公司董事会的成员同时兼任另一家公司的董事或管理人员）的数据，并且通过社会网络分析“sociaograms”软件，来挖掘他们的关系网络。他们发现行业内专业知识扩散的路径，特别是高度网络化和社会化广告产业内的关键的“关系连接人”在扩散过程中的作用。例如，在传统广告公司从事新媒体策划的部门主管，通常是与网络广告公司连接的核心人物。网络广告的创新通常由他们的渠道传到公司的同事。

Mould 和 Joel 的研究阐明了新媒体对传统的广告公司的影响。但这类研究缺乏一个系统的方法来检视互动广告机构不同的类别，如网络型、企业直营型或独立型广告公司，是否导致了其面向全球市场的国际广告运动的不同运作。而这是一个未来研究可以扩展的领域。

（四）互联网对广告标准化问题的影响

以瞄准国际市场做品牌推广，产品营销的国际广告业务，发生在第二次世界大战以后，美国战后经济繁荣的年代，至今已经有 60 余年的历史。国际广告与国内广告不同之处在于它必须要解决一个重要的管理问题，即如何以有效的广告策略来对不同国际市场传播广告信息。这就是国际广告实务上“一体化策略”（standardization）和“本土化策略”（localization）之争。一体化国际广告策略的要义是将广告的信息统一化，以统一的品牌形象和广告内容向不同的国家做广告。然而，持“本土化策略”观点的广告管理人员认为，由于国际市场的环境远比国内市场复杂，比如，语言不同、风俗各异，加上各个国家的经济发展水平不一，国际广告要有效果，必须入乡随俗，做必要的调整，走本土化的策略。否则，与国内市场的广告完全一模一样的国际广告，简直是对牛弹琴。

在全球性网络新媒体兴起之前，媒体投放策略是国际广告业务成败的关键，这是因为国外不同目标市场的媒体环境和效果存在巨大差异。得益于新传播技术的不断进步，互联网和万维网不仅提供充裕的媒体渠道，并且也使跨国公司第一次可以用一个广告信息就能覆盖全球市场。如前所示，在过去的 20 年，数以百万计的消费者越来越依赖互联网去获取新闻和消费信息。毫无疑问，全球性网络新媒体的激增正在改变国际广告中媒体投放的策略，因为互动新媒体使跨国公司能够实现广告信息的全球覆盖，因此，媒体策划与购买决策具有更大的战略重要性，网络新媒介为整个国际广告活动战略策划定下全球性的基调。在全球化媒体时代，采用标准化的广告策略对跨国公司而言，是一个非常有诱惑力的策略。跨国公司的营销经理不仅希望一个标准化的广告战略有保持全球战略和品牌形象一致性的好处（Samiee et al.，2003），也希望标准化的广告策略能给公司带来最大的利润，而大规模的市场可以降低产品的单位成本。

无怪乎，全球性网络新媒体的兴起让广告学者重新检视国际广告策略上一体化的概念，希望以理论的发展来指导互联网时代的国际广告实践。关于国际广告一体化的几十年的争论当今有了新的研究热点，它超越了那个要不要采用标准化战略的老问题。现在学者（Harvey，1993；Wei & Jiang，2005；Vrontis et al.，2009）关注的焦点是国际广告的外部环境因素如何对国际广告战略产生制约性的影响，即在一系列外在因素（如文化环境、消费者偏好、市场多元化、产品类型、公司文化）的可能影响之下，如何有效地使用一体化的广告战略。

考虑到网络新媒体能够为跨国公司的广告信息提供面向全球受众的平台，由新媒体所建立的全球性传播科技是一股推动国际广告一体化的力量。因特网上有关产品和品牌信息的增长，激发了全球消费者对国际品牌的兴趣。例如苹果手机就是典型的个案。因特网超越了国与国之间的界限，因此，有学者（Okazaki & Alonso，2003）将因特网视为可以用多媒体形式来打造具有标准化的国际品牌形象最理想的媒介。

在互联网的语境下，如前面所讨论的，互联网具有数字化、互动化和全球化等三个重要特征。有鉴于此，伴随互联网媒体在全球无处不在，国际广告是否达到或是更接近于 Levitt（1983）所想象的“同一个世界，同一个市场”（one world，one market）的阶段呢？

在回顾 50 年来国际广告学术研究的成果后，Ford 等（2011）认为，在全球做标准统一的国际广告比以往任何时候更为可行，互联网为建立全球性品牌提供了难得的机遇。然而，这并不意味着标准统一的国际广告就一定在全球范围内顺利进行。广告策略与广告制作之间的配合，依然不易，这在很大程度上源于各国的文化，尤其是国与国之间的文化差异。Cutitta（1998）说，互联网让做国际广告变得容易，不过，“网络空间跟纸质媒体一样都有文化传承作用”（158 页）。他又说“如何能保持全球广告有吸引力而不冒犯任何消费者？这个长期存在的问题在互联网的语境下并不会消失”（158 页）。

Ford 和他的同事（2011）进一步指出，文化应该作为未来包含网络新媒体的国际广告研究的基础性的概念来对待。例如，Kanso 和 Nelson（2007）研究了美国跨国公司在国际广告业务中媒介选择决策中考虑的主要因素。他们的研究发现显示，文化因素是国际广告决策中一个比较重要的因素。此外，不同国家对广告监管政策与司法制度的差异，也会对国际广告活动标准化带来限制。

过去的研究发现，基于网络的广告传播新模式给那些对全球市场创造一个单一信息的行为提出了更大挑战。例如，互联网媒体的互动广告建立了广告主与消费者之间一对一的营销关系。同时，根据 Athanasiadis 和 Mitropoulos（2010）的研究，个性化的广告逐渐成为品牌营销和广告的新趋势。互动电视和互联网上皆是个性化广告的平台。在这种情形之下，个性化广告迫使跨国公司的国际广告策略走深入的本土化的路线 ，而不是采用全球统一的广告策略。

那么，现实究竟如何？拥有全球性品牌的跨国公司是如何平衡广告一体化和本土化的张力？又如何协调处理两者的矛盾？下面的几个新研究为国际广告标准化问题提供了新思路。

美国学者 Wei 与 Jiang（2005）以全球性大品牌为样本，从广告的创意策略（strategy）及执行或战术（execution）两个层面，系统地探讨这些品牌的国际广告战略。他们的研究发现，国际广告在创意层面（即广告中以创意表达的品牌讯息如“你酷”）可以采用标准的一体化的战略，而在策略的执行层面（如文案、品牌形象代言人等战术元素）却采用本土化的做法。这种在广告创意上统一，而执行上本土化的混合战略（glocalization），是跨国公司——如诺基亚，苹果电脑和奇异（GE，内地译为“通用电气”）——最常用的国际广告策略。

西班牙学者 Okazaki（2005）的研究专门探讨美国品牌在多大程度上在欧洲市场把他们的网站做得一体化。他以东道国（host-country）网站的特色，以及母国（home country）（即美国）与东道国网站的相似度作为操作化衡量标准化的维度。这个分析框架包括品牌网站内容的四个功能：交易、传播、建立客户关系和互动。他从英国、法国和德国的 206 个网站收集数据，以所选择的网站首页或主页作为分析单元。

Okazaki 的研究发现，美国跨国公司的品牌为不同欧洲市场设计的网站基本采取了本土化策略。在公司标志、颜色和版面保持一致的情况下，它们为每个市场量身定制网站的内容，如每个市场网站的文字信息、图片等都很不一样。他还发现品牌图片的处理、直销系统和货品选择是影响网站标准化程度的最重要因素。

Okazaki 所做的研究结果强调了在单一欧洲市场中，文化和社会、经济方面的不同之处，而不是它们之间的共同性，影响了美国品牌网站策略。他指出，在欧洲网站营销中存在着细微但重要的文化差异。

此外，Okazaki 和 Alonso（2003）的另外一个研究检视了日本跨国公司的网页传播策略，得出相似的研究结果。他们将日本跨国公司本国的品牌网站与面向西班牙及美国市场的网站进行对比。他们发现，日本跨国公司倾向于根据各目标市场的差异来订制网络创意策略，以实现他们网站的本土化。Singh 和 Baack（2004）的研究，同样发现美国与墨西哥品牌网页在本地文化价值观的表述方面存在显著差异。例如，美国人喜欢独来独往，而墨西哥人则习惯出行时全家一起结伴而行。因此，做给美国市场的汽车广告，通常车内只有一个人；到墨西哥就必须调整，把车内的一个人变为全家挤满车厢，其乐融融。

（五）网络新媒体对国际广告的创意与语言的影响

虽然网络新媒体为国际广告提供的平台是全球性的，但体现品牌讯息及赋予广告意义的语言还是多元的。虽然英语是全球商业最通用的语言，但据一份产业研究报告显示，世界上 63%的网民是非英语用户。

学者已经指出在互联网的全球性传播环境下，需要增加多语种的传播，这样，国际广告的传播才能有预期的效果。Guidère（2003）指出国际广告主需要把他们的国际广告“本土化”（1 页）。Hayward 与 Tong（2001）的研究指出，不论消费者自身英语程度如何，当他们看到自己母语版本的网站时，会对这个公司，倍感亲切，更有好感。法国语言学家 Guidère（2001）指出，在跨越海外市场的国际广告中，语言所起的作用远远超越单纯的语意解码（linguistic transcoding）功能。他提出一个三层国际广告本土化的框架：产品的本土化（如品牌名称、标签、商标等）；语言的本土化（如比喻、成语、俚语等）；文化的本土化（如逻辑和观点）。

Han 和 Cameron（2001）以实证方法研究了文化距离（cultural distance）和语言差异对万维网上全球性营销传播的影响。他们对同一个美国公司的法文、中文、朝鲜语、美式英语及英式英语版本的网站的内容做了比较分析。结果显示出明显的差异：两国（即品牌母国与外国的市场）文化距离越远，美国全球性品牌的美国网站与对应国家的国际网页的信息内容和网站结构的差异就越大。他们将这种重要的差异归因于不同国家的语言不同。这一点与 Wei 和 Jiang（2005）的研究结果一致。

总之，网络新媒体有益于国际广告的标准一体化，但国际广告是否一定走标准化的战略，目前的研究结论还不一致。在核心的问题上（如互联网作为新媒体是否展示出重要的跨文化差异，或因特网的独特性是否凌驾于文化差异），学者们还没有找到令人信服的论据。换句话说，现有的研究结果缺乏具有说服力和一致的证据来解决有关国际广告标准一体化的问题。在国际广告的实践上，网络新媒体的全球化并没有必然导致国际广告更高的标准化。为什么？

这是因为，网络新兴媒体的互动特属性要求国际广告主与目标市场说同样的语言来吸引目标市场的消费者的参与。有鉴于此，目前研究的结论可以归纳如下：国际广告的媒体平台日益全球化，但由于不同市场存在文化和语言的多样性，互动广告传播呈现的是 Roberts 和 Ko（2001）所说的跨文化传播的特征（25 页）。面对文化差异，跨国公司的国际广告策略离不开本土化。

必须指出，我们所介绍的研究大部分是在 10 年之前做的，当时跨国公司刚开始使用互联网和万维网作为在国外市场营销及广告传播的工具。当今，传播科技的进步日新月异，新的工具和应用程序不断出现（如网络虚拟世界中基于某个品牌的互动游戏和参与性用户社区）。但目前探索网络虚拟世界广告讯息的战略和战术的研究凤毛麟角，这是未来国际广告研究需要关注的新领域。

四、网络新媒体及国际广告研究新方法论

在这个部分，我们将会探讨网络新媒体作为国际广告实务中传递信息渠道的研究方法问题。

传统研究方法如利用随机抽样做问卷调查、内容分析和实验是这个领域最主要的研究方法。为什么如此？一个原因是这些方法很容易做调整，然后应用到网络研究中。可是，基于计算机的网络和界面（computer-mediated networks and interfaces）研究，亦可使用一些全新的研究方法。互联网和万维网对每一个主要研究方法都正在产生影响，将传统研究方法转化成电子研究方法（e-methods），例如网上问卷调查、网上焦点小组、网上实验等（Wei，2008）。这些新方法有望产生前沿性的国际广告研究成果。Tikkanen 等（2009）的研究就是创新的网络民族志（netnographic）研究的例子，他从不同的虚拟世界和博客帖子里相关用户的帖子讨论（user-generated discussions）中收集数据。

从方法论上来讲，网络民族志是民族志（ethnography）的一个分支，用于分析互联网上个人的传播、沟通行为。“网络民族志”这个术语由 Kozinets（1998）提出，从“互联网”和“民族志”两个概念演变而来。网络化互动广告公司的研究尤为需要网络民族志，创意和策划团队的工作在虚拟空间被制作、交换和储存。用网络民族志方法来研究这些社群和网络化的专业人士（networked professionals），对于了解广告公司员工策划与执行新媒体上国际广告活动的所思所想将是富有成效的方法。

此类研究的另一个方法是“网络分析”（network analysis）。基于网络理论，这

种方法将广告活动中相关人士的工作关系网视为一个由“节点”（nodes）和“关系点”（ties）组成。“节点”是指网络中的如客户与广告代理公司关系中的个人；“关系”是行动者（比如客户、管理层及广告公司员工）之间的关系和连接。例如 Mould 和 Joel（2010）在他们的英国广告产业研究中使用了社会网络分析方法，从伦敦广告公司的互聘董事的数据，以确定社交网站 buzz 的流行普及路径。

虽然考虑到广告业也建立于人际关系之上，但这个研究方法在国际广告研究领域并未有广泛的使用。对于那些考察在网络上发起国际广告活动的互动广告公司内部、外部互动行为的研究而言，社交网络分析法是一个很有潜力的研究方法。

五、国际广告法规和政策管理的研究

国际广告被视为反映世界范围的某些社会价值观或宣传某种价值观的主要文化力量（Jones，2002；Mueller，2004）。但在现实世界，国际广告的影响的大小还受制于一个国家的法规和相关广告管理政策。Belch 和 Belch（2011）指出，广告法规的研究规定曾经是国际广告的一个雷区，令学者们望之却步。在由互联网主导的无疆界传播的环境下，跨国广告主必须注意目标市场的法规，例如，某些国家的消费者权益保障法规定烟草和酒的广告属于非法，完全被禁止。

Taylor 和 Raymond（2000）按照产品的分类分析了四个主要亚洲市场（即日本、韩国、中国大陆和台湾地区）对产品的广告限制。他们分析的产品包括酒精、烟草、合法药物、避孕物品、个人卫生用品和内衣裤。他们的分析发现，这四个市场都存在一系列限制法规，跨国广告主并不能随心所欲地在这些国家和地区做广告。他们的结论是，某类广告是否受到限制，是受到法规政策背后一系列政治经济和文化因素互为影响的结果。

在这些东亚市场和其他国家对某些产品广告的限制，反映出偏好自由贸易和无国界商贸的全球化与国家利益代言人——民族国家（nation-states）之间的角力。国家的贸易保护行为正是对全球化的一个负面的反应。考虑到全球化对全球政治经济的破坏性影响和跨国公司广告信息对本土文化的侵蚀，从民族国家的角度来看，这种国家保护和限制是可以理解的。

世界各国对广告管制有很多种形式，从自由放任式到政府严格管制，中间还有不同程度的业界的自我管制（self-regulation）。正如 Petty（1996）所指出，在全球范围内，广告管制有四个层面：国际的、区域的、国家的和当地的，其中国际市场之间的规制差异主要来源于国家层面和地方层面。过去有几个研究探讨在线广告和某种具体互联网广告类型所引发的管制议题。其中一个例子便是直销广告（direct-to-consumer advertising）。虽然网购流行，但有些国家不容许做直销广告。如何应对作为商贸平台和全球信息通路的新媒体，对政策制定者来说，还是个新的挑战。

由于网络媒体技术的进步，广告主可以在营销推广中使用在线客户的数据来锁定他们，然后进行精确性行销。这种做法被称为“行为定向”（behavioral targeting），但它增加了人们对消费者隐私权的关注，促使各国政府通过限制数据使用及限制网站的在线跟踪技术等立法来保护消费者隐私权。Goldfarb 和 Tucker（2011）探讨了欧盟的隐私权法规如何影响了广告效果。他们收集了随机接触到的 9 596 个网络所展示的（横幅）广告活动的 330 万被调查者的反馈数据。他们发现，相对于其他国家平均水平来说，欧盟的网络隐私法律颁布后，横幅广告对改变消费者已有购买意向方面的影响大幅减少。他们进一步发现，那些提供一般内容的网站（如新闻网站）效果下降得更为明显，因为这些网站没有数据驱动尤其难以定向消费者。较小的网络广告和那些没有额外互动、视频或音频功能的广告也出现较明显的效果下降。

美国似乎采取了不同的路径来规范广告商和上网行为追踪。民主党的参议员克里（Kerry）和共和党参议员麦凯恩于 2011 年 4 月 12 日，联手推出了一个隐私权法案（Privacy Bills of Rights）。该法案将使美国消费者能够不受网络跟踪，并能够纠正网络上存储的有关消费者的不准确信息。

Web 2.0 技术如社交网站和其他互动应用为那些跨越地缘疆界的新网络直销商（online direct marketing）带来了新的商机。Liang 和 Mackey（2011）对增长最快的网络药物营销类型——直销药物（direct-to-consumer pharmaceutical）广告（此类广告仅在美国就有 40 亿美元的支出）——的法律及全球管理政策做了研究，发现这类网上直销广告只在美国和新西兰两个国家是合法的。

毫无疑问，新媒体上广告的监管对互联网国际广告的实践会有重大影响。这个领域需要更多全面性的研究，为跨国公司避免触犯法律提供新的建议和指导。

六、结论：新媒体与国际广告研究的未来展望

在这章，我们讨论了网络新媒体的概念，尤其是其互动化、全球化和数字化的特征对国际广告的界定和传播效果的深远影响。在广泛回顾那些研究国际广告与新媒体交集的文献基础上，我们客观地介绍并评述了新媒体国际广告的理论发展现状，

目的是对从事研究国际广告的国内学者有所启发。

由于互动媒体如万维网成为国际广告传播重要的信息渠道，广告学者面临一个新的挑战，即在定义国际广告时，如何把握新媒体所扮演的角色，并验证新媒体对国际广告实务的影响。考虑到互联网在全球日益普及并且各种创新的应用层出不穷，要切实满足业界需求并推进国际广告研究，还有很多研究课题要做。

在回顾这一领域时，Taylor（2005）设定了一个研究议程来推动国际广告研究。这个议程包括几个重要的研究课题，其中一个聚焦在新媒体。他写道，“在新媒体如互联网和移动通信发展的早期阶段，研究不同国家的广告公司是否帮助客户了解新兴媒体好处及缺点是有益的”（13 页）。他特别提到积累更多的关于不同经济发展水平的市场和国家的新媒体效果的知识，是一个大家都要的“普遍性的需要”（13 页）。他还提出一个问题供学者思考：各种全球新媒体的特征或传播效果是否受到经济发展水平、本国文化或其他环境因素的影响？

在 Web 2.0 科技时代，跨国公司充分运用数字化、互动化和全球化的网络新媒体在国际广告实践中取得了显著进步。属于创新型的网络媒体已成为国际广告的核心元素。跨国公司已经将网络媒体作为发布产品/服务信息不可或缺的平台，以实现与目标市场消费者的互动和建立长期关系。因此，我们认为国际广告研究的首要挑战就是，全球数以百万计的消费者能在被瞬间覆盖的全球媒介时代，探讨国际广告的文化和实践意义。例如，在国际大品牌主导全球消费的局面下，本土品牌还有没有发展空间，如果有，如何利用网络新媒体的传播特征来打造？

这些国际广告实践的新现实为新媒体在国际广告中的理论发展打下了坚实的基础。回应 Taylor 所建议的研究议程，我们认为基于全球数字互动媒体平台的国际广告下一阶段的新的研究课题将是形成一个把新媒体置于核心的国际广告的全新概念。这样一个以全球型网络媒体为中心的国际广告视角是一个必要的基础，基于它，我们可以探索不同类型的国际广告实务以及不同的环境因素，如文化和语言如何影响以网络新媒体为中心的国际广告的有效性。

展望未来的国际广告研究，我们认为国际广告新的研究课题，将是形成以新媒体为核心的国际广告新概念。建立以全球性网络媒体为中心的国际广告视角，有助于探索不同类型的国际广告实务，以及不同的文化和语言如何影响国际广告的传播效果。

国际广告可以在虚拟世界与目标客户之间建立联系，增进客户对产品的了解，这些现象目前均为前沿性的研究课题，值得国内学者探讨。随着国内互联网带宽的增加及网速的提升，虚拟世界的网站在国内将会越来越多。未来的研究也可以参考 Messinger 和 Ge（2010）提出的“参与层级”概念，来探讨国际广告对品牌形象及消费者的影响。

最后，我们认为探讨文化与国际广告的关系具有理论与实践意义。例如，在国际大品牌主导全球消费的局面下，中国的本土品牌有没有可能成为全球性大品牌？中国的品牌应如何利用网络媒体的全球平台来设计有效的国际广告，并成长为能被其他文化地区消费者接受的全球性品牌？这些也是值得国内学者进一步探究的课题。

延伸阅读

Ford，J. B.，Mueller，B.，& Taylor，C. R.（2011）. The tension between strategy and execution：Challenges for international advertising research. *Journal of Advertising Research*，51（Supplement），27－44.

Roberts，M.，& Ko，H.（2001）. Global interactive advertising：Defining what we mean and using what we have learned. *Journal of Interactive Advertising*，1（2），18－27.

Wei，R.，& Jiang，J.（2005）. Exploring culture's influence on standardization dynamics of creative strategy and execution in international advertising. *Journalism and Mass Communication Quarterly*，82（4），838－856.

第十九章

扫一扫，
浏览本章参考文献

第二十章　新媒体研究的困境与未来研究展望

文 | 魏然

摘　要

随着新传播技术的快速发展，与新媒体息息相关的各个领域出现了日新月异的变化。新媒体在海外学术界已经成为广受关注的热点领域，近年来，新媒体研究是社会科学研究中的显学。在科技推动经济发展、促进创新与加快社会转型的新时代，新媒体研究的重大意义不言而喻。本章旨在探讨新媒体的本质和理论价值。本章将重点分析当前新媒体研究的前沿课题和研究中存在的大量投入而成果有限的困境。造成新媒体研究困境的主要问题有三个：一是非理论性（atheoretical）；二是缺乏历史感（ahistorical）；三是研究面窄，以变量为导向（context free）。通过对这些问题的深度分析，本章指出，当前的新媒体研究虽然非常之红火，但似乎难以持续。最后，本章对如何做具有可持续性的新媒体研究提出方向和建议。

关键词

传播科技、新媒体、数字化、复合媒体

一、新媒体兴起：新媒体研究成为显学

传播科技是人类传播的工具，也是现代传媒业和传播学科发展的基础。传媒产业对社会发展的贡献之大小（即其影响力）来自传播技术的创新，传播平台的扩展以及传播内容的多样化。当今，传播科技的发展一日千里，以互联网为核心的数字新媒体日新月异，在中国，数字新媒体的受众群体极为庞大——网民达到7亿，手机用户突破10亿。显然，新媒体正在改变自工业化时代发展而来的大众媒体的面

貌，包括传媒业务及其社会实践。

（一）新媒体发展的特征

新媒体发展日新月异，它无处不在。很难想象没有手机、没有网络的生活如何打发，工作如何保持效率（例如，我常常在国内出差，但通过各地的 WiFi 网络，我在美国的期刊主编业务照常进行）。2013 年以来，媒体发展依然保持稳健快速的态势，互联网用户尤其是移动用户增长强劲，各种新的应用和服务不断呈现。大数据、微博、微信、云计算、移动互联网等已渗透到各领域，成为新媒体发展的主要热点。因此，互联网是当今新媒体应用和发展的基础设施和平台。

当今以网络为核心技术的新媒体逐渐演变为“交互式—数字化复合式媒体”，它具有以下几大特征：

- 以数字信息技术为基础
- 以互动传播为特点
- 具有多种多样的终端（5 屏说——电视、计算机、手提电脑、平板计算机以及智能手机）

（二）新媒体研究成为社会科学研究的显学

新媒体兴起，带动了新媒体研究。在海外，以社会科学方式为基础的新媒体研究，始于 20 世纪 70 年代中期，首先是从南加州大学开始，由 Fred Williams 作为学术领军人。不久他被挖角到得州大学。所以，新兴的新媒体课程及研究从美国的西岸南移。从课程设置上讲，八九十年代，新媒体课程基本属于选修课，没有学校要求学生都要学。

经过 30 多年的发展，到了 21 世纪，新媒体研究已经成气候，同时，蓬勃发展的新媒体研究推动了传播学发展在研究上与时俱进。新媒体研究年轻但发展迅速，成为当今社会科学研究的显学，迅速成长为一个时髦的研究课题（a fashionable topic）、一个显赫的研究领域（秦志希、卢晓华，2013）。它的定位是作为一个跨学科（a multidisciplinary field）或者附属于其他学科的研究领域（subfield of other disciplines）（McLemee，2001；Baym，2005）。毫无疑问，新媒体研究的学术地位急剧上升，但是否成为一个独立的学科尚无定论。

新媒体研究的学科在建制方面的发展包括专门的学术团体、单独的学术期刊。详细见表 20—1，该表展示新媒体研究群体在海外主流学术团体内的发展。

表 20—1　　主要国际传播学术团体的新媒体组别

学术团体	新媒体组别
国际传播学会	传播与科技组
国际媒体与传播研究学会（IAMCR）	传播政策与科技组
美国全国传播学会（NCA）	传播与未来/人类传播与科技组
新闻与大众传播教育学会	传播科技组
广播电视教育学会（BEA）	互动媒体与新科技组
美国广告学会	无
美国公关学会（PRSA）	创新科技组
新闻教育学会（UK）	无
欧洲传播研究及教育学会新闻学会（ECREA）	电子文件与传播组

如上表 20—1 所示，在美国的新闻与传播学会，都设有单独的二级新媒体组；在以欧洲新闻与传播研究学者为主的国际传媒和传播研究会也是如此。

另外，专门研究新媒体的独立学术机构也蓬勃兴起，从另外一个方面显示出关注新媒体的学者在增长。这些研究新媒体的学者另辟研究会，开辟新的学术平台，详见表 20—2。在中国，“中国网络传播学会”（中文全称：中国新闻史学会网络传播史分会，China New Media Communication Association，CNMCA）于 2008 年建会。

表 20—2　　独立的新媒体研究学术团体

团体	网站
互联网学会	http：//www. internetsociety. org/
互联网研究人学会	http：//aoir. org/
移动传播社会研究学会（SSSMC）	www. sociomobile. org/

在新媒体研究期刊方面也可以看出新媒体研究的长足发展。1999 年，第一份以发表新媒体研究文章为宗旨的期刊《新媒体与社会》创刊。这是一个具有标志性的发展。当时，仅有为数不多的学术期刊关注新媒体，比如网络版的《计算机辅助传播》学刊。然而，仅仅 15 年后（2013），新媒体期刊增长到十几种，最新的当属《移动媒体传播》（*Mobile Media and Communication*）。另外，新媒体的兴起，迫使主流新闻与传播研究期刊更名，与时俱进，以便吸引和容纳新媒体研究的论文。详见表 20—3。

表 20—3 **新媒体研究学术期刊（英语）**

新创期刊	创刊年份	国家
《新媒体与社会》	1999	美国
《信息社会学刊》	1981	美国
《计算机传播学刊》	1995	美国
《互动广告学刊》（在线）	2000	美国
《电视与新媒体》学刊	2000	美国
《媒体融合学刊》	1995	英国
《互联网研究学刊》（前身为《电子网络学刊》）	1991	美国
《科技心理与移动行为》学刊	1998	美国
《互联网科学国际学刊》	2006	西班牙/荷兰
《移动媒体与传播学刊》	2013	德国
《互联网道德研究国际学刊》（在线）	2009	美国
《新媒体与文化学刊》（在线）	2002	美国
《信息科技与国际发展学刊》	2003	美国
更多的期刊		
《广播与电子媒介》（前身为《广播学刊》）	1957	美国
《电子新闻学刊》（前身为《广播新闻学刊》）	2007	美国
《杂志及新媒体研究学刊》（前身《杂志研究学刊》）	1999	美国

这些期刊是发表新媒体研究论文的主要园地。Peng 等（2013）的一个大规模的分析，研究了互联网媒体文章在过去 20 年里的增长情况。根据他们的统计，在两个数据库（SSCI 与 A & HCI），在 2000 年至 2009 十年期间，共有 27 340 篇期刊文章。他们的统计验证了这样的说法——21 世纪的前 10 年，是互联网研究的高峰期。

总之，在不到 40 年的时间内，新媒体研究从无到有，从小到大。作为一门新兴的交叉学科，它根植于传统媒体时代的传播学基础上，但又超越了传统的传播学之局限，将当代前沿学科的计算机科学、信息论和控制论等引入对传播科技的研究和应用上。当前，美国的新媒体研究有以下特点：

美国不仅在传播科技的硬件上领先于世界其他国家和地区，而且在新媒体的开发、创新应用以及系统学术研究上均处于领先地位。谷歌、苹果等大型科技公司已经成为美国经济蓬勃发展的新引擎。而美国在传播科技的研究和应用上的巨大优势则得益于其高校对传播学，尤其是对实用性研发的重视（如最早的网页浏览器诞生于伊利诺伊大学）。同时，美国的新媒体研究，尤其是从社会科学角度所展开的研究，也充满了实用精神。当前，新媒体研究的方向是人与互联网链接物体的互动，可以预见，这类研究将把信息论和控制论理论应用到前所未有的程度（如人工智能、声控传播等）。

二、新媒体研究的意义

为什么新媒体研究如此如火如荼？除了技术方面的研究，社会与人文角度的新媒体研究门槛低、容易上手也是另一个原因。另外，在美国留学的研究生一开始就接触新媒体，直接学习新媒体研究、从事新媒体方面的研究是很自然的选择。更重要的是，新媒体研究对社会发展有着重要的意义，这是因为新媒体的出现促进信息传播的进步，进而促进了知识、科技的传播，从而推动生产力的发展。

比如在新媒体学科结构的设置上，海外学者不仅把传媒产业作为研究目标，同时把新媒体的使用及其影响放置在整个社会发展的大环境之下进行审视。这是美国新媒体研究的一个特色。这一领域最具代表性的学者当属南加州大学传播系的曼纽·卡斯特教授，他整合网络的发展、工业化社会的消失和新媒体的兴起等趋势，完整地提出后工业化社会将是以计算机为核心的网络型社会。由此可见，新媒体这门学科的范畴极为丰富，包括新媒体对传统媒体的影响、新媒体在广告公关领域的应用和创新实践、新媒体对国家经济发展的贡献、新媒体与国家发展策略、新媒体与公民社会，以及新媒体与数字人文等众多研究领域。归根到底，新媒体的研究就是对社会变迁、社会转型的研究。认识和理解新媒体不仅拥有丰富的实践价值，更是认识人类社会从工业化向信息化社会演变的关键。

研究新媒体具有以下社会现实意义。

第一，创新型经济，知识经济的支柱。

新媒体无处不在，人们的日常生活离不开新媒体。从传播学的角度来说，新媒体对信息的传播者、接受者、信息内容、传播渠道、传播效果等诸方面都带来了深刻的变化。新媒体可以称为创新型经济，知识经济的支柱。以广告业举例说明，传统广告服务可以说是一个粗放的传播过程，大量投入而又效率低，效果不成比例（至少一半是浪费，而且不知道是哪一半）。而以大数据为手段的移动广告是一个精准的到达传播，它以细分的分众为目标，有的放矢，避免了广告资源的浪费，有事半功倍之效。

第二，多元传播，构建和谐文化。

除了促进经济发展、增加社会财富之外，通过整合信息资源、协调公众意见，新媒体在构建和谐文化、引导社会舆论、划清社会矛盾、提高社会心理认同度等方面具有无法替代的渠道和平台作用。比如 3G 手机媒体与社交媒体结合，打破了新闻报道由传统媒体垄断的格局，为舆论带来了多元化。同样，微博的流行，让更多的人参与信息传播，因而参与公共事务。

第三，新媒体研究的理论意义。

新媒体在经济发展、商业应用、社会转型中的角色，为新媒体学者提供了丰富的课题和研究机会。不过，要提升新媒体研究的学术地位，使之成为一个独立的、广受尊重的学科，需要加强新媒体的理论建设，这也正是新媒体研究的理论意义所在。

目前新媒体研究的现状（特别是在国内）是对社会意义、商业运用等课题关注有余，对理论意义的认识和系统性的研究重视不够。因而，出现了新媒体研究的困境，即大量投入而成果有限；一味求新，但深度有限；缺乏积累，难以持续。

笔者认为造成新媒体研究困境的主要弊端有三个：一是理论性弱；二是缺乏历史感；三是研究面窄、片面。下一节将重点分析这三个弊端。

三、新媒体研究的三个弊端

（一）非理论性

据考证，新媒体这个词的出现，与加拿大传媒研究大师麦克卢汉有关。在 1953 年的一篇论文中，在讨论传播科技的信息采集量和全球性传播范式时，他使用了新媒体一词。美国哥伦比亚广播电视网技术研究所所长戈德马克（Goldmark）在 1967 年也使用了新媒体这一概念。而后新媒体一词就流行开来，延续到今天。根据 Peters（1996）使用数据库关键词的检索，在 1972 年至 1990 年之间，新媒体一词若隐若现；但在 1990 年代初期，其出现频率急剧上升；在新世纪达到了高峰，每天有 1 000 次的出现频率；之后它的出现频率开始下降。从以上的研究可以了解到新媒体一词的“行情”。

当时，戈德马克所指的新媒体既不是网络媒体也不是手机移动媒体，而是今天看来已经过气的“有线电视技术”。所以，对新媒体概念的使用，要以特定历史时期的阶段性传播科技而定，不同时期的新媒体其内涵不同。比如现今，新媒体主要是指“网络媒体”、“社交媒体”和“数字媒体”。鉴于新媒体的发展日新月异，笼统地使用新媒体这一概念并不准确，容易产生误解。

而这恰恰是新媒体研究的弊端。每当有新的传播科技出现，就把新的传播科技称为新媒体。这样引起概念混乱，“新媒体是什么”这一基本概念问题就会说不清楚，造成困扰。曾几何时，所有的媒体都曾经是新媒体。新媒体很可能已经是一个过时的概念了。基于数字技术的新兴媒体，其实今天已经不能算是新媒体了，因为它已经渗透到我们的生活之中，习以为常了。所以，新媒体的新和旧实际上是一个相对而言的东西。

正如 Gitelman（2006）尖锐地指出，当社会普罗大众接受一个新媒体后，该媒体就不再是新的了。即使今天是新媒体，相对于明天来说，已经是历史了，属于旧媒体了。

同时，笼统地将新出现的传播科技称为新媒体也无法解释现存的媒体（所谓旧媒体）。于是有人（Levenson，2009）似乎江郎才尽，开始使用“新新媒体”（new new media）的概念。显然，这样做是不合乎逻辑的，因为以后有更新的媒体出现，是否要称作“新新新媒体”？这样的做法是不可持续的，很快，新字就被用滥了。

从另一个角度来讲，使用“旧媒体”（old media）的概念也不准确。因为新媒体的兴起并不意味着传统媒体就要退出历史舞台。其实，新媒体时代的来临，对于传统媒体来说既是挑战，同样也是机遇。两者不会相互取代，却可相互借力，双方在内容与传播手段上优劣互补。例如电台的网络化、智能化的网络电视。Jenkins（2006）称之为新旧媒体“磨合”的过程。

所以，在美国，旧媒体被称为“传承媒体”（legacy media），意思是，作为传承，报纸、广电媒体将会一直存在（正如文字是先人发明的，虽然写字的媒体技术不断更新，但文字会相传于后代）（Dutton，2013）。从这个意义上讲，“报纸消亡论”、“广电媒体衰落论”讲不通。作为媒体，报纸没有活不活的问题（Peters，2009：23）。没有生，何以死？报纸媒体实际在转型，演化为新的传媒形态，其历史形成的格式、习惯和文化嫁接到新的平台，而不会一夜之间消失得无影无踪（Jenkins，2006）。

把新的传播科技称为新媒体另外的一个流行做法是用数字来制造新媒体概念，比如“第四媒体”、“第五媒体”（相对于报刊、户外、广播、电视四大传统媒体，新媒体被称为“第五媒体”）。如此给新出现的媒体定义，完全没有理论依据。因为“第四媒体”、“第五媒体”的提法，不是学理概念，只是广告公司为差数方便而习惯使用的语言。

同理，对于崭新的媒体技术以数字定义，例如“微信 5.0”版，也是没有理论思考的现象，完全是数字的方便而已。按此逻辑，未来要发展到 50.0 版本（有谁知道微信 3.0、微信 2.0 是什么?）有谁还记得微信 5.0? 这样玩数字做法，同样增加了新媒体研究的困扰。最近，我读到一篇论文，作者写道，“为避免媒体经营环境的恶劣，加快建立第二媒体甚至第三媒体”。我看了一头雾水，不知作者讲的第二和第三媒体是什么媒体，无从点评。

综上，对新媒体的界定存在着从概念到概念的弊端，搬弄名词的背后不是文字使用的问题，而是理论贫乏的表现。结果导致对“新媒体是什么 ”这一最基本问题的认知混乱，不能对新媒体的内涵有全面的理解。

其实，新媒体这一概念涵盖传播技术支撑体系下出现的不同媒体形态，包括数字杂志、数字报纸、数字广播、手机短信、移动电视、网络、数字电视、数字电影、触摸媒体等，不一而足。例如手机电视（用移动终端看电视）有内容、有系统、有终端等各个部分。将其中的一个技术或平台界定为新媒体，是一种瞎子摸象的认知，阻碍了建立“新媒体是什么”的系统理论阐述。

（二）唯“新”论，缺乏历史感

新媒体研究的另外一个弊端，就是一味求新。一个新媒体还没有研究透彻，新的媒体一出现，又拥抱新媒体。例如网络出现不久，马上有博客、微博；社交媒体刚开始，移动媒体又开始了，应用接踵而至。在中国，新媒体从博客到“饭否”，到新浪微博，再到微信，有人预测 5 年内必会有产品颠覆微信。再拿 2011 年举例，热门的新媒体包括有 GroupOn、Foursquare、iPad、iCloud、Quora、Kickstarter、Instagra 等。这些传播技术出现频繁，令人目不暇接。它们分别代表了团购、移动媒体地面定位服务（LBS)、平板电脑、云计算、在线问答平台、大众集资平台、照片分享等热门的服务与应用。这些技术成为 2011 年的新宠课题。

于是，新媒体研究出现了唯“新”论。即强调新媒体不新不是新媒体（英文是“the new is new”）的现象。例如，国内某家大学 2013 年预审了六篇传播学科的博士论文，其中有四篇是研究微博的。正如《新媒体与社会》期刊的创刊编辑 Roger Silverstone 十几年前就曾经批评的，“（追求）新奇是当今新媒体研究者的一个困惑”。

新媒体学者对待传播科技的态度好像新媒体是从网络开始的，或者移动媒体开始就是 4G，之前的 1G、2G 和 3G 从来没有发生过。似乎一切是从昨天开始的，没有前因，也没有后果。其实，在众多媒体中，网络媒体的历史最短，不足 50 年，而网络媒体公司的一哥——谷歌也才刚刚度过 15 岁的生日。

由于对历史的不重视，新媒体学者喜新厌旧，缺乏耐心和历史视角，结果是新媒体研究几乎没有形成什么积累。比如，新媒体的研究，从1970年开始，80年代成型，这40年的积累是什么？

不是新媒体真的没有那么新，而是新媒体"必新而不称其为新媒体"的观念造成新媒体研究的"近视"的后果。其实，新与旧的关系应该是辩证的，不能把新媒体的"新"绝对化，只强调"新"，是对了一半而已。"唯新论"的做法（媒体必须是新的，才值得去做研究），不以传播科技的具体演变的时间与空间为限，把"新媒体"的内涵空泛化，降低了这一概念的学术有效性与价值。另外，当无处不是新媒体的时代到来时，一味地谈新媒体就显得没有意义。

另外，由于缺乏纵深的理解，唯新论导致新媒体研究不能找到媒体发展的历史传承。举例来说，DVR是从VCR演变来的；而智能手机是从战场上对讲机变身而来的。所以，最近几年在新媒体研究学者中间热议的是历史方面的研究，例如Brugger（2013）认为，只有对传媒科技的历史背景，一个媒体的来龙去脉有深入的学习，才能够对今日的新媒体有全面的认识和了解。

其实，西方对传播科技的研究，具有悠久的历史。例如爱恩斯坦就曾研究过印刷术在欧洲的发展与影响。为了纠正新媒体没有历史的影响，美国的几个学者（Park，Jankowski & Jones，2011）出了一本新书，为引起新媒体学者对历史的关注，书的题目就是《新媒体源远流长的历史》（*The Long History of New Media*），以正视听。

（三）新媒体研究缺乏全面性

我们学传媒的人都了解，传播活动是一种涉及社会各层面的交流与沟通，而不能简单地视为孤立的个人的媒体使用行为，自言自语，自娱自乐。因此，研究媒体要有全面的观点，宏观的视野。而目前新媒体研究的第三个弊端就是研究面窄，大量的研究把新媒体（特别是新媒体使用）作为单一的解释变项，视新媒体为解决各种社会与个人问题的万灵药。什么问题，好像有新媒体就可以解决。比如民众的收听和阅读新闻兴趣下降，有互动新媒体；选民投票率低，没关系，有网络媒体，可以做虚拟投票（virtual voting），诸如此类。

这样做新媒体研究的结果，就产生盲目乐观，夸大新媒体的力量，有学者甚至认为新媒体可以改天换地。例如一度流行的学术概念有电子民主（e-democracy）、移动媒体革命（mobile media revolution）、网络民主升级版（cyber-libertarianism

2.0）等。

我把上述弊端总结为缺乏全面性的新媒体研究，即没有把社会其他对新媒体的制约因素和对新媒体产生影响的条件考虑进来。这样的研究不具有可持续性，毕竟新媒体的社会影响力是有时间、有地点、有特定社会环境的（包括经济、政治、建制、文化、其他传媒等）（Brugger，2013）。比如美国学者 Starr（2006）的研究发现：成气候的媒体背后，是各种政治势力的角力。

更进一步说，新媒体与社会是同步发展的，两者是共生关系（co-evolution of new media and society）——媒体在发展，社会也在转型，两者相互影响。那么，以新媒体为单一解释变项的研究，要出学术成果一定有巨大的难度。一个令人难解的现象是虽然主要的新媒体研究学术期刊都把社会放在核心的位置（比如《信息》、《传播与社会》、《新媒体与社会》与《信息社会》），然而，这些期刊所刊登的实证研究，却很少有社会层面的变量。

正如牛津大学互联网研究院的 Dutton（2013：11）所指出的，“新媒体的真正的预测变项不是媒体科技，而是广义的社会政治与文化条件”（the real predictor of new media is not media technologies，but the broad social-political and cultural conditions）。就以我和同事在亚洲四大华人城市所做的大学生使用手机看新闻的研究来说明（Wei et al.，2013），我们的比较分析发现，此研究中最有效的预测变项是一个社会的信息开放程度，即新闻是否自由。

从根本上讲，虽然新媒体研究发展快速，但目前的研究对新媒体如何影响人类社会这一核心问题，还没有搞清楚（Dutton，2013）。新媒体对社会的影响还是个开放性、尚无定论的问题。其实，除了憧憬的新媒体乌托邦，新媒体其实也有不可忽视的负面影响。

下边的小故事可以帮助说明。据中国新闻网报道，浙江台州有一对小夫妻用手机上的“挑瓜软件”来购买西瓜。买回家切开一看，瓜是半熟的，愤而返回，与老板大吵，直至报警。对此，老板很疑惑：“这年头怎么会有人用手机挑西瓜，太神奇了！”一位来自@IT168 官方微博的网友，点评道：“自打用了智能手机，我整个人都弱智多了！”

总之，新媒体研究作为一个新兴的学术领域，前景广阔。然而，在学术领域出现了诸如一味追求新、缺乏积累、课题的碎片化等种种问题。这些问题的存在制约了新媒体在社会转型过程中的重要作用，也从根本上影响了新媒体研究自身的发展。

同时，研究新媒体的理论不够，会影响我们对新媒体的认识，不能全面发挥新媒体对经济发展、创新和社会进步所带来的影响，甚至会产生误解。比如官方开了微博，政务就好像与时俱进，万事大吉了。

四、新媒体研究如何走出困境，向前发展？

新媒体研究如何走出困境，不断地向前发展？我认为，做有持久性的新媒体研究就可以走出目前的困境。从长远来讲，具有持久性的研究可以帮助新媒体研究的学术地位走向独立，将来发展成为一个成熟的学科。

具体而言，我建议新媒体学者应该从以下三个方面展开可持续性的研究：对新媒体要有系统化的认识；加强历史性的研究，挖掘媒体定律；做宏观、全面性的课题，建立学术成果的积累。

（一）对新媒体要有系统化的认识

针对目前新媒体研究所存在的弊端，如何科学地界定新媒体要有新的思考。我认为，要讲清楚新媒体是什么，必须要对新媒体有一个系统、整体的观念。当前，新媒体日益复杂，不单是一个平台、一个渠道的问题，而是涵盖一个媒体生态——从系统、内容、平台、传媒渠道到终端（见图 20—1）。

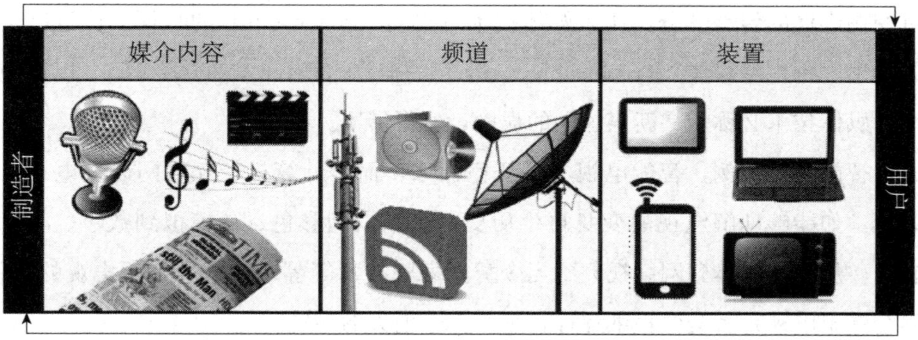

图 20—1 多层面的新媒体形成一个媒体生态系统

把新媒体当作一个系统来看待，就可以避免将系统中的部分当作全部（即“只见树木，不见森林”的弊端）。

另外，也可以从经营的角度，把新媒体当作一个价值链来认识（见图 20—2）。从内容生产、加工、平台传送、网络服务，到终端提供，形成共生共利的整体，从中可以理解，单一的传媒很难生存。

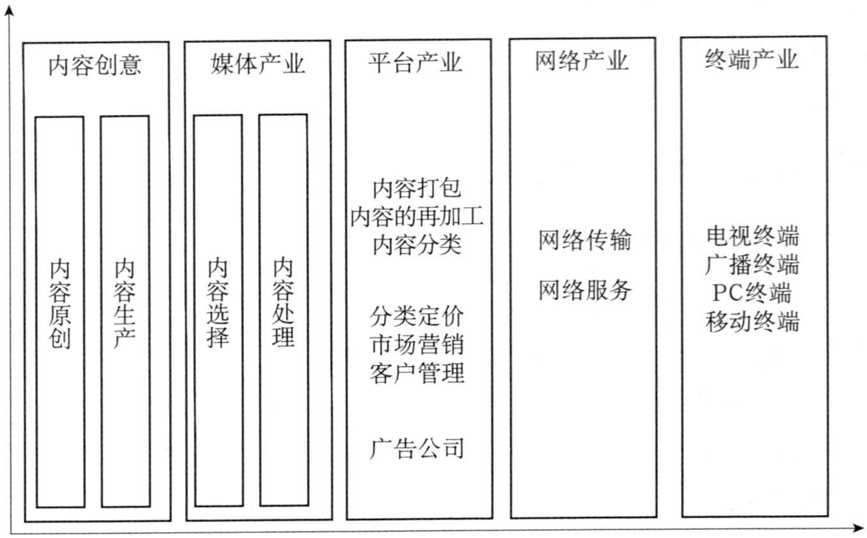

图 20—2 多产业的新媒体形成一个媒体产业价值链

资料来源：段，2013，10 页。

（二）加强历史性的研究，挖掘媒体定律

要避免新媒体研究的唯新论之弊端，新媒体学者应该做具有可持续性的研究，通过挖掘媒体的传承部分，认识媒体技术可再生（renewable）的特征。最近有美国学者提出“再生型媒体”（renewable media）的概念（Peters，2009：15），以避免凡出现的媒体技术必称为“新媒体”的误区，值得借鉴。

以智能电视为例，智能电视不是凭空而来，而是计算机、互联网以及电视技术的融合。如能够理解电视的变身再生历史，从黑白到彩色、从模拟到数字、从无线到有线、从流动媒体到网络视频到当今智能家庭技术等等，有了具有历史观的认识，就不会提出电视是否会像报纸那样，某一天会消失的问题。

也有美国学者使用“新兴媒体”（emerging media）的概念，以避开“新媒体范畴太大，内涵变化太快”的误区。新兴媒体的概念比新媒体好，因为它暗示一个媒体技术从无到有、由新兴到普及的历史过程。

总之，新媒体研究要有历史深度，以史为鉴。而只有以历史的眼光来研究新媒体，新媒体研究的学术才有所积累（recursive）、有所比较和有所反思（reflexive）。而这些也正是做学术研究的要义。

此外，从学理的角度来看，人们的传播行为、沟通心理其实具有相当的稳定性和常规性。无论媒体的渠道、平台和终端如何快速地变化，新淘汰旧的速度如何快，新媒体学者要重视基础理论性研究（以不变应万变），即挖掘稳定性和常规性的心理、行为，总结出理论模式，并从信息的传播特点和定律、信息科技和新媒体的特征来阐述传播科技对信息社会的发展和影响。

为了挖掘新媒体发展的规律性，笔者个人反对做太专门的新媒体研究题目，做的题目应当有普遍使用的理论价值。比如避免做社交媒体、博客、微博等单一媒体的专项课题，而要研究大而有形的效果的题目。通俗地说，就是新媒体研究“宜广，不宜专；宜粗，不宜细”。例如新媒体对大众传媒具有的“破坏性的颠覆作用”，就是一个值得做深做透的题目。

又例如，研究在3G和4G时代，“个人传播社会的兴起”（the rise of personal communication society）（Campbell & Park，2008），这样的社会形态与“大众传播社会”的异同是什么？

最后，在国内，做新媒体研究还要特别注意避免错把“意见”当成理论的现象。比如我在点评国内的新媒体研究状况与趋势时（Wei，1999），发现国内的有关新媒体论文平均两页。有的只是豆腐干，也算一篇论文。这些文章，常常只是提出一两个时髦的概念，用常识性的语言解释一下，不能算是理论研究，因为它缺乏一定的抽象思考，更没有科学的方法去验证。

（三）做可持久、全面性的课题

新媒体研究的一个现象是，太多的研究过度依靠“新媒体使用”这单一变量来支撑，重复大众传播媒介效果的弊端（Lang，2011）。要避免这种弊端，就要把新媒体的用户放在他生活的社会大环境中来研究，关注非新媒体变项。南卡罗来纳大学的Grant和Meadow（2011）曾提出了新媒体研究的伞型模式，即研究新媒体除了要包括硬件、软件之外，还要考虑组织机构和社会系统的因素，而研究新媒体使用者一定要融入这些因素（见图20—3）。

具体而言，随着信息传播手段的日新月异，社会多元化发展，新媒体学者应该把新媒体研究与非媒体的变项如社会结构、族群变项等结合起来。避免做新媒体使用的单一型的研究，更不要做用媒体变项解释媒体变项这种没有意义的研究课题。

例如卫星电视、数字电视技术的发展，给人们带来了可选择内容、频道的激增；海量的信息，丰富的媒体渠道，媒体已经不再是市场的“稀缺资源”，媒体一向依靠的“渠道霸权”式微。然而，人们的注意力却成为稀缺资源。而人们的注意力资源

图 20—3　新媒体研究的伞型模式

资料来源：Grant & Meadow，2011：5.

问题是不能用媒体变项来分析的。正确的做法是把媒体用户放在他们生活的社会大环境中来研究。如为什么人人都觉得时间不够用？为什么司机在开火车时还要不停地查看短信？真的有那么急吗？

又例如互联网新媒体与大众传媒明显不同的一个特征是媒体的用户不光是内容的消费者，同时也是内容的制作者（Dutton，1999，2005）。新媒体社会效果的研究，一定要从这个特征去做，才能做出有新意的研究成果。同时，在社交网站流行的自媒体传播时代，人们相互间的社会关系如何？在新的以媒体为链接的社会关系情形下，知识沟问题、社会分层问题、公共意见表达、社会参与等问题都是可以展开研究的。

最后，目前的新媒体研究多属于“单一式”的，即单一课题、自成体系，课题中缺乏长期的设计，缺乏时间跨度的变项。只有做全面性的课题，才能建立起积累，新媒体研究的学术水平才能提高，其学术地位才可以建立起来。

例如新媒体与中国社会转型、社会发展这样全面、长期的课题，有积累、跨年、跨区域的实证研究。在新老媒体相互依存并和关联产业交融的格局中，大有可为的研究课题有传媒的公信力、传媒信任度等。

五、结语

凡事叫好容易，但一味叫好难有进步。对新媒体研究的现状提出批评、点出问题、分析目前的困境不一定讨好，但这是学者的责任。同时，反思存在的问题，有助于新媒体研究进步更快。

新媒体研究从无到有、从小到大，已经在社会科学学科中有一席之地（Brugger，2013）。目前，传播学者就新媒体、互联网是否成长为一个独立的学科的问题还在争论（Baym，2005）。如果新媒体研究能够避免前面所分析的三个弊端，新媒体研究的学术身份就有机会得到认可，新媒体研究的学术地位就将得到肯定。

我们处在一个好时代，新媒体成为我们日常生活、国家发展、社会进步和人的解放的中心之中心，新媒体学者应该是大有可为的。

本章的部分原文来自魏然（2015）所著《新媒体研究的困境与未来发展方向》，刊登在《传播与社会》，第 31 期，221～240 页。《传播与社会》慷慨准允本书采用，特别致谢。

延伸阅读

Dutton，W. H.（2005）. “The Internet and Social Transformation: Reconfiguring Access,”（pp. 375 - 97）. In W. H. Dutton，B. Kahin，R. O'Callaghan，and A. W. Wyckoff（eds）. *Transforming Enterprise*，Cambridge，MA：MIT Press.

Lievrouw，L. A.（2004）. What's changed about new media? Introduction to the fifthanniversary issue of New Media &Society. New *Media & Society* 6（1）：9 - 15.

Peters，B.（2009）. And lead us not into thinking the new is new：A bibliographic case for new media history. *New Media & Society*，11（1 - 2）：13 -30.

扫一扫，
浏览本章参考文献

第五部分

结语和展望

第二十一章 媒介效果研究的挑战与未来展望

文｜魏然 周树华 罗文辉

摘 要

在本书的最后一章，我们分析目前媒介效果研究面临的挑战，同时探讨未来研究的发展方向。我们集中探讨两个问题：第一，媒介效果研究应如何继续发展？特别是在互联网时代，如何以创新思维去研究媒体的传播效果？第二，媒介效果研究课题应如何与时俱进以因应变迁中的社会？我们尝试指出未来研究的新方向与新思维，并提出媒介效果研究的新议程，供读者参考。

关键词

新兴媒体、新课题、研究新议程

大众传媒成型于19世纪末，以美国的便士报为标志，在20世纪中叶达到高峰(以电视的黄金时代为代表)。媒介效果研究从第一次世界大战中开启的宣传战研究算起，至今已有近百年的历史。进入以互联网为主导的新媒体蓬勃发展的21世纪，媒介效果研究面临严峻的挑战，同时也有着新的发展机遇。

传统的媒介效果研究将传媒、信息和受众构思为三个不同的整体。大众传媒是强势的，信息是单一的，观众的异质性很小。这种对社会和传媒的构思最有代表性的莫过于传媒的涵化理论。该理论认为大众传媒是现代的故事传播者（story-teller)，传播的信息在剔除了一些杂音后，内容是整齐划一的，传媒的故事呈现的是一个暴力、卑鄙的世界，到处都充斥着谋杀、战争和尔虞我诈。观众耳濡目染之后，对现实的感观就被逐渐涵化了，因而与电视呈现的卑鄙的世界观越来越吻合。在这种理论构思下，媒体、传媒的内容，特别是观众，是没有个体的差异的，是属于聚合化的（aggregated)。综观媒介效果研究，成果最丰硕的是对色情和暴力社会影响之研究，我们知道暴力媒体内容对儿童有着很坏的模仿作用，色情内容对青少年的两性观念、婚恋观和性态度有直接的不良影响。这类效果研究的数量庞大，以往发表的文章的总数可能超过一万篇（Potter，2012）。

正如我们在前面几章的分析，大众媒体充斥在我们生活的各个角落：从电影、电视、广播到数以百万的互联网网站、随身携带的手机与移动媒体，因此，媒体的社会效果随处可见。效果可能在不同的层次发生，对个人、小组、单位、行业、社会和文化产生影响。对个人而言，传媒可能影响人们的认知、信仰、态度、情感和行为。从社会和文化的角度看，传媒可能影响公众舆论、公众对重大公共事件的认知、对民意气候的关注、对政治的参与，也可能影响一个国家的经济发展和凝聚力，甚至造成社会的分裂与碎片化。

媒介效果研究数量之多令人咋舌，但存在的问题也似乎触目惊心。核心概念和思维的陈旧使理论创新显得更为重要，受众并非一成不变，当受众越来越碎片化，他们处理传媒信息的主动性和对媒介效果认知的主观性更加不容忽视。当然，新媒体的特性使媒介效果研究更为复杂，它们不但从根本上改变了大众传媒的概念，更由于新媒体前所未有的便利性与互动性，改变了人们使用媒体和接触媒体的方式，使媒介效果研究更加复杂、更加有趣，也更具挑战。

一、媒介效果研究面对的挑战

首先，在数字媒体、网络媒体快速发展的形势下，媒介效果研究面临前所未有的挑战。多样化媒体以独有的传播优势和特性占据不同的传播空间，特别在媒体融合的新兴媒体环境催化下，各种媒体相互取长补短，既融合又竞争，使大众进入一个新的大众媒体与互联网媒体并存的传播时代（Perloff，2015）。人们依赖新的传播科技所提供的拟态环境吸收信息、交往、娱乐、工作，新兴媒体已经融入人们的日常生活（Blank & Dutton，2012）。在媒体融入日常生活的情形下，随时、随地、随身传播成为常态，新兴媒体对人们日常生活的影响成为学术研究关注的课题，已经远远超出只关注媒体对社会不良影响的范畴。这就是为什么国际传播学会将“传播与享受生活”作为2014年年会主题的原因。也就是说，新媒体下的传播环境与传统的传播环境已有天壤之别，因此，媒介效果在研究课题的选择上必须与时俱进。

我们认为，在不久的将来，媒介效果研究的方向之一是“告别革命，回到生活”；研究课题会从传媒“改造天地”，转到“改善生活”。对于传播学科和媒介效果研究者来说，这将是巨大的转变。这一变化也反映出媒体已经不再是少数专业精英人士独享与主导的平台（Katz，2014）。进入寻常百姓家的新传播科技，与每个人的日常生活与衣食住行息息相关，拥有并使用新兴媒体已经成为人们的基本需求。同时，新兴媒体也是人们提高生活品质、生活满意度、幸福感的重要指标和内容，更不用提新兴媒体在家庭和睦、社会和谐方面所扮演的重要角色。这些变化为媒介效果研究提供了前所未有的机会。

根据最新的未来传播科技发展预测，互联网技术 Web 3.0 的时代最快将于 2015 年到来。借助尖端的人工智能，互联网 Web 3.0 技术将改变网络资讯的制作与传播方式，特别是人们与数字化信息的互动形态。而加入人工智能后，信息的互动将不再局限于人与人之间的沟通，还包括人与智能化的家电、交通工具、居家、美术馆展览品等“物品”的沟通。通过无处不在的无线网络（ubiquitous computing）所连接的移动平台，人可以操纵或指挥这些智能“物件”（smart objects）。因此，未来的传播将成为物与物之间（object-to-object）的传播（有人将之称为“物联网”），而传播的平台将是手机或平板电脑等移动性媒体。

Web 3.0 的核心应用是“语义网络”（semantic web）。通俗地讲，就是在大量的物与物传播的信息中，电脑程序会挖掘自然数据的意涵。挖掘的技术将依靠人工智能搜索，网络服务则能提供个性化的搜索结果，让人利用数据实现有效沟通，提升生活品质。例如，通过语音控制谷歌智能眼镜，用户可以搜索周边的环境，立即针对户外目标（如交通标志、天气状况、交通流量等）搜索数据库，而且很快地就能在眼镜上看到这些智能化的数据。再以体验性虚拟讯息为例，用户可以在某杂志的新媒体平台上虚拟体验驾驶豪华汽车或参观豪宅（装修、居住环境等）。这一系列人工智能科技的应用，实现了用户随时随地接收最新讯息的需求，人类的生活在大数据时代将会全方位地改变。可以预见，个人在这种新媒体环境中扮演的角色将会大幅增加，个人对媒体的体验和解释更加重要。

在大数据时代，数据不仅在“量”的方面剧增，在信息“源”方面也更为丰富与多元。根据业界的统计，全球所产生的数据，近 80% 源自用户。以 YouTube 网站为例，YouTube 产品管理经理 Hunter Walk 指出，网站访问者每分钟上传 35 个小时的视频。他说，如果用电影的词汇表述，这相当于每个星期在网站上显示 17.6 万部好莱坞发行的电影。Walk 还指出，如果美国的三大电视广播网在过去的 60 年里每年 360 天、每周 7 天、每天 24 小时不停地播出节目，它们仍然不能播完 YouTube 网站每30天上载的内容（禾子，2010）。与此同时，大数据的使用增长率也非常快，从2006年到2014年，已经增长58%。据业界的估计，到2020年，全球将有500亿个通信传播设备连入网络，无论地理位置、网络浏览行为、健康数据，甚至基因信息等，都将成为大数据的资源。大数据在广告、公关和公共事务的传播应用上将具有非常大的潜力。

如何充分利用大数据提供的研究机会，检验现有的媒介效果理论，进而发展全新的媒介效果理论，是传播学面对的紧迫问题。面对新的传播环境及大数据的发展，研究媒介效果的学者应关切两个问题：第一，媒介效果的研究应如何继续发展？在新媒体时代，如何以创新思维去研究媒体的传播效果？第二，媒介效果研究应如何与时俱进以因应变迁中的社会？

在新的传媒环境下，第一个必要的转变是概念的更新。以往的大众传播越来越过时。大众传媒从点到面的辉煌单向传播时代已一去不返，取而代之的是个人化的互动、数字媒体时代。T. S. Elliot曾言简意赅地把大众传播总结为“大家同时对同一笑话开怀大笑”。大众传播的特点是媒体机构生产信息，并把信息高效传播给沉默的广大受众。在这种传播模式下，信息只有少数几个把关人，他们把控了传播的话语权，受众在这种自上而下的语境下无奈与被动而且易受到传媒的影响，信息控制权不在他们手上，信息的来源只有几个有限的途径。

今天，这些概念已不再适用。大众不那么大了，信息的来源五花八门，传播网络则四通八达。媒体的信息大多是分众传播，受众不但可以控制信息，也可以创造信息。因为新技术克服了地理和个人之间的距离，大众和人际传播之间的界限也逐渐模糊，出现Perloff（2015：3）称之为“媒介化的人际传播”（mediated interpersonal communication）的现象。总之，个人在信息传播过程中扮演举足轻重的角色。

新兴媒体的随时、随地性也使受众更难捉摸和更难观察。研究者需要采用新的概念与思维来理解受众，分析他们的媒体使用行为，进而展开媒体传播效果的研究。值得注意的是受众的媒体使用动机从大众传播时代的接受和学习信息变为体验和服务等功能性动机。另外，在互联网媒体环境下，受众既是信息的接受者也是信息的传递者与创造者，信息不再是简单的信息，还增加了服务的功能，信息使用者对服务的态度更加因人而异了。信息传递的互动性使信息发布者、传播媒体和信息使用者之间的关系发生了深刻的变化，个人的作用大幅提升，因此我们有必要回到个人的认知层面来理解传媒的效果。

概括来说，个人的认知主要受两大因素影响：结构性因素和功能性因素。结构性因素与信息的信源、信息的传递方式、信息的数量有关；而功能性因素涉及信息接受者个人的背景、文化、心理和生理。只有将这两大类因素全面考虑，我们才能综合地、深入地理解媒介效果的多样性和复杂性，进行更有创新意义的媒介效果研究。

未来的媒介效果研究需要更重视条件式媒介效果（conditional media effects）（Valkenburg & Peter，2013），或者是媒介效果产生的社会、个人层面的条件。诚如McQuail（2010）所言，媒介并非对所有的人都会产生相同的效果。以暴力电视对儿童的影响为例，收看暴力电视并不会对所有的儿童都产生不良的影响，暴力电视最可能的影响，应该是在某些情况（条件）下，对某些儿童产生较大的负面影响。未来的研究应加强分析结构因素和功能因素对媒介效果的影响，尝试了解在哪些结构因素和功能因素下，哪些媒体信息会对哪些人产生较大的影响。

如何创新？如何让媒介效果研究与时俱进？

我们认为，在当今网络媒体蓬勃发展、媒体融合、传媒与受众分散化、内容碎片化的新形势下，大而一统的大众传媒风光不再，铁板一块的大众正在消失，取而代之的是诸多的分众，小众传播渐渐会成为主流。小众的特点是以党派或意识形态组成的群众，他们使用的媒体主要是和他们意见或兴趣相合的传媒（新概念如电子蚕茧人，e-cocoon）。对不感兴趣或和他们意见不同的传媒，他们可能不会使用，甚至敬而远之。

在这样新的传播生态下，我们建议媒介效果研究应特别重视传播中的社会关系，特别是未来有关对社会影响的媒介效果研究应重视以下几点：

- 把个人视为社会关系网络中的一分子，他们是通过网络媒体形成的有机体，而且是活跃参与的群体；
- 有组织有见解的小群体比沉默的大多数声音更大，他们可以用更大的话语权来主导社会议程；
- 传媒的社会效果将更常发生在上述的传播过程中（即积极参与型的小群体会尝试传播信息，打造对他们有利的传播语境）。

在新的传播环境下，传播效果将更容易受到选择性媒体接触、受众的偏见和党派立场等变量的制约。也就是说，变迁中的社会对传媒的影响将是未来媒介效果研究的重点。我们认为媒介的效果将发生在传媒影响社会和社会影响传媒的相互影响的过程之中。

更为重要的是，新的媒介传播效果研究将出现在以下方面：互动性的传播、自我表达（self-expression）、投入和参与性效果以及纠正社会偏差行为（corrective action）等。其中，投入和参与将会是网络传播语境下媒介效果研究的核心变量（Wei，2014）。

二、媒介效果研究的新议程（a new agenda）

在互联网传播时代，我们认为未来媒介效果研究值得就以下前沿的课题，进行深入研究：

- 在互联网传播时代，微内容、极速性、多终端、个性化等传播特点如何改变人们的信息接收方式；
- 各国民众对国际性信息的接收方式和国际性信息对他们的影响研究；
- 新兴媒体对公众舆论形成的影响，如议题设定的话语权；
- 新兴媒体对政府公开信息、民众参与公共事务的影响；
- 将新兴媒体视为一种重要的社会资源，使用新兴媒体与社会资本（social capital）的相关性研究；
- 媒体对终生学习、再就业的影响；
- 报载，国内有 4 000 万的网民得了上网上瘾症，那么，互联网媒体的不当使用与后果是什么？如何验证并提出介入之策略？
- 使用新兴媒体与人们的幸福感之间的关系。

三、结语

新兴媒体在信息的传播及受众接触媒体的途径上，具有传统媒体无可比拟的优势。但新兴媒体的传播效果更难观测，特别是社交媒体和自媒体的普及，让媒体使用者可以主动影响传媒的效果，我们需要新的研究方法与研究范式来探讨新兴媒体时代的传媒效果。未来的媒介效果研究应考虑采用多元方法来进行研究。目前学者们最常用的研究方法是问卷调查与实验法，很少在同一研究中同时使用多种研究方法。在一项研究中同时使用多种研究方法，可能使研究设计更为周详，研究结果更为充实，更具理论价值。

例如，Cohen 等人（2013）进行的国际电视新闻研究就采用多种研究方法，他们首先对世界各国的国际新闻进行内容分析，然后再依据内容分析的结果在各国进行电话调查，了解观众收看国际新闻的情况，最后访问各国电视新闻的制作人，尝试了解媒体组织常规（routines）及电视新闻制作人对国际新闻的态度对国际电视新闻产生的影响。他们的这项跨国合作研究同时采用内容分析、电话调查及深度访谈，不仅分析各国国际新闻的内容与主题，也探讨各国观众收看国际电视新闻的频率及原因，最后更评估电视新闻制作人对国际电视新闻及观众的看法。以此为鉴，未来的媒介效果研究应同时采用多种研究方法，来探讨媒体内容、人们的媒体使用行为及媒体对个人与社会所产生的影响，并尝试把媒体内容、媒体使用及媒介效果进行整合性分析，以提出结合内容与使用行为的新的媒介效果理论。

经历了 80 年之久的媒介效果强弱的争论，为传播学在 20 世纪的蓬勃发展提供了动力。进入 21 世纪，媒介效果争论重新燃起，这是传播学的重要转机。从历史的眼光来看，大众传播理论成功地度过了弱效论的低潮，在电视的黄金时代，学者们发展出一系列的媒介效果理论。新媒体创造的新传播环境需要新的理论来引导传播研究，分析媒体使用行为，解释媒介效果。我们相信，未来的媒介效果研究也应回应网络新媒体的挑战，除了检验、修正传统理论与概念外，更需要努力创新，采用多种研究方法以发展出全新的媒介效果理论与模式。

扫一扫，
浏览本章参考文献

本书各章作者/共同作者简介

（按各章顺序排列）

卢鸿毅

台湾中正大学传播系（含电讯传播硕士班）教授。美国肯塔基大学传播博士。研究兴趣为健康传播，信息寻求与媒介效果。

崔迪

复旦大学新闻学院讲师。新加坡南洋理工大学硕士，香港中文大学博士。研究兴趣为数字媒介下的新闻生产与知识传播。

贾寒

现为美国西德州农工大学商学院访问教授。美国阿拉巴马大学博士。研究兴趣为市场学和广告效应。

乔飞

广州大学新闻与传播学院助理教授。美国阿拉巴马大学博士。研究兴趣为广告效应和国际传播。

张晓

澳门科技大学助理教授。香港中文大学博士。研究兴趣和专长为媒介效果和新媒体研究。

李淼

香港中文大学新闻与传播学院传播学哲学硕士，美国密歇根大学博士班研究生。研究领域：政治传播与传播效果。

闫岩

现为中国人民大学新闻学院副教授，曾任武汉大学新闻与传播学院讲师。美国阿拉巴马大学博士。研究兴趣和专长为媒介效果、媒介心理和新媒体。

叶银娇

美国罗德岛大学传播与媒体学院教授、博士生导师。美国阿拉巴马大学博士。研究专长为健康传播和社交媒体。

徐洁

美国维拉诺瓦大学传播学系副教授。美国阿拉巴马大学博士。研究兴趣和专长为媒介效果、健康传播和广告公关。

吴志远

华中师范大学新闻传播学院副教授，传播系主任。华中科技大学在读博士。研究兴趣和专长为数字营销与公关、媒介经营管理、新闻采访与写作。

张翠

美国东卡罗来纳大学传播系助理教授。美国阿拉巴马大学博士。研究兴趣和专长为健康传播、媒介信息处理和新媒体。

Charles Meadows

美国东卡罗来纳大学传播系助理教授。美国阿拉巴马大学博士。研究兴趣和专长为公共关系和媒介信息处理。

尹良润

现为中国三峡出版社总编辑，曾任天津师范大学新闻传播学院副教授。武汉大学博士，南开大学博士后。研究兴趣和专长为媒介管理、互联网治理以及品牌传播和管理。

图书在版编目（CIP）数据

媒介效果与社会变迁/魏然，周树华，罗文辉著．—北京：中国人民大学出版社，2015.8

（新闻传播学文库）

ISBN 978-7-300-21751-2

Ⅰ.①媒… Ⅱ.①魏…②周…③罗… Ⅲ.①传播媒介-效果-关系-社会变迁-研究 Ⅳ.①G206.2

中国版本图书馆 CIP 数据核字（2015）第 175177 号

新闻传播学文库

媒介效果与社会变迁

魏然 周树华 罗文辉 著

Meijie Xiaoguo Yu Shehui Bianqian

出版发行	中国人民大学出版社		
社　　址	北京中关村大街 31 号	**邮政编码**	100080
电　　话	010－62511242（总编室）		010－62511770（质管部）
	010－82501766（邮购部）		010－62514148（门市部）
	010－62515195（发行公司）		010－62515275（盗版举报）
网　　址	http://www.crup.com.cn		
经　　销	新华书店		
印　　刷	北京鑫丰华彩印有限公司		
规　　格	170 mm×240 mm　16 开本	**版　　次**	2016 年 1 月第 1 版
印　　张	23.5 插页 2	**印　　次**	2019 年 8 月第 2 次印刷
字　　数	375 000	**定　　价**	59.80 元